beck'sche reihe

Stefan Rebenich zeigt in seiner eindrucksvollen Biographie, daß sich die Bedeutung Theodor Mommsens – des großen deutschen Altertumswissenschaftlers – nicht allein auf die Erforschung der Antike reduzieren läßt. Er erinnert an den Historiker, der 1902 als erster Deutscher für seine «Römische Geschichte» den Literaturnobelpreis erhielt. Das Werk ist nach wie vor ein Klassiker der Geschichtsschreibung. Zugleich wird Mommsen als leidenschaftlicher Politiker charakterisiert, der als junger Juraprofessor wegen seines Engagements für die Ziele der 1848er Revolution in das Schweizer Exil gehen mußte. Bis ins hohe Alter kämpfte er für die Ideale des Liberalismus, saß als Abgeordneter im deutschen Reichstag und war ein unermüdlicher Streiter wider den Antisemitismus. Die politischen Überzeugungen Mommsens werden auch als Schlüssel zum Verständnis seiner wissenschaftlichen Werke interpretiert. Darüber hinaus wird seine Rolle als Wissenschaftsorganisator großen Stils beschrieben, mit dessen Namen noch heute das monumentale *Corpus der Lateinischen Inschriften* verbunden ist.

Ein besonderes Verdienst des Autors liegt darin, daß er in allen Teilen seiner Darstellung die Persönlichkeit Mommsens nicht hinter der Fülle der Fakten und Daten aus den Augen verliert, so daß der Leser sich auf eine Biographie im eigentlichen Sinne des Wortes freuen darf.

Stefan Rebenich lehrt als Professor für Alte Geschichte und Rezeptionsgeschichte der Antike an der Universität Bern. Er hat sich in zahlreichen Publikationen als Spezialist für die Erforschung von Leben und Werk Theodor Mommsens ausgewiesen. Seine Forschungsschwerpunkte bilden die Geschichte Spartas, das Christentum im Römischen Reich, die Spätantike sowie die Rezeptionsgeschichte der Antike und die Wissenschaftsgeschichte des 19. und 20. Jahrhunderts. Von demselben Autor ist im Verlag C.H. Beck lieferbar: *Die 101 wichtigsten Fragen – Antike* (2006)

STEFAN REBENICH

THEODOR MOMMSEN

Eine Biographie

VERLAG C.H.BECK

Mit 21 Abbildungen im Text

Dieses Buch erschien erstmals 2002
in gebundener Form im Verlag C.H. Beck.

1. Auflage in der Beck'schen Reihe. 2007

Satz: Fotosatz Janß, Pfungstadt
Druck und Bindung: Druckerei C.H. Beck, Nördlingen
Umschlagabbildung: Zwei Altersportraits Theodor Mommsens
um 1900. akg-images, Berlin
Umschlaggestaltung: +malsy, Willich
Printed in Germany
ISBN 978 3 406 54752 2

www.beck.de

I. DIE GRUNDLAGEN: ELTERNHAUS, SCHULE, STUDIUM

1. *Such, wer da will, ein ander Ziel: Das Elternhaus*

Pfarrer hinterlassen nur Kinder und Bücher. Der Prediger Jens Mommsen wurde am 24. Juni 1783 in der Nähe der nordschleswigschen Stadt Tondern geboren. Seine Heimat waren die Herzogtümer Schleswig und Holstein, die damals zu Dänemark gehörten. Der dänische König Friedrich VI. setzte seit dem Ende des 18. Jahrhunderts weitreichende administrative, juristische und ökonomische Reformen durch. 1805 wurde die Leibeigenschaft abgeschafft und 1815, als der Monarch dem Deutschen Bund beitrat, Holstein eine Verfassung gewährt. Doch trotz dieser vorsichtigen Modernisierung des absolutistischen Staates war die Gesellschaft weiterhin traditionell strukturiert. Große soziale und ökonomische Gegensätze kennzeichneten das alltägliche Leben in dem agrarisch geprägten Land, das noch kaum Spuren der Industrialisierung aufwies. Die Zahl der Städte war gering: dreizehn in Schleswig und vierzehn in Holstein. An deren Spitze stand der von den Bürgern gewählte und vom König ernannte Magistrat. Das fruchtbare Hinterland wurde von wohlhabenden Marschbauern bestellt, die ärmeren Geestbauern siedelten auf den höhergelegenen Landstrichen. Viele von ihnen hatten ihr Gut nur gepachtet, andere verdingten sich als Landarbeiter. Die Spitze der gesellschaftlichen Pyramide bildete der Adel, dessen Rang und Ansehen im jährlich erscheinenden «Königlich-Dänischen Hof- und Staatskalender» dokumentiert wurde. Ein Viertel der Gesamtfläche der Herzogtümer Schleswig und Holstein war im Besitz der Ritterschaft, die mit den Fürsten zu den beiden privilegierten Ständen zählte.

Die sozialen Ungerechtigkeiten wurden durch die Kontinentalsperre noch verschärft, die verheerende Folgen für die Wirtschaft der Herzogtümer hatte. Viele Bauern, eben befreit aus der Leibeigenschaft, konnten die rasch ansteigenden Pachtzinsen nicht mehr aufbringen und stürzten in bittere Armut. Zwar stiegen in den 1830er Jahren die Preise für Getreide und Vieh wieder, aber das anhaltende Bevölkerungswachstum verhinderte eine durchgreifende Verbesserung der wirtschaftlichen Lage. Pauperismus und Vagabundentum waren allgegenwärtig. Theodor Mommsens spätere Polemik gegen die ostpreußischen Junker und die Repräsentanten aristokratischer Interessen war nicht nur vom theoretischen Diskurs liberaler Politik bestimmt, sondern spiegelte auch die frühen Erfahrungen von Ungleichheit und Ausgrenzung, die eine zäh an ererbten Privilegien festhaltende Ständegesellschaft charakterisieren.

Auch Jens Mommsen litt sein Leben lang Mangel. Sein Vater hatte in jungen Jahren den bescheidenen Wohlstand, den die friesischen Marschhofbesitzer über viele Generationen erlangt hatten, «durch Lug und Trug» seiner Vormünder eingebüßt. Der einsame Landsitz Hülltoft ernährte die Familie mehr schlecht als recht, und eine Überschwemmungskatastrophe verschlimmerte ihre angespannte Lage. Unter diesen Bedingungen war die Erziehung der Kinder ein schwieriges Unterfangen. Gleichwohl stand für Jens Mommsens Vater fest, daß sich seine Söhne durch eine gute Ausbildung eine berufliche Perspektive jenseits des Marschhofes eröffnen sollten. Nur so konnte die Aufsplitterung des ohnehin nicht umfangreichen Landbesitzes verhindert werden.

Um Jens Mommsen zunächst auf eine Gelehrtenschule und dann auf die Universität zu schicken, mußten Opfer erbracht werden. Die Schulzeit des jungen Mommsen zeigt denn auch alle Fährnisse, denen ein strebsamer Zögling aus eher bescheidenen Verhältnissen ausgesetzt war: Die Hauslehrer, die wegen der großen Entfernung des Hofes zur nächsten Dorf- und Distriktschule eingestellt werden mußten, wechselten häufig und zeigten wenig pädagogisches Engagement. Der Pfarrer einer benachbarten Gemeinde, dessen Obhut der Fünfzehnjährige anvertraut wurde, war mehr an der billigen Arbeitskraft und dem Schulgeld als der «wissenschaftlichen Carrière» des «Bauernjungen» interessiert. In der Husumer Gelehrtenschule litt Jens Mommsen seelisch und körperlich unter dem harten Drill seiner pedantischen Lehrer. Als er Ostern 1803 das Maturitätszeugnis endlich in seinen Händen hielt, schien der junge Mann, der die altsprachlichen Exerzitien erfolgreich gemeistert und eifrig Gedichte geschrieben hatte, einen Moment lang an ein Studium an der vornehmsten norddeutschen Hochschule, der reformierten Universität Göttingen, gedacht zu haben, wo Christian Gottlob Heyne eine neue Ära der klassischen Studien eröffnet hatte und zahlreiche Studenten anzog. Die finanzielle Bedürftigkeit erzwang indes die Immatrikulation an der Heimatuniversität Kiel. Hier war die

Wahrscheinlichkeit größer, daß herausragende Leistungen mittelloser, aber begabter Studenten durch private Stiftungen belohnt wurden. Doch Jens Mommsen erhielt kein Stipendium. Er mußte sich sein Studium vom Munde absparen.

Zunächst als Student der Medizin eingeschrieben, wechselte er bald an die Theologische Fakultät. Für diese Entscheidung war einerseits die für Theologen typische Berufsvererbung verantwortlich: Unter den Vorfahren der Mutter gab es viele Prediger. Andererseits lockte die soziale Offenheit des Pfarrstandes. Aufstiegsorientierte junge Männer aus ärmeren Verhältnissen bevorzugten noch zu Beginn des 19. Jahrhunderts das relativ billige Studium der Theologie, da das Pastorendasein ein wenn auch bescheidenes, so doch sicheres Auskommen und gesellschaftliches Ansehen versprach. Dieser Umstand machte aus dem Pfarrberuf einen typischen «Plattformberuf». An der Mommsen-Dynastie zeigt sich beispielhaft der schrittweise Aufstieg vom Bauernstand über das Pfarramt in das höhere akademisch gebildete Beamtentum. Theodor Mommsen brachte es bis zum Universitätsprofessor, seine beiden Brüder wurden Gymnasiallehrer.

Allerdings mußte man für diese Karriereoption die schlechte Besoldung des Pfarrberufes in Kauf nehmen. Der Sprung in die sichere Beamtenposition eines Landpfarrers war zudem mit einer mühseligen Wartezeit verbunden. Viele qualifizierte theologische Kandidaten bewarben sich um wenige offene Pfarrstellen. Als Übergangslösung bot sich die Tätigkeit als Hauslehrer oder «Hofmeister» in adligen oder bürgerlichen Familien an. Diesen Weg ging auch Jens Mommsen. Die Erfahrungen, die er in seiner über zehnjährigen «Kandidatenperiode» mit dem Hofmeisterstand machte, decken sich mit denen zahlreicher examinierter Theologen dieser Zeit, so auch mit denen des «Hungerpastors» Hans Unwirrsch aus den dreißiger Jahren, dem Wilhelm Raabe zu literarischen Ehren verholfen hat. Der Traum von einer beschaulichen Dorfpfarrei, die der Student in den Vorlesungen erträumt hatte, zerstob nach dem Examen schnell. «Längst hatte er eingesehen», so steht bei Raabe zu lesen, «daß bei jedem Kirchturme, der aus den Kornfeldern und Obstbäumen des Vaterländchens hervorguckte, längst ein Pastor in guter Gesundheit mit seiner Pastorin und wenigstens einem halben Dutzend Kindern saß.» Also zog er «neidlos an den fettesten und anmutigsten Pfarren vorüber ins Hauslehrertum».

Die Mutter, Sophie Mommsen, geb. Krumbhaar, und der Vater, Pastor Jens Mommsen

Das schnell absolvierte Brotstudium der Theologie hatte Jens Mommsen nur sehr ungenügend auf den Privatunterricht vorbereitet, und so versuchte er sich mit wechselndem Erfolg darin, seinen Zöglingen «Wissenschaften und Artigkeiten und Weltmanieren» beizubringen. Doch bald gewann er die Gewißheit, daß er die «Beschwerden des Schulstandes» nicht ertragen könne, und hielt Ausschau nach einer Pfarrstelle. Das Warten auf die Vokation hatte erst im Herbst 1816 ein Ende, als er nach mehreren erfolglosen Bewerbungen zum Diakon, d. h. zum Hilfspfarrer, im schleswigschen Städtchen Garding gewählt wurde. Aus dem Erzieher junger Edelleute wurde der Seelenhirte der Gemeinde. Erst jetzt konnte Jens Mommsen an die Gründung einer Familie denken und am 15. Januar 1817 seine Verlobte, die Altonaer Kaufmannstochter Sophie Krumbhaar, heiraten. Am 30. November 1817 gebar Sophie ihren ältesten Sohn (Christian Mathias) Theodor Mommsen.

Die finanzielle Lage des Diakons blieb allerdings prekär. Deshalb faßte Jens Mommsen schon nach wenigen Jahren den Entschluß, sich nach Oldesloe, einer der größten Gemeinden Holsteins, zu bewerben. Im Frühjahr 1821 trat er die neue Stelle an. Doch die amtlichen Einkünfte, die sich auf 376 Taler beliefen, reichten nach wie vor nicht aus, um die wachsende Familie zu ernähren. Bis 1828 brachte Sophie Mommsen noch drei weitere Söhne und zwei Töchter zur Welt, von denen nur Theodors Brüder Tycho (geboren 1819) und August (gebo-

Theodor Mommsens Geschwister Tycho, August und Marie

ren 1821) sowie seine Schwester Marie (geboren 1828) die Eltern überlebten. Das auf einem Hügel gelegene Pfarrhaus mit seinem großen Garten bot auch der Großmutter und weiteren Verwandten, die in Not geraten waren, Zuflucht. Da alle Versuche scheiterten, eine eigene, höherdotierte Pfarrstelle zu erhalten, gab der Pastor bisweilen Privatstunden und öffnete sein Haus gutsituierten Gästen, die in dem mondänen, aufstrebenden Badeort zur «Sommerfrische» einkehrten.

Jens Mommsen spricht in seinen Erinnerungen immer wieder von der bedrückenden wirtschaftlichen Lage. Sie war offensichtlich schwerer zu ertragen als die theologischen Spannungen innerhalb des zeitgenössischen Protestantismus, über die sich der Pastor ausschwieg. Kein Wort findet sich in seinen Aufzeichnungen über den Konflikt zwischen lutherischer Orthodoxie und aufgeklärtem Rationalismus sowie über die auch in Schleswig und Holstein schnell anwachsende Erweckungsbewegung, deren pietistische Frömmigkeit sich gegen die intellektuelle Vernunftreligion wandte und die ihren fundamentalistischen Biblizismus der modernen Schriftkritik entgegensetzte. Selbst das dreihundertjährige Reformationsjubiläum von 1817, das alle evangelischen Christen landauf und landab feierten, ist Jens Mommsen keine Notiz wert. Nur dank einer beiläufigen Bemerkung Theodor Mommsens können wir ihn theologisch einordnen: Sein Vater habe sich bemüht, «die schwere Mittelstraße zwischen Deismus und Mystizismus, d. h. die gemäßigte Orthodoxie», festzuhalten. Zwischen dem aufgeklärten Gottesverständnis der historisch-kritischen Theologie und der Glaubensschwärmerei der «positiven» Richtung, wie man seit Schleiermacher sagte, bestimmte Jens Mommsen seinen Standort in einer Kirche, die eine mit Macht und Privilegien ausgestattete Staatskirche war und in der gemäß lutherischer Tradition die Obrigkeit als von Gott eingesetzt respektiert wurde.

Für die Söhne war Gehorsam gegenüber dem Vater eine Selbstverständlichkeit. Im Haus herrschte die traditionelle Rollenverteilung. Jens Mommsen war allein für das geistliche Amt zuständig, die Mutter Sophie verwaltete Haus und Hof. Der Vater im Talar, der von der Kanzel predigte oder vor dem Altar die Sakramente verwaltete, vermittelte die zentrale Rolle der christlichen Religion für das eigene Leben. Doch vom Sinn des väterlichen Glaubens schienen Theodor Mommsen und seine Brüder schon bald nicht mehr überzeugt. Die neue Verbindung von lutherischer Orthodoxie und Pietismus widersprach dem aufgeklärten Habitus der jungen Männer, und der kirchliche Traditionalismus forderte ihre Kritik heraus. Das Pfarrhaus wurde zum Ort der Apostasie. Für Theodor war selbst sein Vorname zu christlich konnotiert; da er nur ungern «Gottes Geschenk» genannt werden wollte, ließ er sich seit seiner Schulzeit immer wieder «Jens» rufen. Der Vater akzeptierte die Abwendung seiner Söhne vom ererbten Glauben, wenn auch schweren Herzens. Die Reformation hatte, wie Hegel bemerkte, letztlich die Freiheit im Bewußtsein begründet, und diese schloß auch die Freiheit der Entscheidung für oder gegen die christliche Religion ein.

Die fehlende berufliche Perspektive und die ständigen Rückschläge bei den Versetzungsgesuchen hatten verhindert, daß Jens Mommsen mit der Selbstgewißheit vieler Frommen seine christliche Lebensweise absolut setzte. Mit der anrührenden Idylle des bürgerlichen Pfarrhauses, die im 19. Jahrhundert zum literarischen Topos werden sollte, hatte seine Existenz nichts gemein. Dafür waren allein schon die materiellen Nöte zu drückend. Doch nicht nur die Selbstzweifel des Vaters nahmen die Kinder wahr. Er eröffnete ihnen eine neue Bildungswelt, in der die klassische Antike und die zeitgenössische Literatur letztlich gleichberechtigt neben die überlieferten Lehren der lutherischen Christenheit traten. Eduard Schwartz hat zu Recht darauf hingewiesen, daß Jens Mommsen zu jenen «rationalistischen Pastoren» gezählt habe, die «eine Atmosphäre schufen, in der Bildung mehr galt als der Standpunkt». Aus der Tristesse des Alltags floh er in die Literatur. Andere betrieben Philologie, Geschichte oder Botanik – er machte Verse. Weit über 100 Gedichte aus seiner Feder sind erhalten. In seiner bescheidenen Bibliothek standen nicht nur fromme Traktate und Andachtsbüchlein, sondern antike und moderne Autoren, die auch seinen Kindern zugänglich waren und aus deren Werk vorgelesen wurde. Die Lektüre der antiken Autoren war ihm sein täglich Brot und die Erhabenheit der antiken Autoren selbstverständliches Dogma.

Im Pfarrhaus in Oldesloe herrschte das geschriebene Wort. Die Söhne waren radikaler als der Vater und suchten nur anfänglich noch nach einer Versöhnung von evangelischem Glauben und neuhumanistischer Bildung. Während seiner Schulzeit forschte Theodor Mommsen nach der Immanenz des Göttlichen in der Welt. Vom Christen habe er sich, so heißt es in einem 1837 verfaßten Gedicht, zum Deisten gewandelt, und schließlich sei er Atheist geworden. Griechenbegeisterung, Neuhumanismus, Sturm und Drang, Klassik und «Junges Deutschland» wurden begierig aufgenommen. Die Erweiterung des Lektürekanons galt als Akt der intellektuellen Befreiung von der Religion, und nicht von ungefähr diente dem jungen Mommsen Goethe als Kronzeuge seiner Wendung gegen das Christliche, hatte dieser doch in seiner Auseinandersetzung mit Lavater als einer der ersten Deutschen seine Absage an das Christentum öffentlichkeitswirksam inszeniert. Die hegelianisch inspirierte Kritik, die David Friedrich Strauß in seinem epochemachenden Werk «Das Leben Jesu, kritisch bearbeitet»

(1835) aufgriff, mag ein übriges getan haben, um die Mommsenbrüder gegen die traditionelle Religion des Vaterhauses einzunehmen. Die historisch-kritische Theologie vermochte die jungen Skeptiker nicht zu überzeugen. Ihnen war Ludwig Feuerbachs eingängige Religionskritik näher, die seit den frühen 1840er Jahren großen Einfluß auf die akademisch gebildete Jugend hatte. Theodor Mommsen zumindest las Ferdinand Christian Baur und andere Theologen nicht, die eine moderne Antwort auf die Frage nach dem «Wesen des Christentums» zu geben versuchten. Die Leistungsfähigkeit einer wissenschaftlichen Theologie, die auf der historisch-philologischen Methode gründete, lernte er erst als alter Mann in Gestalt des Berliner Kirchenhistorikers Adolf Harnack kennen.

Die Emanzipation von der Religion schwächte keineswegs das Konfessionsbewußtsein. Der moderne liberale Protestantismus, der Bildung als säkulare Religion hochschätzte, prägte auch die Biographie des abgefallenen Pfarrerssohnes Theodor Mommsen. Sein politischer Liberalismus, der ihn 1848 zum Künder der Revolution werden ließ, wurzelte tief in der protestantischen Tradition. Die Freiheit eines evangelischen Christenmenschen sollte, wie wir spätestens seit Ernst Troeltsch und Max Weber wissen, auch im Diesseits, im protestantischen Staate und im freien Gehorsam des Bürgers verwirklicht werden. Darin wußte er sich mit bekennenden Protestanten liberaler Gesinnung einig. Darüber hinaus verband ihn ein ausgeprägtes antikatholisches Ressentiment sowohl mit Rationalisten wie mit Orthodoxen. Die lutherische Staatskirche in Schleswig und Holstein, mit der Theodor Mommsen von Kindesbeinen an vertraut war, erachtete im Grunde alle anderen Konfessionen als ketzerisch. Katholiken und Calvinisten benötigten bis 1818 fast überall in den Herzogtümern eine offizielle Genehmigung, um sich niederzulassen.

Die national-romantische Verklärung Luthers im Gefolge der Befreiungskriege verschärfte die protestantische Agitation gegen Rom. Otto von Bismarck, der Sohn eines märkischen Rittergutsbesitzers, erinnert sich an einen katholischen Mitschüler, der «wie eine exotische Erscheinung» wahrgenommen worden sei. «Nicht ohne Befriedigung» habe man festgestellt, «daß ihm von der Bartholomäusnacht, von Scheiterhaufen und dem Dreißigjährigen Kriege nichts anzumerken war». Trotz aller sozialen und politischen Unterschiede, die den zwei Jahre jüngeren Theodor Mommsen vom späteren Reichskanzler trennten, teilte man die gleichen antikatholischen Affekte. Beifällig applaudierte Mommsen in den siebziger Jahren dem «Kulturkampf» und agitierte zu Beginn des 20. Jahrhunderts gegen die Berufung des Katholiken Martin Spahn auf einen historischen Lehrstuhl an der Universität Straßburg. An der Überlegenheit der auf den deutschen Heros Martin Luther zurückgehenden protestantischen Religion und Kultur zweifelte Theodor Mommsen, der Sohn des zweiten Predigers aus Oldesloe, nicht einen Augenblick.

2. *Non scholae, sed vitae: Aus Theodor Mommsens Schulzeit*

Am Anfang war der Privatunterricht. Da man sich Hauslehrer angesichts der knappen Mittel nicht leisten konnte, übernahm der Vater diese Aufgabe. Er unterrichtete seine Söhne in den wenigen freien Stunden, die ihm seine zahlreichen Pflichten in der Gemeinde ließen. «Ihm verdanken wir», so schrieb Tycho Mommsen, «die Liebe für alles Sprachliche und die Neigung zur Poesie.» Er wird als sanftmütig und nachsichtig charakterisiert. Der Mutter oblag es, der «Wildheit und Unart der Knaben» Einhalt zu gebieten. In der väterlichen Vorschule wurden nicht nur die elementaren Kenntnisse im Schreiben, Lesen und Rechnen erworben, sondern auch deutsche Literatur, Religion und Fremdsprachen unterrichtet, allen voran Latein und Griechisch, aber auch Dänisch, die Sprache des Landesherrn. Schließlich leitete Jens Mommsen, wohl weniger einem pädagogischen Impetus als dem Zeitmangel gehorchend, die beiden älteren Söhne Theodor und Tycho zum selbständigen Arbeiten an und ließ sie einen Lektüreplan erstellen.

Der Vater vermittelte nicht nur Wissen. Hinter seiner Unterrichtsmethode stand zugleich das protestantische Leistungsethos. Seine Existenz verwies geradezu idealtypisch auf die lutherische Übersetzung des Psalmistenwortes über das Leben: «Wenn's köstlich gewesen ist, so ist es Mühe und Arbeit gewesen.» Sein Vorbild hielt die Söhne an, ständig an der Vertiefung ihres Wissens zu arbeiten. Die strenge Selbsterziehung kennzeichnete denn auch den weiteren Weg Theodor Mommsens und seiner Brüder. Der Mangel an ökonomischen Ressourcen konnte nur durch «höhere Bildung» wettgemacht werden. Es galt, sich eine Karriereperspektive zu eröffnen. Der Leistungsdruck lastete um so schwerer auf den Brüdern, als die Erziehung im Pfarrhaus eine öffentliche Angelegenheit war, an der die Gemeinde Anteil hatte. Das *examen rigorosum* endete mit keinem Abgangszeugnis, und der Wettkampf um die besten Leistungen überdauerte die Schul- und Universitätsjahre. Traten zur brüderlichen Rivalität noch Fragen der wissenschaftlichen Redlichkeit, konnte der gelehrte Disput auch in späteren Jahren noch eskalieren, wie die gegenseitige Polemik der Brüder August und Theodor um Spezialfragen der römischen Chronologie offenbart.

Als Johann Friedrich von Schulte, der altkatholische Kirchenrechtler, zu Beginn des 20. Jahrhunderts der Herkunft von «deutschen Gelehrten aller Art» nachspürte, notierte er überrascht die große Zahl von evangelischen Pfarrerssöhnen. Mit einer Erklärung war er schnell bei der Hand: «Über zwei, höchstens drei Stunden täglich braucht der Pfarrgeistliche für sein Amt, den Rest des Tages hat er für sich zur Weiterbildung und für die Familie.» Die Biographie des zweiten Predigers Jens Mommsen zeigt, daß dieser wahrlich nicht über viele «freie» Stunden verfügte, die er der Ausbildung seiner Kinder widmen konnte. Dem stand schon die Menge seiner Amtsgeschäfte in der großen Gemeinde entgegen. Die Erziehung war nicht Bestandteil der pastoralen Muße, sondern eine der wichtigsten Aufgaben des Predigers. In der Familie, die zwar wenig Geld, dafür viel «Geist» besaß, wurde ein Tugendkanon vorgelebt und vermittelt, in dessen Zentrum Pflichtethos, Perfektionsstreben, Bildungswissen und Selbständigkeit standen. Jens Mommsen, Vater und Lehrer in einer Person, legte die Grundlagen, die es seinem Sohn Theodor erlaubten, mit Hilfe der säkularisierten protestantischen Tugenden zu einem der bedeutendsten Wissenschaftler der bürgerlichen Gesellschaft des 19. Jahrhunderts aufzusteigen.

Die bildungsintensive Erziehung im Pfarrhaus trug bald Früchte. Im Oktober 1834 trat Theodor Mommsen zusammen mit seinem zwei Jahre jüngeren Bruder Tycho in die Prima des Königlichen Christianeum in Altona ein. Ein Jahr später wurden beide in die sogenannte Selekta versetzt, in die nur die ausgezeichneten Schüler der Oberklasse gelangten, die sich selbst bereits als Studenten verstanden. Nach zweieinhalb Jahren erhielten beide das Abgangszeugnis. Am 6. April 1838 verabschiedeten sich zwei vortreffliche Zöglinge mit öffentlichen Reden von ihrer Schule.

Theodor Mommsen entsprach dem Habitus des bon élève, der die elterlichen Erwartungen an die schulischen Leistungen erfüllte. Es verstand sich von selbst, daß sich der Pfarrerssohn um Stipendien bewarb und Privatstunden gab, um die beträchtlichen Kosten zu senken, die die Familie für den Besuch des teuren und renommierten Gymnasiums mit fast hundertjähriger Tradition aufwenden mußte. Das Christianeum stand an der Spitze des damaligen «dreigliedrigen» Schulsystems in Schleswig und Holstein, das sich in einfache Landschulen, Bürgerschulen und die wenigen Gelehrtenschulen differenzierte. Der Besuch einer Gelehrtenschule war für jene Schüler obligatorisch, die später ein Studium an der Landesuniversität Kiel absolvieren wollten. In diesen Anstalten waren die Söhne akademisch gebildeter Väter bürgerlicher Herkunft überrepräsentiert, die von ihrem Zuhause das Idealbild des «Gebildeten» mitbrachten. Man grenzte sich bewußt von der Aristokratie ab, die bis weit in das 19. Jahrhundert hinein an der Einrichtung des Hauslehrers festhielt.

Das Christianeum folgte dem Vorbild des preußischen Gymnasiums, nach dem das höhere Schulwesen in vielen deutschen Ländern reformiert wurde. Wie in Preußen hatte auch in Schleswig-Holstein die Einführung eines Abiturreglements normierenden Einfluß auf die Lehrpläne. Der neuhumanistische Bildungsgedanke prägte die Curricula. Von den 32 Unterrichtsstunden, die Mommsen wöchentlich in der Selekta zu besuchen hatte, entfielen neun auf die lateinische und sechs auf die griechische Sprache, hinzu kamen je zwei Stunden in Französisch, Englisch, Dänisch, Deutsch, Theologie und Mathematik; Geschichte wurde dreistündig unterrichtet, Physik und Philosophie jeweils einstündig. Hebräisch war nur für die künftigen Theologiestudenten vorgesehen. Der Abiturient Mommsen beherrschte, wie ihm das Abgangszeugnis bescheinigte, Latein flüssig in Wort und Schrift, versuchte sich erfolgreich im griechischen Aufsatz, kannte die Klassiker der antiken Literatur, übersetzte dänische, französische und englische Texte fehlerfrei ins Deutsche, war in der Geometrie bis zur sphärischen Trigonometrie und den Kegelschnitten gelangt, in der Algebra bis zu Gleichungen vierten Grades und der Wahrscheinlichkeitsrechnung, verfügte über solide Kenntnisse in Geschichte und philosophischer Propädeutik sowie in der Literatur und Rhetorik der Muttersprache. Zuversichtlich entließ das Christianeum Theodor Mommsen zu seinen akademischen Studien.

So eindrucksvoll diese Ergebnisse erscheinen, so wenig hatte der eintönige Unterricht den wißbegierigen Schüler tatsächlich begeistert. Im Zentrum standen die Latein- und Griechischstunden, in denen die sprachlichen und ästhetischen Grundsätze vermittelt wurden, nach denen auch die deutsche Literatur zu beurteilen war. Die formalen Exerzitien und endlosen Repetitionen quälten Mommsen. Noch seine Abschiedsrede bezeichnete er als «das Produkt einer Galeerensklavenarbeit», und war heilfroh, die «Zwangsanstalt» verlassen zu können. Die grammatischen Extemporalübungen verabscheute er ebenso wie die in Tabellenform präsentierte Geschichte. Hohn und Spott schüttete er in seinem Tagebuch über die mediokren Pädagogen aus und ergötzte sich an ihren Fehlern.

Stärker als seine Gymnasiallehrer beeindruckten Mommsen Menschen im Umkreis des Pensionats und der Mädchenschule, die seine Tanten Doris und Hanna Krumbhaar in Altona leiteten, und mit Gleichgesinnten machte er sich in öffentlichen Bibliotheken und Leihbüchereien auf die Suche nach anregender Lektüre. Die damalige «Leserevolution» erfaßte auch die jugendlichen Bildungsbürger im Christianeum. Gelesen wurde alles, was ihnen in die Finger kam, natürlich die obligatorischen griechischen und lateinischen, aber auch englische und französische Schriftsteller. Vor allem aber erschloß man sich die «neuere» deutsche Literatur, die nicht auf dem Stundenplan stand. Es kursierten die Werke von Wieland, Lessing, Goethe, Schiller, Jean Paul, Kleist und E. T. A. Hoffmann. Das Verbot der Jungdeutschen, das die Kopenhagener Kanzlei in Übereinstimmung mit der Repressionspolitik Metternichs seit 1835 landesweit verhängte, griff am Christianeum nicht. Mommsen stürzte sich auf die Autoren, die nach einem dänischen Regierungsdossier die Welt in heillose Anarchie stürzten: Karl Gutzkow, Heinrich Laube, Ludolf Wienbarg, Theodor Mundt, Ludwig Börne und Heinrich Heine. Die Schriften des «Jungen Deutschland» feierten die Gymnasiasten in naiver Begeisterung als Hoffnungszeichen dafür, daß der Liberalismus nicht mehr auf die Politik beschränkt sei, sondern «sich immer weiter in den Gemütern der Menschen» ausbreite. Man gab sich fortschrittlich, glänzte mit scharfsinnigen und schlagfertigen Bemerkungen und verstand sich als «junge Deutsche».

Die Schüler profitierten auch von den Lesezirkeln, die jetzt überall gegründet wurden, und den preiswerten Klassikerausgaben, die nun auf den Markt kamen und auch denjenigen Literaturfreunden den

Aufbau einer «Klassikerbibliothek» ermöglichten, die sich die teuren Cottaschen Editionen nicht leisten konnten. Die Gymnasiasten übten sich im Übersetzen fremdsprachlicher Texte und gefielen sich in der ästhetisierenden Literaturbetrachtung. Ohne die ideologische Zensur der Eltern konnten sie die gedruckten Offenbarungen des Zeitgeistes goutieren. Zugleich deklamierten sie Gedichte von Goethe und Schiller und interpretierten Oden von Horaz und Klopstock. Und natürlich machte man Verse, recht gute sogar. Der Pastorensohn unterschied sich in seinen Interessen nicht von seinen Altersgenossen. Nur sein Sarkasmus schien ausgeprägter, sein Witz treffender und seine Polemik sprühender. Auf die Vorhaltungen, er habe ein spöttisches Gesicht und «maliziöses Antlitz», reagierte er hochfahrend und flüchtete sich in Gedichte, die – durchaus alterstypisch – Vereinsamung und Weltschmerz stilisierten:

«Sage mir, was dich bedrücket
In des Lebens Blütezeit?
Sieh doch um dich, wie sich schmücket
Feld und Hain im Lenzeskleid.

Feld und Hain? Ja könnt' ich eilen
Durch der Felder weiten Raum,
In den Mauern muß ich weilen,
Kaum im Garten steht ein Baum.

Freiheit ist mein einzig Sehnen,
Blauer Himmel, reine Luft.
Kann ich frei mich Armen wähnen
In der engen Totengruft?

Gerne will allein ich tragen,
Was mir jetzt das Herz zersprengt,
Nimmer will ich dann verzagen,
Wenn Natur sich an mich drängt.

Doch ich soll nicht, muß mich wehren
Durch den kalten bittren Spott.
Selbst werd' ich mein Herz verzehren,
Herzlos – endet meine Not.»

Man hat aus solchen Versen die Sehnsucht des jungen Mannes nach dem alten Birnbaum im Pfarrgarten abgeleitet und vermutet, Theodor Mommsen habe die natürlichen Schönheiten des Landlebens in der anonymen Großstadt Altona, die damals schon weit über 25 000 Einwohner hatte, vermißt. Doch scheinen diese Gedichte nicht nur persönliche Seelenlagen, sondern vielmehr literarische Stimmungen zu spiegeln, die der Gymnasiast spielerisch aufgriff, um seine jeweiligen Befindlichkeiten in Worte zu kleiden. Spezifisch für die Dichtung der Restaurationszeit und des Vormärz ist der Ausdruck von Schwermut und Resignation, die schmerzliche Erfahrung der Dissonanz von Ich und Welt, die Unmittelbarkeit der Naturerfahrung und die Abkehr von der Unruhe der Welt.

Mommsen experimentierte im jugendlichen Überschwang mit verschiedenen Formen und Stilen. Die Natur wurde zum Ort der Freiheit von den Zwängen des Gymnasiastendaseins. Das städtische Studierzimmer war in einer Goetheschen Wendung die Totengruft, der die romantische Idylle einer ländlichen Gegenwelt entgegengesetzt wurde. Von der oppositionellen, politisierenden Literatur der 30er Jahre, vom «Jungen Deutschland» übernahm Mommsen die Freude an der juvenilen Provokation und der ironischen Distanz. Die jungdeutschen Themen bewegten ihn: der Widerspruch zwischen alter und neuer Zeit, die Verbitterung über die politische Rückständigkeit in den deutschen Ländern und das affirmative Bekenntnis zu Modernität und Wandel. Daneben stehen Zeilen, die das Thema des großen, 1836 erschienenen Romans «Die Epigonen» von Karl Leberecht Immermann variieren, die triste Lage der Gegenwart beklagen, die «Trocknis» der Literatur und die Vorherrschaft der unproduktiven Kritik bedauern.

Entscheidend für die intellektuelle Schulung des literarisch ambitionierten Schülers war der «Altonaer wissenschaftliche Verein», den die Selektaner des Gymnasiums 1828 gegründet hatten und dem Mommsen im Herbst 1837 beitrat. Schnell übernahm er als Quästor und Archivar, als Präses und Sekretär Verantwortung in diesem geistig-elitären Zirkel, dessen einziger Zweck in der wissenschaftlichen Ausbildung seiner Mitglieder lag. Seine Mitstreiter apostrophierten Mommsen nicht zuletzt auf Grund seines unermüdlichen Eifers und seines Organisationstalentes als «Kraftgenie». Der Schülerverein war nach dem Vorbild der gelehrten studentischen Verbindungen eingerichtet worden, die seit den 1790er Jahren an vielen Universitäten entstanden waren und in denen häufig auch Arbeiten mit literarischen, philosophischen und historischen Themen angefertigt und neue wissensorientierte Diskussionsformen eingeübt wurden.

Der Altonaer Verein, dem keine zehn Mitglieder angehörten, versuchte das Programm der Selbstbildung umzusetzen: Man besprach gemeinsam deutsche und fremdsprachige Texte, hielt Reden und Vorträge, auf die man sich einen halben Tag oder nur eine halbe Stunde vorbereiten durfte, und verfaßte Aufsätze zu selbstgewählten Themen, die von den anderen Teilnehmern rezensiert wurden. Eine rasche Auffassungsgabe, Kritiklust und Freude am kontroversen Gespräch waren gefragt. Das diskursive Wechselspiel von Aufsatz und Rezension gefiel Mommsen so sehr, daß er es an der Universität als Unterrichtsmethode in seine seminaristischen Veranstaltungen einführte. In Altona entsprach der Stil der Sitzungen des Vereins der Lebensart der jugendlichen Bildungsschicht, die auf ihre soziale Exklusivität achtete. Die Arbeiten des Schülervereins spiegeln die Gefühlsintensität und die Begeisterungsfähigkeit der jungen Männer. «Unsere Zeit drängt rastlos vorwärts, wir Jünglinge müssen mit ihr fortgehen», bekundete Mommsen. Eine geschlossene Gemeinschaft der Besten wollte man sein und pflegte das Ethos der Freundschaft. Studienfleiß und Geselligkeit wurden mit der «Liebe zur Wissenschaft» verbunden, und freiwillig unterwarf man sich den selbstgesetzten Regeln.

Die Bezeichnung des Vereins als «wissenschaftlich» reflektiert die zeitgenössische Vorstellung, daß Wissenschaft an sich eine originäre Bildungsfunktion besitze und die Beschäftigung mit ihr zur moralisch-geistigen Erziehung des Individuums beitrage. «Denn nur die Wissenschaft», so äußerte Wilhelm von Humboldt, einer der bedeutendsten Theoretiker des neuhumanistischen Bildungsbegriffes, «die aus dem Innern stammt und in's Innere gepflanzt werden kann, bildet auch den Charakter um.» Einzig der dem Ideal der Wissenschaft verpflichtete Gelehrte sei, wie Mommsen in einer Rede betonte, geistig mündig, da er Denkfreiheit und Willensfreiheit errungen habe. «Wissen und handeln, erkennen und wirken» – das waren «die beiden großen Ideen», denen sich der Verein verschrieben hatte.

Aus Mommsens Vereinstätigkeit sind verschiedene Rezensionen, Vorträge und drei Aufsätze überliefert, die geeignet sind, das intellektuelle Profil des jungen Mannes vor dem geistigen Hintergrund seiner Zeit deutlicher zu skizzieren. Hegels Philosophie des Geistes ist in vielerlei Brechungen gegenwärtig. Theodor Mommsen versuchte zentrale Elemente dieses Systems zu rezipieren, um die Wirklichkeit in ihren vielfältigen Erscheinungen zu durchdringen und zu begreifen. Hier ist das Genie «der Apostel des Zeitgeistes, der mit leisem Ohre das, was zur weiteren Entwicklung nötig ist, die Zeitbedürfnisse erlauscht», dort ist der Zufall ein Ereignis, das nicht aus der freien Willenstätigkeit des einzelnen hervorgeht. Der Zeitgeist wiederum, so heißt es in anderem Zusammenhang, «beruht auf dem Kausalitätsverhältnis zwischen Vergangenheit und Gegenwart». Die «Lehre von der Vorsehung» lehnte Mommsen kategorisch ab und sah den Fortschritt der Geschichte in der vernunftgemäßen Entwicklung des Menschengeschlechtes. Sein Aufsatz über «Genies sind notwendige Übel» kam nicht nur zu dem geistreichen Schluß: «Jens Mommsen ist ein Übel, aber ein notwendiges», sondern huldigte dem Geniekult, der seit dem Sturm und Drang die deutschen Lande ergriffen hatte. Mit jugendlichem Elan wiederholte Mommsen das zeitgenössische Postulat der Originalität, durch das die verbrauchten Formen und Inhalte der Tradition überwunden werden sollten.

Natürlich schwamm der Selektaner auf der Woge der Emanzipation, die seit 1830 zum Schlagwort wurde. Sie repräsentierte für ihn die liberalen Ideale von Autonomie und Freiheit des einzelnen und führte zurück auf die Ideen der Französischen Revolution, deren Ergebnisse zerstört wurden, da «die Monarchen ihre Völker bekanntlich in optima forma betrogen». Die Emanzipation, die «in alle Verhältnisse eingreifen und alle angreifen» müsse, bedeutete für Mommsen die Befreiung von den bedrückenden Verhältnissen der Vergangenheit und den künftigen Fortschritt, der Vernunft und Freiheit zum Sieg verhelfen sollte. Das probate Mittel, um die Verhältnisse zu beseitigen, die dem Menschen Fesseln anlegten, war die «freie» Erziehung, die auch den Frauen zugestanden wurde, denn «sie sollen sich auch als Weltbürgerinnen fühlen, nicht mehr sich auf ihre Häuslichkeit beschränken und ohne Licht und Luft verkümmern».

Viele der erhaltenen Texte sind schnell hingeworfen und nicht immer klar durchdacht. Der Verfasser einer flüchtigen Rezension entschuldigte sein Elaborat «wegen Unklarheit und partiellen Wahnsinns». Doch die ausgearbeiteten Aufsätze und Besprechungen, die Gedichte und Tagebuchnotizen sind Momentaufnahmen der geistigen Suche eines klugen und vielfach begabten Zwanzigjährigen nach einem Werte- und Normensystem, das ihm in einer sich schnell verändernden Umwelt Halt und Orientierung geben sollte. Die Bildung der eigenen Persönlichkeit wurde ihm zum Maßstab seines Handelns. Der Mensch, ließ er wissen, müsse unablässig nach einem «vollkommen durchgebildeten Charakter» streben, «wo jede Leidenschaft der Vernunft diene». Der Glaube an die Wissenschaft ersetzte den Glauben an den gekreuzigten Gott, und Vernunft trat an die Stelle von Religion. Hier liegen die Wurzeln des Fortschrittsoptimismus, der auch noch den alten Gelehrten kennzeichnete. Wie schon das Elternhaus, so vermittelte auch das Gymnasium die Wissensinteressen und Wertvorstellungen des aufgeklärten protestantischen Bürgertums. Dessen Credo war die Selbsterziehung zu Freiheit und Autonomie durch disziplinierte Arbeit, sein Ziel die Überwindung der ständischen Privilegiengesellschaft durch die bürgerliche Leistungsgesellschaft. Damit war das Abiturzeugnis des Gymnasiums mehr als nur ein Berechtigungspatent für eine akademische Karriere, es qualifizierte den leistungsorientierten und neuhumanistisch gebildeten Studenten zur «Wissenschaft als Beruf».

3. Die Universitätsjahre (I): Ausbildung eines Juristen

Mommsen entschied sich für ein Studium in der Provinz. Göttingen, die bedeutendste Reformuniversität des 18. Jahrhunderts, oder die 1810 gegründete Universität Berlin waren für die Familie unerschwinglich. Die Heimatuniversität Kiel, die fast ausschließlich Studenten aus Schleswig und Holstein anzog, war die nächstliegende und günstigste Lösung. Als sich Mommsen mit einem glänzenden Abgangszeugnis am 4. Mai 1838 für das Studium der Jurisprudenz einschrieb, war der Elan der Nachkriegsjahre, der alle deutschen Hochschulen nach 1815 erfaßt hatte, schon längst dahin. In den dreißiger Jahren war es zu einem deutlichen Rückgang der Studentenzahlen gekommen: Die expandierende Wirtschaft bot besser bezahlte Positionen ohne akademische Vorbildung, die Perspektiven für Juristen und Theologen waren nicht mehr allzu rosig und die öffentliche Hand reglementierte den Zugang zu den Universitäten immer stärker. Karrieren waren blockiert, weil viele junge Kräfte nach den Befreiungskriegen und im Zuge der Bürokratisierung der Verwaltungen eingestellt worden waren und den nachrückenden Jahrgängen die Aufstiegsmöglichkeiten verbauten. In Preußen kamen um 1830 etwa 100 Absolventen der Jurisprudenz auf 25 offene Stellen. Auch von einem Lehrermangel war in den 30er und 40er Jahren keine Rede mehr. An der Kieler Universität, die Ende der zwanziger Jahre noch über dreihundert Studenten besucht hatten, waren in Mommsens erstem Semester nur noch 273

Theodor Mommsen als Student

Studierende immatrikuliert, und ihre Zahl fiel in den folgenden Jahren auf wenig mehr als 200, d. h. die norddeutsche Hochschule, ohnehin eine der kleineren auf deutschem Territorium, verlor innerhalb eines Jahrzehnts ein Drittel ihrer Studenten.

Trotz des nachlassenden Zuspruchs betrat Mommsen eine moderne Universität. Auch in Kiel wurde das preußische Reformkonzept, das mit dem Namen Wilhelm von Humboldts verbunden ist, umgesetzt. Die institutionellen und strukturellen Veränderungen, die die deutsche Universität des beginnenden 19. Jahrhunderts zu einem international erfolgreichen Modell machten, sind auf das engste mit der neuhumanistischen Konzeptualisierung und Säkularisierung der höheren Bildung verbunden. Die «Humboldtsche» Idee, die die zeitgenössischen philhellenischen, nationalen, aufklärerischen und idealistischen Strömungen aufgriff und verschmolz, transzendierte indes den universitären Bereich. Erziehung und Wissenschaft wurden als Teil einer umfassenden Erneuerung von Staat und Gesellschaft verstanden. Das liberale Ideal einer auf der Freiheit von Forschung und Lehre basierenden Universität grenzte sich vom dirigistischen Hochschulsystem französischer Provenienz ab. Der Gelehrte wurde zu einem wissenschaftlich

Gebildeten. Bildung durch Wissenschaft wurde zum Leitmotiv. Jeder Mensch, so lehrten die Vertreter des philosophischen Idealismus, trage die Idee der Wissenschaft in sich, so daß das Studium der geistigen und sittlichen Perfektion diene. Wissen wurde als dynamischer Erkenntnisprozeß aufgefaßt, die allgemeine Menschenbildung als Ziel propagiert. Wilhelm von Humboldt erklärte es als notwendig, «die Wissenschaft als etwas noch nicht ganz Gefundenes und nie ganz Aufzufindendes zu betrachten und unablässig sie als solche zu suchen». Schon das Studium war folglich eine permanente Aufforderung zur innerweltlichen Askese.

Der praktische Nutzen der wissenschaftlichen Wahrheitssuche wurde verneint: Wissenschaft war Selbstzweck. Die Reformen verkündeten zugleich ein neues Verständnis von Forschung und Lehre. Die Forschung war strenger Methode verpflichtet. Also wurden die Professoren zur Veröffentlichung ihrer Ergebnisse angehalten und mußten sich der gelehrten Diskussion und Kritik stellen. Zugleich war der Forschungsprimat unbestritten. Nur der gute Wissenschaftler war ein guter Lehrer. Ein neuer Stil zog in die Seminare ein, der auf der staatlichen Garantie von Lern- und Lehrfreiheit basierte. In enger Kooperation zwischen dem Studenten und dem akademischen Lehrer sollten die Methoden des Fachs eingeübt und wissenschaftliches Arbeiten vermittelt werden. Die Krönung dieser universitären Erziehung war die Inaugural-Dissertation, die einen wissenschaftlichen Erkenntnisgewinn vorweisen mußte.

Allein, Theodor Mommsen bedeuteten die hehren Ideale der wissenschaftlichen Sozialisation des autonomen Individuums zunächst herzlich wenig. Er hatte sich mit der Mehrheit seiner Kommilitonen für das Studium der Rechte entschieden, und damit für ein Brotstudium. Denn trotz der drastisch gesunkenen Nachfrage bot das juristische Examen nach wie vor die Chance eines gesicherten, wenn auch bescheidenen Auskommens im dänischen Staatsdienst oder in der Anwaltskanzlei. Für einen Juristen gab es in den Herzogtümern Schleswig und Holstein in der Tat einiges zu tun. So waren verschiedene regionale Rechtssysteme in Kraft. In weiten Teilen Schleswigs etwa galt das dänische Jydske Lov, das jütische Gesetzbuch, in Holstein hingegen der Sachsenspiegel. Auch die schleswig-holsteinische Kanzlei, die die Aufsicht über Verwaltung, Polizei, Kirche und Schulen ausübte, suchte Juristen. Theodor Mommsen wählte sein Studium nicht nur aus Neigung, sondern auch mit Blick auf die Berufsperspektiven. Seine Brüder Tycho und August hingegen entschieden sich für die Klassische Philologie, die sich allmählich zum bürgerlichen Lieblingsfach entwickelte und vom staatlich geförderten Ausbau der Schulen profitierte.

Die Juristenausbildung war staatlich normiert. Die Examensfächer waren festgelegt, und im akademischen Unterricht wurde genau darauf geachtet, daß sich die Studenten auf das sogenannte Amtsexamen vorbereiteten, das in Schleswig-Holstein im Gegensatz zu vielen anderen deutschen Ländern nur aus einer einzigen juristischen Staatsprüfung bestand und den Universitätsabsolventen unmittelbar den Zugang zum Richterberuf, zum Verwaltungsdienst und zur Anwaltstätigkeit eröffnete. Über Mommsens mit großem Erfolg aufgenommenes Studium gibt sein Zeugnisbogen detailliert Rechenschaft, in dem er nach Semester geordnet die verschiedenen Vorlesungen und Übungen, die Namen der Dozenten und deren Bewertung sorgfältig eintrug. Durchweg wurde dem strebsamen Studiosus der Jurisprudenz ausgezeichneter Fleiß und Aufmerksamkeit bescheinigt. Entsprechend den Gepflogenheiten der Kieler Universität hörte Mommsen zunächst römisches Recht, das Grundlage des gesamten juristischen Studiums war, und beschäftigte sich erst in den höheren Semestern mit dem Recht der Herzogtümer.

Auf Grund der beschränkten finanziellen Möglichkeiten gelang es der Juristischen Fakultät nicht, renommierte Gelehrte von überregionaler Bedeutung länger an Kiel zu binden. Aber die juristischen Professoren garantierten eine gediegene Ausbildung und machten ihre Studenten mit den unterschiedlichen Richtungen der zeitgenössischen Rechtswissenschaft vertraut. Es war allgemein anerkannt, daß das geltende Recht nur durch rechtshistorische Kenntnisse verstanden und angewandt werden könne. So erlebte das römische Recht in dieser Zeit eine Renaissance. Und deshalb konnte sich der Student Mommsen mit einer Arbeit über das Vereinswesen des römischen Altertums für die juristische Praxis qualifizieren. Diese Ausbildung ist uns heute so fremd geworden, daß wir nach ihren Grundlagen fragen müssen. Dies ist um so mehr angezeigt, als Mommsen auch als Altertumswissenschaftler tief von dem Rechtsdenken seiner Zeit geprägt wurde.

Die Verwissenschaftlichung der Jurisprudenz durch die Historisierung ihres Gegenstandes geht einher mit der Abkehr vom Rationalismus des überzeitlichen Vernunftrechts der Spätaufklärung. Daß «alles

Recht durch Sitte und Volksglaube, dann durch Jurisprudenz erzeugt wird», jedoch «nicht durch die Willkür eines Gesetzgebers» postulierte Friedrich Karl von Savigny in seiner Schrift «Vom Beruf unserer Zeit für Gesetzgebung und Rechtswissenschaft» aus dem Jahre 1814. Der Archeget der neuen «Historischen Schule» der Jurisprudenz erläuterte seinen Grundsatz, daß die Geschichte «der einzige Weg zur wahren Erkenntnis unseres eigenen Zustandes» sei, am Beispiel des römischen Rechts, dessen Entwicklungsstufen er von den Zwölftafelgesetzen über das klassische Recht der kaiserzeitlichen Juristen bis zu dem von Justinian geschaffenen *Corpus iuris civilis* nachzeichnete. In seiner bahnbrechenden und auf umfangreichen Handschriftenstudien basierenden «Geschichte des römischen Rechts im Mittelalter» (1815–1831) widmete er sich den späteren Umformungen des antiken römischen Rechts. Die historisch-systematische, in Savignys Diktion «wahrhaft historische» Betrachtung des Rechts begründete die sogenannte Pandektenwissenschaft (so benannt nach den «Pandekten» oder – lateinisch – «Digesten», dem zentralen Teil des *Corpus iuris*), die aus der Überlieferung die für die Gegenwart relevanten Rechtsprinzipien zu ermitteln und auf der Grundlage einer klaren Begrifflichkeit logisch zu ordnen suchte. Die hierdurch initiierte «zweite Rezeption» des römischen Rechts bestimmte vor allem die Zivilrechtswissenschaft und ihren begrifflichen Formalismus. Das Recht war nicht das Produkt staatlicher Gesetzgebung, sondern die historisch gewordene Kulturschöpfung einer Nation oder eines Volkes. Nation und Volk wurden in Savignys Augen von den Juristen repräsentiert, die als wissenschaftlich gebildete Rechtskundige das Recht bewahrten, anwandten, interpretierten und weiterentwickelten.

Die Tradition, der Savigny und seine Schüler den Vorzug vor der Satzung gaben, war nicht national, sie war nicht deutsch, sie war vielmehr international und römisch. Dies hatte zwei weitreichende Folgen: Zum einen richtete sich der Rekurs auf die historische Legitimität des Rechts nicht nur gegen die Errungenschaften der Aufklärung und die Naturrechtslehre, sondern auch gegen die Rechtssetzungen im Anschluß an die Französische Revolution. Nicht von ungefähr nannte Savigny den Code Napoléon ein Krebsgeschwür und lehnte sein Leben lang die Kodifikation bürgerlicher Freiheitsrechte ab. Liberalen Süddeutschen galt Savignys Schule daher als die gefährlichste Pflanzstätte konservativer Beamter. Zum anderen geriet Savigny in die Kritik derer, die das römische Recht als ein fremdes Recht empfanden, das den gegenwärtigen, im Volk lebendigen Rechtsanschauungen widerspreche und die Entwicklung der deutschen Länder zu einer Nation behindere. Letztlich sahen die Vertreter dieser Richtung im römischen Recht ein nationales Unglück für Deutschland, das nur dadurch behoben oder gelindert werden könne, daß das alte germanische Recht wiederhergestellt und veröffentlicht würde. Seit den 1830er Jahren fochten die beiden Zweige der historischen Rechtswissenschaft, die Romanisten und die Germanisten, ihren Streit in aller Schärfe öffentlich aus. Jeder Rechtshistoriker war aufgefordert, Position zu beziehen.

Mommsens Hauptfach war das römische Recht. Seine erste romanistische Vorlesung hörte Mommsen im Sommersemester 1838 bei Georg Christian Burchardi, der sich nach seinem Studium in Kiel, Berlin und Göttingen auf Savignys Rat der akademischen Laufbahn zugewandt hatte und seit 1822 in Kiel lehrte. Aus seiner Feder stammte eine der ersten systematischen Darstellungen der Historischen Schule über die Lehrbücher, die *institutiones*, der römischen Juristen. Burchardi demonstrierte in seinen akademischen Veranstaltungen und in seinen wissenschaftlichen Publikationen Savignys Forderung, die Prinzipien des von den antiken Juristen geschaffenen römischen Rechts aufzuspüren, systematisch zu ordnen und für die gegenwärtige Zivilrechtspraxis fruchtbar zu machen.

Deutsches und schleswig-holsteinisches Recht hingegen unterrichtete bereits seit 1815 Niels Nikolaus Falck, ein Studienfreund von Jens Mommsen. Wiewohl er in Übereinstimmung mit Savignys Programm umfassende rechtshistorische Kenntnisse einforderte und die Notwendigkeit einer Kodifikation für die Herzogtümer ablehnte, war er kein Vertreter der Romanistischen Schule. Denn die Annahme, daß die spezifischen Traditionen des Rechts- und Verfassungssystems in Schleswig-Holstein bewahrt werden müßten, ließ ihn die Überzeugung gewinnen, daß ein Gutteil der auf das römische Recht zurückgeführten Bestimmungen in der Rechtspraxis keine Geltung hätten; vielmehr müsse das «in den Begriffen des Volkes noch lebende Recht» in der Gegenwart angewandt und die Lebensfremdheit der Historischen Schule überwunden werden. Falcks methodische und inhaltliche Vorstellungen wurden von seinem Schüler Georg Beseler aufgegriffen, der mit seiner 1843 erschienenen Schrift «Volksrecht und Juristenrecht» zum Wortführer der Germanisten wurde.

Das zeitaufwendige Pandektenkolleg hörte Mommsen bei dem unter Studenten sehr beliebten Juristen Johann Friedrich Kierulff, der in Kiel und München studiert hatte und im Mai 1839 zum ordentlichen Professor der Rechte an der Universität Kiel ernannt wurde. Kierulff war ein brillanter Kopf, der zum Präsidenten des höchst angesehenen Hanseatischen Oberappellationsgerichts zu Lübeck aufstieg. Kierulffs wissenschaftliche Bedeutung beruht auf seiner unvollendeten «Theorie des Gemeinen Civilrechts», deren erster und einziger Band 1839 erschien. Mommsen konnte das Buch gleich zu Beginn seines Studiums lesen. In der programmatischen Einleitung wurde gegen die Praxisferne der Historischen Rechtsschule Stellung bezogen, die trotz all ihrer Verdienste die Rechtswissenschaft in eine Krise geführt habe. Das theoretische Gerüst für seine Ausführungen bildete Hegels Rechtsphilosophie, die auch sein Freund, Kollege und Schwager Johannes Christiansen rezipiert hatte. Beide, Kierulff und Christiansen, traten mit römischrechtlichen Publikationen hervor und teilten die Kritik des Philosophen an Savigny.

Hegel redete nicht nur einer nationalen Gesetzeskodifikation das Wort, da nur diese die Gerechtigkeit des positiven Rechts und die Freiheit des Individuums garantieren könne, sondern setzte Vernünftigkeit und Wirklichkeit in eins: «Was vernünftig ist, das ist wirklich; und was wirklich ist, das ist vernünftig.» Für die Rechtsgeschichte, und diesen Schluß zogen Christiansen und Kierulff gleichermaßen, bedeutete dies, daß nur das Recht wirklich, und das heißt vernünftig, objektiv wißbar und damit Objekt der Wissenschaft ist, das gilt oder das gegolten hat. Für die Rekonstruktion des früher gültigen Rechts genügte demzufolge nicht allein der Rückgriff auf die historisch überlieferten Gesetze und Rechtsbestimmungen, sondern die Rechtspraxis, d. h. der Gebrauch des positiven Rechts, mußte genau beachtet werden. Der Historischen Schule hielt Kierulff vor, sie verlasse «den praktischen Boden der Gegenwart», indem sie an einem «Stoff», dem römischen Recht, festhalte, der «seinem größten Teile nach totes Material» sei. Demgegenüber müsse in diesem Zeitalter ein «wirklich lebendiges Recht» selbständig geschaffen werden, und dies gehe nur, wenn das unpraktikable römische Recht «durch richtiges geschichtliches Studium» ausgeschieden werde. Aufgabe der solchermaßen konstituierten Rechtswissenschaft sei es, die Theorie eines Zivilrechts aufzustellen, das wirklich und vernünftig, oder wie Kierulff formulierte, «lebendig» sei und die Grundlage einer umfassenden Zivilsrechtskodifikation bilde, die ihrerseits auf dem praktisch angewandten Recht beruhen müsse. Die Gegenwart des Rechts solle nicht durch überflüssige historische Reminiszenzen überschattet werden. Gerade Kierulffs «geistreiche, scharfe Auffassung der leitenden Prinzipien» beeindruckte den Studenten Mommsen sehr und öffnete ihm den Weg zur Pandektenwissenschaft, während ihm von Burchardis Vorlesungen nur «ein reiches, sorgfältig geordnetes Material» in Erinnerung blieb.

Die historisch ausgerichtete Rechtswissenschaft wurde methodisch auch von der erneuerten Klassischen Philologie bestimmt. Die philologischen Seminare in Göttingen (Christian Gottlob Heyne), Halle (Friedrich August Wolf), Berlin (August Boeckh und Karl Lachmann), Leipzig (Gottfried Hermann) und München (Friedrich Thiersch) konstituierten durch die philologisch-historische Analyse antiker Texte eine neue Hermeneutik, die den Perspektivenwandel von den traditionellen Humanitätsstudien zur wissenschaftlichen Philologie vollzog. Barthold Georg Niebuhr übertrug als erster mit seiner Edition der Institutionen des Gaius, dessen Text er 1816 auf einem Veroneser Palimpsest entdeckt hatte, die Prinzipien der modernen Textkritik auf die römische Rechtsgeschichte. Diese durch die Altertumswissenschaft nachgerade «philologisierte» Jurisprudenz lernte Mommsen an der Kieler Universität durch den Privatdozenten Eduard Osenbrüggen kennen, der von der Klassischen Philologie zur Jurisprudenz gekommen war. Seine Bearbeitung der justinianischen Novellen für die 1840 von Karl Albert und Karl Moritz herausgegebene Ausgabe des *Corpus iuris* veranlaßte den habilitierten Dozenten der Klassischen Philologie, 1841 in Jura zu promovieren. Kurze Zeit unterrichtete er als Romanist in Kiel, bevor er 1843 in Dorpat eine Professur für Strafrecht erhielt. Jahre später wurde Mommsen sein Kollege in Zürich. Ein solcher Fächerwechsel war damals keineswegs außergewöhnlich: Auch Falck hatte zunächst Theologie und Klassische Philologie studiert und war zum Doktor der Philosophie promoviert worden, bevor er sich der juristischen Staatsprüfung unterzog. Andere, wie der Kieler Historiker Andreas Michelsen oder der Marburger Philologe Joseph Rubino, gingen den umgekehrten Weg. Osenbrüggen lehrte nicht Staats- und Privataltertümer, sondern vor allem römisches Strafrecht, mit dem er sich in dieser Zeit wissenschaftlich beschäftigte.

Eine Kieler Besonderheit bestand darin, daß die Studenten der

Rechtswissenschaft eine Art Studium generale absolvieren mußten, um Kenntnisse in anderen Fächern zu erwerben. Dazu gehörten eine Einführungsvorlesung in die Philosophie, aber auch Veranstaltungen in den alten und neuen Sprachen, in der allgemeinen und der Landesgeschichte sowie der Staatsverwaltung. Im Sommersemester 1839 las Mommsen unter Anleitung eines Lektors der englischen Sprache das epische Gedicht «Childe Harold's Pilgrimage» des von ihm hochverehrten Lord Byron, und sechs Semester später befaßte er sich mit der Enzyklopädie der philosophischen Wissenschaften. Interpretationsübungen zu Pausanias besuchte er bei dem Sonderling Peter Wilhelm Forchhammer, der eine Fülle abstruser Theorien produzierte. Der Hydromane interpretierte die Pyramiden und die mykenischen Kuppelgräber als Wasserbehälter, führte die griechischen Mythen auf Naturerscheinungen zurück und applaudierte dem Vorgehen der Athener gegen «die Staatsgefährlichkeit der kommunistischen und sozialistischen Lehren» des Sokrates. Es war kein Schaden, daß Forchhammer häufig abwesend war, weil er sich auf Reisen in Griechenland befand.

Geschichte existierte noch nicht als selbständiges Fach, und selbst Friedrich Christoph Dahlmann, der von 1813 bis 1829 an der Kieler Universität wirkte, hielt seine Vorlesungen in erster Linie für die Juristen. Eines der ersten Kollegien, die der junge Georg Waitz über die «Deutsche Geschichte» abhielt, besuchte Mommsen im Wintersemester 1842/43. Der Student der Rechte war gerade einmal vier Jahre jünger als der Rankeschüler, der als Mitarbeiter der *Monumenta Germaniae Historica* seine Fähigkeiten unter Beweis gestellt und ohne Habilitation den Ruf nach Kiel erhalten hatte. Auch in den historischen Vorlesungen, die Johann Gustav Droysen hielt, der 1840 im Alter von 31 Jahren nach Kiel berufen wurde, wird Mommsen gesessen haben, zumal die 1833 erschienene «Geschichte Alexanders des Großen» den jungen Wissenschaftler mit einem Schlag berühmt gemacht hatte. 1840 dozierte Droysen, von Haus aus Klassischer Philologe und Schüler Boeckhs, vor 50 Hörern über die dramatische Kunst der Griechen, im folgenden Semester über die Geschichte der griechischen Prosaliteratur. Doch weder diese Kollegien noch der zweite Band der «Geschichte des Hellenismus», der 1843 veröffentlicht wurde, dürften Mommsens Aufmerksamkeit gefunden haben. Aufsehen erregten im Wintersemester 1842/43 vielmehr Droysens «Vorlesungen über das Zeitalter der Freiheitskriege» und sein Festvortrag, den er in den ersten Augusttagen des Jahres 1843 zum tausendjährigen Bestehen des Deutschen Reiches hielt. Diese öffentlichen Äußerungen, die auf die Verlagerung seiner Interessen von der Alten zur Neueren Geschichte hindeuteten, formulierten aus historischer Perspektive ein nationales und liberales Reformprogramm, das nicht nur das jugendliche Auditorium begeisterte.

Zwei akademische Lehrer außerhalb der juristischen Fakultät waren für Mommsens Entwicklung wichtig: der Agrarhistoriker und Nationalökonom Georg Hanssen sowie der Klassische Philologe, Archäologe und Musikhistoriker Otto Jahn. Hanssen führte Mommsen in die Grundzüge der Nationalökonomie, Statistik und Staatswissenschaft ein. Seine umfangreichen Forschungen zur Geschichte der Agrarverfassungen und insbesondere der Feldsysteme, die auf Autopsie und persönlichen Befragungen beruhten, haben Mommsen für wirtschaftsgeschichtliche und volkswirtschaftliche Fragen sensibilisiert.

Den nachhaltigsten Einfluß übte Otto Jahn aus, wissenschaftlich wie intellektuell die eindrucksvollste Erscheinung am Kieler Philologischen Seminar. Er hatte seine akademische Tätigkeit in Kiel im Herbst 1839 mit einem Kolleg über Juvenal begonnen. Unter den Zuhörern saß Mommsen, den mit dem vier Jahre älteren Dozenten bald eine enge Freundschaft verband, die auch andauerte, als Jahn im Herbst 1842 einem Ruf nach Greifswald folgte. In Kiel war die fachwissenschaftliche Dynamik der neuen Zeit, die die bedeutenden Institute in Berlin, Bonn, Göttingen, Halle oder Leipzig kennzeichnete, noch nicht zu spüren. Jahn allein repräsentierte die moderne Philologie. Die alten Sprachen wurden nicht mehr – wie früher – als Teil einer propädeutischen Ausbildung gelehrt, sondern waren die Grundlage einer umfassenden Wissenschaft vom griechischen und römischen Altertum. Das Fundament einer Theorie der philologischen Methode und einer umfassenden, verschiedene Einzeldisziplinen integrierenden Altertumswissenschaft hatte Friedrich August Wolf gelegt, der zugleich gefordert hatte, daß sich die Klassische Philologie zu einer historischen Altertumswissenschaft wandeln müsse, die um das geschichtliche Verständnis ihrer Gegenstände bemüht sei. Barthold Georg Niebuhr, der aus den literarischen Trümmern die römische Frühgeschichte rekonstruierte, widmete sich diesem Anliegen ebenso wie August Boeckh, der nicht mehr allein die Textzeugen, sondern die gesamte Hinterlassenschaft der griechischen und römischen Antike der Fürsorge der Philologie anvertraute, die jetzt als eine historische Wissenschaft definiert wurde. So betrieb Boeckh mit Hilfe der Preußischen Akademie der Wissenschaften die Sammlung der griechischen Inschriften und untersuchte die «Staatshaushaltung der Athener».

Jahn hatte längere Zeit in Berlin bei Boeckh und Karl Lachmann, dem Begründer der modernen Textwissenschaft, studiert. In Kiel bereitete er seine Persius- und Juvenalausgabe vor, zeigte sich der epigraphischen Forschung gegenüber aufgeschlossen und lehrte Klassische Archäologie. Der Polyhistor Jahn verschrieb sich der Boeckhschen «Totalität der Tatsachen» und machte, wie Mommsen einmal ausführte, keinen Unterschied, «ob die Überlieferung durch Erz und Marmor vermittelt war, oder durch Pergament und Papier». Gemeinsam mit seinem ehemaligen Lehrer Forchhammer setzte Jahn sich dafür ein, daß am 9. Dezember 1840 die erste Winckelmann-Feier an einer deutschen Universität begangen und wenig später ein Antikenmuseum an der Universität eingerichtet wurde. Jahn vermittelte Mommsen die «streng philologische Methode», die an der Kieler Universität ohnehin viele Fürsprecher hatte: Wie schon Dahlmann bei Wolf in Halle, so hatten Osenbrüggen bei Hermann in Leipzig und Droysen bei Boeckh in Berlin studiert.

Doch Mommsens erste selbständige Untersuchungen, die er als Student vorlegte, reflektieren weder die zeitgenössischen Diskussionen um die Historische Rechtsschule noch das neue Totalitätsideal der klassischen Altertumswissenschaft. Sie sind, mit einem Wort, altbacken. Das kann nicht verwundern, wenn man bedenkt, daß es sich bei der ersten Arbeit um eine Preisaufgabe über die römischen Ärartribunen handelte, die Mommsen ein begehrtes Stipendium einbrachte. Dieses Exerzitium über ein Problem der römischen Finanzverwaltung brachte es auf Grund der Überlieferungssituation zwar mit sich, daß Mommsen sich mit lateinischen Inschriften befassen mußte, war aber einem konventionellen Thema gewidmet, das noch in der Tradition der humanistischen Rechtswissenschaft stand. Gleiches gilt für die Abhandlung über das Recht der römischen Kollegien, mit der Mommsen 1841 zum zweiten Mal ein Stipendium gewann (und die ihm später auch als Examensarbeit diente), für die 1844 veröffentlichte Studie über «Die Tribus in administrativer Beziehung» und schließlich für seine Dissertation aus dem Jahr 1843, die zwar mit dem höchsten Prädikat bewertet wurde, aber nur aus zwei bescheidenen Miszellen besteht, die sich aus rechtshistorischer Sicht und auf der Grundlage epigraphischer und philologischer Evidenz dem Begriff der *auctoritas* nähern.

Natürlich sind diese Arbeiten vor dem Hintergrund der von Savigny, Niebuhr und anderen eingeleiteten Renaissance römischrechtlicher Forschung zu sehen. Aber sie zeigen noch nicht, wie bisweilen vermutet wurde, den genialen Altertumswissenschaftler, der Romanistik, Philologie und Alte Geschichte in glänzender Weise verband. Mommsen selbst sprach in seinem Lebenslauf, den er seiner Doktorarbeit beilegte, treffend von den «antiquarischen Studien», die ihn damals fesselten und die «die eigentliche Jurisprudenz» zurückgedrängt hätten. Die romanistischen Preis- und Examensarbeiten führten Mommsen auf den Bereich der römischen Altertümer und der lateinischen Epigraphik. Natürlich blieben ihm die Forschungsdesiderate nicht verborgen; so bedauerte er in seiner Schrift über die römischen Kollegien das Fehlen eines Corpus der lateinischen Inschriften, das der von Boeckh initiierten Sammlung der griechischen Inschriften vergleichbar wäre. Aber hier spricht der Jurist, der sich zur Lösung genuin rechtshistorischer Probleme Quellen zuwendet, die nur durch die philologische Methode zu erschließen sind und deren überzeugende Auswertung auch historische Fragestellungen einschließt. Die Bearbeitung der ihm gestellten Aufgaben gründete zunächst nicht auf wissenschaftlichem Eros, sondern auf ökonomischer Notwendigkeit. Die finanziellen Mittel waren knapp, und aus dem Elternhaus waren höchstens Zuschüsse zu erwarten. Folglich mußte der Sohn des Pfarrers, der selbst in seiner Jugend kein Stipendium erhalten hatte, auf die Unterstützung durch private Stiftungen zählen, um einigermaßen durchzukommen. Auf Grund seiner Vorbildung und seines Eifers setzte sich Mommsen in der Konkurrenz um die wenigen Stipendien durch – die familiäre Investition in Bildung hatte sich bezahlt gemacht.

Mommsen hatte ein juristisches, kein philologisches Studium absolviert. Über den prägenden Einfluß dieser Ausbildung ließ er auch in späteren Jahren nie einen Zweifel aufkommen. Die Jurisprudenz habe den Jüngling erzogen, bekannte er zu seinem fünfzigjährigen Doktorjubiläum. An der relativ kleinen Landesuniversität wurden die Grundlagen für seinen methodischen und fachlichen Universalismus geschaffen, der es ihm ermöglichte, durch die Verbindung von Geschichte, Philologie und Rechtswissenschaft die Altertumsforschung zu neuen Höhen zu führen. Das Credo, das Mommsen damals zu sprechen lernte, lautete, die auf lückenloser Erfassung beruhende «objektivierende» und systematisierende Interpretation der Überlieferung sei die entscheidende Erkenntnisoperation der historischen Forschung. Mommsen wird durch seine Editionen und Darstellungen maßgeblich zur Historisierung des römischen Rechts beitragen und damit eine Entwicklung beschleunigen, die den zentralen Gegenstand der zivilrechtlichen Ausbildung zum propädeutischen Akzidens des Juristenstudiums werden läßt.

Savignys Polemik gegen die ahistorische Verklärung des still wirkenden Volksgeistes überzeugte Mommsen. Aber nicht nur mit dem Doyen der Historischen Rechtsschule, sondern auch mit dem Historiker Friedrich Dahlmann verband Mommsen die Auffassung, daß der Staat «keine Erfindung, weder der Not noch der Geschicklichkeit, keine Aktiengesellschaft, keine Maschine, kein aus einem frei aufgegebenen Naturleben hervorspringendes Vertragswerk, kein notwendiges Übel, kein mit der Zeit heilbares Gebrechen der Menschheit» sei, sondern «eine ursprüngliche Ordnung, ein notwendiger Zustand, ein Vermögen der Menschheit und eines von den die Gattung zur Vollendung führenden Vermögen». Das bürgerliche Nationalbewußtsein machte auch das römische Volk und seine Rechtskultur zu Vollstrekkern des universalhistorischen Telos. Erst über die Geschichtlichkeit des römischen Rechts wird sich der Rechtshistoriker der Geschichtlichkeit des römischen Volkes zuwenden.

Doch Mommsen lernte als Romanist auch von Hegel, wiewohl dessen Rechtsphilosophie ohne nachhaltigen Einfluß auf die Zivilrechtswissenschaft blieb. Gewiß, Mommsen wird sich nicht den überzogenen Anspruch der Hegelschen Philosophie auf eine umfassende Deutung von Welt und Geschichte zu eigen machen. Aber Hegels Konzept der universalen Entwicklung der Völker und Nationen faszinierte ihn. Mehr noch: Die Kieler Hegelianer Christiansen und Kierulff demonstrierten, wie ein klares, in sich geschlossenes System der Rechtstheorie mit geschichtlicher Dimension verbunden werden konnte. Zur Rekonstruktion des Rechtslebens genügte es nicht, Gesetze zu sammeln und auszulegen, vielmehr mußte die lebendige Anwendung und der tatsächliche Gebrauch der Rechtssatzungen untersucht werden. Diese Lektion verinnerlichte der Student der Jurisprudenz. In seinen späteren Abhandlungen zum römischen Recht, insbesondere zum römischen Staatsrecht, unterlag er daher bei aller Systematisierung nie der Gefahr, dem juristischen Formalismus eines Georg Friedrich Puchta oder Rudolph von Jhering zu folgen, die durch eine weitgehende Abstraktion der Rechtsbegriffe die Historische Schule endgültig von der gesellschaftlichen Realität entfernt hatten. Mommsens Modell des antiken römischen Rechts berücksichtigte immer die spezifischen politischen, sozialen und ökonomischen Bedingungen seiner Entstehung, Entwicklung und Anwendung. Mommsen wird Niebuhr, Savigny und Hegel zusammenführen.

4. *Die Universitätsjahre (II): Duell, Debatte, Dichtung*

Mommsen entsprach dem studentischen Durchschnitt: Er war humanistisch vorgebildet und protestantischer Konfession, er entstammte dem akademisch gebildeten bürgerlichen Milieu und arbeitete auf einen Studienabschluß hin, der eine Anstellung im höheren Staatsdienst ermöglichte. Die Universität war ein notwendiges Durchgangsstadium. Eine kollektive Identität wurde nicht vermittelt. Gemeinschaftsstiftende Rituale pflegten die Studenten in Landsmannschaften, Korps und Burschenschaften, die nach 1815 einen ungeheuren Aufschwung erlebten.

Als sich im Oktober 1817 auf der Wartburg kaum 350 Studenten zur 300-Jahr-Feier der Reformation und zum dritten Jahrestag der Völkerschlacht bei Leipzig trafen, war auch eine Delegation aus Kiel angereist. Auf dem Burgberg bei Eisenach überantworteten die patriotischen Studenten die Werke der Restaurationsautoren den Flammen und riefen zur Offensive gegen die Fürstenreaktion und die konservative Staatsverfassung auf. Der einprägsame Wahlspruch der Burschenschaften lautete: «Ehre, Freiheit, Vaterland». Angespornt von den Erfolgen der nationalen Mobilisierung gegen die napoleonische Okkupation, stritt man gemeinsam mit den fortschrittlichen Professoren für ein geeintes und freies deutsches Vaterland. An allen Universitäten entstanden «Burschenschaften», die die landsmannschaftliche und ständische Zersplitterung der Studentenschaft überwinden und mit einem Bund aller Studierenden die Einheit Deutschlands antizipieren wollten. Die Politisierung der akademischen Jugend war in den Herzogtümern Schleswig und Holstein ebensowenig wie in den Ländern des Deutschen Bundes ein Massenphänomen. Das zentrale Anliegen der Burschenschaften, die nationale Einigung, fand an der Universität Kiel nur langsam Zustimmung. Noch schreckte viele der Gedanke einer Loslösung Schleswig-Holsteins von Dänemark. Immerhin gab sich die 1821 gegründete Kieler Burschenschaft den programmatischen Namen «Germania» und bekannte sich immer lauter zur deutschen Nation.

Die Germania war allerdings kein Ort staatsgefährdender Umtriebe. Sie blieb hinter der politischen Radikalisierung der Mehrzahl der deutschen, vor allem der süddeutschen Burschenschaften zurück. Entsprechend gespannt war ihr Verhältnis zur Allgemeinen Deutschen Burschenschaft. Dennoch wurde auch die Kieler Germania im Zuge der Karlsbader Beschlüsse und der Repressionsgesetze der 1830er Jahre Opfer von Überwachung und Verbot. Sobald die Farben Schwarz-Rot-Gold getragen wurden, griffen Rektor und Polizei ein. Höchstes Ziel der universitären und staatlichen Organe war, den Anschluß der Burschenschaft an die deutsche Bewegung zu verhindern. Nach der Auflösung der Germania wurde 1836 an ihrer Stelle die Albertina gegründet, die ebenfalls das Ziel verfolgte, «Liebe zum Vaterland, Begeisterung für Freiheit, Selbständigkeit und Einheit des Volkes, deutschen Gemeingeist und Volksgefühl zu wecken». Theodor Mommsen trat mit Studienbeginn der Albertina bei.

Die Albertinen wandten sich gegen die Zersplitterung der Studentenschaft und propagierten die nationale und liberal-emanzipatorische Orientierung der akademischen Jugend. Doch nicht mit Dolch und Pistole, sondern mit Wort und Feder wollte man Politik treiben. Verfassungsrechtliche Themen und die schleswig-holsteinische Landespolitik wurden in größerer Runde diskutiert. Bei öffentlichen Anlässen trug man brav die Universitätsfarben lila-weiß, nur im privaten Kreis legten die Studenten Schwarz-Rot-Gold an. Erst 1844, als die Albertina den Namen «Kieler Burschenschaft» annahm, engagierte man sich offen im Freiheitskampf. Jetzt forderten die Zeitläufte zu politischem Engagement auf.

Die Professoren der Universität Kiel gingen seit den Befreiungskriegen mit gutem Vorbild voran. Schon der Historiker Dahlmann hatte für die nationale Einigung des deutschen Volkes und die Verwirklichung einer freiheitlichen Ordnung gestritten. Nachdem er ein Dokument aus dem Jahr 1460 entdeckt hatte, in dem der dänische König Christian I. den Landständen der Herzogtümer Schleswig und Holstein gelobt hatte, «dat se bliven ewich tosamende ungedelt», wurde er zu einem der Wegbereiter der schleswig-holsteinischen Bewegung und stand in ständiger Opposition zur Kopenhagener Regierung. Sein Nachfolger Andreas Michelsen äußerte sich wissenschaftlich und journalistisch zu den Grundfragen des schleswig-holsteinischen Verfassungsrechts und wirkte an der Gründung einer historischen Gesellschaft in den Herzogtümern mit. Mommsen saß in seinen Vorlesungen. Der Romanist Burchardi war Abgeordneter der Universität für die holsteinische Ständeversammlung. Falck, als *advocatus patriae* verehrt, hatte gemeinsam mit Karl Theodor Welcker und Dahlmann die «Kieler Blätter» begründet, die zum überragenden deutschsprachigen Presseorgan der Herzogtümer wurden, und war zeitweise Präsident der Ständeversammlung. Droysen stellte, kaum nach Kiel berufen, den Kontakt zur Albertina her. Mit politisch interessierten Studenten wußte sich der junge Dozent einig in der Kritik an der Reaktion und im Streben nach liberalen und nationalen Reformen. Droysen wurde schnell zum Wortführer der deutschen Opposition gegen die dänische Politik und vertrat später die Sache der Herzogtümer in der Frankfurter Paulskirche.

Als Mitte 1843 unter der Mitwirkung einiger Albertinen die «Neuen Kieler Blätter» gegründet wurden, war Mommsen dabei. Gerade hatte die Frage, ob in der Schleswigschen Ständeversammlung auch dänisch gesprochen werden dürfe, die Gemüter erregt. Das Ziel der neuen Zeitung, «das volkstümliche Bewußtsein zunächst der Schleswig-Holsteiner, dann der übrigen Deutschen» zu entwickeln, fand Mommsens begeisterte Zustimmung. Bereits der Name signalisierte, daß an die berühmten «Kieler Blätter» angeknüpft werden sollte. Mommsen übte sich hier als Journalist, der gegen die Politik Kopenhagens polemisierte und für den Nationalstaat, das «Heiligtum der Gegenwart», agitierte. Seine Politisierung in den 40er Jahren knüpfte an die fortschrittliche Burschenschaftstradition an, ging aber zugleich über sie hinaus. Zunächst keineswegs antidänisch eingestellt, setzte sich bei Mommsen allmählich die Vorstellung durch, daß Schleswig und Holstein Teil eines wie auch immer zu definierenden deutschen Staates sein sollten. Separatistische Überlegungen wies er brüsk zurück. Gleichzeitig verschärfte sich seine Kritik an der traditionellen Gesellschaft, die auf Rang, Ehre und Stand fixiert war.

Die revolutionären politischen Ziele der Burschenschaften hatten jedoch keine grundsätzliche Änderung des studentischen Lebens zur

Folge. Die überkommenen Bräuche florierten, man gab sich trink- und fechtbegeistert, und Affären mit Mädchen waren an der Tagesordnung. Mommsen verbrachte seine Tage nicht nur mit Studium und Politik, sondern auch beim Kneipen und auf dem Paukboden. Er scheint das organisierte Vergnügen der Albertina durchaus genossen zu haben. Der Burschenschafter Mommsen beachtete strikt den studentischen Ehrenkodex, der eine Gemeinschaft zusammenhielt, in der aristokratische Herkunft nichts galt und in der die Bürgersöhne, die sich auf eine Karriere im öffentlichen Dienst vorbereiteten, die Idee brüderlicher Gleichheit pflegten. Ohnehin war die Kieler Universität eine durch und durch bürgerliche Institution, an der es kaum Adelige gab.

Wie streng auf Disziplin und Gehorsam geachtet wurde, lernte Mommsen bereits im ersten Semester, als ihm seine Weigerung, einen geringen Geldbetrag an die Verbindung zu zahlen, vor das Ehrengericht der Burschenschaft brachte, das über ihn einen befristeten «Verruf», oder wie die Studenten sagten: einen «Verschiß» verhängte. Der «Fuchs» Mommsen war damit sogleich zum «Schisser» geworden, der nicht mehr satisfaktionsfähig war und aus der Gemeinschaft ausgegrenzt wurde. Doch Mommsen gelang es in der Folgezeit, seine Reputation wiederherzustellen, indem er sich so verhielt, wie es die Burschenschaft von einem ihrer Mitglieder erwartete. Dazu gehörte vor allem, daß er den «Kontrahagen», den Verabredungen zum Duell, Folge leistete und sich auf der Mensur mit dem Schläger in der Hand maß. Erfolg in diesem Zweikampf, dessen Modalitäten minuziös durch den schriftlich niedergelegten «Comment» geregelt waren, brachte dem Verbindungsbruder und der ganzen Verbindung Ansehen. Mommsen stellte sich diesem Mannbarkeitsritual, das Tapferkeit und Standhaftigkeit zu bezeugen vorgab. Auch in späteren Tagen fand er keine kritischen Worte über den martialischen Ehrenkodex des Verbindungswesens. Mag sein, daß er Schleiermachers Position teilte, der die Burschenschaften als Hort akademischer Freiheit pries und im Duell das ideale Mittel zur Herstellung der Gleichheit unter den Studenten erblickte. Obschon Mommsen im Gegensatz zu vielen seiner Zeitgenossen die Spuren eines studentischen Ehrenhandels nicht im Gesicht trug, war ihm die «Scholarenehre» mehr als die prätentiöse Imitation aristokratischen Verhaltens. Er pflegte sein Leben lang einen ausgesprochen sensiblen Ehrbegriff, den er als Student kennengelernt hatte. Nachgiebigkeit, Feigheit und Konfliktscheue waren ihm im wissenschaftlichen wie im politischen Leben verhaßt. Wie in Studententagen zählte noch der alte Mann Mut, Kampfeslust und Entschlossenheit zu seinen Tugenden.

Nicht nur die Burschenschaft Albertina, sondern auch ein Freundeskreis, der sich «Clique» nannte, bewahrte Mommsen vor der sozialen Isolation. In der «kleinen übermütigen und zersetzungslustigen Schar» hatten sich gleichgesinnte Studenten zusammengefunden, unter ihnen auch Theodor Storm. Die Bewunderung des Dichters für den gleichaltrigen Mommsen rührte aus der Zeit her, als Mommsen der Kopf der «Clique» war. Die Studentengruppe verband weder das gemeinsame Studium – Theologen, Juristen, Philologen und Mediziner fanden sich ein – noch die Zugehörigkeit zu einer Burschenschaft – Storm etwa trat dem Korps Holsatia bei –, sondern die Begeisterung für die Literatur, insbesondere die Lyrik, und die Sensibilität für aktuelle politische und philosophische Fragen. Die Dichter und Denker des Vormärz wurden traktiert und deren radikale Forderungen diskutiert. Eduard Mörike begeisterte die Studenten. Wie in der Schule verteidigte Mommsen Goethe gegen die Kritik des «Jungen Deutschland», die im Freundeskreis auf Zustimmung stieß. Ausflüge führten Mommsen bis zum Kyffhäuser, den er als Symbol des geeinten Deutschlands pries. Aber auch Tändeleien lockten. Die ersten Liebesgedichte erreichten Gretchen, die Tochter des Hofbäckermeisters Andersen in der Flämischen Straße, wo Mommsen zusammen mit Storm zur Untermiete wohnte.

Ein «Cliquenunternehmen» war auch das «Liederbuch dreier Freunde», mit dem Theodor und Tycho Mommsen sowie Theodor Storm dem Freundeskreis ein literarisches Denkmal setzen wollten. Ein geschlossenes Konzept hatte man nicht, jeder trug seine Verse zu dem Büchlein bei, das 1843 erschien. Theodor Mommsen brachte die besten Gedichte zu Papier, zumindest bessere als Storm, der noch unreif wirkt und sich als Liebesdichter zu stilisieren versuchte. Mommsen schrieb geistreich und gewandt, formsicher und abwechslungsreich, seine poetischen Versuche sind spielerisch und vieltönig, ironisch und kurzweilig, voll von gelehrten Anspielungen und reich an Bildungsgut. Ambitioniert griff er in die aktuelle Diskussion um die Aufgaben der Dichtung ein. Politik sei ein wichtiges, aber nicht das einzige Thema der Dichtkunst, betonte er in konventionellen Versen. Der bekannte

Kritiker Ludolf Wienbarg, einer der Wortführer des «Jungen Deutschland» und Privatdozent in Kiel, rühmte in seiner Besprechung, die am 11. Dezember 1843 in den «Hamburger Literarischen und Kritischen Blättern» erschien, Mommsens «Goethebildung» und sein «Kunstbewußtsein». Dem Autor passiere es sogar, «daß er sich in einem Heineschen Vers gegen Heine erklärt und in einem Gedichte an Georg Herwegh herweght».

Auch weitere Projekte ventilierte die «Clique». Häufig war Storm an der Ausführung beteiligt. Doch das Verhältnis zu dem Advokatensohn, mit dem Mommsen eine Zeitlang ein Zimmer teilte, war alles andere als spannungsfrei. Storm bemühte sich aufrichtig um Mommsens Freundschaft, doch zum vertrauten «Du» gelangte man nicht. Er war den Mommsenbrüdern suspekt: Es fehle ihm an Zielstrebigkeit und Selbstkontrolle, klagten sie, er schreibe «fades Zeug», und er sei unerträglich faul und eitel. Ihre brieflichen Kommentare zu Storms Arbeiten waren teils zurückhaltend, teils spöttisch und antizipieren bereits die spätere Kritik an dem Husumer Schriftsteller. Mit Theodor Fontane hielt man ihn für einen oberflächlichen Miniaturisten, der Vignetten und Genrebilder ohne Tiefe und Elementarkraft entwerfe. Also verlor Mommsen schnell das Interesse an der gemeinsam mit Storm geplanten Sammlung schleswig-holsteinischer Sagen, Märchen und Volkslieder. Mommsen war der *spiritus rector* dieses national gestimmten Unternehmens. Die Autoren hatten gemeinsam die Versifizierung oder novellistische Veränderung der Sagen verworfen, eine authentische Reproduktion der schmucklosen und schlichten Erzählungen gefordert und damit die modernen Prinzipien der philologischen Textkritik auf ihr Sagenbuch angewandt. Doch bald bedrängte Mommsen seinen Freund Storm, die bereits zusammengetragenen Materialien einem jungen Kieler Bibliothekar, Karl Müllenhoff, zu übergeben, der sich nach einem Aufruf als Mitarbeiter gemeldet hatte und das Werk bereits 1845 herausbrachte. Erste Proben hatten Mommsen und Storm 1843 in Karl Leonhard Biernatzkis «Volksbuch für die Herzogtümer Schleswig, Holstein und Lauenburg» publiziert. Das «Volksbuch» sollte die schleswig-holsteinische Sache befördern, verbreitete zugleich aber die Wertvorstellungen und Lebensmaximen eines pietistischen Protestantismus. Schwerfällige Artikel über Sündhaftigkeit, Gnade und Erlösung standen neben frommen Predigten wider den Alkohol und die Unzucht. Dazwischen fanden sich Beiträge zu historischen und volkswirtschaftlichen Themen. Mommsen jedenfalls setzte seine Zusammenarbeit mit dem «Volksbuch» nicht fort, traute andererseits aber Storm nicht zu, die regionalgeschichtliche Sammlung in eigener Verantwortung zu veröffentlichen. Auf Storms Kosten fand Mommsen eine Lösung. Er brach 1845 zu neuen Ufern auf und ergriff die Wissenschaft als Beruf.

II. AKADEMISCHER HASARD: ENTSCHEIDUNG FÜR WISSENSCHAFT – UND POLITIK

1. Tagebuch einer Reise: Mommsen in Italien

Nach zehnsemestrigem Studium bestand Mommsen zu Ostern 1843 beim Oberappellationsgericht in Kiel das juristische Examen mit Auszeichnung. Zum Eintritt in den Anwaltsberuf oder den Verwaltungsdienst konnte er sich jedoch nicht entschließen. Ihn reizte die wissenschaftliche Laufbahn. Noch im November desselben Jahres wurde er *summa cum laude* promoviert. Der junge *doctor iuris* verdiente sich die ersten akademischen Sporen, indem er romanistische Neuerscheinungen rezensierte – immer scharfsinnig, meist sehr ausführlich, bisweilen polemisch.

In den wenigen Monaten zwischen Amtsexamen und Promotion war Mommsen wohlgemut und hoffte auf einen raschen Aufstieg. Schon trug er sich mit dem Gedanken an eine Habilitationsschrift, eine wichtige, aber keineswegs unumgängliche Voraussetzung für eine Professur. Doch die Ernüchterung kam schnell. Wovon hätte er leben sollen? Ein Privatdozent bezog kein Gehalt, und von den Kolleggeldern der Studenten konnte man nicht leben. Außerdem gab es zu viele junge habilitierte Juristen. «Wie Heuschrecken», so schrieb er an seinen Mentor Otto Jahn, fielen die Privatdozenten auf Kiel nieder. Kurze Zeit sah es so aus, als könne Mommsen gleich als Kieler Extraordinarius mit festem Salär angestellt werden. Dieser Plan zerschlug sich jedoch ebenso wie die Aussicht auf einen Ruf nach Greifswald, wo Jahn, der dort seit 1842 wirkte, sich für seinen Schützling einsetzte. Schneller als es ihm lieb sein konnte, wurde Mommsen gewahr, daß er sich auf ein Glücksspiel eingelassen hatte. Die akademische Karriere war schlechterdings nicht planbar und zahlreichen Unwägbarkeiten ausgesetzt. Die zyklischen Schwankungen in der Einstellungspraxis der Universitäten machten die individuelle Lebensplanung des wissenschaftlichen Novizen zu einer Angelegenheit, die – wie Max Weber später formulierte – «einfach Hasard» war.

Zunächst mußte sich Mommsen als Aushilfslehrer in den beiden Mädchenpensionaten seiner Tanten in Altona über Wasser halten. Er unterrichtete Latein und Französisch, Geschichte und Geographie, deutsche Literatur und Sprache. Ein Zubrot verdiente er sich als Journalist. Er schrieb für verschiedene Blätter politische und literarische Beiträge und berichtete gelegentlich von Hamburger Theateraufführungen. Zu Freunden und Verwandten pflegte er Kontakte, die Häuser der Hamburger Prominenz wird er nicht besucht haben. Das Bewußtsein, mit geflickter Hose und schiefgetretenen Absätzen herumzulaufen, fördert kaum den freien Umgang mit Bessergestellten.

Überraschend tat sich eine neue Perspektive auf. Im April 1844 erhielt Mommsen das große dänische Reisestipendium, das ihn zwei Jahre materiell absicherte. Seine Kieler Lehrer hatten ihm ein glänzendes Zeugnis ausgestellt, und die Regierung in Kopenhagen trug ihm seine politische Agitation nicht nach. Unter 65 Bewerbern war er mit neun weiteren Kandidaten ausgewählt worden. Das dänische Stipendium war ein Segen. Jetzt konnte er die Professorenlaufbahn einschlagen. Noch Jahrzehnte später erinnerte er sich dankbar der Unterstützung. Im preußischen Landtag ergriff er als Abgeordneter am 9. März 1875 das Wort, um sich für die Stiftung von Privatdozentenstipendien auszusprechen: «Ich wäre ohne Zweifel nicht Gelehrter, wenn ich nicht als geborener Schleswig-Holsteiner in der Lage mich befunden hätte, als – wie man es damals offiziell formulierte – königlich dänischer Untertan ein Reisestipendium zu erlangen, welches in dieser Weise keinem preußischen Studenten gegeben wird.»

In Italien wollte Mommsen eine kommentierte Neuausgabe römischer Gesetzesurkunden vorbereiten. Angesichts der breiten inschriftlichen Überlieferung juristischer Zeugnisse richtete sich sein Interesse von Anbeginn auf die lateinische Epigraphik. Das Projekt, von Otto Jahn angeregt, war ganz nach dem Geschmack führender Köpfe der Berliner Akademie der Wissenschaften, mit der Mommsen durch Jahns Vermittlung in Verbindung treten konnte. Savigny, Lachmann und Boeckh nahmen den jungen Wissenschaftler unter ihre Fittiche, verschafften ihm eine zusätzliche Unterstützung und gaben ihm wohlwollende Ratschläge mit auf den Weg. Seine Exzellenz der Staatsminister Savigny legte ihm nahe, unbedingt mit Bartolomeo Borghesi zusammenzutreffen, dem bedeutendsten Kenner lateinischer Inschriften. In Berlin hatte man den Plan des 1837 verstorbenen dänischen Philologen Olav Kellermann, ein lateinisches Inschriftencorpus herauszugeben, nicht weiterverfolgt, als bekannt wurde, daß die französische Regierung eine große Sammlung vorbereitete. Mommsen war damals schon selbstbewußt genug, den französischen Wissenschaftlern seine Mitarbeit an dem Vorhaben anzubieten – unter der Bedingung, daß ihm das Filetstück, der Teil *de legibus et senatus consultis* (Gesetze und Senatsbeschlüsse), überlassen werde. Das Pariser Unternehmen kam nicht zustande, Mommsen aber griff mit dem Geld des dänischen Königs den Plan des dänischen Gelehrten auf, ein *Corpus Inscriptionum Latinarum* zu schaffen.

Am 20. September 1844 bestieg Mommsen in Hamburg das Schiff. Der Mädchenlehrer wurde zum Epigraphiker. Seinen Schülerinnen hatte er zum Abschied Verse ins Poesiealbum geschrieben. Nun führte er selbst ein Tagebuch, das er mit dem Satz eröffnete: «Der Augenblick ist so wenig und doch hängt so viel daran.» Drei Tage später ging er in Le Havre von Bord, um mit Postkutsche und Bahn nach Paris weiterzureisen. In der Bibliothèque Nationale betrieb er Handschriftenstudien, exzerpierte Inschriften und arbeitete Otto Jahn zu. Die neuen Methoden der Textkritik, die Gottfried Hermann und Karl Lachmann begründet hatten, übte er jetzt ein. Doch Mommsen erfüllte nicht nur seine philologische Pflicht. Der protestantische Gelehrte aus der Provinz genoß sechs lange Wochen die Weltstadt in vollen Zügen. Morgens ging er in den Louvre, abends in eines der zahllosen Theater. Er durchstreifte den Friedhof Père-Lachaise, fand viele vertraute Namen auf den Grabmälern und suchte die letzte Ruhestätte Ludwig Börnes auf. Exkursionen führten ihn nach Versailles und St. Germain. Im Palais de Justice interessierte er sich für die Besonderheiten des französischen Rechtssystems.

Karl Benedikt Hase, der deutsche Konservator der Handschriftenabteilung der Nationalbibliothek, half ihm nicht nur in bibliothekarischen Fragen, er führte ihn auch in die Pariser Gesellschaft ein. Den französischen Rechtshistoriker Laboulaye, der sich gerade mit dem römischen Kriminalrecht beschäftigte, lernte er kennen und schätzen. Der Altertumswissenschaftler Letronne, der die Oberaufsicht über die Archive Frankreichs innehatte, lud ihn zu seinen Abendempfängen ein. Mommsen hörte Vorträge im Institut de France und nahm an der Jahressitzung der Académie des Beaux-Arts teil. Ein Zufall wollte es, daß der Erste Sekretar des damals noch privat finanzierten deutschen Archäologischen Instituts in Rom, Emil Braun, in Paris weilte; Mommsen sprach ihn im Medaillenkabinett der Bibliothek an, berichtete ihm von seinen epigraphischen Studien und verabredete ein Wiedersehen in Rom. Dem jungen, aufgeschlossenen und vielseitig interessierten Deutschen, der tapfer in seinem Schulfranzösisch parlierte, gelang es in kürzester Zeit, Verbindungen zu wichtigen französischen Gelehrten herzustellen. Mommsen profitierte schon auf der ersten Station seiner Reise von der Internationalität der *res publica litterarum*.

Doch Paris war zugleich der Ort der Julirevolution von 1830. Flüchtlinge aus ganz Europa bevölkerten die Stadt, in der neue politische Ideen kontrovers diskutiert wurden. Heine konnte Mommsen nicht treffen, weil der Dichter gerade in Deutschland weilte. Aber einen Besuch bei den Redakteuren der Zeitschrift «La Démocratie Pacifique» ließ sich Mommsen nicht nehmen. Der Herausgeber, der bekannte Sozialist Victor Considérant, war zwar nicht anwesend, aber mit den anderen Journalisten entspann sich ein interessantes Gespräch über die deutsch-französischen Beziehungen und die gesellschaftliche Entwicklung Frankreichs. Mommsen schockierten die Folgen der sozialen Polarisierung, wie er seinem Tagebuch anvertraute: «Es ist jetzt der Moment, wo der Mittelstand hier förmlich ausgerottet wird und alle entweder zu den Reichen übergehen oder in die Armut zurück.»

Am 8. November 1844 verließ er Paris schweren Herzens. Die Stadt war ihm lieb geworden. Aber es zog ihn in den Süden. Sein Ziel war Marseille, um sich von dort nach Genua einzuschiffen. Die Reise führte ihn zu den großen Zeugnissen der Antike in Frankreich. Mommsen machte Station in Lyon, Montpellier, Avignon, Nîmes und Arles. Wie Generationen von Touristen bestaunte er den Pont du Gard. Hier nahm er Inschriften auf, dort besuchte er eine Bibliothek. Immer fand er aber auch Zeit für ein paar Verse. Am 24. November betrat er in Genua den «heiligen Boden der Natur, der Kunst, der Geschichte.» Seine ersten Ziele waren die Städte der Toskana: Pisa, Lucca, Pistoia und Florenz, wo er fast den ganzen Dezember verbrachte, um in der Laurentiana Manuskripte lateinischer Autoren zu studieren und die Briefe Ciceros zu kollationieren. Mit Reisebekanntschaften traf er sich oft in den Uffizien und wanderte im Arnotal. Den täglichen Kaffee schlürfte er im «Piccolo Elvetico», einem kleinen Café am Domplatz, in dem die Augsburger «Allgemeine Zeitung» auslag, die Mommsen über die politischen Vorgänge in der Heimat informierte. Kaum hatte er den weihnachtlichen Anflug von Heimweh überwunden, brach er nach Siena auf, und von dort ging die Reise weiter nach Rom. Die beschwerliche Fahrt versüßte ihm eine reizende Florentinerin, die ihn neckte und deren «prächtige schwarze Augen» es ihm angetan hatten. Am Abend des 30. Dezember traf Mommsen in der Ewigen Stadt ein.

Nur kurz verharrte er in Ehrfurcht vor der historischen Stätte, dann ärgerte er sich über die hohen Wirtshauspreise. Er meldete sich beim Archäologischen Institut auf dem Kapitol. Dort nahm man ihn gastlich auf. Das Römische Institut wurde in den nächsten Monaten zum Zentrum seiner wissenschaftlichen und sozialen Aktivitäten. Das *Istituto di Correspondenza Archeologica* war 1829 durch die Initiative des Archäologen Eduard Gerhard gegründet worden. Als Mommsen dort eintraf, stand es unter der Leitung von Emil Braun, eines engen Vertrauten von Gerhard, der 1837 zur Leitung der Museen nach Berlin berufen worden war. Die Idee und das Konzept des Instituts überzeugten Mommsen sofort: die Organisation der internationalen Kooperation und die systematische Publikation der Denkmäler. Mommsens Inschriftenprojekt war in Rom höchst willkommen, da das Institut in der Sammlung und Veröffentlichung inschriftlicher Zeugnisse eine wichtige Quellengrundlage für die archäologische Forschung erblickte. Olav Kellermann, der erste Epigraphiker des Instituts, hatte den weitausgreifenden Plan eines Inschriftencorpus hinterlassen, als er am 1. September 1837 an Cholera starb. Seine Materialien waren Otto Jahn übergeben worden, der zwar selbst das Projekt nicht aufgriff, aber sofort die Bedeutung der Kellermannschen Vorarbeiten erkannte und Mommsen auf den Plan ansetzte. In Rom konnte Braun Ende 1842 als Kellermanns Nachfolger Wilhelm Henzen für das Institut gewinnen. Dem Philologen und Historiker, der über Polybius promoviert hatte, lag die lateinische Epigraphik zunächst fern, aber er arbeitete sich rasch ein.

Mommsen, der Braun schon in Paris kennengelernt hatte und mit der Empfehlung Jahns und der Berliner Akademie unterwegs war, verwandte alle seine Energie darauf, an der Realisierung der von Kellermann projektierten Inschriftensammlung beteiligt zu werden. Die geplante Neuausgabe römischer Gesetzesurkunden sollte das Entree für ein viel ambitionierteres Vorhaben sein. Die Voraussetzungen, die Mommsen in Rom vorfand, waren für ihn ideal: Die dortigen Archäologen wußten, daß das Unternehmen nicht von einem Gelehrten allein

Theodor Mommsen in Rom, Winter 1846/47. Von links nach rechts: Emil Braun, Theodor Mommsen, Tycho Mommsen, Julius Friedländer

ausgeführt werden konnte, sondern der Kooperation mehrerer Wissenschaftler bedurfte. Außerdem war Henzen, der als Institutsmitarbeiter die Inschriften betreute, *in epigraphicis* noch recht unerfahren und konnte sachkundige Unterstützung, wie sie Mommsen mitbrachte, gut gebrauchen. Schließlich überzeugte Mommsen die Römer, weil er im Gegensatz zu seinem Lehrer Jahn, der archäologische, philologische und musikwissenschaftliche Projekte verfolgte, sich auf die Inschriften zu konzentrieren versprach.

Rasch schloß Mommsen Freundschaft mit anderen *ragazzi*, d. h. mit jungen deutschen Wissenschaftlern, die ebenfalls am römischen Institut forschten. Unter den *socii Capitolini* ragten neben Henzen die Bonner Heinrich Keil und Heinrich Brunn sowie der Berliner Numismatiker Julius Friedländer heraus. Zu dem Kreis, der auch zu feiern verstand, gesellte sich zeitweise Mommsens Bruder Tycho, der 1846 nach Italien kam und mit Mommsen gemeinsam bis nach Korfu reiste.

Mommsen ergriff dankbar die Möglichkeit, seine Entdeckungen und Forschungsergebnisse in den Zeitschriften des Instituts zu publizieren. Zugleich wurde er zu den öffentlichen Vorträgen und Diskussionen, den sogenannten Adunanzen, geladen, die regelmäßig auf dem Kapitol abgehalten wurden. Über das Institut in Rom fand er Anschluß an die internationale Altertumsforschung. Mit Henzen widmete er sich vor allem den lateinischen Inschriften. Geschickt band man italienische Gelehrte, vor allem Bartolomeo Borghesi und Giovanni Battista de Rossi, in die Forschungen ein, um im Land die notwendige Unterstützung zu gewinnen. Der erst 23jährige de Rossi, der sich mit den christlichen Inschriften Roms befaßte, war *scrittore* an der Vatikanischen Bibliothek und ermöglichte Mommsen und seinen Mitstreitern den Zugriff auf die dortigen epigraphischen Schätze. Mommsen und Henzen dachten und planten strategisch. Sie bauten damals ein Netzwerk auf, das über Jahrzehnte hinweg deutsche und italienische Wissenschaftler in verschiedene Projekte einband.

Doch der Erfolg war bedroht durch Mommsens ungezügelte Leidenschaft für wissenschaftliche Polemik. Gerhard klagte, Mommsens souveränes Arbeiten gereiche dem Institut zwar zur Ehre, sein persönliches Auftreten stifte aber lauter Unfrieden. Über die Publikation einer ligurischen Inschrift brach er mit den einflußreichen Gelehrten Raffaele Garrucci und Giampietro Secchi, zwei Jesuiten, einen Streit vom Zaun, der sogar in Deutschland für Aufsehen sorgte und die Beziehung zwischen der deutschen und italienischen Wissenschaft ernsthaft belastete. Mommsen zeigte sich uneinsichtig. Wie in späteren Fehden verachtete er seine Kontrahenten, zumal es sich um «Pfaffenvolk» und «Lausezeug» handelte, deren Empörung er als «lächerlichen Rumor» abtat. Es kostete das Institut viel diplomatisches Geschick, das gute Einvernehmen mit den italienischen Kollegen wiederherzustellen.

Ein Höhepunkt der Italienreise war die Begegnung mit Bartolomeo Borghesi in der Republik San Marino. Zu dem «Alten vom Berge» waren zuvor bereits Kellermann, Braun und Henzen gepilgert. Er war die unbestrittene Autorität in epigraphischen und numismatischen Fragen, als Forscher uneigennützig, als Lehrer hilfreich, als Persönlichkeit bestrickend. Seit der Gründung des Instituts unterhielt er enge Beziehungen zu den deutschen Gelehrten in Rom und übernahm 1841 das Sekretariat der italienischen Sektion. Unermüdlich schrieb er für den *Bullettino* und die *Annali* des Instituts und machte sich zum Fürsprecher der Inschriftenarbeit. Zweimal, 1845 und 1847, besuchte Mommsen Borghesi. «Der hat mir imponiert als Gelehrter wie noch niemand.» Weder Hochmut noch Naivität veranlaßten den jungen

Wissenschaftler, sich schwärmerisch in die Schar der Jünger einzureihen. Immer wieder verfolgte er den Plan, die Gesammelten Schriften des verehrten Lehrers herauszugeben.

Was hat Mommsen von Borghesi gelernt? Er habe da angefangen, schrieb er einmal an Henzen, wo Borghesi aufgehört hatte. Sicher, er profitierte von dem immensen Wissen des italienischen Forschers. Doch wichtiger waren zwei Lektionen: Borghesi bestärkte ihn einerseits, ein großes, auf Autopsie beruhendes Inschriftencorpus in Angriff zu nehmen und die Vorzüge dieser Methode an den Inschriften einer Region aufzuzeigen. Auf sein Anraten hin zog Mommsen kreuz und quer durch das Königreich Neapel, um noch in den kleinsten Dörfern Inschriften *in situ* zu studieren. Andererseits hatte Borghesi gezeigt, daß Inschriften und Münzen nicht nur die Lokal- und Regionalgeschichte illustrierten, sondern für die Erforschung der römischen Geschichte, insbesondere «staatsrechtlicher» Zusammenhänge, von größter Bedeutung waren. Mommsen zeigte sich als gelehriger Schüler. Er revolutionierte die bisher auch an der Berliner Akademie geläufige Methode der Inschriftenerschließung, die die Zeugnisse häufig nicht vom Stein, sondern aus älteren Veröffentlichungen kopierte, und erkannte den gigantischen historischen Erkenntniswert einer systematischen Sammlung der auf Stein oder in Handschriften erhaltenen Inschriften. Erst Borghesi machte Mommsen zum Epigraphiker, der die Inschriftenkunde aus den Beschränkungen antiquarischer Detailforschung befreite.

Die epigraphischen Reisen bereiteten nicht nur Freude. Oft mußte Mommsen gegen die «Widerwärtigkeiten und Schwierigkeiten» der Arbeit ankämpfen. Bisweilen machte er sich mit seinen Freunden über die Menge lustig, die ihm beim Arbeiten neugierig zuschaute, und manchmal tröstete er sich mit einem Glas Falerner. Aber konsequent blieb er bei seinem Plan, ein *Corpus Inscriptionum Latinarum* zu schaffen. Seine Aufgabe umriß er in einem Brief an Jahn wie folgt: «Wir haben eigentlich drei Hauptteile zu bearbeiten: die Steine selbst, die handschriftlichen Sammlungen und die Literatur.» Damit war das trinitarische Credo der Epigraphik ausgesprochen, das künftig galt.

Er war so sehr von der Notwendigkeit des Projektes und der Richtigkeit seines Ansatzes überzeugt, daß er sich auch nicht von den Widerständen abschrecken ließ, die sich im Laufe des Jahres 1846 immer deutlicher zeigten. In der Heimat nämlich konnte sich die Berliner Akademie, die das Unternehmen tragen sollte, nicht entschließen, Mommsen vorbehaltlos zu unterstützen. Trotz der einflußreichen Fürsprecher Savigny, Lachmann und Gerhard wollte die Mehrheit um Boeckh den jungen Heißsporn nicht fördern, der selbstbewußt der ehrwürdigen Institution vor Augen führte, daß ein Inschriftencorpus nicht auf gedruckten Editionen, sondern nur auf Autopsie beruhen könne. Die zwingende Argumentation, die Mommsen entfaltete, erklärte das Boeckhsche *Corpus Inscriptionum Graecarum*, das gerade im Erscheinen war, noch vor seinem Abschluß für obsolet. Personalpolitische Querelen taten ein übriges, um Mommsen zunächst die materielle Fundierung zu versagen, die er für sein großes Unternehmen gebraucht hätte. Aber Mommsen ließ sich nicht irre machen. Borghesi hatte sein Projekt gutgeheißen, und im römischen Institut war es auf Zustimmung gestoßen.

Mommsen machte weiter. Was hätte er auch sonst tun sollen? Er hatte eine wissenschaftliche «Carrière» vor Augen. Da sich eine Berufung nach Kiel nicht abzeichnete, hoffte der Dreißigjährige auf eine Professur in Preußen und sammelte in der Zwischenzeit mit eiserner Disziplin Inschriften «ad infinitum». Die «zum guten Teil mechanische Arbeit» ertrug er. Den Anforderungen der akademischen Laufbahn genügten, wie er wußte, Genialitätsallüren nicht. Damals schon fiel das Wort vom «Diener der Wissenschaft», und der Pfarrerssohn übte sich in den Exerzitien seiner säkularen Askese. Selbst Borghesi mußte sich einige Tage ausruhen, nachdem Mommsen ihn verlassen hatte. Mommsen leitete zugleich die Erkenntnis, durch die systematische Erfassung der inschriftlichen Überlieferung die Altertumsforschung zu neuen Höhen zu führen. Als er im Mai 1847 die Heimreise antrat, war das ursprüngliche romanistische Ziel seiner Stipendienreise, alle inschriftlich erhaltenen Gesetzesurkunden zu sammeln, dem großen Plan gewichen, ein für die Altertumsforschung grundlegendes *Corpus Inscriptionum Latinarum* herauszugeben. Mommsen selbst brachte es bei seiner Ansprache zu seinem 60. Geburtstag auf den Punkt: «Der Jurist ging nach Italien – der Historiker kam zurück.»

Diese erste Italienreise begründete Mommsens Liebe zu Land und Leuten und zur italienischen Sprache, die er bald glänzend beherrschte. Mit Winckelmann und Goethe suchte der bildungsbeflissene Gelehrte «die edle Einfalt und stille Größe» der Antike in Italien. Die Sozialkritik eines Johann Gottfried Seume war ihm fremd. Auf Sizilien ärgerte er sich nicht über die Ausbeutung des Landes durch Klerus und Adel, sondern über den schlechten Erhaltungszustand einiger Inschriften und den Gestank von Schwefelgruben; ansonsten erfreute er sich der herrlichen Aussichten, der überreichen Vegetation und der schönen Mädchen. Italien wurde ihm in späteren Jahren zur zweiten Heimat, in die er immer wieder zurückkehrte, nicht nur um Inschriften aufzunehmen, sondern auch um den ungeliebten akademischen Jubelfeiern zu entkommen. Wenn der streitbare Liberale an den politischen Verhältnissen in Deutschland zu verzweifeln drohte, bedauerte er es, sich nicht in Italien niedergelassen zu haben. Dort war er *l'illustre maestro* oder *il grande Mommsen*, dessen Autorität sogar ausreichte, um italienische Briganten, die ihn überfielen, in die Flucht zu schlagen.

2. *Politisches Intermezzo: Journalist in Rendsburg*

Mit schwerem Gepäck verließ Mommsen im Mai 1847 Rom. In Deutschland angekommen, setzte er alles daran, im Solde der Berliner Akademie am Inschriftencorpus weiterzuarbeiten. Er verbiß sich geradezu in die Aufgabe, publizierte eifrig und rühmte sich seiner Leistungen. Der mächtige Savigny versuchte unermüdlich, Mommsen für die nächsten fünf Jahre zu versorgen. Der Italienheimkehrer war einem Wechselbad der Gefühle ausgesetzt. Bald hoffte er auf eine Einigung mit der Akademie, bald dachte er an eine Habilitation in Leipzig, wohin Otto Jahn inzwischen berufen worden war. Aber der Corpusplan war die einzige vernünftige Option. Um so härter traf es Mommsen, als sich in Berlin alle Hoffnungen zerschlugen. Erst trat Lachmann unter Protest aus der epigraphischen Kommission der Akademie aus, dann verzagte Savigny, und schließlich warf Mommsen am Ende des Jahres den Bettel hin. Seine epigraphische Tätigkeit für die Akademie schien beendet.

Es nützte Mommsen herzlich wenig, daß er inzwischen unter Altertumswissenschaftlern einen guten Namen hatte. Jetzt stand er mittellos da. Die finanzielle Situation der Familie erlaubte es ihm nicht, geduldig auf eine besoldete Professur hinzuarbeiten. Der Lebensunterhalt wollte verdient sein. Also wechselte der junge Gelehrte wieder an die Schule. Eben noch hatte er in Rom vor internationalem Publikum Inschriften interpretiert, jetzt unterrichtete er im Altonaer Institut der Tanten Mädchen im heiratsfähigen Alter. Die Zukunft war ungewiß. Doch schon bald ließen ihn die politischen Ereignisse die berufliche Tristesse vergessen. Zum Hadern mit dem eigenen Schicksal hatte Mommsen keine Zeit mehr. Es galt, Revolution zu machen.

In Schleswig-Holstein gärte es. Aus dem regionalen Gegensatz zwischen den Herzogtümern und dem dänischen Staat war eine nationale Sache geworden, die ganz Deutschland bewegte. Erinnern wir uns: Seit den dreißiger Jahren wurde immer energischer eine gemeinsame Verfassung für Schleswig und Holstein gefordert und für eine Lockerung der Bindung an Dänemark gestritten. Die Regierung in Kopenhagen ließ sich indes nur zur Einrichtung von getrennten Provinzialständen bewegen, betrieb ansonsten in Schleswig eine geschickte Danisierungspolitik und unterstützte dort die radikalen Vertreter der dänischen Minorität, die offen für den Anschluß des Herzogtums an Dänemark agitierten. Dagegen formierte sich Widerstand. Schleswig und Holstein sollten als deutsche Länder ungeteilt bleiben. Die alte Vertragsformel «up ewig ungedeelt» wurde zum politischen Schlachtruf, und aus vielen Kehlen ertönte das nationale Kampflied «Schleswig-Holstein meerumschlungen».

Die Spannungen verschärften sich 1846, als der dänische König Christian VIII. in den Herzogtümern das Erbfolgerecht der dänischen Gesamtmonarchie einführte. Selbst unpolitische Köpfe wie Theodor Storm ließen sich zu Protestaktionen mitreißen. Die Nachrichten von der Pariser Februarrevolution heizten Anfang 1848 die Krisenstimmung an. In Schleswig und Holstein wurden wie überall in Deutschland «Märzforderungen» erhoben: Volksbewaffnung, Schwurgerichte, Presse- und Versammlungsfreiheit. Am 18. März verlangten die Deputierten in Rendsburg die Zusammenlegung der holsteinischen und schleswigschen Ständeversammlungen, eine gemeinsame Verfassung und die Aufnahme Schleswigs in den Deutschen Bund. Schon bildeten sich Freiwilligenverbände, die mit der Waffe in der Hand für ihre Ziele zu streiten bereit waren. Auch Mommsen, der sich eben noch in Hamburg «bei einem elenden Krawall» das Ohr hatte «abhauen lassen», meldete sich in Rendsburg für ein Freikorps, wurde aber, weil dienstuntauglich, abgewiesen. Die Berufung eines neuen, vorwiegend aus Nationalliberalen gebildeten Ministeriums im Februar 1848 durch den neuen Monarchen, Friedrich VII., verschärfte die Gegensätze, da man in Kopenhagen auf der Angliederung Schleswigs an Dänemark beharrte. Daraufhin wurde in Kiel eine provisorische Regierung gebildet, deren erklärtes Ziel es war, für die nationale Einheit und Freiheit Deutschlands und die Aufnahme Schleswigs in den Deutschen Bund zu streiten. Am 23. März erklärten die beiden Herzogtümer ihren Abfall von Dänemark. Die Festung Rendsburg wurde besetzt und zum Regierungssitz gemacht. Der Aufstand war ausgebrochen.

Mitglied der in Frankfurt und Berlin anerkannten provisorischen Regierung war Theodor Olshausen, der im «Kieler Korrespondenzblatt» zeitweilig für die Abtrennung Schleswigs von Holstein eingetreten war, sich nun aber zu einem eifrigen Verfechter der Unabhängigkeit und Einheit der beiden Herzogtümer gewandelt hatte. Der populäre liberale Politiker mit journalistischer Erfahrung leitete mit der gerade gegründeten «Schleswig-Holsteinischen Zeitung» ein gouvernementales Presseorgan, das die offizielle Politik der neuen Regierung in den Herzogtümern verbreiten sollte. Da er dem alten Schriftleiter wenig zutraute, schaute er sich nach einem geeigneteren Redakteur um und gewann Mommsen. Der Altonaer Privatlehrer, den Olshausen aus gemeinsamen Kieler Zeiten kannte und schätzte, bezog am 18. April die Redaktionsstube. Mommsen hatte zwar das Journalistenhandwerk nicht gelernt, aber er formulierte glänzend. Schon am 23. April erlebte er bei Schleswig als «journalistischer Schlachtenbummler» den Sieg der preußischen Truppen, die die Aufständischen gegen Dänemark unterstützten. Am nächsten Tag handelte er über die Wahlen zum Frankfurter Parlament, um am 25. April einer Versammlung des Wahlkommitees in Neumünster beizuwohnen. Energisch unterstützte er die Kandidatur von Droysen und Waitz, während er den Staatsrechtler Lorenz Stein aus Kiel niederschrieb.

In den folgenden Wochen tat Mommsen viel für die politische Profilierung der Zeitung. Lokale, regionale und nationale Ereignisse wurden besprochen, die parlamentarischen Debatten in den Landesvertretungen und in der Frankfurter Paulskirche dokumentiert, Aufrufe, Petitionen und Denkschriften abgedruckt und die Leser zur Diskussion aufgefordert. Der Journalist Mommsen war bei der «Kommunikationsrevolution» von 1848 dabei. Nicht durch parlamentarische Reden oder politische Druckschriften trug er zur Politisierung der Öffentlichkeit bei, sondern durch brillant formulierte Leitartikel. Mommsen stand – wie die Parlamentarier Dahlmann, Welcker, Droysen und Waitz – mitten im politischen Geschehen. Aber es gelang ihm nicht, der Zeitung überregionale Bedeutung zu verschaffen. Die Zahl der Abonnenten kam über 2000 nicht hinaus. Der Leserstamm entsprach damit dem anderer – und weitaus farbloserer – Lokalblätter.

In der «Schleswig-Holsteinischen Zeitung» vertrat Mommsen die liberale Politik der Mitte. Einen forschen Patriotismus, der sich gegen Dänemark richtete, verband er mit dem glühenden Bekenntnis zur deutschen Einheit. «Ungeteilt» hieß die Devise. Die Entscheidung über das Schicksal seiner Heimat mußte in der Frankfurter Paulskirche fallen. Das romantische Ideal der deutschen Kulturnation, das schon Niebuhr sich zu eigen gemacht hatte, verschmolz er mit der liberalen Idee einer «Staatsnation». Mommsen war von der Lebensunfähigkeit der deutschen Kleinstaaten überzeugt und setzte alle seine Hoffnungen auf Preußen. «Wir anderen Deutschen brauchen Preußen notwendiger als Preußen uns», floß es ihm damals in die Feder. Preußens Mission war die Errichtung des deutschen Nationalstaates. Nach der dänischen Niederlage bei den Düppeler Schanzen im Jahre 1864 wird Mommsen sogar der preußischen Annexion Schleswig-Holsteins seinen Beifall bekunden. Im Gegensatz zu vielen süddeutschen Liberalen ließ er nie einen Zweifel daran, daß er einen kleindeutsch-preußischen Bund, der Österreich ausschloß, favorisierte.

In seinen Artikeln kommentierte Mommsen nicht nur die Entwicklung in Schleswig und Holstein, sondern auch die großen Fragen, die das Frankfurter Vorparlament und die verfassunggebende Nationalversammlung bewegten. In seinen Beiträgen zur Zentralisierung und zum Erbkaisertum, zur Repräsentation des Volkes und zu Wahlrechtsfragen, zur Gewaltenteilung und zum Verhältnis von Regierung und Parlament setzte er sich mit den unterschiedlichen politischen Strömungen auseinander, suchte nach liberalen Antworten auf die drängenden Fragen der Zeit und präzisierte – nicht immer frei von Widersprüchen – seine politische Aussage. Dabei war er ein unabhängiger Kopf, der sich in keine Parteischablone pressen ließ. Er sympathisierte oft mit Positionen der linken Mitte. «Keine Isolierung! Keine Reaktion! Keine Anarchie!» lautete sein Wahlspruch.

Entschieden wandte er sich gegen separatistische Strömungen und versagte – zunächst zumindest – den Nordschleswigern, unter denen sich zahlreiche Dänen befanden, das Recht auf nationale Selbstbestimmung. Das ganze Land sollte deutsch bleiben. Gleichzeitig agitierte er gegen fürstliche Reaktion und sozialistischen Umsturz. Reformen wurden begrüßt, aber Legalität und Rechtskontinuität eingefordert. Nicht

Freiheit vom Staat, sondern im Staat lautete seine Devise. Die konstitutionelle Monarchie war Mommsen die sicherste Gewähr gegen Anarchie, die die Liberalen seit den Exzessen der Französischen Revolution fürchteten wie der Teufel das Weihwasser. Monarchie und Parlamentarismus galten als vereinbar. Die von den Demokraten geforderte Republik mit einem souveränen Nationalparlament schloß er zwar für die Zukunft nicht prinzipiell aus, aber im Moment schien ihm die Einigung Deutschlands unter einem preußischen Erbkaiser taktisch geboten. Im Zentrum seiner liberalen Repräsentationstheorie standen die gewählten Abgeordnetenkammern, durch die das Bürgertum an den Staatsgeschäften, vor allem der Steuerbewilligung und der Gesetzgebung, mitwirken und die Regierungen kontrollieren sollte. Auf diese Weise sah er das Prinzip der Volkssouveränität garantiert: Die Nation muß und soll sich selbst regieren. Die liberale Rechtsstaatsidee als Grundlage einer bürgerlichen Gesellschaft wurde Mommsen in dieser Zeit so wichtig, daß er einzelne Elemente selbst in historischen Formationen wie dem Staatsrecht des republikanischen Rom suchte.

Mommsens Leitbild war eine klassenlose, «mittelständische» Gesellschaft gleichberechtigter Staatsbürger, in der soziale Gegensätze ausgeglichen wurden. Die ständisch-feudale Privilegiengesellschaft war seine Sache nicht, genausowenig die kapitalistische Klassengesellschaft englischer Provenienz. Der «Lage der arbeitenden Klassen» widmete er einen Artikel. «Sicherheit und Stabilität der öffentlichen Verhältnisse» waren seine erste Sorge, aber er setzte sich auch für den vorsichtigen Wandel des historisch Gewordenen ein. In einer auf Vernunft gegründeten Gemeinschaft freier Individuen würden materielle Ungleichheiten und soziale Diskriminierung zwar nicht vermieden, aber wenigstens eingeschränkt, und den Arbeitern würde die Möglichkeit eröffnet, sich durch den Erwerb von Bildung und Besitz aus ihrer Notlage zu emanzipieren und an der bürgerlichen Freiheit zu partizipieren. Mommsen war mithin empfänglich für die Konzeption einer sozial und wirtschaftlich modernisierten Gesellschaft ohne ständisch-korporative Bindungen, die Hegel theoretisch fundiert hatte. Aber die Reform der bürgerlichen Gesellschaft sollte die Herrschaft des Bürgertums nicht grundsätzlich in Frage stellen.

Mommsen gratulierte Anfang Juni Dahlmann, Droysen, Waitz und anderen nationalliberalen Vertretern der Herzogtümer im Frankfurter Parlament, daß es ihnen gelungen war, die schleswigsche Frage und den Krieg gegen Dänemark zu einer deutschen Frage zu machen. Doch schon wenig später stand Mommsen in Rendsburg im Abseits, da er die Vereinigung der holsteinischen und schleswigschen Ständeversammlungen und einige Abgeordnete scharf kritisiert hatte. Er sah in ihnen «nicht die Repräsentation des Volkes», sondern ein Hemmnis des «freisinnigen Fortschritts» und forderte die Einführung der allgemeinen Wehrpflicht und eines liberalen Wahlgesetzes. Die Zahl seiner Gegner wuchs in der ohnehin mehrheitlich konservativen Regierung. Als ihm ein Maulkorb verpaßt werden sollte, trat er von seiner Stelle als Schriftleiter zurück. Mommsen wählte die Arbeitslosigkeit, um der Zensur zu entgehen.

Im August desselben Jahres ließ er sich dazu bewegen, nochmals für die Zeitung zu schreiben. Jetzt war das Blatt privatisiert, und Mommsen machte sich berechtigte Hoffnungen, daß nicht mehr gouvernementale, sondern unabhängige Berichterstattung gefragt sei. Aber die Zeitläufte waren widrig. Preußen fürchtete die Internationalisierung des deutsch-dänischen Konfliktes und schloß im schwedischen Malmö mit Dänemark einen Waffenstillstand. Die Entscheidung wurde in Rendsburg wie in Frankfurt kontrovers diskutiert. Während die Demokraten die Vereinbarung von Malmö kategorisch ablehnten, rang sich Mommsen schließlich – wie viele seiner liberalen Freunde – zur Zustimmung durch. Nun billigte er auch die Teilung des Herzogtums Schleswig, die er im Juni noch zurückgewiesen hatte. Nur so glaubte er, den größeren Teil des Herzogtums für den Deutschen Bund retten zu können. Sein Glaube an den Primat der Nationalversammlung hatte jedoch in diesen Auseinandersetzungen deutlich an Kraft verloren. Bald sprach er abfällig von der Frankfurter «Parlamentsidylle», die ihn an den Vogelstaat des Aristophanes erinnerte. Die journalistische Arbeit war ihm vorerst jedoch verleidet. Anfang Oktober schrieb er seinen letzten Artikel.

3. «Die schönsten Jahre meines Lebens»: Der Ruf nach Leipzig

Nachdem Mommsen Ende Juni 1848 die Schriftleitung der «Schleswig-Holsteinischen Zeitung» niedergelegt hatte, versuchte er, in Frankfurt als Journalist unterzukommen. Eine eigene Zeitung zu gründen, wie Olshausen ihm geraten hatte, traute er sich nicht zu.

Einige Tage bezog er bei Droysen in Frankfurt Quartier, um sich in den politischen Kreisen umzusehen. Er hoffte auf eine «wenn auch noch so obskure Beschäftigung bei einer Zeitung.» Hilfe kam indes von anderer Seite. Otto Jahns geschickter Verhandlung war es zu verdanken, daß der sächsische Kultusminister Ludwig von der Pfordten, der selbst eine Zeitlang Ordinarius für Römisches Recht in Würzburg gewesen war, den stellungslosen Wissenschaftler als außerordentlichen Professor der Rechte zu Beginn des Wintersemesters nach Leipzig berief. Wie befreiend muß die Nachricht gewirkt haben. Mommsen war heilfroh, «dem Journalisieren» entkommen zu sein, und akzeptierte ohne Zögern das niedrige Einstiegsgehalt von 400 Talern.

Ende September traf er in Leipzig ein. Die Universität war mit über 900 Studenten eine der größten in Deutschland. Die Juristenfakultät florierte. Seine Antrittsrede hielt er an einem der letzten Oktobertage über die Aufgaben der historischen Rechtswissenschaft. Er war zurück im akademischen Milieu. Selbstbewußt definierte der dreißigjährige Rechtsprofessor sein Verhältnis zur Historischen Rechtsschule und skizzierte die Richtung seiner künftigen Forschungen.

In den folgenden Jahren brachte Mommsen die italienische Ernte ein. Auch wenn er mit dem Gedanken spielte, das römische Kriminalrecht zu bearbeiten oder ein Pandektenkompendium zu erstellen, interessierten ihn romanistische Probleme kaum noch. Mit Hilfe der nichtliterarischen Überlieferung wollte er zum Wesen des römischen Staates vordringen. Dafür mußte Grundlagenarbeit geleistet werden. 1850 erschien sein Werk über «Die unteritalischen Dialekte», das er selbst zwar nicht sonderlich schätzte, das aber für lange Zeit die sprachwissenschaftliche und historische Grundlage für die Erforschung der italischen Sprachen war. Sowohl für das Studium der unteritalischen Inschriften wie der nichtrömischen Geschichte Italiens war eine solche Untersuchung unentbehrlich. Im selben Jahr erschien seine erste wichtige Abhandlung über das römische Münzwesen. 1845 und 1846 war er mit dem Numismatiker Julius Friedländer durch Italien gezogen und hatte sich auch an der Entzifferung oskischer und messapischer Münzlegenden versucht; später traten etruskische hinzu. Auch auf diesem Gebiet fehlte, wie Mommsen sofort erkannte, eine systematische Darstellung des Gegenstandes. In Leipzig setzte er seine Untersuchungen fort und schuf den Vorläufer seiner zehn Jahre später

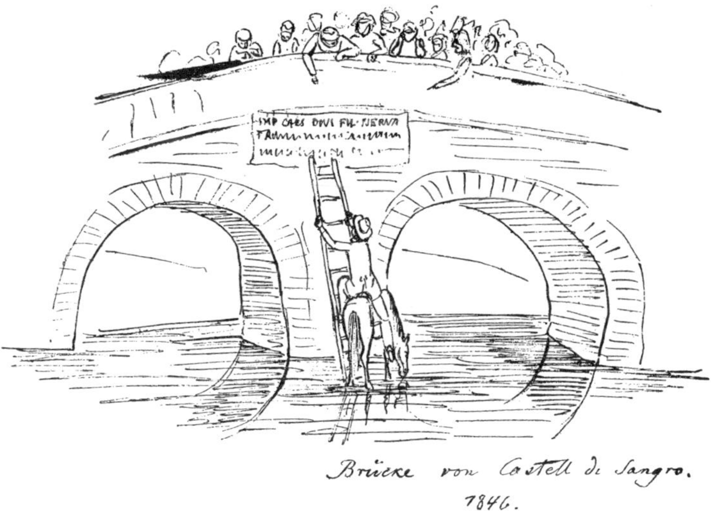

Der Epigraphiker bei der Arbeit. Zeichnung von Julius Friedländer. Die Inschrift ist frei erfunden.

veröffentlichten «Geschichte des römischen Münzwesens», die der Numismatik ganz neue Dimensionen eröffnete und die moderne Geldgeschichte begründete.

1852 publizierte er seine erste große, Borghesi gewidmete Sammlung, die *Inscriptiones regni Neapolitani Latinae*. Auf Grund seiner Differenzen mit der Berliner Akademie wurde der Druckkostenzuschuß für diese mustergültige Edition zusammengestrichen – das Buch konnte nur dank der Risikobereitschaft des Verlegers Georg Wigand erscheinen. Dem «tapferen und gemeinnützigen Buchhändler» war Mommsen noch Jahrzehnte später dankbar. Hinzu kamen zahlreiche epigraphische Analekten, Erläuterungen zu Lachmanns Ausgabe der römischen Feldmesser, die Untersuchung über den Chronographen des Jahres 354 und die Abhandlung über das Diokletianische Preisedikt. Manchen Beitrag publizierte Mommsen in den Berichten der noch jungen Sächsischen Gesellschaft der Wissenschaften, in die er 1849 aufgenommen wurde. Mit der Bestallung stellten sich die üblichen akademischen Ehrungen ein. Doch Mommsen gönnte sich keine Verschnaufpause. Er arbeitete rastlos, als ob er die Zeit, die er als Journalist nicht der Wissenschaft hatte widmen können, nachholen wollte.

«Manchmal», schrieb er damals an Henzen, «komme ich mir wie eine Windmühle vor, die mit allen vier Winden bald Weizen mahlt, bald Saubohnen, und die Gott danken muß, wenn sie nur aufgeschüttet bekommt und sich nicht selber zerreibt.»

Darunter mußte notgedrungen die akademische Lehre leiden. Mommsen spulte lustlos das traditionelle Pflichtprogramm des Romanisten ab: Er las je zehnstündig über Pandekten und Institutionen. Schon seine ersten Zuhörer taten ihm leid: «Wenn sie bleiben, soll's mich wundern, ich täte es nicht.» Immerhin verbesserten die Kolleggelder das dürftige Einkommen des außerordentlichen Professors. Ab und an entschloß er sich, «gratis et frustra», d. h. für die Zuhörer kostenlose Vorlesungen über andere Themen anzubieten. Aber hier interessierte ihn weniger der pädagogische Nutzen solcher Veranstaltungen als der Gewinn, den er selbst aus deren Vorbereitung zog. Schon damals hatte er wenig für seine Studenten übrig, die er für «sehr dumm» hielt und die er schalt, sie hätten zu Hause kein Buch, wohl aber einen Jagdfrack. Wie in späteren Jahren empfand er die akademische Lehre als lästige Pflicht, der es sich möglichst rasch und effizient zu entledigen galt, um ausreichend Zeit für die eigene Forschung zu gewinnen. Mit dem vielbeschworenen Humboldtschen Ideal der akademischen Gemeinschaft von Lehrenden und Lernenden hatte dies wenig zu tun. Mommsen engagierte sich als Hochschullehrer kaum, zumal die romanistischen Veranstaltungen, die er abhalten mußte, nicht mehr in enger Verbindung mit seinen wissenschaftlichen Interessen standen. Folgerichtig vollzog er die Trennung von Forschung und Lehre.

Wissenschaftliche und intellektuelle Anregungen erhielt Mommsen weniger im Hörsaal als in einem privaten Zirkel. Wie schon während seiner Schul- und Universitätsjahre und später in Rom schloß er sich mit Freunden und Kollegen zu einer «Clique» zusammen, um «Gesellung und Gesinnung» zu pflegen. Die Mitglieder des Kreises, in den Mommsen durch Otto Jahn eingeführt wurde, verbanden bürgerliche Herkunft und liberale Gesinnung. Hier lernte Mommsen den fast zehn Jahre älteren Philologen Moriz Haupt kennen, der Schüler und Schwiegersohn des berühmten Gottfried Hermann war und seit 1843 den neugeschaffenen Lehrstuhl für deutsche Sprache und Literatur in Leipzig bekleidete. Haupt war ein vorzüglicher Textkritiker, der lateinische und mittelhochdeutsche Quellen edierte und die «Zeitschrift für deutsches Altertum» begründet hatte. Auch Julius Ludwig Klee gehörte dazu, der 1848 als Rektor der angesehenen Kreuzschule nach Dresden ging, aber seine Verbindungen zum Leipziger Kreis nicht abreißen ließ.

Die drei Professoren und der Gymnasiallehrer trafen sich regelmäßig mit den Verlegern Karl Reimer und Salomon Hirzel, den Besitzern der Weidmannschen Buchhandlung, sowie Hermann Härtel und Georg Wigand, in dessen Haus Mommsen und Jahn wohnten. Ein solcher Kontakt verstand sich in Leipzig, der Stadt des Buchhandels, fast von selbst. Hier wurde alles vertrieben: Konversationslexika, fachwissenschaftliche Publikationen, politische Streitschriften, Journale, Zeitungen und Groschenhefte. Verleger, Sortimenter, Kolporteure und Buchhändler trafen sich bei der Leipziger Messe, um nach interessanten Titeln Ausschau zu halten, neue Marktstrategien zu entwickeln und die jüngsten Erfindungen der Drucktechnik zu diskutieren.

Reimer, Hirzel, Härtel und Wigand zählten zwar nicht zu den ganz Großen der Branche, hatten aber als Verleger deutscher Literatur und antiker Autoren einen guten Namen. Mit Haupt, Jahn, Klee und Mommsen pflegten sie ihre literarischen Vorlieben und huldigten dem Goethekult. Aber man sondierte auch Publikationsvorhaben. Jahn veröffentlichte bei Breitkopf und Härtel seine vierbändige Mozartbiographie (1856–60) und wirkte bei den kritischen Gesamtausgaben der deutschen Musiker mit. Haupt spielte eine wichtige Rolle bei den Gesprächen zwischen den Verlegern Hirzel und Reimer mit Jacob und Wilhelm Grimm, die das «Deutsche Wörterbuch» vorbereiteten. Wigand brachte Mommsens «Unteritalische Dialekte» und die Neapolitanischen Inschriften heraus. Nachdem die beiden Schwäger Reimer und Hirzel einen Vortrag Mommsens über die Gracchen gehört hatten, forderten sie ihn auf, für ihren Verlag eine römische Geschichte zu schreiben. Mommsen, von dem Angebot zunächst überrascht, griff zu. Am 1. Oktober 1850 wurde der Verlagsvertrag unterschrieben. Mommsen blieb den «Weidmännern» auch später eng verbunden, zumal zu den guten geschäftlichen Beziehungen bald verwandtschaftliche Bande traten: Mommsen lernte in Reimers Haus seine spätere Frau Marie, die älteste Tochter Karl Reimers, kennen. Hirzel ging 1853 im Verlagsgeschäft seine eigenen Wege, sicherte sich aber Mommsen als Autor: Er verlegte das «Römische Staatsrecht» und realisierte damit ein Unternehmen, das ebenfalls bereits in den Leipziger Tagen im Gespräch war.

Der Freundeskreis begeisterte sich für die zeittypischen «allgemeinverständlichen» Zeitschriften, die das bildungsbürgerliche Publikum über Neuerscheinungen auf dem laufenden hielt. Als die Hallesche «Allgemeine Literaturzeitung» 1850 von dem «Literarischen Zentralblatt für Deutschland» abgelöst wurde, war Mommsen sofort zur Mitarbeit bereit. Im nächsten Jahr rezensierte er alles, was ihm in die Hände kam. Fast fünfzig Anzeigen sind bezeugt, darunter Droysens Leben des Feldmarschalls Graf Yorck von Wartenburg, Boeckhs Staatshaushaltung der Athener, Puchtas kleine zivilistische Schriften und Hertz' Biographie von Karl Lachmann, der 1851 in Berlin gestorben war. Man merkte den Anzeigen die journalistische Schule an, durch die Mommsen gegangen war. Er schrieb kurz und prägnant, glänzte mit geistreichen Bemerkungen und boshaften Aperçus und gefiel sich in der Rolle des überlegenen Rezensenten.

Über den Freundeskreis ergaben sich weitere Kontakte. Mommsen lernte Gustav Freytag kennen, der bei Lachmann in Berlin studiert hatte und damals in Leipzig den «Grenzboten» redigierte, das führende nationalliberale Organ Deutschlands. Gemeinsam propagierte man den staatsbürgerlichen Erziehungsauftrag der liberalen Presse, die das Publikum für politische Freiheit und nationale Einheit begeistern sollte. Beeindruckt war die Gruppe von dem Literaturhistoriker und Philosophen Theodor Wilhelm Danzel, der über Goethes Spinozismus, die Ästhetik der Hegelschen Philosophie und Platon gearbeitet hatte. Eine feste Anstellung blieb dem vielseitigen Gelehrten und glänzenden Essayisten verwehrt. Der mittellose Privatdozent mußte sich mit Beiträgen für Zeitungen über Wasser halten. 1850 starb er, gerade 32 Jahre alt. Jahn veröffentlichte noch im selben Jahr die gesammelten Aufsätze des Freundes. Mommsen konnte sich im Vergleich zu Danzel wahrlich glücklich schätzen. Er saß auf einer festen Stelle und hatte allen Grund, über das Spottgedicht zu lachen, das 1848 an deutschen Universitäten kursierte: «Privatdozent ist krank und bleich / an Hunger und an Durst nur reich / [...] weil ihn nicht zahlen tut der Staat / wird er ein roter Demokrat.»

Mommsen genoß diese Jahre, die es ihm ermöglichten, sich ohne finanzielle Sorgen seinen Interessen zu widmen und den intellektuell anregenden Dialog mit Gleichgesinnten zu pflegen. In der Erinnerung idealisierte er den Freundeskreis in der Stadt an der Pleiße. 1896 schrieb er, fast achtzigjährig, an den Historiker Erich Marcks, der damals als junger Professor in Leipzig wirkte: «Meine Leipziger Jahre waren die schönsten meines Leben, das Aufblühen aller Kräfte des Geistes und des Herzens.»

4. *Mit Zorn und Eifer: 1848 und seine Folgen*

Als Jahn die frohe Kunde vom Ruf nach Leipzig an Mommsen schrieb, gab er dem Freund gleich noch ein paar gutgemeinte Ratschläge mit auf den Weg: «Freilich darfst Du nicht erst mit Blum Freundschaft schließen und mußt Deine Sympathien für die Linke bis zum linken Zentrum ermäßigen, Dich an den gutmütigen Fortschritt des Deutschen Vereins gewöhnen und überhaupt für den deutschen Salat mehr Öl als Essig bringen, wenn Du Dich hier behaglich fühlen willst.» Mommsen lernte in Leipzig nicht nur Robert Blum kennen, den überzeugten Republikaner und entschiedenen Führer der Linken im Frankfurter Parlament. In der Messestadt gab es, als Mommsen im Herbst 1848 eintraf, ein differenziertes politisches Vereinswesen, das die Strömungen der Zeit spiegelte. Wie überall in Deutschland so organisierten die Vereine auch in der sächsischen Handelsmetropole die politische «Basis». Auf der linken Seite stand in Leipzig der «Vaterlandsverein» der Demokraten, der sich schon früh zur außerparlamentarischen Opposition bekannte und für die uneingeschränkte Umsetzung der Märzforderungen, weitgehende Grundrechte und eine republikanische Verfassung, eintrat. Im Vaterslandsverein versammelten sich nicht nur Professoren und Freiberufler, sondern auch Handwerksgesellen und Arbeiter.

Der «Deutsche Verein» hingegen war die Organisation der Liberalen oder der «Konstitutionellen», wie man damals sagte. Ihm trat Mommsen unmittelbar nach seiner Ankunft bei. Dort engagierten sich seine Leipziger Gefährten. Den Verlegern Härtel und Wigand, Reimer und Hirzel kam bei der publizistischen Offensive des sächsischen Liberalismus eine wichtige Rolle zu. Man verfügte über weitreichende Verbindungen. So war Karl Reimer mit Friedrich Dahlmann befreundet. Nachdem der liberale Historiker 1837 als einer der «Sieben» aus Göttingen vertrieben worden war, fand er monatelang Zuflucht im Haus des Verlegers, der zusammen mit Salomon Hirzel zu den zehn Männern gehörte, die am 9. Dezember 1837 in Leipzig den «Göttinger Verein» ins Leben riefen, um den sieben relegierten Göttinger Professoren materielle Unterstützung zukommen zu lassen.

Im «Deutschen Verein» fanden sich als Wortführer des liberalen Bürgertums zahlreiche Professoren der Leipziger Universität. Gemeinsam mit Haupt, Jahn, Klee und Mommsen vertraten der Theologe Gustav Fricke, der Jurist Hermann Schletter sowie die Historiker Ludwig Flathe und Heinrich Wuttke das Programm des Vereins, dessen Organ die seit dem 1. August 1848 erscheinenden «Deutschen Blätter» waren. Haupt und Klee waren zwei der drei Herausgeber, Mommsen schrieb regelmäßig Beiträge. Als Mommsen nach Leipzig kam, wurde in dem mitgliederstarken Verein und seiner Zeitung heftig über den Aufbau und die Verfassung eines vereinten Deutschlands gestritten. Einig war man sich, daß die Einzelstaaten konstitutionelle Monarchien sein sollten, die «auf breitester demokratischer Grundlage» ruhen müßten. Unklarheit bestand über die Führung und Struktur des als Bundesstaat geeinten Deutschlands und über die parlamentarische Repräsentation durch ein Ein- oder Zweikammersystem. Schon Anfang Juli 1848 hatten sich die Vertreter einer stärker monarchistischen Richtung abgespalten und den «Deutschen Konstitutionellen Verein» ins Leben gerufen. Haupt und Fricke, die bald von Mommsen unterstützt wurden, gingen auf Distanz sowohl zu dieser schismatischen Gruppierung wie zum Vaterlandsverein, beriefen sich trotzig auf die fortschrittlichen Grundsätze der Volkssouveränität und schwenkten im übrigen auf die erbkaiserliche Linie ein. Eine republikanische Präsidentschaft oder ein Wahlkaisertum wollten sie nicht. Damit wurde zugleich den großdeutschen Hoffnungen eine Absage erteilt und die preußische Option gewählt.

Die demokratische Linke hielt sich mit Angriffen auf die liberale Mitte nicht zurück. Der Waffenstillstand von Malmö, der zunächst vom Nationalparlament in der Paulskirche verworfen, dann aber gebilligt worden war, hatte nicht nur in Frankfurt für Unruhe gesorgt. Auch in Sachsen gerieten das rechte und linke Zentrum unter Beschuß. Die Leipziger Gelehrten im «Deutschen Verein» hieß man «vertrocknete Philologen», die jahrelang an der «Entzifferung eines Tintenkleckses» arbeiteten, statt ihren Studenten die «großen republikanischen Tugenden» der Alten beizubringen. Die Lage war angespannt. Da traf die Nachricht vom Tode Robert Blums ein. Der Politiker war im Oktober nach Wien gereist, um dort die Aufständischen in ihrem Kampf gegen die österreichische Regierung zu unterstützen. Nach der Einnahme Wiens durch Windischgrätz wurde er am 9. November 1848 standrechtlich erschossen. Blum wurde zum Märtyrer der sächsischen Demokraten. Sie gewannen haushoch die Wahlen für die sächsische Volksvertretung im Dezember 1848. Mommsen hatte die Situation falsch eingeschätzt und zeigte sich schockiert. Haupt, der für die Liberalen kandidiert hatte, fiel durch. In der Universität war den Mitgliedern des «Deutschen Vereins» der Spott der demokratischen Studenten sicher.

Im «Deutschen Verein» ging man zunächst publizistisch in die Offensive. Anfang 1849 verfaßte Mommsen einen Kommentar zu den in Frankfurt ausgearbeiteten und verabschiedeten Grundrechten des deutschen Volkes, die von der äußersten Linken als «Trümmer» der Revolution abgelehnt wurden. Mommsen hingegen erblickte in ihnen die Garantie bürgerlicher Freiheit und die notwendige Basis für die nationale Einigung. Seine Schrift wurde zum Bestseller. Innerhalb kürzester Zeit gingen 10 000 Exemplare über den Ladentisch. Als der von den Demokraten majorisierte sächsische Landtag sich in einer kontroversen Debatte am 20. Januar 1849 gegen das Erbkaisertum aussprach und damit aus der Perspektive des «Deutschen Vereins» partikularistischen Tendenzen Vorschub leistete, richtete der «Deutsche Verein» drei Tage später eine Adresse an den Minister von der Pfordten, in der mit der Volksvertretung abgerechnet wurde: «Ist auch der souveräne Unverstand für den Augenblick zur Herrschaft gelangt, so sind doch seine Tage gezählt; die betörte Mehrheit im Volke wird die Augen öffnen und endlich begreifen, daß nur in und mit Deutschland für unser sächsisches Land eine bessere Zukunft gedeihen kann.» Das als «Unverstandsadresse» berühmt gewordene Pamphlet hatte Mommsen geschrieben. Die «radikale Partei» erboste sich daraufhin «gelegentlich in ihren Organen über den blutjungen meerumschlungenen Professor», wie Mommsen an seinen Bruder Tycho schrieb. In der Hoffnung, die Einheit Deutschlands zu retten, plädierte er, um das zeitweise partikularistische Parlament zu schwächen, für ein Bündnis mit der grundsätzlich partikularistischen Regierung. Diese Taktik konnte nicht aufgehen.

Die Regierung, die in Übereinstimmung mit dem König handelte, dachte nämlich keineswegs daran, die Grundrechte in Sachsen zu garantieren. Über die sächsischen Vorbehalte gegen Preußens Führungsrolle in der Einheitsbewegung zeterte Mommsen privat und öffentlich, in deutschen und lateinischen Invektiven. Eine Annäherung an die

Demokraten schien jetzt angeraten, um die Regierung zur Annahme der Reichsverfassung zu zwingen, über die gerade in Frankfurt beraten wurde. Dafür nahmen Haupt, Jahn und Mommsen den Bruch mit den liberalen sächsischen Abgeordneten in Kauf, die den drei Professoren vorwarfen, auf «vollständig radikalem Boden» zu stehen. Nicht jede Aktion war durchdacht, manches böse Wort fiel, und Jahn klagte in einem Brief an Klee Ende Februar, sie seien im Verein stets bemüht, «die letzte Dummheit wiedergutzumachen.»

Die nationale Verfassungsfrage rückte in den Brennpunkt des politischen Geschehens. Haupt, Jahn und Mommsen drängten in Wort und Schrift auf eine Beschleunigung der Beratungen um die Reichsverfassung. Am 27. März 1849 schienen sie ihr Ziel erreicht zu haben: Im Frankfurter Parlament wurde der Erbkaiserplan mit 267 gegen 263 Stimmen angenommen. Die großdeutsche Lösung war endgültig abgelehnt. Auch Mommsen und seine Freunde blickten auf den preußischen König Friedrich Wilhelm IV., der zum Kaiser gewählt wurde. Doch der lehnte die «mit dem Ludergeruch der Revolution behaftete» Würde ab und löste am 27. April die preußische zweite Kammer auf. Am selben Tag forderte der «Deutsche Verein» in einem Antrag an Rat und Stadtverordnete von Leipzig, das Palladium der deutschen Einheit mit Mut und Entschlossenheit zu behaupten. Noch klammerte man sich an das Ziel, daß die Verfassung in Sachsen eingeführt werden könne, aber die Stimmung war denkbar schlecht. «Ich bin in dem Grade verstimmt, erschreckt, erbittert durch die neuesten Nachrichten aus Berlin», schrieb Mommsen am 29. April 1849 an Tycho, «daß ich mich zum Schreiben zwingen muß; Du weißt, innerliches Leiden macht mich stumm. Wenn unser armes Vaterland doch untergehen soll, so hätten wir doch wohl einen Todeskampf und einen Alexander verdient.» Am 30. April löste der sächsische Minister Beust den Landtag auf. Am 3. Mai brannten in Dresden die Barrikaden.

In Leipzig wurde hektisch beraten. Die verschiedenen Vereine der Stadt bereiteten ein Aktionsbündnis vor. Mommsen, Jahn und Haupt vertraten den «Deutschen Verein» in dem neugeschaffenen vereinigten Ausschuß, an dem sich auch weiter links stehende Gruppen beteiligten. Eine Deputation wurde an den Stadtrat gesandt. Sie forderte, die Kommunalgarde mit bewaffneten Bürgern zu verstärken und den Dresdner Aufständischen zu Hilfe zu eilen. Als man damit nicht durchdrang, zogen Mommsen, Jahn und Haupt mit dem Ruf «Bürger heraus!»

durch die Straßen und forderten Passanten auf, sich zu einer Volksversammlung einzufinden. Gleichzeitig wurden Gewehre und Munition herbeigeschafft. Pulverdampf lag in der Luft.

Das Bündnis währte indes nicht lange. Schon am Nachmittag des 4. Mai kündigten die Professoren des «Deutschen Vereins» die politische Zusammenarbeit auf. Ihre Solidarität galt nun «den Behörden und der Kommunalgarde». Diese Volte leitete das Ende der Leipziger Maierhebung ein, bevor sie richtig begonnen hatte. Eine kleine Schar von Unentwegten versuchte, den Aufstand fortzuführen, wurde jedoch in der Nacht vom 6. zum 7. Mai zusammengehauen. Wie erklärt sich der auffällige Sinneswandel von Mommsen und seinen Gefährten? Haupt hat, als er sich später vor Gericht verantworten mußte, sein Verhalten am 3. und 4. Mai 1849 als einen «Akt leidenschaftlicher Aufwallung» bezeichnet. In der Tat scheint die Nachricht von dem bevorstehenden Einsatz preußischer Truppen in Dresden auch die Mitglieder des «Deutschen Vereins» in Rage versetzt zu haben. Als es dann ans Kämpfen ging, versagte ihnen der Mut. Man bezahlte nur noch einen Teil der Waffen und besann sich dann auf den Grundsatz, daß Gewalt als Mittel der Politik nichts tauge. Hinzu kam, daß die provisorische Regierung, die die Aufständischen in Leipzig nach der Flucht von König und Kabinett noch am 4. Mai gebildet hatten, eine radikale Richtung vertrat, die den Liberalen Mommsen, Jahn und Haupt nicht zusagte. Sie fürchteten wie Liberale andernorts, daß die Linke die Verfassung nur als «Aushängeschild» gebrauchen werde, um eine demokratische und soziale Republik zu schaffen, und antworteten mit einer Loyalitätserklärung für die sächsische Landesverfassung und damit für die Monarchie.

In Dresden kämpften der Architekt Gottfried Semper, der Komponist Richard Wagner, der Gymnasiallehrer Hermann Köchly, der sächsische Radikale Samuel Erdmann Tzschirner und der russische Anarchist Michail Bakunin mit einigen Hundert Handwerkern, Arbeitern und Studenten auf verlorenem Posten. Am 5. Mai trafen die preußischen Einheiten ein, die in viertägigen blutigen Straßen- und Häuserkämpfen die Insurrektion liquidierten. Über 250 Tote waren zu beklagen, und 727 Revolutionäre wurden in den nachfolgenden Prozessen zu Zuchthausstrafen verurteilt.

Doch auch Haupt, Jahn und Mommsen entkamen der Reaktion nicht, weder politisch noch strafrechtlich. Nachdem die Maiaufstände niederkartätscht worden waren, hieß es, in der veränderten politischen Landschaft seinen Standort zu bestimmen. Der «Deutsche Verein» war nach den Ereignissen von Anfang Mai 1849 nun Angriffen von rechts und links ausgesetzt. Mommsen, dem erbkaiserlich-kleindeutsch orientierten Liberalen, fehlte nach der Verweigerung des preußischen Königs eine realistische Perspektive. Doch das Ringen um die Verfassung und die Gestalt Deutschlands ging auch nach der gescheiterten Revolution weiter. Mommsen zog sich im Gegensatz zu anderen resignierten liberalen Hochschullehrern nicht aus der Politik in das Refugium der Wissenschaft zurück. Den «Kampf um Sein oder Nichtsein der echten deutschen Nation» führte er weiter.

Die Pläne, die Joseph Maria von Radowitz, ein Vertrauter Friedrich Wilhelms IV., vorlegte, stimmten die Mitglieder des «Deutschen Vereins» hoffnungsfroh. Der kleindeutsche, unter preußischer Führung stehende Bundesstaat – so wurde am 26. Mai 1849 zwischen Preußen, Sachsen und Hannover vereinbart – sollte aus einer «Union» der Fürsten hervorgehen, der sich bald 25 weitere Einzelstaaten anschlossen. Eine Reichsverfassung wurde beraten, die sich an dem Frankfurter Entwurf orientierte, aber «demokratische» Elemente weitestgehend eliminierte. Die Fürsten erhielten eine eigene Repräsentation, und an die Stelle des allgemeinen, gleichen und direkten Wahlrechts trat ein Dreiklassenwahlrecht. Die monarchischen Elemente akzeptierte Mommsen gerne, um eine rote Republik zu verhindern. Trotz vollmundiger Bekenntnisse, nicht nur gegen die Linke Front machen zu wollen, wuchs die Kluft zwischen Liberalen und Demokraten. Mit den besten Köpfen der Liberalen hoffte Mommsen, durch die «Union» das hohe Ziel, die Errichtung eines freiheitlichen Nationalstaats, erreichen zu können. Ende Juni 1849 segneten 150 liberale Abgeordnete der Paulskirche in Gotha diese Politik ab und setzten auf dem zum 20. März 1850 in Erfurt einberufenen Parlament die Annahme der Unionsverfassung durch. Demokraten und Radikale boykottierten die Wahlen. Doch die liberalen Reden, die auf dem Erfurter Reichstag gehalten wurden, waren nur noch ein Schwanengesang. Faktisch war die Unionspolitik bereits im Herbst des Vorjahres gescheitert, als Österreich wieder erfolgreich seine deutschen Interessen, d. h. den Beitritt der Habsburgermonarchie zum Nationalstaat, vertrat und neben Hannover, Bayern und Württemberg auch Sachsen zum Dreikönigsbund auf Distanz ging.

Mommsen und seine Freunde versuchten in der zweiten Hälfte des Jahres 49 mit den «Fliegenden Blättern», die Regierungen von Sachsen und Hannover davon zu überzeugen, daß sie eine besondere Pflicht zur bundesstaatlichen Einigung trügen. Sie verteidigten die kleindeutsche Lösung unter Preußens Führung und polemisierten gegen die «gottlosen Demokraten» und die «Baalspfaffen» im allgemeinen und die sächsischen Minister im besonderen. Die Internationalisierung des Konflikts zwischen Preußen und Österreich um die Hegemonie in Deutschland ließ diese Artikel jedoch zur Makulatur werden.

Am Ende des Jahres 1850 war die Einheit Deutschlands endgültig in weite Ferne gerückt. Der verachtete Deutsche Bund, gegen den man aufgestanden war, wurde wiederhergestellt. Die liberale Nationalstaatsgründung war gescheitert. Der Staat blieb Obrigkeitsstaat. Mommsen zählte zu den Verlierern. Schon im Juni 1850 klagte er in einem Brief an Henzen bitter, daß «das wunderreiche und wundervolle Jahr 1848 sich in eine einfache Dupierung und eitel Gemeinheit aufgelöst» habe.

Die Enttäuschung teilte Mommsen mit vielen seiner Zeitgenossen. Die Erkenntnis, daß das politische Wollen nicht ausreichte, um einen liberalen Staat zu gestalten, schmerzte um so mehr, als das Ziel, eine unter einer freiheitlichen Verfassung geeinte Nation, unmittelbar vor Augen gestanden hatte. Die gescheiterte Revolution prägte Mommsens politische Biographie. Das Gefühl der Ohnmacht angesichts der Allmacht der reformunwilligen Eliten saß tief. Ihrer Stärke und ihrer Arroganz setzte er entschlossen das Ideal von Gleichheit und Gerechtigkeit entgegen. Schwierig gestaltete sich sein Verhältnis zu den linken Demokraten und Radikalen, denen er eine Mitverantwortung am negativen Ausgang der Revolution zuwies. Prägend waren zudem die persönlichen Erfahrungen mit der Macht des geschriebenen Wortes, mit dem aktiven Engagement im Verein und mit der Mobilisierung der Bevölkerung. Das intensive Erlebnis der umfassenden Politisierung der Gesellschaft veranlaßte den Bürger Mommsen, später immer wieder zu den spontanen und unmittelbaren, nicht immer rational kalkulierten und strategisch ausgerichteten Politikformen seiner Achtundvierzigerzeit zurückzukehren.

Das «wundervolle Jahr 1848» hatte auch ein persönliches Nachspiel für Haupt, Jahn und Mommsen. Gegen die aufmüpfigen Professoren, die nicht nur an der Mairevolution 1849 beteiligt gewesen waren, sondern auch später noch die neue, reaktionäre Regierung von Sachsen publizistisch angriffen, wurde ein Strafverfahren eingeleitet. Die Sache zog sich hin. Zunächst sah es so aus, als könne eine Loyalitätserklärung für König und Verfassung genügen. Doch das Kultusministerium wollte das Versprechen, daß man sich künftig politischer Tätigkeit enthalten werde. Suspension und Amtsenthebung drohten. Mommsen, Jahn und Haupt gaben nicht nach.

Die politische Großwetterlage verschärfte den Konflikt. Die sächsische Regierung, die im Zuge der Abwicklung der 48er Revolution die vormärzlichen Stände wieder einberufen hatte, verlangte von der Universität Leipzig die Wahl eines Landtagsdelegierten. Sofort erhob sich Widerspruch, denn durch diese Abgeordnetenwahl hätte die Universität die Restitution der alten Stände und die oktroyierte Verfassung anerkannt. Einmal mehr waren es unter den Ordinarien Haupt und Jahn, unter den Extraordinarien Mommsen, die den Protest gegen das Ansinnen der Regierung mittrugen. Schnell war eine überparteiliche Allianz geschlossen. Liberale Anhänger des preußischen Unionsplanes und Vertreter der großdeutschen Lösung fanden zusammen. Die ordentlichen Professoren, die zur Sitzung des akademischen Senats vom 20. Juni 1850 zusammenkamen, wiesen mit 21 gegen 16 Stimmen die Wahlaufforderung zurück. Die Regierung in Dresden antwortete mit Disziplinarverfahren und wollte ein neues Universitätsstatut durchsetzen, das die Machtstellung des Senats und der Ordinarien brechen sollte.

Gegen Haupt, Jahn und Mommsen ging man zudem strafrechtlich vor. Gegenstand der Verhandlung waren ihre Aktivitäten am 4. Mai 1849. Das Leipziger Appellationsgericht verurteilte Anfang Oktober 1850 in erster Instanz Haupt zu einem Jahr und Mommsen zu neun Monaten Landesgefängnis, weil sie die Bürger Leipzigs aufgefordert hätten, sich zu einer Volksversammlung einzufinden. Dies qualifizierte das Gericht als Vorbereitung zum Hochverrat. Jahn hingegen wurde aus Mangel an Beweisen freigesprochen. Die Berufungsinstanz hob am 13. Februar des nächsten Jahres auch die gegen Haupt und Mommsen verhängten Strafen auf. Die jungen Männer, hieß es in der Urteilsbegründung, stünden dem praktischen Leben fern und beschäftigten sich bloß mit der Theorie. «Sie leben in Ideen, enthusiasmieren sich für dieselben, ohne die Fähigkeit zu haben, deren praktische Durchführbarkeit beurteilen zu können, und ohne zu bedenken, welches Unheil die versuchte Durchführung derselben mit sich bringen kann.» Mommsen erreichte die Nachricht in Oldesloe: Er war in die alte Heimat zurückgeeilt, weil sein Vater im Sterben lag.

Der Freispruch bedeutete nicht das Ende der Affäre. Haupt, Jahn und Mommsen wurden aus dem Universitätsdienst entlassen. Beust, der Kultusminister, wies am 22. April 1851 die Universität zur «Entfernung» der drei Professoren an, weil ihr Verhalten «in den ersten Tagen des Monats Mai 1849 von der Art gewesen ist, daß sie dadurch öffentliches Ärgernis gegeben, und ein sehr schlechtes Beispiel für die akademische Jugend aufgestellt haben». Die disziplinarrechtlich Abgestraften legten Berufung ein. Die Universität wollte die ausgezeichneten Gelehrten halten. Die Buchhändler Härtel, Hirzel, Reimer und Wigand garantierten den Freunden, das entzogene Gehalt zumindest auf ein Jahr aus privaten Mitteln sicherzustellen. Im August war die Sache entschieden: Das Ministerium wies die Berufung zurück. Die Entlassenen hatten in Leipzig keine Statt mehr. Es hieß Abschied zu nehmen. Mommsen brachte seine verzweifelte Stimmung in Verse:

«In dem Nebel durch die Wolke
Leuchtete der Hoffnung Stern:
Gott ist mit dem deutschen Volke
Trotz des Gottesgnadenherrn.

Ach nicht wußt' ich, daß der Ketten
Schatten noch den Mut umspinnt,
Wußte nicht, daß Epauletten
Auch Lakaientressen sind.

Aus der Heimat zieh' ich wieder,
Fremder Mann, ein armer Mann!
Unsre Sterne sanken nieder,
Und der Tag brach nimmer an.»

III. EXIL UND RÜCKKEHR: ZÜRICH, BRESLAU, BERLIN

1. «Eine ganz glänzende Acquisition»: Mommsen in Zürich

Für zahllose Flüchtlinge war die Schweiz nach der gescheiterten Revolution das gelobte Land. Im Frühjahr 1849 stieg die Flut der heimatlos Gewordenen dramatisch an. Die ersten Vertriebenen kamen aus Sachsen. Es waren Arbeiter, Handwerker, Lehrer, Politiker und Schriftsteller. Selbst zwei Pastoren fanden als «emeritierte Dresdner Barrikadenkämpfer» im Kanton Graubünden ein Auskommen. Als im Juli der badisch-pfälzische Aufstand liquidiert worden war, überschritten die geschlagenen Freischaren aus Deutschlands Süden die Grenze. Wieder war es ein bunter Haufen. Mittendrin der Mannheimer Alexander Spengler, der über die Säckinger Rheinbrücke vor den Häschern in die Schweiz floh, in Zürich Medizin studierte und später Davos zum berühmten Lungenkurort machte.

Die Emigranten kamen auf der Landstraße von Norden her nach Zürich. Hier waren vor allem die qualifizierten Flüchtlinge willkommen, die ihr Auskommen in den industriellen Produktionsstätten, beim Bau der Eisenbahn und im expandierenden Bankensektor fanden. Für die 1833 gegründete Universität Zürich erwiesen sich die aus Deutschland vertriebenen Wissenschaftler als Segen. Für ihre Integration machte sich der mächtige Erziehungsdirektor und Nationalrat Alfred Escher stark, der den liberalen Kurs der Hochschulpolitik fortsetzte, den man in den Jahren nach 1839 vorübergehend verlassen hatte. Die gelehrten Asylanten beschleunigten die notwendige Säkularisierung der zuvor von der Theologie dominierten Wissenschaften und die gewünschte Modernisierung des wirtschaftlich aufstrebenden Kantons.

Die institutionellen und personellen Voraussetzungen, eine Stelle in Zürich zu bekommen, waren für einen deutschen Wissenschaftler vom Range Mommsens nachgerade ideal. Schon im Frühjahr 1851 war auf Eschers Betreiben eine zweite Professur für Römisches Recht eingerichtet worden. Der Zürcher Erziehungsdirektor bat daraufhin den bekannten schweizerischen Rechtsgelehrten Friedrich Ludwig Keller, der 1847 als Nachfolger Puchtas nach Berlin berufen worden war, sich in Deutschland nach einem geeigneten Kandidaten umzusehen. Nach Berlin war Mommsen im März 1851 gereist, um Karl Lachmann, der im Sterben lag, noch einmal zu sehen. Dort traf er sich mit Keller, der von Mommsens politischen Schwierigkeiten wußte und nach Zürich depeschierte, der deutsche Professor sei «eine ganz glänzende Acquisition». Keller, der selbst über den römischen Zivilprozeß arbeitete, schätzte den Rechtshistoriker Mommsen, nicht den Politiker, denn der liberale Schweizer, der 1839 wegen seiner radikalen Ansichten Zürich verlassen mußte, hatte sich inzwischen zu einem aufrechten preußischen Konservativen gewandelt. Die Geschicke seiner Vaterstadt lagen ihm weiter am Herzen, und deshalb beriet er Escher in Berufungsfragen der Juristischen Fakultät. Der schweizerische Emigrant empfahl den künftigen deutschen Emigranten wärmstens für das Ordinariat, auch wenn er sich nicht darüber täuschte, daß Mommsen lieber in Deutschland bleiben wollte und Zürich nur als «willkommene Zufluchtsstätte» ansehen konnte.

In die weiteren Verhandlungen mit Zürich schaltete sich dann auch der Kaufmann Caspar Hirzel ein, der Schweizer Generalkonsul war und Mommsen als Freund seines älteren Bruders, des Verlegers Salomon Hirzel, gut kannte. Als im August das sächsische Kultusministerium Mommsens Einspruch gegen seine Entfernung aus dem Hochschuldienst ablehnte, wurden die Details der Berufung geklärt, die am 13. Oktober 1851 durch den Zürcher Regierungsrat offiziell vollzogen wurde. Mommsen setzte durch, daß die Universität das niedrige Eingangsgehalt von 1200 Franken alter Währung noch etwas aufstockte, und bestand darauf, erst zu Ostern 1852 nach Zürich zu gehen, da er zunächst seine Verpflichtungen gegenüber seinen Verlegern erfüllen müsse. Härtel, Hirzel, Reimer und Wigand bezahlten seit Mai 1851 dem entlassenen Professor ein «Stipendium» in der Höhe seines Universitätssalärs, das ihm ermöglichte, die Sammlung der lateinischen Inschriften des Königreichs Neapel abzuschließen, an der «Römischen Geschichte» zu arbeiten und kleinere Abhandlungen zu Papier zu bringen. Trotz der unerfreulichen politischen und beruflichen Situation konnte Mommsen während dieser beiden «Freisemester» seine Forschungen dank der Unterstützung seiner Freunde zielstrebig vorantreiben.

Am 29. April 1852 traf Mommsen in Zürich ein. Die ersten Ein-

Theodor Mommsen in Zürich

drücke waren nicht berauschend. Die Stadt schien klein, verwinkelt und unübersichtlich. Mit gerade 17 000 Einwohnern zählte sie kaum ein Drittel der Bevölkerung Leipzigs. Da der Wohnraum innerhalb der Schanzen dennoch knapp war, wurde es mit der erhofften Aussicht auf den See und die Alpen nichts. Mommsen mußte froh sein, ein bescheidenes Zimmer mitten im engen Gassengewirr der Altstadt gefunden zu haben, wo ihn die Sonne «zu keiner Tageszeit» besuchte. Das fünfstöckige Haus des Buchbindermeisters Hans Jakob Holzhalb bot vielen Köpfen Unterkunft. Neben dem Besitzer, seiner Frau und den vier Kindern im Alter von zwei bis vierzehn Jahren wohnten dort ein badisches Dienstmädchen, ein Lehrling und eine ältere Zimmermieterin. Hinzu kamen weitere «Kostgänger»: ein Kommis aus Biberach, zwei schweizerische Medizinstudenten und schließlich ein italienischer Gipsfigurenfabrikant aus Lucca, mit dem Mommsen wenigstens sein Italienisch üben konnte. Eine bessere Bleibe konnte sich der Exulant mit bescheidenem Professorengehalt nicht leisten.

Auch die Universität hielt keinem Vergleich mit Leipzig stand. Die Zahl der Studenten belief sich auf etwa 150, die der ordentlichen Professoren auf 22. Dagegen waren in Leipzig etwa 900 Studenten immatrikuliert, und an den vier Fakultäten wirkten insgesamt 45 Ordinarien. Die Juristische Fakultät in Zürich zählte im Sommersemester 1852 vier ordentliche und vier außerordentliche Professoren sowie drei Privatdozenten, die kaum zwei Dutzend Studenten der Rechte unterrichteten. Unter den Lehrern waren nicht wenige, «welche die politische Springflut an diesen Strand» geworfen hatte. Mommsen konnte sie alle nicht ausstehen. Es sei schon eine Prüfung, vertraute er einem Brief an, dem Privatdozenten Hermann von Marschall-Bieberstein, der an seiner Fakultät Vorlesung über Verfassungsrecht hielt, «statt im Zuchthaus, wo er hingehört, bei Tisch zu begegnen». Mit dem deutschen Nationalökonomen Bruno Hildebrand, der ebenfalls an der Juristischen Fakultät lehrte, sei zwar «gut sprechen und vermutlich leicht leben». Allein, «er hat viele Bücher ‹gelesen›, die er nicht aufgeschnitten hat».

Schon in der ersten Fakultätssitzung, an der er teilnahm, sorgte Mommsen für Unfrieden. Hildebrand wollte damals seinem «Spezialfreund und politischen Mentor», dem Juristen Heinrich Simon, die Ehrendoktorwürde verleihen. Mommsen widersprach scharf, denn der Kandidat war wie Hildebrand ein Vertreter der Linken im Frankfurter Nationalparlament gewesen. 1851 in Breslau in Abwesenheit zu lebenslanger Zuchthausstrafe verurteilt, war er in die Schweiz emigriert und stieg zum Direktor einer Aktiengesellschaft für Kupferbergbau auf. Mommsen führte folglich die alten politischen Auseinandersetzungen auch im Exil fort, und immerhin gelang es ihm, daß die Sache vertagt wurde. Doch Hildebrand konnte Osenbrüggen auf seine Seite ziehen, so daß in der zweiten Fakultätssitzung sein Antrag durchging. Mommsen hat es Osenbrüggen, den er noch aus Kiel kannte, nie verziehen, daß dieser in der Abstimmung umgefallen war. Den Ordinarius für Kriminalrecht und Kriminalprozeß, der nach seiner Absetzung in Dorpat gleichzeitig mit Mommsen nach Zürich berufen wurde, hieß er in der Folgezeit «einen elend schwachen Menschen», dessen «Kümmerlichkeit dadurch nicht besser wird, daß er sich für einen politischen Märtyrer hält».

Auch die Kollegen anderer Fakultäten schätzte Mommsen nicht sonderlich. Der Klassische Philologe Hermann Köchly, der wegen seiner Beteiligung an den Dresdner Maiunruhen aus Deutschland geflüchtet war, fand zwar Mommsens Beifall, weil er temperamentvolle akademische Vorträge hielt, aber im übrigen teilte er Jahns Einschätzung, daß es sich bei dem Lachmannepigonen um «eine ordinäre Natur» handle. Also mied er Professorengesellschaften, «wo nur Leute zusammen sind, die sich nicht leiden können oder doch sich nichts auseinander machen», und fühlte sich «immer isolierter». Freundschaft schloß Mommsen nur mit dem Physiologen Carl Ludwig, dem Rechtshistoriker Friedrich von Wyß und dem Theologen Ferdinand Hitzig, den er für einen «eckigen rüpelhaften Kerl» hielt: Ebendiese Charakterisierung erschien nicht wenigen Zürcher Hochschullehrern als passend für Mommsen selbst. Der Historiker Georg von Wyß brachte es auf den Punkt: «Schade nur, daß der Mann ein geschliffenes Messer ist, das man sich ordentlich hüten muß ungeschickt anzufassen.»

Erfreulicher als die Mehrzahl der universitären Kontakte gestalteten sich die Beziehungen zu gelehrten Vereinigungen in Zürich. Hier war Mommsen als wissenschaftliche Autorität gern gesehen. Schon seine Antrittsvorlesung, die er am 8. Mai 1852 in der Aula der Universität über «Die Bedeutung des Römischen Rechts» hielt, fand ein breites Echo. In der «Neuen Zürcher Zeitung» wurde besonders hervorgehoben, daß Mommsen «von seinem ins Einzelste dringenden und doch immer auf das Ganze gerichteten Forschen reiches und glänzendes Zeugnis abgelegt» habe. Der Allgemeine Dozentenverein, der durch öffentliche Vorträge im Rathaussaal die Gründung einer archäologischen Sammlung finanzieren wollte, lud Mommsen Anfang Januar 1853 ein, über das Thema «Helvetien zur Zeit der Römer» zu referieren. Aus dieser Gelegenheitsarbeit erwuchs die berühmte Darstellung «Die Schweiz in römischer Zeit» (1854). Ohne Schwierigkeiten konnte Mommsen für die 1832 gegründete Antiquarische Gesellschaft gewonnen werden, mit deren Präsidenten Ferdinand Keller er bald befreundet war. Hier hielt er oft Vorträge, vor allem über epigraphische Themen, und in den Mitteilungen der Gesellschaft publizierte er seine bedeutendsten Aufsätze, die in diesen Jahren entstanden.

Weniger Freude bereitete ihm auch in Zürich die akademische Lehre. Der «Kollegientrödel» war ihm zuwider. Die zwölf Stunden, die er während der langen Semester halten mußte, drängte er von Montag bis Donnerstag zusammen, um «von Donnerstag Mittag bis zum Sonntag als Mensch zu leben und an den Professor wenigstens nur einen Teil der Existenz zu verlieren». Im Sommersemester las er Institutionen des römischen Rechts, im Winter Pandekten, jeweils zehnständig. Einmal, im Sommersemester 1853, ließ er sich von der Philosophischen Fakultät überreden, ein zweistündiges Kolleg über römische Epigraphik zu halten. Die Entscheidung bereute er sofort, denn es gefielen ihm weder die Professoren noch die Studenten, die ihm zuhörten. Obwohl sich auch in Zürich herumsprach, daß seine Vortragsweise nicht gerade anziehend war, konnten seine Veranstaltungen nicht gemieden werden. Römisches Recht hatte im Unterricht der Fakultät absoluten Vorrang. Bei kaum zwei Dutzend Studenten der Juristischen Fakultät verzeichnete Mommsen meist sieben, acht oder neun inskribierte Hörer. Sein philologischer Kollege Köchly hatte hingegen zu Beginn seiner Lehrtätigkeit nur zwei Fachstudenten. Damit bestand zumindest für Mommsen kein Grund zu klagen, daß man an der Zürcher Universität zwar viele Berge, aber nur wenige Studenten sähe.

Die verletzende Schärfe seiner Kritik, die er an Kollegen übte, und der beißende Spott, mit dem er die örtliche Universität überzog, trugen nicht zu seiner Integration ins Professorenmilieu bei. Kontakte zu den städtischen Honoratioren ergaben sich kaum. Es war ein schier aussichtsloses Unterfangen, in die feine Gesellschaft aufgenommen zu werden. Die wohlhabenden und reichen Zürcher Bürger beargwöhnten die junge Universität, an der deutsche Wissenschaftler liberale Ideen propagierten. Mommsen spürte die Distanz und beklagte, daß der Herr Professor nicht automatisch zur städtischen Elite zählte, da die «strebsamsten Individuen» in die Industrie und die Politik gingen, so daß sich der «deutsche Gelehrtenhochmut» daran gewöhnen müsse, nur «die dritte Geige zu spielen.» Mit den Eidgenossen wurde er nicht warm. Das kleinstädtische Milieu und die Sprödigkeit der Einheimischen schreckten ihn ab. «Die gehören zum Froschgeschlecht», schrieb er 1853 an Henzen, «und man muß Gott danken, wenn sie hochdeutsch sprechen und eine Serviette auf den Tisch legen lassen.» Viele seiner Landsleute suchten der sozialen Isolation zu entfliehen, indem sie um die Protektion des mächtigen Politikers Alfred Escher warben, dem sie ihre Berufung verdankten und von dessen Wohlwollen sie sich eine Erhöhung ihres bescheidenen Einkommens versprachen. Die Beflissenheit und Unterwürfigkeit der geflohenen Liberalen und Demokraten war Mommsen zuwider. Schon im Juni 1852 resignierte er: «Wir sind vollkommen abhängig von der Regierung.»

Also flüchtete er sich, wenn ihm die Decke auf den Kopf zu fallen

*Mommsen als Alpinist.
Zeichnung von Ferdinand Keller*

drohte, in das Café Littéraire oder in die kosmopolitischen Salons prominenter Zürcher, um mit deutschen Künstlern und Intellektuellen zusammenzutreffen. Besonders wohl fühlte er sich im Hause des gebürtigen Hamburgers François Wille in Mariafeld bei Meilen, der Mommsens politische Ziele teilte und für die «Neuen Kieler Blätter» geschrieben hatte, und bei dem zu Kilchberg residierenden Grafen Plater, der mit der berühmten Schauspielerin Karoline Bauer verheiratet war. Bei diesen Zusammenkünften gefiel sich Mommsen in der Rolle des Bohemien. Gemeinsam las man «Egmont», «Emilia Galotti» und andere Dramen mit verteilten Rollen. Einmal übernahm Mommsen den Octavius in Shakespeares «Antonius und Kleopatra». In denselben Kreisen verkehrte der steckbrieflich gesuchte königlich sächsische Kapellmeister Richard Wagner, der damals, arm und kränkelnd, an seinen Opern arbeitete. Mommsen scheint mit ihm nicht zusammengetroffen zu sein. Dazu gab es auch keinen Grund, da Otto Jahn, der gerade den «Tannhäuser» und den «Lohengrin» vernichtend rezensiert hatte, ihn warnte, in Zürich zum Wagnerianer zu werden.

Zürich sollte nur eine Durchgangsstation sein. Mommsen wollte wieder nach Deutschland zurück, wie er schon im August 1851 an

Henzen geschrieben hatte: «Meine Heimat will und kann ich da nicht suchen, aber es ist ja doch möglich, daß ich von da in erträglicheren Zeiten an eine deutsche Universität zurückkommen kann.» Mommsens Selbstzeugnisse zeichnen das typische Psychogramm eines Emigranten, der die Heimat nicht freiwillig verlassen hat, mit seinem Schicksal hadert und daher dem Land, das ihm Zuflucht gewährt, nicht offen begegnet, sondern vor allem die Schwächen und Eigentümlichkeiten der Fremde wahrnimmt. Die von den schweizerischen Freisinnigen durchgesetzte Gewaltenteilung und die Repräsentativdemokratie, die Menschen- und Bürgerrechte, die Garantie der Presse- und Vereinsfreiheit – alle diese politischen Elemente, für die Mommsen in Deutschland so energisch gefochten hatte, waren ihm in der Schweiz unwichtig und gaben ihm nicht das Gefühl, hier heimisch zu sein. Statt dessen fühlte er sich als «kleiner Flüchtling», wie «eine hoffärtige Intelligenz im Exil». Der Schmerz, das Vaterland verloren zu haben, verdrängte die Dankbarkeit dem Zufluchtsort gegenüber. Denn nur der Zürcher Ruf gab dem politisch Verfolgten eine sichere Existenz, die es ihm erlaubte, seine Forschungen ungestört fortzusetzen. Emotionale Geborgenheit fand Mommsen im Kreis von Schicksalsgenossen, die seine Alteritätserfahrung teilten und sich ebenfalls von der Umwelt abgrenzten.

Wenn die Verhältnisse Mommsen zu sehr bedrückten und Schwermut ihn ergriff, wenn Sarkasmus und Ironie nicht halfen, wenn der Wein, weil «zu ländlich und schändlich», nicht mehr schmeckte, packte er seinen Rucksack und stieg auf die Berge. Den Rigi besuchte Mommsen allein 1852 dreimal und genoß den beispiellos schönen Sonnenaufgang. Auch den Säntis bestieg er und unternahm ausgedehnte Wanderungen in Zürichs nähere und fernere Umgebung. Der freie Alpenausblick wirkte wie Balsam für die Exulantenseele. «Mich macht das Herumklettern zwischen diesen Bergen ganz glücklich», gestand er Jahn, «und es gelingt mir, darüber viel zu vergessen.» Den Naturgenuß teilte er oft mit Leipziger Freunden, über deren Besuch sich Mommsen immer freute. Doch noch willkommener war ihm Marie Reimer, die schon im ersten Zürcher Semester die weite Reise auf sich nahm. In Leipzig waren zarte Bande geknüpft worden. Der Abschied im April 1852 war beiden sehr schwergefallen. Die Entlassung hatte nicht nur Mommsens berufliche und bürgerliche Existenz in Frage gestellt, sondern machte auch eine Heirat unmöglich. Die Zukunft in der Schweiz war ungewiß, und das bescheidene Anfangsgehalt reichte nicht für eine bürgerliche Familiengründung. Doch dann faßten beide den Entschluß, allen Widrigkeiten zum Trotz den weiteren Lebensweg gemeinsam zu gehen. Im Frühling 1854 reiste Mommsen nach Deutschland, um sich am 13. April mit Marie Reimer zu verloben, der «ersten innigen Liebe eines treuen Herzens».

2. *Wie ein Inschriftenwerk auszuführen ist: Das Corpus Inscriptionum Latinarum*

Die epigraphische Forschung ließ Mommsen auch in Zürich nicht los. Nachdem die «Lateinischen Inschriften des Königreichs Neapel» 1852 erschienen waren, war auch, wie Adolf Harnack einmal formulierte, «dem blödesten Auge» gezeigt, «wie das Inschriftenwerk auszuführen sei». In Berlin warben Mommsens Freunde unentwegt für seine Sache, obwohl er die Verhandlungen mit der Akademie abgebrochen hatte. Schließlich machte Eduard Gerhard einen neuen Anlauf, um Mommsens Plan zu realisieren. Dazu verband er sich mit dem berühmten Bonner Klassischen Philologen Friedrich Ritschl, der mit Hilfe der Akademie eine Sammlung altlateinischer Inschriften («Monumenta Priscae Latinitatis») herausgeben wollte. Zuvor bereits hatte Gerhard in einem Gutachten die Mängel der bisherigen Corpusarbeit in der Akademie aufgedeckt und die epigraphische Kommission auf seine Seite gezogen.

Der Philologe und Gymnasiallehrer August Wilhelm Zumpt, ein Neffe des Akademiemitgliedes Karl Gottlob Zumpt, hatte fünf Jahre lang Auszüge aus der einschlägigen Literatur hergestellt und alte Inschriftenbände zerschnitten, um so zu einer neuen Sammlung lateinischer Inschriften zu kommen. Auf vergleichbare Weise hatte schon Boeckh sein *Corpus Inscriptionum Graecarum* erstellt. Dieser unterstützte folglich den jungen Zumpt, der ihm ohnehin besser zusagte als der selbstbewußte Mommsen, der der Akademie, obwohl kein Mitglied, vorschreiben wollte, wie sie lateinische Inschriften zu edieren hatte.

Doch Boeckhs Mehrheit schwand. Noch zögerten manche, sich auf eine Unternehmung einzulassen, deren institutionelle Folgen schwer zu überschauen waren und die enorme Mittel auf Jahre band. Geschickt gelang es aber den Kombattanten in Berlin, Bonn, Rom und Zürich, ihre Gegner in der Akademie auszumanövrieren. Zunächst verweigerte

Ritschl jede Kooperation mit Zumpt. Nochmals wies man auf den wissenschaftlichen Fortschritt hin, den ein Inschriftencorpus zu garantieren vermochte, das gleichermaßen auf den Originalen und der handschriftlichen Überlieferung basierte. Darüber hinaus ließ Mommsen die Akademie wissen, daß Wilhelm Henzen und Giovanni Battista de Rossi in Rom sich bereit erklärt hatten, die stadtrömischen Inschriften für das Corpus zu bearbeiten. Immer wieder wurde Mommsens Denkschrift von 1847 als die einzig tragfähige Grundlage für eine große Sammlung angeführt.

Die konzertierte Aktion zeigte allmählich Wirkung. In einer sehr kontroversen Sitzung der philosophisch-historischen Klasse wurde mehrheitlich dem Antrag des Ägyptologen Richard Lepsius entsprochen, die «Hauptleitung» des lateinischen Inschriftencorpus «Mommsen und Henzen in der Weise zu übertragen, daß sie für eine die Akademie befriedigende Ausführung verantwortlich, in der Wahl ihrer Mitarbeiter aber nicht gebunden sind». Tatsächlich bedeutete diese äußerst geschickte Sprachregelung, daß Mommsen in Absprache mit Henzen alle notwendigen weiteren Schritte einleiten konnte, um *seinen* Plan zu verwirklichen. Mommsen hatte auf der ganzen Linie gesiegt. Boeckh blieben nur noch Separatvoten, um die Sache zu vereiteln. Selbst im Plenum, wo er als Sekretar der philosophisch-historischen Klasse den Antrag vertreten mußte, opponierte er. Doch sein Sperrfeuer zeigte keine Wirkung, sondern beschleunigte nur die Erosion seiner Macht in der Akademie.

Am 13. Februar 1854 bewilligte der preußische König Friedrich Wilhelm IV. für das Corpus je 2000 Taler auf sechs Jahre. Mommsen beeilte sich, Boeckhs letzten Bundesgenossen Zumpt, der sich nicht einfach beiseite schieben lassen wollte, auszuschalten. Eine Einigung mit dem «inepten Menschen» lehnte er brüsk ab. Das einzige, was an den von Zumpt angehäuften Zetteln brauchbar sei, ließ er die Akademie wissen, sei die weiße Rückseite. Damit endete Zumpts Tätigkeit für das Inschriftencorpus. Gerhards Hartnäckigkeit und taktischem Geschick war es zu verdanken, daß das Werk nach langjährigem Ringen von der Berliner Akademie nach Mommsens Vorgaben realisiert wurde. Mommsen empfahl sich durch seine fachliche Kompetenz und sein konzeptionelles Denken. Energisch und bisweilen rücksichtslos ging er gegen seine Widersacher vor. Schon im Juni 1853 war er zum korrespondierenden Mitglied der Akademie gewählt worden.

Mit der Leitung des Inschriftencorpus der Berliner Akademie beauftragt, ging Mommsen sofort daran, die epigraphischen Zeugnisse der Schweiz zu sammeln. Zwar waren gerade erst die «Inscriptiones Helveticae» des Johann Caspar Orelli in den Mitteilungen der Antiquarischen Gesellschaft erschienen (1844), aber diese Kollektion hatte dieselben Fehler wie das Zumptsche Unternehmen: Es war eine Kompilation aus älterer Literatur. Mommsen konnte die Antiquarische Gesellschaft schnell überzeugen, daß die Arbeit neu gemacht werden mußte. Er legte die gewohnte Effizienz und Zielstrebigkeit an den Tag, um die handschriftliche Überlieferung zu sichten, die einschlägige Literatur auszuwerten, Museen zu besuchen und Inschriften *in situ* zu kopieren. Dabei stieß er in der Zürcher Stadtbibliothek auf die älteste Inschriftensammlung der Schweiz, die von dem Chronisten Johannes Stumpff Mitte des 16. Jahrhunderts angefertigt worden war. Systematisch nutzte er seine Reisen mit der Postkutsche, um weitere Bibliotheken zu durchstöbern, Sammlungen einzusehen und Inschriften vor Ort zu studieren. Um die Felsinschrift über dem Straßentunnel der Pierre Pertuis im Jura untersuchen zu können, ließ er sogar Leitern aus der Umgebung herbeischaffen. 1854 erschienen die «Inscriptiones Confoederationis Helveticae Latinae» und «Die Schweiz in römischer Zeit». Mit diesen beiden Werken schuf Mommsen die Grundlage der altertumswissenschaftlichen Erforschung der Eidgenossenschaft. Inzwischen kannte er das Land so gut, daß er 1852 von dem Verleger Karl Baedeker gebeten wurde, die Beschreibungen der Römerstädte für die Neuauflage des Schweiz-Reiseführers zu liefern.

In Berlin dauerte es noch einige Zeit, bis die Arbeiten am *Corpus Inscriptionum Latinarum* aufgenommen wurden. Am 1. Januar 1855 erließ die epigraphische Kommission der Akademie, der außer Gerhard und Lepsius der Bibliothekar Moritz Pinder und der gerade nach Berlin berufene Moriz Haupt angehörten, ein gedrucktes Rundschreiben, in dem die wissenschaftliche Öffentlichkeit von dem Vorhaben in Kenntnis gesetzt und zur Mitarbeit aufgefordert wurde. Jetzt setzte Mommsen seine Konzeption um, die er in seiner Denkschrift «Über Plan und Ausführung eines Corpus Inscriptionum Latinarum» im Januar 1847 entwickelt hatte. Die «Inscriptiones regni Neapolitani Latinae» waren der «Pilotband» der Reihe.

Am Anfang stand die Sammlung des inschriftlichen Materials. Zu diesem Zwecke mußten die handschriftliche Überlieferung und die gesamte einschlägige Literatur systematisch ausgewertet und die erhaltenen Steine durch Autopsie untersucht werden. Mommsen ließ nie einen Zweifel daran, daß «alle Kritik ohne Zurückgehen auf die letzten Quellen Stückwerk ist», und verlangte von jedem Herausgeber, daß er «die Hauptfundörter der lateinischen Inschriften persönlich besuche». Die Inschriften sollten nach geographischen und inhaltlichen Gesichtspunkten angeordnet werden. Einer Anregung des geplanten, aber nicht ausgeführten Unternehmens der französischen Akademie folgend, forderte Mommsen, «daß spätere Sammler nur auf ein nach topographischer Methode angelegtes Corpus mit Sicherheit fortbauen können», wollte aber zugleich thematisch zusammengehörende Inschriften nicht auseinanderreißen. In den späteren Jahren publizierte er in den eigens gegründeten «Ephemerides Epigraphicae» Neufunde und Ergänzungen zu den bisher erschienenen Faszikeln, denn «die Herausgabe einer Inschriftensammlung ohne Fürsorge für deren stetige Fortführung heißt ungefähr soviel, wie eine Straße bauen und sie nicht im Stand halten».

Indes, nicht nur die Sammlung der lateinischen Inschriften war ein dringendes Desiderat, sondern auch die Entwicklung eindeutiger und überprüfbarer Kriterien, um das Echte vom Falschen zu scheiden. Seit den Tagen von Jan Gruter und Joseph Scaliger und der «Ars critica lapidaria» (1765) des Scipione Maffei bildete die Echtheitskritik eine der zentralen Herausforderungen der Epigraphik. Mommsen legte die strengen Maßstäbe einer modernen textkritischen Edition an die epigraphischen Zeugnisse an. Aus eigener Erfahrung wußte er, daß die aus Autopsie gewonnene Erfahrung im Umgang mit Inschriften «maßgebend für die Kritik» war. Zur Konstituierung des Textes empfahl er dem Herausgeber «nicht bloß epigraphische Kenntnis überhaupt, sondern namentlich praktische Übung im Lesen der Steine».

Die Kritik war Mommsen wichtiger als die erschöpfende Annotierung. Deshalb wandte er sich prinzipiell gegen den im Boeckhschen Corpus gepflegten Grundsatz, die Inschriften ausführlich zu kommentieren. Ihm genügten wenige «erklärende Noten», eindeutige Angaben zum Fundort und gegebenenfalls abweichende Lesarten. Eingehende Erörterungen wichtiger epigraphischer Texte hat Mommsen immer separat veröffentlicht, sei es in seiner berühmten Abhandlung über die spanischen Stadtrechte, sei es in seiner Edition der «Königin der Inschriften», des Monumentum Ancyranum. Schließlich bestand Mommsen darauf, daß jedem Band umfangreiche Indices beigefügt wurden, die das schier unübersehbare Material für den Benutzer ordneten und seine Auswertung unter leitenden Fragestellungen ermöglichten. Vorbild waren ihm wiederum die Sammlungen Scaligers und Borghesis.

Mommsen wußte, worauf er sich eingelassen hatte. Ende Mai 1853 schrieb er an Henzen, es liege eine «Lebensaufgabe» vor ihnen, «denn unter zehn Jahren ist die Arbeit nicht beendigt und sie kann zwanzig währen; mit dem, was daran hängt, erfüllt sie unsere Lebenszeit». Nichts weniger war angestrebt, als alle lateinischen Inschriften, mit Ausnahme der christlichen, bis zum sechsten Jahrhundert zu sammeln. Das Projekt war langwierig und teuer. Bis 1900 investierte die Akademie über 400 000 Mark. Der erste Band, der die Inschriften des republikanischen Roms bis zum Tode Caesars umfaßte, erschien erst 1863. Als Mommsen starb, waren in fünfzehn Bänden 130 000 Inschriften aus dem gesamten *orbis Romanus* ediert worden. Der Begründer selbst bearbeitete neben den altlateinischen Inschriften die Donauländer, den Orient, Ober- und Unteritalien mit Sizilien und Sardinien. Er half bei den anderen Faszikeln mit, las Korrekturen und sprang ein, als ein Herausgeber überraschend starb. Souverän meisterte er selbst politische Krisen: Als elf Jahre nach dem Ende des Deutsch-Französischen Krieges und unmittelbar nach der Errichtung eines französischen Protektorats in Tunesien ein Teil der französischen Presse heftig dagegen polemisierte, daß die römischen Inschriften Nordafrikas von einem deutschen Akademieunternehmen erschlossen würden, konnte Mommsen dank seiner engen Verbindung zu französischen Kollegen die Wogen wieder glätten.

Die Integration ausländischer Gelehrter war Mommsen von Anfang an wichtig. So war mit de Rossi ein italienischer Forscher an dem Corpus beteiligt. Seine epigraphischen und handschriftlichen Studien in Rom und Italien waren ebenso unverzichtbar für die erfolgreiche Durchführung des Vorhabens wie seine persönlichen Verbindungen zu den höchsten Repräsentanten des katholischen Klerus, die für die Berliner Sammlung manche bisher verschlossene Tür öffneten. Das gigantische Werk verlangte die Zusammenarbeit vieler Wissenschaftler aus unterschiedlichen Ländern, um Inschriften vor Ort zu prüfen, Handschriften zu kollationieren, Druckwerke einzusehen und Texte wiederherzustellen. Das Corpus der lateinischen Inschriften konstituierte damit ein ungemein erfolgreiches Modell internationaler wissenschaftlicher Kooperation, das auch für andere Disziplinen richtungweisend wurde.

Die konsequente Übertragung der philologisch-kritischen Methode auf das Studium der Inschriften und die Erfassung einer ungeheuren Masse neuer Inschriften veränderten nicht nur die lateinische Epigraphik von Grund auf, sondern auch die Altertumswissenschaften. Eine Quellengruppe, die früher Antiquaren, Sammlern, gelehrten Dilettanten und Lokalhistorikern überlassen worden war, wurde nun systematisch von der althistorischen Forschung ausgewertet. Durch die epigraphische ‹Revolution› erhielt die Altertumswissenschaft zahlreiche neue Impulse. Mommsen und seine fähigsten Schüler demonstrierten, daß die Inschriften – verbunden mit der literarischen Überlieferung – die Kenntnisse gerade über das römische Kaiserreich grundlegend veränderten. Die Inschriften erhellten wirtschaftliche, religiöse, militärische, gesellschaftliche und kulturelle Zusammenhänge. Nunmehr konnten die Verwaltung des Imperium Romanum rekonstruiert und die Geschichte der Provinzen geschrieben werden. Dazu war es notwendig, sich von der Pedanterie epigraphischer Detailforschung zu lösen und übergreifende historische Fragestellungen zu entwickeln.

Doch für den Fortschritt war entsagungsvolle Arbeit zu leisten, und Mommsen hat sie über 50 Jahre seines Forscherlebens geleistet. Für den Dienst an der Sache hat er manches andere Projekt, das ihn reizte, hintangestellt. Den vierten Band seiner «Römischen Geschichte», der die Kaiserzeit darstellen sollte, hat er aus verschiedenen Gründen nicht geschrieben. Er hat ihn auch dem Corpus geopfert, wie er 1883 an den Kultusminister Gustav von Goßler schrieb: «Die Vollendung meines Geschichtswerkes hat mir stets im Sinn und auf der Seele gelegen; ich habe die Arbeit unterbrochen, vielleicht auf immer abgebrochen, weil ich einsah, daß sie in Verbindung mit dem, was für mich damit zusammengehörte, neben dem Inschriftenwerk nicht durchzuführen war.»

3. Nobelpreiswürdig: Die «Römische Geschichte»

Aus Leipzig hatte Mommsen den Verlagsvertrag für die «Römische Geschichte» mitgebracht. Zunächst war es mit dem Manuskript nicht recht vorangegangen, weil die Inschriften des Königreichs Neapel viel Zeit gekostet hatten. In Zürich arbeitete Mommsen trotz zahlreicher Verpflichtungen kontinuierlich an dem Projekt weiter, von dem er sich auch einen kommerziellen Erfolg versprach. Immer wieder zwang er sich an den Schreibtisch, klagte über Phasen der Lustlosigkeit und jubelte über ein abgeschlossenes Kapitel. Das Manuskript des ersten Bandes ging im November 1853 an Karl Reimer, im Juni 1854 erschien das Buch. Der zweite Band, am 1. April in Reinschrift abgeschlossen, kam zu Weihnachten 1855 in die Buchläden. Der dritte wurde im Frühjahr 1856 veröffentlicht. 1868 war bereits die fünfte Auflage auf dem Markt, 1903, als Mommsen starb, die neunte. Die «Römische Geschichte» wurde ins Englische, Italienische, Polnische, Spanische, Rumänische, Ungarische, Russische und Französische übersetzt. 1976 erschien eine Ausgabe im Deutschen Taschenbuchverlag, die inzwischen in sechster Auflage verkauft wird. Das dreibändige Werk war und ist ein Welterfolg, obwohl es ein Torso geblieben ist, sein Autor es als «Geschichtsklitterung» bezeichnete und die zeitgenössische Kritik den «schlechtesten Zeitungsstil» beklagte.

Dargestellt wird die politische Geschichte Roms von den Anfängen bis zum Sieg Caesars über die Pompeianer in der Schlacht von Thapsus 46 v. Chr. Eingeschaltet sind rechts-, kultur-, wirtschafts- und literaturgeschichtliche Partien, in denen Mommsen über Verfassung, Religion, Ackerbau, Kunst und Erziehung handelt und herrliche Porträts lateinischer Autoren und ihrer Werke zeichnet. Weite Teile der römischen Frühzeit werden ausgeblendet. Die freien Bauern der klassischen Republik interessieren nur wenig. In den Mittelpunkt des Geschehens rückt die aristokratische Führungsschicht, die Nobilität. Deren Bedeutung für die Expansion Roms zunächst in Italien und dann im Mittelmeerraum wird ausführlich dargelegt. Der eigentliche Fokus ist die Krise der späten Republik, die mit den Gracchen einsetzt. Eingehend beschreibt Mommsen die Abfolge der gescheiterten Reformversuche und die Stationen der sozialen und politischen Auflösung. Der unaufhaltsame Niedergang der durch den Senat herrschenden Oligarchie wird erst durch Caesar überwunden, der als Volksgeneral und Demokratenkönig der maroden *res publica* nochmals unsterblichen Ruhm verleiht. Caesar ist das «schöpferische Genie» (III 461), der «Realist und Verstandesmensch» (III 463), «der Staatsmann im tiefsten Sinne des Wortes» (III 463), er ist der Ziel- und Höhepunkt der römischen Geschichte. Die von ihm errichtete «demokratische Monarchie» charakterisierte Mommsen als die «Vertretung der Nation durch ihren höchsten und unumschränkten Vertrauensmann» (III 476), der keine «orientalische Despotie von Gottes Gnaden» (III 476), sondern «ein italisch-hellenisches Reich mit zweien Sprachen und einer einheitlichen Nationalität» (III 548) schaffen wollte.

Für seine historiographische Konstruktion schöpfte Mommsen unmittelbar aus den antiken Quellen und hielt sich nicht mit gelehrter Diskussion auf. Einen Hinweis auf moderne Vorgänger wird man ebenso vergeblich suchen wie einen eingehenden Forschungsbericht. Nur implizit setzte er sich mit den römischen Geschichten von Niebuhr und Wilhelm Drumann sowie dem Alexanderbild Droysens auseinander. Abweichende Meinungen werden nicht argumentativ widerlegt, sondern polemisch abgestraft. Von «kinderhafter Geschichtsbetrachtung» ist die Rede (I 175) und von den «tollsten Abgeschmacktheiten» einer «politisierenden Philologie» (I 750). Die Kollegen runzelten die Stirn, dem breiten Publikum hingegen gefiel es, daß, wie Mommsen an Jahn schrieb, «ein Autor seine Gelehrsamkeit auch einmal in die Tasche stecken kann und nicht immer den Rock mit den Nähten auswendig trägt».

In anmaßendem Ton kanzelt er historische Akteure ab, während er andere lobt, gar feiert. Am bekanntesten ist die Gegenüberstellung von Cicero und Caesar, die Generationen von Lesern empört oder entzückt hat. Cicero wird, wie alle innenpolitischen Gegner des überragenden Helden Caesar, mit boshafter Häme überzogen. Er ist «notorisch ein politischer Achselträger», «eigentlich von keiner Partei oder, was ziemlich dasselbe ist, von der Partei der materiellen Interessen» (III 179). Die «Wetterfahne» (III 219) Cicero ist «als Staatsmann ohne Einsicht, Ansicht und Absicht», und auch als Schriftsteller «steht er vollkommen ebensotief». «Er war in der Tat so durchaus Pfuscher, daß es ziemlich einerlei war, welchen Acker er pflügte. Eine Journalistennatur im schlechtesten Sinne des Wortes, an Worten, wie er selber sagte, überreich, an Gedanken über alle Begriffe arm.» Und dann hebt Mommsen zum letzten Verdikt an: «Cicero hatte keine Überzeugung und keine Leidenschaft» (III 619 f.).

Jene Qualitäten, die Cicero angeblich abgingen, besaß Mommsen: Überzeugung und Leidenschaft diktierten seinen historiographischen Stil. Mommsen nahm für sich in Anspruch, «rechte Geschichtsschreibung» geboten zu haben, da er, wie es in seiner Monographie «Die Schweiz in römischer Zeit» (1854) heißt, «die unwandelbaren Gesetze des Notwendigen» erkannte und «die mannigfaltigen Leidenschaften der Menschen» darstellte. Nur so konnte er mehr schaffen als ein buntes Mosaik römischer Exempla, nämlich eine autoritative Rekonstruktion der Vergangenheit Roms, die die Strukturen der allgemeinen Entwicklung am Handeln einzelner Individuen exemplifizierte. Dabei urteilte Mommsen aus der Distanz des Historikers, der seinen Gegenstand souverän beherrschte und den «Geist der Geschichte» (III 478) zu spüren glaubte. Er brachte die Akteure vor das Tribunal seiner Geschichtsschreibung und sprach über sie Recht nach seinen Gesetzen. Aus ihrer Zeit heraus wollte und konnte er sie nicht verstehen, denn die Aufgabe des Geschichtsschreibers lag in seinen Augen darin, die in den Quellen nicht explizit genannten überindividuellen Bedingungen und Zusammenhänge zu erkennen und dadurch die formenden Kräfte der Geschichte dem Leser darzulegen.

Der Anspruch, die geschichtliche Wirklichkeit abzubilden, zu zeigen, um Leopold Ranke zu zitieren, «wie es eigentlich gewesen», wurde nicht logisch deduziert, sondern kategorisch postuliert, indem der Historiker seine eigenen Urteile und Wertungen als entscheidendes Wahrheitskriterium absolut setzte und ihnen universale Geltung zubilligte. Der implizite Objektivitätsanspruch der Geschichtsschreibung löste sich solchermaßen in Metaphysik auf. Allerdings glaubte Mommsen im Gegensatz zu Ranke nicht mehr an die Ökonomie des göttlichen Willens, sondern machte sich wie der Hegelschüler Johann Gustav Droysen auf die Suche nach den «sittlichen Mächten», um den Fortschritt im geschichtlichen Wandel nachzuweisen.

Der in sich schlüssige Aufbau der «Römischen Geschichte» fasziniert ungemein. Alles entwickelt sich hin auf Caesar, in dem «Demokratie wie Monarchie ihren höchsten und letzten Ausdruck fanden» (III 374). Caesar ist, wie man schon längst gesehen hat, die Personifikation historischer Notwendigkeit, in ihm inkarniert sich Hegels Weltgeist. Wie in seinem Schüleraufsatz, in dem er das «Genie als Apostel des Zeitgeistes» gefeiert hatte, so pries Mommsen in der «Römischen Geschichte» Caesars Genie. Hier stand Hegels Charakterisierung der «welthistorischen Individuen» Pate, die «die notwendige, nächste Stufe ihrer Welt» erkennen, die aussprechen und vollbringen, was die Zeit verlangt, und die dem geschichtlichen Fortschritt dienen. Nicht die Zufälligkeit Caesars, so hatte Hegel gelehrt, habe die Republik gestürzt, sondern die Notwendigkeit. Und auch er erkannte Caesars Leistung darin, daß er «sich zum Herren erhoben und den Zusammenhalt der römischen Welt durch die Gewalt gegen die Partikularität durchgesetzt» habe.

Mommsen ist den zeitgenössischen Vorstellungen verpflichtet, die an die immanente Sinnhaftigkeit des geschichtlichen Geschehens glaubten und die überragende Rolle des Individuums betonten, durch das sich die Vernunft in der historischen Realität fortschreitend offenbare. Nur so konnte der Apostat aus dem Pfarrhaus in der Figur Caesars, wie Alfred Heuß einmal treffend formuliert hat, eine weltliche Heiligenlegende schaffen. Caesar angemessen zu beschreiben ist schier unmöglich: «Wie der Künstler alles machen kann, nur nicht die vollendete Schönheit, so kann auch der Geschichtsschreiber, wo ihm alle tausend Jahre einmal das Vollkommene begegnet, nur darüber schweigen» (III 468). Die «Römische Geschichte» mußte mit dem Untergang des republikanischen Roms und der Apotheose Caesars enden. Die Alleinherrschaft des Diktators ist Teil einer anderen Geschichte, die Mommsen erzählen wollte, aber nie erzählt hat. Der vierte Band, der mit den Ereignissen nach Thapsus einsetzen und letztlich die Kaiserzeit darstellen sollte, hat Mommsen trotz immer wieder aufflakkernder Gerüchte nie geschrieben. Was wir besitzen, sind studentische Mitschriften seiner Vorlesungen, die er später an der Berliner Universität hielt. Sie zeigen eindrücklich, daß Mommsen nie ernstlich daran dachte, diese Darstellung zu schreiben: Seine Interessen hatten sich verlagert, die alltägliche Arbeit am Inschriftencorpus und anderen Akademieprojekten ließ ihm keine Zeit – und das Werk mußte auch deshalb unvollendet bleiben, weil es die Vollendung der römischen Geschichte in der Gestalt Caesars zum Gegenstand hatte. Mommsen hatte, wie er einem Kollegen gestand, «nicht mehr die Leidenschaft, Caesars Tod zu schildern».

Statt einer Geschichte der römischen Kaiserzeit schrieb Mommsen das «Staatsrecht», an die Stelle der historiographischen Erzählung setzte er die juristische Systematisierung. Allerdings schob er 1885 einen fünften Band nach, der die Geschichte der römischen Provinzen bis auf Diokletian behandelt. Thema und Intention dieses Werkes sind allerdings nicht mit der dreibändigen «Römischen Geschichte» der fünfziger Jahre zu vergleichen: Das Buch ist eine bahnbrechende Monographie zur althistorischen Regionenforschung, das auf der Grundlage der literarischen Überlieferung und der epigraphischen Denkmäler das politische, administrative, kulturelle, religiöse und sozialökonomische Profil der Provinzen in den ersten drei Jahrhunderten nach Christi Geburt zeichnen will. Nicht zuletzt aus verlegerischen Gründen wurde das Werk als fünfter Band der «Römischen Geschichte» verkauft.

In den ersten drei Bänden vergegenwärtigte Mommsen das Geschehen der römischen Republik durch «moderne Ausdrücke» und Anspielungen «auf moderne Verhältnisse». Die «Unbefangenheit oder Unverschämtheit» des jungen Autors, über die der alte Mommsen selbst spöttelte, zeigte sich nicht nur in der selbstherrlichen Quellenexegese und der Nonchalance der gelehrten Diskussion, sondern auch in einer kompromißlos modernen Sprache. Aus dem Consul wird der «Bürgermeister» und aus dem Proconsul der «Landvogt». Die landbesitzende Senatsaristokratie heißt Mommsen «Junker», die Ritter sind die «Kapitalisten». Sulla ist ein «Don Juan der Politik» (II 376), der jüngere Cato ein «Don Quichotte» (III 8). In einem Brief an seinen Freund Wilhelm Henzen, dem diese Anachronismen nicht recht gefallen wollten, rechtfertigte Mommsen sein Vorgehen mit der Absicht, «die Alten herabsteigen zu machen, sie von dem phantastischen Kothurn, auf dem sie der Masse des Publikums erscheinen, sie in die reale Welt, wo gehaßt und geliebt, gesägt und gehämmert, phantasiert und geschwindelt wird, den Lesern zu versetzen». Mommsen entfaltete hier ein revolutionäres Programm der Wissenschaftspopularisierung. Es war aber nicht nur die Tatsache, daß er die Größe Latiums mit der des Kantons Zürich verglich (I 33) oder «Eidgenossenschaften» in der italischen Frühgeschichte entdeckte, die manchen Leser stutzig machte und über einen «Mangel an Ruhe und Würde der Darstellung» klagen ließ. Als anstößig wurde vielmehr die zeitgenössische Parteisprache empfunden, mit der Mommsen die Verhältnisse gerade der späten Republik charakterisierte. Im römischen Senat wird wie im englischen Parlament Parteipolitik getrieben, hier sind es die Optimaten und Popularen, dort die Liberalen und Konservativen. Es ist von Rechten und Linken die Rede, Ultras und Radikale bekämpfen sich, Fortschritt und Reaktion stehen einander gegenüber. Mommsen attackiert die ererbten Privilegien des aristokratischen «Gesindels» ebenso wie die Servilität der Demokraten. Er ließ die persönlichen Frustrationen, die aus der gescheiterten 48er Revolution resultierten, in die aktualisierende Darstellung des historischen Gegenstandes einfließen. Er schrieb sein Werk *cum ira et studio*, aktualisierte und vergegenwärtigte den historischen Stoff. Die eigene Betroffenheit und Verletztheit machten aus der Geschichte des republikanischen Roms ein Paradigma der *historiographie engagée*.

Rom wurde zum Ort, wo die Kämpfe des Frankfurter Nationalparlaments ausgetragen wurden und wo man um die liberalen Forderungen des deutschen Bürgertums rang. Mommsen ließ keinen Zweifel daran, daß es im Altertum «den großen Grundgedanken des heutigen republikanisch-konstitutionellen Staates: die Volkssouveränität auszudrücken durch eine Repräsentantenversammlung» nicht gab (II 231). Seine Vorstellung eines parlamentarischen Systems wurzelte in der politischen Philosophie Benjamin Constants und anderer liberaler Theoretiker. Nur die Repräsentation vermochte in seinen Augen die neuen Erwartungen, die aus dem Fortschritt der Zivilisation resultierten, zu erfüllen und einer Nation zur Einheit zu verhelfen. Die römische *res publica* mit ihrer unbegrenzten Volkssouveränität konnte folglich kein unmittelbares Vorbild für eine moderne Republik sein. Im Gegenteil, die Krise der römischen Republik zeigte die fatalen Folgen, die aus dem Fehlen einer repräsentativen Verfassung resultierten: «Es rächte sich hier der Grundfehler der Politie des Altertums, daß sie nie vollständig von der städtischen zur staatlichen Verfassung oder, was dasselbe ist, von dem System der Urversammlungen zum parlamentarischen fortgeschritten ist» (II 94).

Aber Mommsen entwarf das Idealbild einer römischen Bürgergemeinde, die «eben wie die deutsche und vermutlich die älteste indogermanische überhaupt die eigentliche und letzte Trägerin der Idee des souveränen Staats» (I 72) gewesen sei und in der er «ein freies Volk» erblickte, «das zu gehorchen verstand, in klarer Absage von allem mystischen Priesterschwindel, in unbedingter Gleichheit vor dem Gesetz und unter sich, in scharfer Ausprägung der eigentlichen Nationalität» (I 80). «Alles, was gut und groß», war «das Werk der bürgerlichen Gleichheit» (I 815), betonte Mommsen. Die Utopie der klassenlosen Bürgergesellschaft versetzte er an den Tiber: «Der tiefste und großartigste Gedanke in dem römischen Gemeinwesen war [es], daß es innerhalb der römischen Bürgerschaft keinen Herren und keinen Knecht, keinen Millionär und keinen Bettler geben, vor allem aber der gleiche Glaube und die gleiche Bildung alle Römer umfassen sollte» (I 884).

Aber damit war es eben nicht getan: «Freiheit ohne Einigkeit und Einheit der Nation» (I 716) war Mommsen unerträglich. Die «Römische Geschichte» wurde zu einem Plädoyer des vereinten Italiens.

Schon auf den ersten Seiten steht zu lesen, daß «die Geschichte Italiens erzählt werden soll, nicht die Geschichte der Stadt Rom. Wenn auch nach formalem Staatsrecht die Stadtgemeinde von Rom es war, die die Herrschaft erst über Italien, dann über die Welt gewann, so läßt sich doch dies im höheren geschichtlichen Sinn keineswegs behaupten und erscheint das, was man als die Bezwingung Italiens durch die Römer zu nennen gewohnt ist, vielmehr als die Einigung zu einem Staate des gesamten Stammes der Italiker, von dem die Römer wohl der gewaltigste, aber doch nur ein Zweig sind» (I 6). Auch hier triumphierte der Wahrheitsanspruch des Historikers über die historische Wirklichkeit. Nicht die Expansion Roms in den Mittelmeerraum steht im Mittelpunkt seines Interesses, sondern die Einigung Italiens. In seinem Pamphlet über die «Grundrechte des deutschen Volkes» hatte Mommsen die «endliche Einigung unseres herrlichen Volkes» verlangt. In der «Römischen Geschichte» wurde der Bundesgenossenkrieg zur «nationalen Frage». Wie er als Redakteur in Rendsburg gefordert hatte, daß Preußen in Deutschland aufgehen sollte, so forderte er nun die Integration Roms in den italischen Staat, lobte die politischen Sachwalter der italischen Interessen in Rom (II 222) und beschrieb den «Kampf um die Freiheit und die Nationalität» (I 363), den die Italiker einmal mehr gegen Rom führen mußten.

Inzwischen hatte Mommsen allerdings die bittere Lektion gelernt, daß das Ziel «jeder Volksgeschichte» (I 41), die Einigung der Nation, einer Macht bedurfte, die sie – gegebenenfalls mit Gewalt – herbeiführte. Daher applaudierte er Sulla, weil dieser «der wahre und letzte Urheber der vollen staatlichen Einheit Italiens» gewesen sei; und dieser «Gewinn» war «mit endloser Not und Strömen von Blut dennoch nicht zu teuer erkauft» (II 373). Der Zweck heiligte die Mittel, über die brutale Kriegsführung Sullas im Bundesgenossenkrieg wird der Mantel des verstehenden Schweigens gebreitet. Der Nationalstaat ist das Telos der Geschichte, die territoriale Integrität höchstes Gebot: «Kein großes Volk gibt, was es besitzt, anders hin als unter dem Druck der äußersten Notwendigkeit» (I 367). Später wird Mommsen die preußische Annexion Schleswig-Holsteins gutheißen: «Wenn der nationale Staat jede Wunde heilen kann, darf er auch jede schlagen» (RA 381). Mommsen leitete die Legitimität einer destruktiven Machtpolitik aus der historischen Notwendigkeit ab.

Klassenkampf und Anarchie waren ihm ein Graus. Über die Bevölkerung von Alexandria spottete er ebenso wie über die von Paris, die «ihre Straßenkrawalle» «regelmäßig und herzhaft» abhielten (III 437). Mommsen karikierte das «demokratische» Element in der römischen Politik, das besonders im Zeitalter der «römischen Revolution» in Erscheinung trat. «Das beschmeichelte und besoldete hauptstädtische Proletariat» mit «seiner Fratze der Volkssouveränität» lastete «ein halbes Jahrtausend hindurch wie ein Alp auf dem römischen Gemeinwesen» (II 117). Der von Mommsen auf die römische Geschichte angewandte Revolutionsbegriff reflektiert die zeitgenössischen Diskussionen um bürgerliche Freiheit und politische Selbstbestimmung. Revolution war ihm gleichbedeutend mit dem politischen Umsturz der abgewirtschafteten Senatsherrrschaft, deren Bankrott Ergebnis der sozialen und wirtschaftlichen Krise des zweiten vorchristlichen Jahrhunderts ist. Eine Revolution war dann legitim, wenn sie ein unfähiges System ersetzte: «Wenn aber eine Regierung nicht regieren kann, hört sie auf, legitim zu sein, und es hat, wer die Macht auch das Recht, sie zu stürzen» (III 93). Die Revolution in Rom zielte auf die Errichtung einer plebiszitären Diktatur, der unter den historischen Bedingungen bestmöglichen Alternative zur Herrschaft der korrupten Oligarchie, die aus Rom eine «Räuberhöhle» gemacht hatte (II 396). Nur so konnte die Revolution dem Fortschritt zum Durchbruch verhelfen. Die revolutionäre Veränderung des Status quo bedeutete indes nicht die Schaffung einer neuen Staatsform, sondern die *restitutio ad integrum*: Caesars demokratische Monarchie ist die Erneuerung des altrömischen Königtums (III 482 f.).

Einheit und Freiheit, Macht und Recht konvergierten in der Person Caesars. Der «Vertrauensmann» der Nation gestand «der Volksgemeinde wenigstens einen formellen Anteil an der Souveränität» zu (III 481 f.). Nicht nur die politische, sondern auch die sittliche Überlegenheit seiner Realpolitik war für Mommsen offenkundig. Mit Caesar kam eine «intelligente und humane Regierung und eine Friedenspolitik, die nicht auf Feigheit, sondern auf Kraft beruhte» (III 548). Er vertrat das Volk – mehr noch: Auf der Grundlage der Volkssouveränität lenkte er die *res publica* und handelte im Interesse des Volkes nach innen und außen.

Diese Charakterisierung Caesars haben nicht wenige Zeitgenossen auf Louis Napoléon Bonaparte bezogen, der am 2. Dezember 1852 nach einem Plebiszit als Napoleon III. zum Kaiser der Franzosen proklamiert worden war. Zwei Jahre zuvor hatte der französische Publizist Auguste Romieu in seinem Buch «L'ère des Césars», das 1851 ins Deutsche übersetzt wurde, den Begriff Caesarismus unter Rückgriff auf die römische Kaiserzeit als eine Herrschaftsform zu definieren versucht, die auf militärischer Macht und plebiszitärer Legitimation beruhe und die einzige Rettung einer von sozialen und politischen Krisen erschütterten Gesellschaft vor der «roten Gefahr» darstelle. Constantin Frantz hat in seiner unmittelbar nach dem Staatsstreich verfaßten Schrift «Louis Napoleon» einen deutschen Panegyrikus auf den Übergang von der konterrevolutionären Präsidialdiktatur zum neuen Kaisertum geschrieben. Das Zusammengehen von *volonté générale* und Diktatur war für ihn die entscheidende Voraussetzung, um das neue Herrschaftssystem zu bejahen. Für die konservativen Autoren war der napoleonische Caesarismus die richtige Antwort auf die Herausforderung des Sozialismus. Karl Marx replizierte in seinem ebenso brillanten wie provozierenden Traktat über den «18. Brumaire des Louis Bonaparte» von 1852.

Als Mommsen den dritten Band seiner «Römischen Geschichte» 1856 veröffentlichte, wurde in ganz Europa eine leidenschaftliche Debatte um Caesarismus, Napoleonismus und Bonapartismus geführt. Mommsens Entwurf des Genies Caesar, der die geeinte Nation vertrat und daher das historische Recht besaß, die abgewirtschaftete Senatsoligarchie durch eine demokratische Monarchie zu ersetzen, spiegelte die aktuellen Diskussionen um einen Caesarismus bonapartistischer Prägung wider. Und nicht von ungefähr zeigte sich Napoleon III. tief beeindruckt von der Geschichtsschreibung des deutschen Professors. Erst als sich die Kritik an Mommsens «gesetzlosem Cultus des Genies» entzündete und den Demokratenkönig Caesar in die Nähe des französischen Kaisers Napoleon III. rückte, sah sich Mommsen zu einer Präzisierung seines Standpunktes genötigt. In der zweiten Auflage des dritten Bandes von 1857 distanzierte er sich von einer Aktualisierung seines Caesarismusbegriffes und stellte fest, daß «die Geschichte Caesars und des römischen Caesarentums bei aller unübertroffenen Großheit des Werkmeisters, bei aller geschichtlichen Notwendigkeit des Werkes, wahrlich eine bittrere Kritik der modernen Autokratie» sei, «als eines Menschen Hand sie zu schreiben vermag. Nach dem gleichen Naturgesetz, weshalb auch der geringste Organismus unendlich mehr ist als die kunstvollste Maschine, ist auch jede noch so mangelhafte Verfassung, die der freien Selbstbestimmung einer Mehrzahl von

Bürgern Spielraum läßt, unendlich mehr als der kunstvollste und humanste Absolutismus; denn jene ist der Entwicklung fähig, also lebendig, dieser ist, was er ist, also tot» (III 477).

Als sich Napoleon III. wenig später daran machte, eine Biographie Caesars zu schreiben, wollte er nicht nur französische Wissenschaftler und Militärs als Gehilfen gewinnen, sondern auch Mommsen. Der deutsche Professor erteilte dem französischen Kaiser eine Absage. Die zweibändige «Histoire de Jules César», die 1865/66 erschien, bedachte Mommsen nicht öffentlich, aber privat mit Hohn. Das «erbärmliche Scriptum» des Kaisers mache «ganz den Eindruck eines kurzen Abrisses der römischen Geschichte für Sekunda». Seine Erwartung, «den Caesarismus von einem Praktiker theoretisch und exemplifikatorisch verteidigt zu sehen», war herb enttäuscht worden.

Doch die Herrschaftsideologie Napoleons III. faszinierte Mommsen. Verärgert über den von Bismarck ausgelösten Verfassungskonflikt in Preußen, pries er später den französischen Kaiser als Vorbild eines rechten Staatsmanns. «Sonnabend war ich beim Kaiser», schrieb Mommsen im Mai 1863 aus Paris an seine Frau, «und ich muß sagen, daß er mir durchaus den Eindruck eines bedeutenden Mannes gemacht hat, wie man ihn unserer Nation wohl wünschen möchte.» Er fügte hinzu: «Ich gestehe, ich bin mit einem Gefühl von Neid weggegangen, daß das Schicksal uns nicht einmal einen solchen grand criminel zuwirft; was könnte der machen mit einer gesunden Nation wie die unsrige ist.»

Mommsen traf mit seiner dreibändigen «Römischen Geschichte» den Nerv der Zeit. Sein Gegenstand schien deshalb «wahrhaft bedeutsam», weil er ihn «recht zu schildern» wußte. Am römischen Beispiel überprüfte er das Hegelsche Diktum, daß Weltgeschichte «der Fortschritt im Bewußtsein der Freiheit» sei, «ein Fortschritt, den wir in seiner Notwendigkeit zu erkennen haben». Das Werk war zugleich mit dem Herzblut des liberalen Achtundvierzigers geschrieben, der das Scheitern der Revolution historiographisch kompensierte und nun einer die Nation einigenden Machtpolitik das Wort redete. Die politischen Auseinandersetzungen seiner Zeit verlegte er in den römischen Senat, auf daß sich das gebildete Publikum im alten Rom wiederfinden konnte. So vermischt die Darstellung die geschichtliche und die zeitgenössische Perspektive ständig. Die Lebendigkeit und Bildhaftigkeit der aktualisierenden Sprache sind kein Selbstzweck, sondern Mittel der politischen Pädagogik, der letztlich auch die Wissenschaftlichkeit geopfert wird. Indem Mommsen einen modernen Parteistandpunkt in die römische Geschichte erfolgreich übertrug, bestätigte er Nietzsches Verdikt, daß die Wissenschaft vom Altertum «das Altertum tatsächlich immer nur aus der Gegenwart verstanden» habe. Die «Römische Geschichte» ist weder aktivistische oder voluntaristische Geschichtsschreibung, sie ist Tendenzhistorie. Eben deshalb wurde sie ein ungeheurer Erfolg.

Allein, das Buch wäre nicht zum Klassiker geworden, wenn es nicht auch glänzend geschrieben wäre und eine Lücke auf dem Buchmarkt geschlossen hätte. Niebuhrs dreibändige «Römische Geschichte» (1811–1832) war grundgelehrt, aber unlesbar. Mommsen hatte im Gegensatz zu seinem berühmten Vorgänger in der Redaktionsstube zu formulieren gelernt. Zudem hegte und pflegte Niebuhr, wie im übrigen auch seine Schüler, «von der alten Geschichte nicht viel mehr als die nicht sehr bedeutenden Entwicklungsanfänge oder gar die Vorgeschichte der Nationen», wie Mommsen einmal maliziös bemerkte. Als Vorbild diente eher der englische Autodidakt Edward Gibbon, dessen Hauptwerk «The History of the Decline and Fall of the Roman Empire» (1776–1788) mit aufklärerischem Pathos die ketzerische These verfolgte, daß vor allem das Christentum den Niedergang des Römischen Weltreichs verschuldet habe. Auch Mommsen strukturierte eine gewaltige Stoffmasse, vertrat eine provozierende These, erzählte lebendig und geistreich und besaß noch dazu eine wesentlich gediegenere Quellen- und Literaturkenntnis. Dennoch fürchtete er Gibbons literarische Meisterschaft. Mit ihm in Konkurrenz trat er nicht: Seine Geschichte der römischen Kaiserzeit blieb ungeschrieben.

Mommsens Werk verdankt seine Existenz zwei Faktoren: Zum einen zeigte der Verleger das Gespür für das richtige Thema und für den richtigen Autor, zum anderen hatte der Autor auf Grund der Widrigkeiten der Zeitläufte ungewollt den Freiraum, den er brauchte, um seine Darstellung zu Papier zu bringen. Denn die politisch motivierte Entlassung zwang den sächsischen Hochschullehrer, dessen Zukunft ungewiß war und der um seine materielle Existenz bangte, das Projekt noch in Leipzig voranzutreiben. Nach seinem Ruf auf den Zürcher Lehrstuhl gingen dann die Corpuspläne an der Berliner Akademie nicht recht voran, so daß Mommsen die Zeit erübrigen konnte, um konzentriert an dem Manuskript zu arbeiten.

Nobelpreis für Literatur 1902. Vorder- und Rückseite der Medaille

Wie Mommsen wollte in der zweiten Hälfte des 19. und zu Beginn des 20. Jahrhunderts mancher literarisch ambitionierte Historiker schreiben. Keiner vermochte es. Der Literaturnobelpreis, den der Verfasser als erster Deutscher 1902 erhielt, hat das Werk unsterblich gemacht. Die Schwedische Akademie für Sprache würdigte die stilistische Virtuosität des «größten lebenden Meisters der historischen Darstellung». Doch auch die Umstände der Wahl waren günstig. Das Komitee fragte bei der Berliner Akademie um Unterstützung bei der Nominierung möglicher Kandidaten an. Dort brachten Adolf Harnack, Ulrich von Wilamowitz-Moellendorff und andere einflußreiche Gelehrte Mommsens Namen ins Spiel.

Die Wertungen und Urteile, die Mommsen ebenso einseitig wie eindringlich vortrug, erwiesen sich in den Altertumswissenschaften als ungemein wirkmächtig. Hierzu trugen nicht nur die manifesten Qualitäten des Werkes bei, sondern auch die Tatsache, daß durch Mommsens Einfluß und Wirkung konkurrierende Entwürfe zu seinen Lebzeiten nicht zum Durchbruch gelangen konnten. Erst die althistorische Forschung des 20. Jahrhunderts hat sich kritisch mit Mommsens «Römischer Geschichte», vor allem mit seinem Caesarbild auseinandergesetzt. Der Hymnus, den der Altmeister anstimmte, wird nicht mehr gesungen. Doch das Bild einer reformunwilligen und inkompetenten Führungselite, die zu beseitigen Caesar das Recht und die Pflicht hatte, ist trotz aller kontroversen Diskussionen in vielfachen Kopien weiterverbreitet worden. Weitgehend akzeptiert ist zudem Mommsens Vorstellung, daß nicht politische Programme und Ideen die Auseinandersetzungen in der späten Republik bestimmten, sondern die Rivalität einzelner mächtiger Aristokraten um die Macht im Staat. Der Kampf der italischen Bundesgenossen gegen Rom wird noch immer unter dem Stichwort der Einheit Italiens diskutiert. Trotz einer 150jährigen intensiven wissenschaftlichen Beschäftigung mit der römischen Republik wird die althistorische Forschung nach wie vor von Mommsens «Römischer Geschichte» beeinflußt. Das Werk, das in einer bestimmten historischen Situation seinen historischen Gegenstand aktualisierte, ist auch heute noch von ungebrochener Aktualität.

4. *Von der Jurisprudenz zur Geschichte, oder: Von Breslau nach Berlin*

Mommsen wollte Zürich verlassen. Immer wieder hatte Jahn von der Möglichkeit eines Rufes an die schlesische Universität Breslau gesprochen. Anfang Juni 1854 war es soweit. Es drängte ihn so sehr, das «Limmatathen» zu verlassen, daß er sich um die große Wohnung mit prächtiger Aussicht auf See und Berge, die er eben erst für sich und seine Verlobte in Zürich gefunden hatte, nicht weiter scherte und sogar die Zusatzverpflichtung akzeptierte, neben der Professur auch eine Bibliothekarstelle versehen zu müssen. Mommsen hoffte, sich mit dieser Berufung den Weg «nach Berlin zu bahnen», und deshalb fragte er nicht, «was dabei alles an lieben Erwartungen und schönen Träumen in den Brunnen fällt». Ohnehin ließ er nicht viel zurück, was ihn reute. Auf seinen Freund Jahn hörte er nicht, der ihm plausibel zu machen versuchte, daß er in Zürich Berlin ebenso nahe sei wie in Breslau.

Am 27. Juli 1854 reichte Mommsen sein Entlassungsgesuch ein. Am Montag, den 28. August, verabschiedete er sich am Rheinfall von der Schweiz.

> «Die Heimat wieder eigen,
> Grüß' ich mit frommer Scheu;
> Ich darf vor ihr mich zeigen,
> Ich bleib ihr mutig treu.»

Am 10. September wurde in Leipzig Hochzeit gefeiert. Rechtzeitig vor Beginn des Wintersemesters traf das frischvermählte Paar in Breslau ein.

Haupt, Jahn und Mommsen, die drei entlassenen sächsischen Hochschullehrer, hatten alle in dem expandierenden preußischen Universitätssystem eine Anstellung gefunden. Haupt war 1853 nach Berlin gegangen, Jahn 1854 nach Bonn und Mommsen im selben Jahr nach Breslau. Zwar hatte der preußische Ministerpräsident Otto von Manteuffel erklärt, es solle entschieden mit der Revolution gebrochen werden, aber dies bedeutete nicht, daß man im Bildungssektor auf hochqualifizierte Gelehrte verzichtete, die nach 1848 Opfer politischer Verfolgungen geworden waren. Akademische Personalfragen entschieden der preußische Monarch und sein Kabinett im Interesse des Staates, nicht anhand politischer Dossiers. Zudem vertraute man in Berlin auf das dichte Netz der bürokratischen Kontrolle, das auch die Hochschulen umfaßte.

Breslau war mit annähernd 120 000 Einwohnern im Vergleich zu Zürich eine Großstadt. Als das Ehepaar Mommsen sich dort niederließ, erholte sich die schlesische Metropole allmählich von den sozialen Unruhen der vierziger Jahre, den politischen Verwerfungen der 48er Revolution und mehreren Überschwemmungskatastrophen und Choleraepidemien. Dem wirtschaftlich-technischen Aufschwung galt das Augenmerk des Besitzbürgertums. Die Hochschule dominierte folglich nicht das urbane Leben wie in kleineren Universitätsstädten. Wie schon in Zürich bemerkte Mommsen, daß die Professoren nicht automatisch zur politischen und sozialen Elite der Stadt zählten. Er erging sich daher in heftigen Angriffen auf den «selbstzufriedenen Provinzialsinn» des «wunderlichen Landes», das «in ewiger und leider gutmütiger Opposition gegen Berlin» lebe, schalt die Schlesier «Piepmeier» und «Kleinmichel» und wunderte sich dann, daß «außerakademischer Umgang» schwierig zu finden war.

Die äußeren Verhältnisse gestalteten sich durchaus zufriedenstellend, auch wenn Mommsen zunächst den Fehler begangen hatte, eine Wohnung in der Nähe der Universität anzumieten, die sich als dunkel und eng erwies, so daß bald wieder ein Umzug anstand. Die finanzielle Situation war deutlich besser als in Zürich. Mommsen verdiente zuerst 800, dann 1000 Taler im Jahr und konnte zusätzlich mit 400 Talern rechnen, die ihm die Akademie für seine Corpus-Arbeit als Entgelt überwies. Von der unangenehmen Verpflichtung, eine Nebenstelle an der Bibliothek antreten zu müssen, war bald nicht mehr die Rede.

Die Universität Breslau war hervorgegangen aus dem alten, 1702 gegründeten Jesuitenkolleg, das 1811 mit der Frankfurter Viadrina vereinigt worden war. Als Mommsen seinen Unterricht als ordentlicher Professor für Römische Rechtsgeschichte aufnahm, studierten etwa 750 Studenten an den fünf Fakultäten. Doch die Hoffnung, an der Universität Breslau eine größere Wirksamkeit als in Zürich entfalten zu können, zerschlug sich. Im ersten Semester kam kein einziger Student, im folgenden gerade einmal zwölf. Schon damals ging man lieber zum Repetitor als in die Vorlesungen. Sein romanistisches Standardprogramm spulte Mommsen inzwischen routiniert ab und beklagte, daß in Breslau «kein Zug sei» unter den Studenten, die «lauter Schlesier» seien, «viele arm, die meisten stinken, alle faul». Vergnügen bereitete ihm eine zweistündige Vorlesung über die «Geschichte Roms unter den julischen Kaisern», die er im Wintersemester 1855/56 in der Philosophischen Fakultät hielt. Sonst atmete er an den Tagen auf, «wo der Professor sein Affentheater zumacht und wo er Mensch sein darf, soweit er nicht von Haus aus Vieh ist».

Auch mit den Kollegen war es nicht weit her: «Die Dozenten leben wie die Meute im Stall: auf sich beschränkt und doch im ewigen Hader; so weit ich bis jetzt sehe, fehlt es gänzlich an Kapazitäten; Zopftum, Schlaffheit, schlesischer Partikularismus sind die Räder der Uhr hier zu Lande.» Da er «fast nur Mediokritäten» fand, über die er ständig nörgelte, schloß er sich wie schon in Zürich um so enger mit Gleichgesinnten zusammen. Dazu zählten sein romanistischer Kollege Eduard Huschke, der Historiker Eduard Röpell, der Philosoph Christlieb Julius Braniß, die Philologen Jacob Bernays und Friedrich Haase, der Sanskritist Adolf Friedrich Stenzler, der Provinzialarchivar Wilhelm Wattenbach und der Gymnasialdirektor Karl Gottlob Schönborn. Bei den geselligen Zusammenkünften pflegte man die Konventionen und Rituale einer überlegenen akademischen Elite. Dazu gehörten der Insider-Jargon ebenso wie die Kollegenschelte.

Mommsen gründete mit seinen gelehrten Freunden nach Zürcher Vorbild eine historisch-philosophische Gesellschaft. Die bereits existierende «Schlesische Gesellschaft für vaterländische Kultur» sagte ihm wohl auch aus politischen Gründen nicht zu. In dem ersten und einzigen Band der «Abhandlungen» von 1858 erschien Mommsens bedeutende Untersuchung über «Die Rechtsfrage zwischen Caesar und dem Senat», in der er nicht nur der bis heute kontroversen Frage nach dem Ende von Caesars gallischer Statthalterschaft nachging, sondern dieses konkrete historische Problem zum Anlaß für eine juristisch abstrahierende Erörterung des römischen Begriffes *provincia* («Statthalterschaft») und der Amtsfristen der ordentlichen wie der außerordentlichen Beamten nahm. Mommsen suchte den Nachweis zu führen, daß die Entscheidung des Senats, Caesar noch vor Ablauf des Jahres 49 v. Chr. aus seiner Provinz Gallien abzuberufen, «rechtswidrig» war und folglich Caesar das Recht auf seiner Seite hatte, als er den Grenzfluß Rubicon überschritt und den Bürgerkrieg begann. Mommsen salvierte den Heros seiner «Römischen Geschichte» hier mit dem Mittel des Staatsrechts.

Der überaus gelehrte Band der «Abhandlungen der historisch-philosophischen Gesellschaft» wurde dem jungen Prinzen Friedrich Wilhelm, dem späteren Kaiser Friedrich III., dediziert, der als Kommandeur des 11. Infanterie-Regiments ein Jahr lang in Breslau weilte, bis er Ende 1857 nach Berlin zurückkehrte, um Victoria, die älteste Tochter der englischen Königin, zu heiraten. Den Breslauer Gelehrten um Mommsen war der junge Hohenzollernfürst wesentlich sympathischer als sein Vater Wilhelm, der für seinen geistig verwirrten Bruder die Regentschaft in Preußen übernahm. Mommsen spottete über den Gesundheitszustand Friedrich Wilhelms IV. – «der allerhöchste Verstand» sei «futsch gegangen», schrieb er an seine Frau –, aber der neue Herrscher, der «Kartätschenprinz», war ihm suspekt, da dieser seit den Märztagen 1848 als Reaktionär und Militarist galt.

Die liberalen Professoren ließen sich das Wort nicht verbieten. Mit sarkastischen Bemerkungen begleiteten sie das politische Tagesgeschehen. Öffentlich unterstützten sie ihre Kandidaten für das Abgeordnetenhaus. Eine liberale Parlamentsmehrheit sollte durch die Lockerung von Repression und Zensur ermöglicht werden. Solche Äußerungen waren manchen ein Ärgernis. So sorgte auch der Ehrendoktor, der Mommsen bei der Vierhundertjahrfeier der Universität Greifswald 1856 verliehen worden war, für Turbulenzen. Während der preußische Kultusminister Karl Otto von Raumer mit seinem Wunsch, Doctor honoris causa zu werden, «in allen Fakultäten abgefahren war», verschaffte die Philosophische Fakultät diese Würde, so klagte die konservative Presse, einem gerichtsnotorischen Aufrührer. In Berlin galt Mommsen nach wie vor als Oppositioneller, der argwöhnisch beobachtet wurde, so daß ihn der Ministerialreferent Johannes Schulze, der dem Breslauer Professor durchaus wohlgesonnen war, zu größerer Zurückhaltung aufforderte. Dieser antwortete postwendend, daß er sich nie, und sei es auch nur durch Stillschweigen, an dem mitschuldig machen werde, was er aus Überzeugung mißbillige.

Wie zum Beweis dieser Behauptung beteiligte sich Mommsen zusammen mit Röpell 1857 an der Gründung der «Preußischen Jahrbücher», die zur Formierung der nationalliberalen Partei beitrugen. Mommsen setzte den Titel durch, der auf süddeutsche Empfindlichkeiten keine Rücksicht nahm, sorgte dafür, daß die Zeitschrift bei Reimer verlegt wurde, und schrieb für die erste, von Max Duncker und Rudolf Haym herausgegebene Nummer von 1858 eine ausführliche Besprechung der mächtigen «Histoire du Consulat et de l'Empire» von Adolphe Thiers. Die Rezension war ihm ein willkommener Anlaß, die Caesarismus-Debatte fortzusetzen. «Die vollständig und genial durchgebildete Despotie» Napoleons I. kritisierte er und verteidigte das bürgerliche Ideal eines repräsentativen Regierungssystems. Die «Preußischen Jahrbücher» propagierten mit Mommsens publizistischer Hilfe rechtsstaatliche und konstitutionelle Prinzipien und wollten ein unter Preußens Führung geeintes Deutschland. Doch schon bald verlor Mommsen seine Freude an dem neuen Blatt, das unter Hayms Führung radikale Töne vermied und Konservative wie gemäßigte Liberale als Autoren gewann.

Zu Mommsens kleindeutschem Nationalismus und liberalem Staatsverständnis trat während seiner schlesischen Zeit ein ausgeprägter Antikatholizismus. In Breslau waren, wie in der anderen preußischen Neugründung Bonn, eine katholische und eine protestantische Theologische Fakultät eingerichtet worden. Durch diese kirchliche Parität sollte das Konfessionsprinzip überwunden werden. De facto spielten aber konfessionelle Gesichtspunkte bei den Berufungen nach wie vor eine Rolle, auch bei der Besetzung nichttheologischer Professuren. Die Existenz von konfessionellen Doppelprofessuren in Philosophie, Geschichte und Kirchenrecht waren Mommsen ein Dorn im Auge, da er hierdurch die Freiheit der Wissenschaft bedroht sah. So warb er sogar in seinem Aufsatz über die spanischen Stadtrechte von 1855 für «die unsichtbare Kirche», «die trotz alledem und alledem die ernst und sittlich forschenden Wissenschaftsgenossen immer zusammenschließen wird» und stellte konfessionellen Lehrstühlen die stolze und große Gemeinschaft einer vermeintlich wertfreien Wissenschaft gegenüber, «der wir uns zu eigen gegeben haben».

Protestantische Kollegen störten Mommsen allerdings nicht, wie das Verfahren um die Besetzung der beiden altphilologischen Professuren im Jahre 1856 zeigte. Damals brachte Mommsen außer Jahn und Bernays seine italienischen Freunde Heinrich Brunn und Heinrich Keil ins Gespräch. Doch weil er als Rechtshistoriker einer anderen Fakultät angehörte, konnte er mit seinen Vorschlägen nicht durchdringen. Berufen wurden der Tübinger August Roßbach, ein Spezialist für griechische Metrik, und der junge Bonner Privatdozent Johannes Vahlen. Dem Katholik Vahlen war aus konfessionspolitischen Gründen gegenüber anderen Bewerbern der Vorzug gegeben worden: Ein katholischer Extraordinarius sollte neben den beiden evangelischen Ordinarien etabliert werden. Mommsen war empört. In seinen Briefen an Jahn schrieb er sich seinen Ärger von der Seele. Nach Zürich meldete er: «Übrigens hat man doch allen Grund auch den besseren Katholiken mit Manier aus dem Wege zu gehen; es ist und bleibt eine festgeschlossene Partei und eine Partei, bei der das Denken und das folgerechte Handeln eine gewisse äußere Grenze hat.» Sein persönliches Verhältnis zu Vahlen, der 1874 Mommsens Kollege in Berlin wurde, blieb zeitlebens gespannt. Mommsen setzte Nation, Bildung und Protestantismus in eins. Die Tendenzen einzelner Breslauer Theologen, den Katholizismus mit der säkularisierten Wissenschaft der Zeit zu versöhnen, nahm Mommsen nicht zur Kenntnis. Die neue Kirchlichkeit ultramontaner Prägung, die sich auch im Bistum Breslau breit machte, schien ihm recht zu geben. Spätestens nachdem Papst Pius IX. am 8. Dezember 1854 das Dogma der Unbefleckten Empfängnis Mariens verkündet hatte, sah Mommsen, wie viele seiner liberalen Kollegen, im Katholizismus die Inkarnation der Unwissenschaftlichkeit.

Am engsten vertraut war Mommsen während seiner Breslauer Zeit mit dem jüdischen Privatdozenten Jacob Bernays. Bernays war ein brillanter Gelehrter, der die Klassische Philologie mit wegweisenden Arbeiten zur griechischen Philosophie und zur Religionsgeschichte der Kaiserzeit voranbrachte. Er hatte in Bonn studiert, wo ihn der große Friedrich Ritschl unter seine Fittiche genommen hatte. Im Revolutionsjahr 1848 wurde er promoviert, und die liberale Atmosphäre dieser Zeit nährte Hoffnungen auf eine schnelle Karriere, zumal die Juden in Preußen seit 1812 das Bürgerrecht besaßen. Doch die Reaktion der frühen 50er Jahre machte alles zunichte. Bernays fand 1854 ein bescheidenes Auskommen als Lehrer der klassischen Altertumswissenschaft an dem neuerrichteten jüdisch-theologischen Seminar in Breslau, wo die Geschichte des Judentums mit den Mitteln der kritischen Wissenschaft erforscht und die jüdische Orthodoxie mit der modernen Forschung verbunden werden sollte.

Wiewohl das gemischtkonfessionelle Schlesien jüdischen Bürgern im wirtschaftlichen Sektor vergleichsweise günstige berufliche Perspektiven bot, lehrt Bernays' Biographie, daß die Universitätslaufbahn einem strenggläubigen Juden nicht offenstand, der – um seinen späteren Schüler Wilamowitz zu zitieren – «den Stolz auf sein Judentum zur Schau» trug. Hier führte der Aufstieg nur über die Taufe. Der erste Student der 1811 eröffneten Universität war der getaufte Jude Christlieb Julius Braniß; er wurde 1833 ordentlicher Professor für Philosophie und 1860/61 sogar Rektor. Bernays' Bruder Michael konvertierte 1856 und erhielt zwanzig Jahre später einen Lehrstuhl für deutsche Literatur in München. Jacob Bernays hingegen, der seinen Bruder nach dessen Übertritt zum Christentum wie einen Toten beweint haben soll, wurden von ministerieller Seite Lehrkanzeln in Breslau und Heidelberg aus religiösen Gründen verwehrt. Ein Jude sollte nicht deutscher Professor werden. 1866 gelang es Otto Jahn schließlich, Bernays als Extraordinarius und Direktor der Universitätsbibliothek nach Bonn zu berufen.

Mommsen schätzte den Wissenschaftler Bernays, der ein Meister der philologischen Methode und der gelehrten Exegese war und ihm nebenbei noch zum persönlichen Studium das Buch Hiob aus dem Hebräischen übersetzte. Sein Manko in der akademischen Welt brachte Mommsen auf den Punkt: Für einen Lehrstuhl fehle dem Freund «ein wesentlichstes Professoreningrediens»: «die Vorhaut». Schwer trug er daran, daß es ihm nicht gelang, Bernays in Breslau zum Ordinarius der Klassischen Philologie aufrücken zu lassen.

Mommsen war freilich alles andere als ein Philosemit. Seine Vorurteile wußte er sehr wohl zu pflegen: Das «slawisch-jüdische Treiben» in der Stadt an der Oder mißfiel ihm ebenso wie das traditionelle Erscheinungsbild des orthodoxen Juden Bernays. Bei aller Toleranz, die er für die Synagoge forderte und die sich für ihn von selbst verstand, bestimmte ein tiefes agnostisches Mißtrauen gegen jedes religiöse Bekenntnis wesentlich seine Beurteilung des Judentums. Mit Unverständnis begegnete er Bernays, weil dieser sein tägliches Leben unter ein religiöses Gebot stellte. Eines Intellektuellen war dieses Verhalten unwürdig, und also hielt Mommsen seinem Freund Bernays vor, er sei «halb Rabbi, halb vielseitigster Mensch», der «Schrullen und Unannehmlichkeiten» habe, «wie sie sonst bei Trödeljuden vorkommen, hier aber mit der Übersilberung des vollendeten Gentleman auftreten».

Breslau war für Mommsen nur Durchgangsstation. Er ließ keinen Zweifel, daß er nach Berlin wollte. Um die Jahrhundertmitte hatte sich bereits eine Rangordnung der preußischen Universitäten herauskristallisiert. Während man in Greifswald die Karriere begann, waren Breslau, Halle und Königsberg Etappen auf dem Weg zu den Großuniversitäten Bonn und Berlin, an die berufen zu werden die Krönung einer akademischen Laufbahn bedeutete. Hier wurden vorrangig Ordinarien kooptiert. Mommsen jedenfalls ließ an Breslau bald kein gutes Haar mehr. Die Universität sei «etwas eingerostet», nur eine «Pfaffen- und Referendarienpepinerie». «Viele alte Gesellen, großenteils Lokalprodukte» nähmen die Katheder ein, und «die strebsamen Leute pflückt Berlin sich heraus». Doch an der Spree hatte Mommsen nicht nur Freunde. Boeckh zürnte wegen seiner Niederlage in der Akademie, und andere hatte er durch seine provozierende «Römische Geschichte» vor den Kopf gestoßen. Die Verehrer Niebuhrs hatten sogar durchgesetzt, daß das Kultusministerium den Gymnasiallehrern den Gebrauch des Geschichtswerkes für den Unterricht untersagte. Außerdem gab es politische Vorbehalte in den orthodoxen Kirchenzeitungen, die sich über Mommsens Äußerung aufregten, die Theologie sei «das Bastardkind von Vernunft und Glaube».

Der Wechsel nach Berlin wollte also geschickt eingefädelt werden. Zunächst widersetzte sich Mommsen dem Ansinnen der Akademie, das Inschriftencorpus von Breslau aus zum Druck zu bringen. Mommsen spielte hoch und drohte sogar mit seiner Demission. Sein Berliner Vertrauensmann Gerhard unterbreitete im Januar 1857 der Akademie den Vorschlag, Mommsen möge nach Berlin versetzt werden, damit er für das *Corpus Inscriptionum Latinarum* effizienter wirken könne.

Zur gleichen Zeit erreichte Mommsen ein Ruf auf den Lehrstuhl für Römisches Recht an der Universität München. Maximilian II. hatte eine besondere Vorliebe für protestantische kleindeutsche Professoren im allgemeinen und für Mommsen im besonderen. Dessen «Römische Geschichte» hatte es ihm angetan. Möglicherweise verwandte sich auch Paul Heyse für Mommsen: Der mit Mommsen befreundete Schriftsteller war seit 1854 prominentes Mitglied des Dichter- und

Gelehrtenkreises, den der bayerische Monarch um sich scharte. Kurzum: In München wollte man Mommsen haben. 1700 Taler Gehalt bot man ihm, und die Freistellung von allen Universitätsgeschäften im Sommersemester. Doch Maximilians Begeisterung für das «Nordlicht» stieß bei den Einheimischen auf wenig Verständnis. Selbst die Presse nahm sich der geplanten Berufung des liberalen Professors an. Schließlich schlug Mommsen das Münchner Angebot aus. «Das ultramontane Gekrächz, so lustig es vom Ufer sich anhört, mag doch nicht ganz so erbaulich zu vernehmen sein, wenn man im Froschsumpf sitzt,» kommentierte er seinen Entschluß.

Die Entscheidung fiel Mommsen um so leichter, als der Druck auf das Berliner Kultusministerium endlich Wirkung zeigte. Gerhard und Haupt, aber auch Alexander von Humboldt setzten sich für ihn ein. Und endlich nahm sich sein Fürsprecher im Ministerium, Johannes Schulze, des Falles an. Am 27. Oktober 1857 wurde Mommsen durch königlichen Erlaß auf eine Forschungsprofessur an der Berliner Akademie berufen. Die Nachricht erreichte ihn auf einer längeren epigraphischen Reise, die ihn nach Wien, Siebenbürgen, Budapest, Venedig und Friaul führte. Im Frühjahr des folgenden Jahres siedelte Mommsen nach Berlin über, um seine mit 1500 Talern dotierte, an das Inschriftenprojekt gekoppelte Stelle anzutreten. 1861, als er nach Bonn zu gehen drohte und die «Neue Ära» in Preußen ein liberaleres Klima geschaffen hatte, wurde er «in Übereinstimmung mit den Wünschen der Philosophischen Fakultät» auf eine neu eingerichtete ordentliche Professur an der Friedrich-Wilhelms-Universität berufen, um dort die Römische Geschichte zu vertreten. Zwar konnte das Fach damals bereits auf eine bedeutende Tradition an der Berliner Universität zurückblicken, aber zuvor hatte es noch keinen eigenen Lehrstuhl gegeben. Klassische Philologen wie August Boeckh hatten sich althistorischer Themen angenommen, oder Alte Geschichte war als Teil der Universalgeschichte unterrichtet worden. Jetzt begründete Mommsen die Römische Geschichte als eigenständige Disziplin.

IV. «UNSER WERK LOBT KEINEN MEISTER»: DER WISSENSCHAFTLER

1. *«Am juristischen Denken bin ich zum Forscher geworden»: Der Jurist*

«*Jenes Wort: ‹Griechisches wird nicht gelesen›* ist sowohl wahr als auch beherzigenswert, weil die griechischen Dinge die Philologen angehen, die lateinischen die Juristen.» So lautete die dreizehnte These der juristischen Doktorarbeit Theodor Mommsens. Entschlossen vertrat er die Meinung, «daß auch der römische Staat erst von der Jurisprudenz sein Licht empfange». Dieser Überzeugung, die vielleicht das aufregendste Ergebnis der ganzen Untersuchung ist, blieb er sein Leben lang treu. Von erstaunlicher Konstanz und Geradlinigkeit ist die Entwicklung seiner Vorstellung von den Aufgaben, der Vorgehensweise und den Zielen einer Altertumswissenschaft, die mit Hilfe der rechtshistorischen Forschung die römische Antike erhellt.

Wie Generationen von Forschern seit dem Humanismus glaubte auch Mommsen, daß die juristische Tradition der Schlüssel zum Verständnis des frühen Rom sei. Seine Maximen hat er bereits in seinen Besprechungen juristischer Literatur in den vierziger Jahren und in der frühen Auseinandersetzung mit seinen Vorgängern Joseph Rubino und Barthold Georg Niebuhr dargelegt, denen er mehr als nur die philologisch-historische Methode zur Rekonstruktion der Geschichte der römischen Staatsverfassung verdankte. Von Rubino übernahm er den Primat der Magistratur, und wie Niebuhr erkannte er in Rom das politisch virulente Vorbild eines Staatswesens von großer innerer Geschlossenheit. Doch von den «glänzenden Phantasien» des «großen Meisters» Niebuhr hatte sich Mommsen bereits in seiner Preisschrift von 1844 über die römischen Tribus distanziert. Dessen Vorliebe, Livius über Tacitus zu stellen, war ihm ein Ärgernis und Zeichen quellenkritischer Inkompetenz.

Mommsen entwickelte sein Rechtsdenken während seiner Lern- und Wanderjahre. Die damals erworbenen Positionen flossen unmittelbar ein in eine Reihe von Rezensionen rechtshistorischer Untersuchungen, in denen er sich auch gegen die germanistischen Positionen Georg Beselers wandte und seinen romanistischen Standpunkt schärfte. Der Einführung des «Volksrechts» erteilte er eine klare Absage, denn die Beseitigung des römischen Rechts in Deutschland, das seit dreihundert Jahren erfolgreich angewandt werde, führe gerade nicht zur Einheit, sondern vielmehr zur politischen Zersplitterung.

In seinen beiden Antrittsvorlesungen, die er in Leipzig und Zürich hielt, äußerte er sich programmatisch über «Die Aufgabe der historischen Rechtswissenschaft» (1848) und «Die Bedeutung des römischen Rechts» (1852). Einmal mehr führte der Romanist den Nachweis, daß das römische Recht die Grundlage für ein einheitliches Zivilrecht der deutschen Nation sein könne. Zwar distanzierte er sich von denjenigen Sonntagsreden, die den römischen Staat als den von der Weltgeschichte ausersehenen Träger der Rechtsidee feierten, aber er ließ – wie schon Hegel – keinen Zweifel daran, daß das römische das «reichste, durchdachteste, universalste aller Rechtssysteme» sei. Damit nicht genug: Im Gegensatz zur konservativ ausgerichteten Historischen Rechtsschule sah der liberale Juraprofessor in der zeitgemäßen Fortbildung des eingedeutschten römischen Rechts «die Ordnung der Freiheit» und überhaupt die «Freiheit des Bürgers» garantiert.

Rechtstheoretische, methodische und politische Überzeugungen konvergierten in Mommsens klassischer Definition der Aufgaben einer historischen Rechtswissenschaft: «Es ist uns also die Aufgabe gestellt, aus jenem ungeheuren Material das Geschichtliche ganz auszuscheiden, das praktische Civilrecht aber in ein systematisches Rechtsgebäude zusammenzufassen, so daß jede einzelne Institution sowohl in ihrer durch historische Studien erforschten Individualität als im Einklange mit dem ganzen Rechtssystem erscheint und dieses Rechtssystem also zugleich die Quintessenz der historischen Rechtsforschung und der methodische Ausdruck der gegenwärtigen Rechtsbegriffe sein wird.» Nicht mehr die antiquarische Forschung der «Staatsaltertümer», die die Rechtsgeschichte in verschiedene Epochen einteilte und die Entwicklung der Rechtsinstitutionen Schritt für Schritt nachvollzog, ist Gegenstand dieser historischen Rechtswissenschaft, sondern die Errichtung eines in sich geschlossenen Rechtssystems. Dies setzt notwendigerweise historische Forschung voraus, ja ist ohne diese überhaupt nicht denkbar, «denn der rechtschaffende Geist gehört überall einer früheren produktiven Epoche an, uns bleibt nur das Erkennen und das Reproduzieren». Erst durch die «historische Methode» wird der «Sinn für die Individualität einer jeden Rechtsinstitution und für ihre entsprechende Anwendung» geweckt.

Ein Rechtssystem aus der Überlieferung zu rekonstruieren ist Aufgabe der «philologischen Rechtswissenschaft». Sie ist charakterisiert durch «das erschöpfende Erfassen des Überlieferten» und «die Gefaßtheit auf alle Resultate». Mommsen hat die zeitgenössischen Prinzipien der Textkritik zum festen Bestandteil rechtshistorischer Forschung gemacht. Die Forderung, «daß jede Institution in ihrer Eigentümlichkeit, d. h. in ihrem Werden und ihrem Sein, in ihrer Geschichte und in ihrer praktischen Bedeutung» dargestellt werden müsse, setzte er für das römische Staats- und Strafrecht durch minuziöse Quellenarbeit und empirische Einzelforschung um. Die Ergebnisse erschienen in allen großen Zeitschriften und Reihen der Rechts-, Altertums- und Geschichtswissenschaft. Selbst die Theologen wollten Mommsen publizieren. So bat Erwin Preuschen den Verfasser des «Römischen Staatsrechts» und des «Römischen Strafrechts» im Oktober 1900, einen Aufsatz über die Rechtsverhältnisse des Apostels Paulus zu verfassen, da er hoffte, «daß ein paar Seiten über den Prozeß des Paulus auch manchem Exegeten und Historiker zur richtigen Fährte verhelfen könnten». 1901 erschien der Beitrag im zweiten Band der von Preuschen herausgegebenen Zeitschrift für die neutestamentliche Wissenschaft.

Mommsens *opus magnum* ist das «Römische Staatsrecht». Es umfaßt drei Bände in fünf Teilen mit über dreitausend Seiten. Der erste Band erschien 1871. Rasch folgten eine zweite und eine dritte Auflage der ersten beiden Bände. 1888 lag das Gesamtwerk vollständig vor. Der Druck des letzten Bandes ging so schnell voran, daß es Mommsens Schwiegersohn, Ulrich von Wilamowitz-Moellendorff, beim Korrekturlesen schwindelig wurde: Sechs Bogen schaffte Mommsen in einer Woche. Sie mußten zu früher Morgenstunde in sein Haus in der Marchstraße gebracht werden.

Mommsen demonstrierte in seinem «Staatsrecht» die Leistungen einer systematischen Rechtswissenschaft am historischen Beispiel. Nie ließ er einen Zweifel daran, daß «die rechte Ordnung» der «Schlüssel alles Verständnisses» sei. Mommsens juristisches Lebenswerk besteht darin, nicht das römische Zivilrecht, wohl aber das römische Staatsrecht und das römische Strafrecht durch die logisch klare und methodisch überprüfbare Organisation des Rechtsstoffes neu errichtet zu haben. «Das System ist seine eigene Wahrheit», erklärte er schon 1845.

Wie für die Geschichte die Zeitfolge, führte er im Vorwort aus, so bedinge für das Staatsrecht die sachliche Zusammengehörigkeit die Darstellung. Folglich habe er darauf verzichtet, «die geschichtliche Entwicklung in ihrem Verlauf zur Anschauung zu bringen». Vielmehr habe er die «übliche Einteilung in Königs-, republikanische und Kaiserzeit» aufgegeben und statt dessen «jede Institution in sich abgeschlossen» (I, VIII) beschrieben. Denn wie in der Behandlung des römischen Privatrechts liege «der rationelle Fortschritt» auch beim Staatsrecht darin, «daß neben und vor den einzelnen Rechtsverhältnissen die Grundbegriffe systematische Darstellung» finden. Auf diese Weise sei eine «begrifflich geschlossene und auf konsequent durchgeführten Grundgedanken wie auf festen Pfeilern ruhende Darlegung» entstanden, die «das Wesen [...] des römischen Staatsrechts, wenn auch noch nicht ist, doch werden muß» (I, IX).

Als die zentralen Elemente des römischen Rechtssystems macht Mommsen die Bürgerschaft, den Senat und die Magistratur aus, die er einzeln beschreibt und deren komplexes Zusammenspiel er analysiert: «Wenn der Staat ein organisches Ganze ist, so müssen wir, um ihn zu begreifen, teils die Organe als solche in ihrer Besonderheit, teils die aus dem Zusammenwirken mehrerer Organe hervorgehenden Funktionen verstehen; und wenn das letztere durch die materiell geordnete Darlegung geschieht, so ist das erstere die Aufgabe des Staatsrechts» (I, XI). Somit sei sein «Römisches Staatsrecht» der Versuch, «eine jede Institution darzustellen sowohl als Glied des Ganzen in ihrer Besonderheit wie in ihrer Beziehung zu dem Organismus überhaupt». Daher hat Mommsen das einzelne Gesetz und das einzelne Amt sowohl in seiner konkreten historischen Erscheinung wie in seiner Bedeutung für das gesamte System erfaßt. Das kleinste Detail steht im Zusammenhang mit dem Ganzen – der Mikrokosmos der individuellen Rechtsinstitute korrespondiert mit dem Makrokosmos des Gesamtbaus.

Als das bedeutendste «Organ» des römischen Staates erscheint die Magistratur. Mit ihr beginnt das Staatsrecht, ihr sind der erste und zweite Band gewidmet. Im dritten werden der Senat und die Bürgergemeinde abgehandelt. In der Übertragung des *imperium*, der «obersten mit Kommando und Jurisdiktion ausgestatteten Amtsgewalt» (I, 22), sah Mommsen die entscheidende Voraussetzung magistratischer Autorität. Es ist sein unbestrittenes Verdienst, durch abstrahierende Konstruktion die Magistratur als ein zentrales Strukturelement des römischen Staates erkannt zu haben. Die postulierte «Einheitlichkeit der Beamtengewalt», die der Magistratur seit Beginn der staatlichen Ordnung innegewohnt habe, erlaubt es Mommsen, nicht nur die einzelnen Ämter der römischen Republik als «Modifikationen des Grundbegriffs der Magistratur» zu verstehen, sondern auch das Königtum der römischen Frühzeit und den Prinzipat, d. h. das römische Kaisertum von Augustus bis zur Etablierung des spätantiken Staates unter Diokletian. Tausend Jahre Verfassungsgeschichte wurden in eine Verfassungstheorie gepreßt.

Mommsen schuf nicht – wie Savigny, Puchta und andere Repräsentanten der Historischen Rechtsschule – ein für die deutsche Gegenwart relevantes Privatrecht, sondern er konstruierte das für die römische Vergangenheit maßgebliche Staatsrecht – aus dem Geist des 19. Jahrhunderts. Dabei konnte er sich jedoch im Gegensatz zu den Privatrechtlern nicht auf die Digesten, sprich die Texte römischer Juristen stützen, sondern mußte eine wesentlich breitere Überlieferung literarischer wie nichtliterarischer Herkunft heranziehen, sie nach den Regeln des hermeneutischen Verstehens der Klassischen Philologie interpretieren und deren «staatsrechtliche» Aussagen mit Hilfe streng juristischer Begriffe systematisieren. Nur so vermochte er etwas vorzulegen, was es im Altertum nicht gab: ein römisches Staatsrecht. In Übereinstimmung mit den theoretischen Forderungen seiner an Hegels Rechtsphilosophie geschulten Lehrer ermittelte Mommsen nicht nur die historisch überlieferten Gesetze und Rechtsbestimmungen, sondern untersuchte die Rechtspraxis und den Gebrauch des positiven Rechts, um das «wirkliche» und «lebendige» Recht als Manifestation des objektiven Geistes rekonstruieren zu können.

Mommsen eliminierte zum Nutzen der «Reinheit» seines holistischen Systems keineswegs die historischen Elemente. Einerseits gab er der staatsrechtlichen Systematik den Vorzug vor der narrativen Historiographie. Andererseits aber konnte die «Individualität» des römischen Staatsrechts, wie Mommsen schon 1848 ausgeführt hatte, nur «durch historische Studien» erforscht werden. Seine reichhaltigen Anmerkungen dokumentieren die antike Überlieferung sowohl für die einzelne Institution als auch für deren Entwicklung, sie geben mithin Rechenschaft über die historisch-philologische Grundlagenarbeit des

Systematikers. Über das ganze Werk sind zahlreiche Einzeluntersuchungen, wie etwa zum römischen Kaiserhof, verstreut. Mommsen hat für sich aus gutem Grund in Anspruch genommen, Geschichte und Jurisprudenz verbunden zu haben; er sprach ausdrücklich von der «Doppelbehandlung» des römischen Staatsrechts, von der Verbindung von Verfassungsgeschichte und Verfassungsrecht (I, XI).

Dennoch ist die Diskrepanz zwischen Geschichte und Verfassungstheorie, genauer: zwischen der historischen Entwicklung der römischen Verfassung und ihrer systematischen Darstellung offenkundig. Mommsen versuchte sie durch eine kühne Differenzierung zwischen «rechtlicher Form» und «faktischem Inhalt» zu überbrücken. Dabei konnte er sich bei der rechtlichen Systematisierung auf Quellen beziehen, die er historisch als wertlos einstufte, Gesetze postulieren, die nicht überliefert sind, und sich in schwindelerregende Konstruktionen versteigen. «Von Rechts wegen», schreibt er, galt der Satz, daß in Rom «die Magistratur herrschte und der Senat gehorchte» (III.2, 1024). Tatsächlich aber habe bis zum Ende der Republik «der Senat über Rom und durch Rom über die Welt geherrscht» (III.2, 1025). Diesen manifesten Widerspruch wollte Mommsen durch den Hinweis erklären, daß «die spätere Stellung der beiden Gewalten auf der Umkehr der ursprünglichen Ordnung» beruhe, wobei ebendiese «Umkehrung sich mehr faktisch als rechtlich vollzogen» habe und «zu formeller Fundierung nicht gelangt sei» (III.2, 1024). Doch klar erkannte er, daß «die ebenso eminente und effektive wie unbestimmte und formell unfundierte Machtstellung des Senats [...] in der späteren Republik regelmäßig mit dem in entsprechender Weise verschwommenen und aller strengen Definition sich entziehenden Worte *auctoritas* bezeichnet» wurde (III.2, 1033).

Den von Augustus errichteten Prinzipat bezeichnete Mommsen staatsrechtlich «keineswegs als Monarchie», sondern als «Dyarchie, das heißt als eine zwischen dem Senat einer- und dem Princeps als dem Vertrauensmann der Gemeinde andrerseits ein für allemal geteilte Herrschaft» (II.2, 748). Mommsens Augenmerk galt der Integration des Prinzipats in die verfassungsrechtliche Tradition der *res publica*. In der republikanischen Kontinuität, in der formalen «Vollendung der Demokratie», erblickte er den entscheidenden Faktor für den Erfolg des Augustus, der aus der Ermordung seines Adoptivvaters Caesar gelernt hatte, daß eine Diktatur, die das tradierte Recht mißachtete, auf den erbitterten Widerstand der mächtigen Aristokraten stieß. Faktisch jedoch stützte sich der Kaiser auf sein militärisches Oberkommando, war der augusteische Prinzipat eine absolute Militärmonarchie, in der der Herrscher auf Grund seiner Machtfülle Recht selbst setzte. Nur so konnte es geschehen, daß «die persönliche oberste Reichsverwaltung» des alle überragenden Kaisers «das eigentliche Triebrad in der großen Maschine des Kaiserreichs» war (II.2, 948).

Natürlich war sich Mommsen bewußt, daß sich die Übertragung des «monarchischen Imperium» nur äußerlich an die Form anlehnte, mit der die republikanischen Magistrate den Imperatorentitel erhalten hatten, entweder durch die Akklamation eines Truppenteils oder nach der Aufforderung durch den Senat. Gemäß seiner Verfassungssystematik repräsentierten diese beiden Instanzen die «Volkssouveränität» (II.2, 843 f.). Ihnen kam es zu, die Voraussetzung zu schaffen, daß ein jeder, auch der amtlose Privatmann, sich gegen den legitimen Herrscher erheben und die Herrschaft über das gesamte Reich antreten konnte. Doch hier, wie überhaupt bei jedem Herrscherwechsel, trat für die Rechts- allein die Machtfrage ein, und daher gab es in Mommsens Augen kein anderes Regiment, «dem der Begriff der Legitimität so völlig abhanden gekommen wäre wie dem augusteischen Prinzipat» (II.2, 844). Letztlich triumphierte das «Recht des Stärkeren» (II.2, 1133). Mommsen hat folglich niemals behauptet, daß der Prinzipat eine nur staatsrechtlich zu fassende Institution sei, und er hat nie die soziale und politische Qualifikation der Herrschaftsstellung des römischen Kaisers geleugnet.

Die Brüche in der Darstellung, an der sich nachfolgende Forschergenerationen gerieben haben, sind auf Mommsens Bemühen zurückzuführen, der rechtlich zu definierenden Form und dem politisch zu fassenden Inhalt der einzelnen Verfassungselemente des römischen Staates gleichermaßen gerecht zu werden, um auf diesem Weg zum überzeitlichen *proprium* der eintausendjährigen Geschichte Roms vorzudringen. Mommsen sprach davon, daß «im Recht sich die historische Entwicklung wie im erstarrten Sturzbach» darstelle und daß das historische Geschehen im «Staatsrecht» sich kristallisiere. Da er die Verfassung und ihre Wandlungen mit der Geschichte selbst gleichsetzte, wurde Recht zu einer logisch deduzierbaren, historischen Kategorie. Dazu bedurfte es der an leitenden Erkenntnisinteressen orientierten Aufbereitung der vielschichtigen Überlieferung: «Darin liegt auch die eminente Schwierigkeit dieser Arbeit, daß dafür der Darstellende überall ebenso der vollständigen Kenntnis auch derjenigen Einzelheiten bedarf, die er nicht erörtert, wie der vollständigen Einsicht in das Wesen des römischen Organismus überhaupt» (I, XIII).

Wiewohl Mommsen auf der Grundlage der Zivilrechtswissenschaft seiner Zeit ein auf abstrahierender Deduktion beruhendes Staatsrecht entwickelte, unterstellte er seine Rekonstruktion nicht bedingungslos dem Diktat der Pandektenwissenschaft und der Begriffsjurisprudenz des Savignyschülers Georg Friedrich Puchta. Dafür war er zu sehr Empiriker. Also dokumentierte er auch außerrechtliche Faktoren, die auf das historische Geschehen einwirkten, und rekonstruierte nicht nur das «organische Ganze», sondern auch die «Individualität» der historisch gewordenen Institutionen des römischen Staates. Der Problematik seiner «idealtypischen» Konstruktion war sich Mommsen durchaus bewußt. Deshalb hat er seine verfassungsrechtliche Konzeption im Staatsrecht historisch differenziert und immer wieder zwischen «faktisch», «geschichtlich», «materiell», «tatsächlich», «politisch» einerseits und «rechtlich», «von Rechts wegen», «formell» und «staatsrechtlich» andererseits unterschieden. Seinen zahlreichen Gegnern in Vergangenheit und Gegenwart bot Mommsen damit selbst die Munition, um sein mächtiges System zu beschießen.

Da die historische Rechtswissenschaft seine Methode und sein Erkenntnisziel bestimmte, gestand Mommsen 1891 seinem Berliner Kollegen, dem Juristen Levin Goldschmidt, er sei am juristischen Denken zum Forscher geworden. Als Rechtshistoriker wollte er wahrgenommen werden, auf romanistischem Gebiet wollte er Anerkennung finden. Er hatte gehofft, mit seinem «Römischen Staatsrecht» ein *ktema eis aiei* geschaffen zu haben. Doch schon wenige Jahre nach dem Erscheinen des ersten Bandes war er ernüchtert. Jacob Bernays, seinem alten Freund aus Breslauer Tagen, klagte er, daß ihm bisher nur ein Philologe öffentlich ein freundliches Wort über sein «Staatsrecht» gesagt habe. Der Philologe war Bernays selbst. Doch was waren schon die Philologen? Für die, so versicherte Mommsen 1887 dem Juristen Heinrich Degenkolb, war das Buch ohnehin nur «Caviar»: «Sie schnuppern nach Zitaten, weil es ihnen nicht gegeben ist, im Ganzen zu denken.»

Die Rechtshistoriker und Altertumswissenschaftler hingegen zeigten sich alles andere als begeistert. Höchstens in Privatbriefen und bei Festreden fand man ein paar freundliche Worte. Die zeitgenössische

Forschung sah in Mommsens «Staatsrecht» zwar eine bedeutende, aber keineswegs richtungweisende Darstellung. Die großen Handbücher des 19. Jahrhunderts von Johan Nikolai Madvig, Ernst Herzog und Otto Karlowa setzten sich in den 1880er Jahren kritisch mit den ersten Bänden auseinander. Ludwig Lange stimmte in den Neuauflagen seiner umfassenden «Römischen Altertümer» manchen Ergebnissen Mommsens zu, lehnte aber seine «dogmatischen» Schlußfolgerungen scharf ab. Zu systematisch und zu wenig historisch, lautete sein Verdikt. Viele störten sich an Mommsens geschlossener, abstrahierender Darstellung und wollten den genetischen Aspekt der Verfassungsentwicklung stärker berücksichtigt sehen. Die Diskussion konstruierte teilweise einen Widerspruch zwischen «Staatsrecht» und «Verfassungsgeschichte», der Mommsens komplexem Ansatz nicht gerecht wurde. Gleichzeitig regte die Auseinandersetzung mit Mommsen sozial- und wirtschaftsgeschichtliche Untersuchungen an, die den Einfluß von Gesellschaft und Wirtschaft auf die Politik der römischen Republik stärker berücksichtigen wollten. Matthias Gelzers bahnbrechende Studie über «Die Nobilität der römischen Republik» von 1912 ist letztlich ebenso eine Reaktion auf Mommsens «Staatsrecht» wie Eduard Meyers Versuch, nationalökonomische Fragestellungen für die Geschichte der Alten Welt fruchtbar zu machen. Die hervorragendsten Vertreter dieser mächtigen Bewegung, die sich innerhalb der *scientific community* gerade vor dem Ersten Weltkrieg gegen Mommsen formierte und vielen seiner Grundannahmen nicht folgte, brachten die rechtshistorische und altertumswissenschaftliche Forschung zur Geschichte der römischen Republik entscheidend voran.

Diese Wirkung hatte Mommsen nicht vorhergesehen. Er war enttäuscht und verbittert. Im Vorwort zu seinem «Abriß des römischen Staatsrechts» von 1893 attackierte er denn auch die «Verfassungshistoriker», denen er unterstellte, sie sähen den Wald vor lauter Bäumen nicht: «Vor der Plattheit derjenigen historischen Forschung, welche das, was sich nie und nirgend begeben hat, bei Seite lassen zu dürfen meint, schützt den Juristen seine genetisches Verständnis fordernde Wissenschaft.» Die fehlende Anerkennung auf diesem Gebiet, das er wie kein anderes als seine Domäne betrachtete, mag ein Grund gewesen sein, daß er im Alter die «Unzulänglichkeit» seiner Leistung beklagte und meinte, er habe in seinem Leben trotz seiner äußeren Erfolge nicht das Rechte erreicht.

Den Einfluß, den sein großes Werk auf andere Bereiche ausübte, nahm er, wenn überhaupt, nur am Rande wahr. So wurden nach seinem Vorbild im ausgehenden 19. Jahrhundert die griechischen Staatsaltertümer als überholte antiquarische Forschung abgetan. Statt dessen machte man sich auf die Suche nach einem griechischen «Staatsrecht» und systematisierte die griechischen Rechtsbegriffe und Institutionen, wie es Mommsen im «Römischen Staatsrecht» getan hatte. Auch die historische Theologie wurde von seiner Konzeption beeinflußt. Adolf Harnack etwa untersuchte in Mommsens Nachfolge die altchristliche Verfassungs- und Institutionengeschichte. Schon eher erfreute Mommsen, daß sein «Staatsrecht» durch seine französische Übersetzung, die von 1887 bis 1891 erschien, auch im Ausland eine nachhaltige Wirkung entfaltete.

Auch im 20. Jahrhundert machte das Werk Mommsens «Fachgenossen» schwer zu schaffen. Die Nachgeborenen haben den weitverbreiteten Widerspruch, auf den das «Staatsrecht» bei Mommsens Zeitgenossen stieß, oft souverän ignoriert. Die Reihe der Kritiker ist inzwischen lang und illuster, umfaßt Juristen und Althistoriker. Leopold Wenger, Alfred Heuß, Wolfgang Kunkel und Jochen Bleicken geben den Ton an. Sie loben unisono Mommsens «schöpferische» Leistung, seine Originalität und die faszinierende Kraft seines juristischen Denkens, aber sie sehen in der Starrheit seiner Systematik, seinen apriorischen Setzungen und seinem Glauben an die Permanenz der Rechtsbegriffe eine Fehlentwicklung, die der dogmatischen Richtung der damaligen Rechtswissenschaft und ihrer rein juristischen Logik entsprungen sei. Um den von Mommsen zu verantwortenden «Erstarrungszustand» zu überwinden, müsse man seine ahistorische Rechtskonstruktion aufgeben und Niebuhrs geschichtliche Forschungen fortführen.

Die internationale Forschung hat inzwischen weit über hundert Jahre Zeit gehabt, Mommsens «Staatsrecht» zu ersetzen. Geschehen ist dies nicht. Das Produkt der juristischen Methodenlehre des 19. Jahrhunderts steht wie ein Monolith in der Forschungslandschaft. Verschiedene Versuche, Mommsens «System» nachträglich zu historisieren, sind gescheitert. Daneben hat es einzelne, durchaus beachtenswerte Ansätze gegeben, über Mommsen hinauszukommen. Eugen Täubler, Ernst Meyer, Ulrich von Lübtow, Francesco De Martino und Jochen Bleicken, um nur wenige zu nennen, haben dem Einfluß politischer, gesellschaftlicher und wirtschaftlicher Faktoren auf die Entwicklung der römischen Verfassung nachgespürt. Alle Gelehrten stehen vor dem Problem, eine Verfassungsgeschichte zu schreiben, die gleichermaßen das rechtliche System und die nichtrechtlichen Faktoren, die es beeinflussen, angemessen berücksichtigt. Nach Jahrzehnten, in denen soziale, politische und ökonomische Fragestellungen im Vordergrund standen, ist Wolfgang Kunkel in seiner Abhandlung zur republikanischen Magistratur wieder zu Mommsens institutionengeschichtlichem Ansatz zurückgekehrt. Arnaldo Momigliano hat den Kritikern mit gutem Grund ins Stammbuch geschrieben, daß «Mommsen cannot be replaced by people who are smaller than Mommsen».

Die Wissenschaftsgeschichte wiederum hat das Staatsrecht zumeist nur als ein Produkt des Pandektismus gelesen. Doch um die strukturierenden Prinzipien des römischen Staates zu ermitteln, erinnerte sich Mommsen der Position seines Kieler Lehrers, des Hegelianers Johannes Christiansen, der die «synchronistische» von der «chronologischen» Rechtsgeschichte geschieden hatte. Mommsen entschied sich für die synchrone Perspektive und suchte nach einem organischen Ganzen von Begriffen, denn – wie schon Hegel gelehrt hatte – «der dem Begriff angehörige Fortgang vom Allgemeinen zum Besondern ist Grundlage und Möglichkeit einer synthetischen Wissenschaft, eines Systems und systematischen Erkennens». Allein, mit der Diskussion um Savignys oder Hegels, um Puchtas oder Kierulffs Einfluß kann die Tiefendimension des großen Werkes nicht hinreichend ausgelotet werden. Zum einen muß das «Römische Staatsrecht» in der Tradition der rechtshistorischen Forschung verortet werden. Mommsen hat seine Vorgänger kaum einer Erwähnung gewürdigt. Auf die gelehrte Diskussion verzichtete er. Aber seine Darstellung ist keine creatio ex nihilo. Schon Jacob Bernays hat in seiner Besprechung darauf hingewiesen, daß er die antiquarische Forschung der vorangehenden Jahrhunderte ungebührlich abwerte und verkenne, daß diese mehr biete als ein unbedeutendes Sammelsurium von Antiquitäten. Deutlicher haben neuere Untersuchungen seine Abhängigkeit von Niebuhr und Rubino, aber auch von Wilhelm-Adolph Becker gezeigt, dessen Handbuch der römischen Altertümer er durch sein «Staatsrecht» ersetzte. Hier sind weitere Studien notwendig, die im Detail den Nachweis erbringen müssen, daß Mommsen sein System des römischen Rechts nicht völlig neu geschaffen hat.

Zum anderen ist das «Römische Staatsrecht» als ein Monument des Liberalismus des 19. Jahrhunderts zu lesen. Mommsen fand in der römischen *res publica* ein historisches Paradigma für die liberale Forderung nach einem Staat, der durch ein komplexes System von Rechtsnormen zusammengehalten wurde. Er selbst schuf diese Verfassung, die dem römischen Staat in seiner historischen Perspektivierung die verbindende Klammer gab. Der Staat war für den Liberalen Mommsen nur als «Rechtsstaat» denkbar. Schon 1845 formulierte er, das Recht sei die «Seele des Staats» und der «Nerv aller Lebensverhältnisse». Daher begnügte er sich nicht mit der aus den antiken Quellen rekonstruierten Begrifflichkeit, sondern bediente sich der Sprache des zeitgenössischen liberalen Verfassungsdiskurses. Volk und Gemeinde setzte er in eins, klärte den Status des Bürgers, untersuchte Amt und Amtsgewalt, magistratische Kompetenzen und Verantwortlichkeit und dozierte über «Volks- und Gemeindesouveränität» sowie bürgerliche Rechte und Pflichten.

Nicht das Staatsrecht des vollendeten Imperium Romanum stand im Mittelpunkt seines Interesses, auch nicht die großen Gesetzeskodifikationen der Spätantike, sondern die Genese der republikanischen Rechtsverhältnisse. Hier konnte er das Verhältnis von Volkssouveränität und Exekutive präzise analysieren. Hier war die Kontinuität königlicher und magistratischer Gewalt zu zeigen, die sich darin manifestierte, daß sowohl der König wie die Beamten die *res populi* verwalteten. Hier ließen sich die Segnungen eines Systems darstellen, das die umfassenden Vollmachten der Magistratur beschränkte. Mommsens Staatsrecht spiegelt mitnichten das Staatsverständnis der konservativen Historischen Rechtsschule, die gerade die wissenschaftliche Unhaltbarkeit eines Verfassungsstaates nachzuweisen suchte.

Das *imperium*, d. h. die prinzipiell unbeschränkte militärische und zivile Gewalt des Obermagistrats, begründete in seinen Augen keine absolute Herrschaft des Amtsträgers. Erst das Zusammenspiel des Magistrats mit den beiden anderen Organen des römischen Gemeinwesens, mit der Bürgergemeinde und dem Senat, machte die römische Verfassungswirklichkeit aus. «Der souveräne Wille der Gemeinde» findet dabei «seinen Ausdruck in dem Zusammenhandeln des Magistrats und der Bürgerschaft» (III.1, 300f.). Im «Abriß» wird er später formulieren: «Wenn das römische Gemeinwesen ins Leben getreten ist als fest formulierte Monarchie und auch in der republikanischen Ord-

Theodor Mommsen im Jahre 1863

nung die Magistratur auf sich selber ruhend der Bürgerschaft gegenüber steht, so ist dennoch die Magistratur rechtlich gebunden sowohl dem einzelnen Bürger gegenüber wie gegenüber dem Rat der Ältesten und der in rechter Form versammelten Gesamtheit der Bürger» (235). Exemplifiziert hatte Mommsen diesen «zusammentreffenden Willen», die dialektische Beziehung zwischen Magistrat, Senat und Gemeinde schon in seiner «Geschichte des römischen Münzwesens» von 1860. Alle drei konstitutiven Elemente des römischen Gemeinwesens sind, zumindest in der späten Republik, an der Prägung beteiligt. «Die Münze setzt im ordentlichen und geordneten Umlauf einen Beschluß der Gemeinde, einen magistratischen Befehl und eine leitende und kontrollierende Tätigkeit des Senats voraus» (363).

In der römischen Republik sah Mommsen das Modell eines Staates, der auf Gewaltenteilung und Volkssouveränität beruhte. Deshalb verwundert es nicht, daß der Staat der Spätantike Mommsens Sache nicht war. Hier herrschte die absolute, unkontrollierte Gewalt des Monarchen. Dies entsprach nicht Mommsens konstitutionellem Ideal: In der Völkergeschichte, so schrieb er im «Abriß», ist «das schließlich entscheidende Moment das Mittun des Bürgers bei dem Tun der Gemeinde», sind «Gemeinsinn, Wehrhaftigkeit, Amtstüchtigkeit, Patriotismus jeder Art nichts als die schöne Blüte der bürgerlichen Selbsttätigkeit» (275). Aber Mommsen wußte, daß es nicht der diokletianisch-konstantinischen Verfassungsänderung bedurfte, um dem Ideal des emanzipierten Bürgers ein Ende zu setzen. Diese Entwicklung begann bereits mit dem Ende der Republik.

Wie in der «Römischen Geschichte» blieb Mommsen auch im «Römischen Staatsrecht» seinem politischen Ideal treu: dem bürgerlichen Verfassungsstaat, der bürgerliche Freiheit und nationale Einheit verband. Die Souveränität des römischen *populus*, der «Bürger in ihrer Gesamtheit» (III.1, 4), ist Mommsen ein Synonym für eine legitime und vernünftige politische Ordnung. Noch im «Abriß des römischen Staatsrechts» von 1893 trotzte Mommsen den politischen Widrigkeiten der wilhelminischen «Monarchensouveränität» mit seiner Lehre von der «Volksssouveränität».

Auch Mommsens Alterswerk, das «Römische Strafrecht», das der 82jährige 1899 veröffentlichte, hat die Forschung zu alternativen Entwürfen herausgefordert. Eine überzeugende wissenschaftsgeschichtliche Würdigung ist ein dringendes Desiderat. Mommsen hat darin den Versuch unternommen, das Strafrecht und das Strafprozeßrecht auf Grund einer schier überwältigenden Materialfülle systematisch zu rekonstruieren. Quellen unterschiedlichster Herkunft führte er zusammen, um ein Gebiet zu bearbeiten, das «nicht durch wissenschaftliche Tradition, sondern durch wissenschaftliche Abstraktion» (6) definiert ist. Wie schon beim Staatsrecht so widmete sich Mommsen auch beim Strafrecht einem Rechtssystem, das durch «die römische Jurisprudenz selbst» nicht begründet wurde (525).

Das Werk greift auf Mommsens früheste rechtshistorische Entwürfe zurück. Eine seiner ersten Veröffentlichungen ist eine ausführliche Besprechung von Gustav Geibs «Geschichte des römischen Kriminalprozesses» von 1842, und als gerade berufener Juraprofessor las er 1848 in Leipzig über die Geschichte des römischen Kriminalprozesses. Einmal mehr wollte Mommsen juristische und historische Wissenschaft verbinden, da er im Strafrecht «ein Zwischenglied zwischen Jurisprudenz und Geschichte» (VII) sah und es für ein vorzügliches Mittel hielt, um einen «wirklichen Einblick» in die Geschichte der römischen Kaiserzeit zu gewinnen. Man hat dem Strafrecht im Vergleich zum Staatsrecht nicht ohne Grund eine geringere systematische Geschlossenheit vorgeworfen, die allerdings nicht nur auf das Alter des Verfassers, sondern auch auf den Gegenstand zurückzuführen ist. Die uneinheitliche Kriminalgesetzgebung der späten Republik und die inkonsistente Rechtssprechung der kaiserzeitlichen Justiz einerseits und der stete Wandel der römischen «Strafprozeßordnung» andererseits machen es fast unmöglich, ein in sich geschlossenes römisches Strafrecht zu abstrahieren.

Liberale Grundwerte sind auch im Strafrecht greifbar. So ächtete Mommsen die «Willkürhandlungen der Sklavenjustiz» (899) und beklagte den Einfluß dieser «entsetzlichen und gefährlichen Institution» (83) auf die Rechtsordnung. Sein erklärtes Ziel war es, die «Strafordnung» als «das verstaatlichte Sittengesetz» (65) und die durch die staatlichen Strafbehörden verhängte Strafe als «die Vergeltung des Bruches des Sittengesetzes» (523) darzustellen. Hier zeigt sich Mommsen Hegels Idee verpflichtet, daß der Staat «die Wirklichkeit der sittlichen Idee» sei. Des weiteren betonte er, daß das Strafrecht «abhängig von der Individualität des einzelnen Volkes und von dem die einzelne Epoche beherrschenden Geiste» (530) sei. Indem er die historische Bedingtheit eines auf ‹Sittlichkeit› basierenden Strafrechts erkannte, vollzog er die Abkehr von der Rechtsdogmatik der Historischen Schule und machte sich auf die Suche nach dem «lebendigen» römischen Strafrecht.

2. *«Die rücksichtslos ehrliche Wahrheitsforschung»: Der Philologe*

Im Nachruf auf seinen früh verstorbenen Freund Otto Jahn definierte Mommsen die «streng philologische Methode» als «einfach die rücksichtslos ehrliche, im großen wie im kleinen vor keiner Mühe scheuende, keinem Zweifel ausbiegende, keine Lücke der Überlieferung oder des eigenen Wissens übertünchende, immer sich selbst und anderen Rechenschaft legende Wahrheitsforschung». Ebendieser Methode hatte auch er sich verschrieben.

Der Verfasser der «Römischen Geschichte» und des «Römischen Staatsrechts» verbrachte die meiste Zeit seines Forscherlebens damit, antike Quellen zu edieren. Seit 1863 erschienen die einzelnen Bände des *Corpus Inscriptionum Latinarum.* Er gab den lateinischen Schriftsteller Solinus (1864; [2]1895) und die *Res gestae divi Augusti* (1865;

[2]1883) heraus. Zwischen 1868 und 1870 veröffentlichte er zusammen mit Paul Krüger die große zweibändige Digestenausgabe, der 1872 eine kleinere im Rahmen des *Corpus iuris civilis* folgte. Die erhaltenen vorjustinianischen kaiserlichen Konstitutionen publizierte er gemeinsam mit Paul Krüger und Wilhelm Studemund in der *Collectio librorum iuris anteiustiniani*. Des weiteren überarbeitete er die *Fontes iuris Romani antiqui* von Karl Georg Bruns. In seiner Berliner Zeit edierte er die Gotengeschichte des Jordanes, die *Variae* Cassiodors, den *Liber pontificalis*, die *Vita Severini* des Eugippius und die *Chronica minora*. Darüber hinaus übernahm er die Ausgabe der lateinischen Übersetzung und Fortführung der Kirchengeschichte Eusebs durch Rufin für die «Griechischen Christlichen Schriftsteller». Die Edition des *Codex Theodosianus* hatte er so weit gefördert, daß sie postum im Jahre 1904 erscheinen konnte.

Mommsen wollte «die Archive der Vergangenheit» ordnen, um zur «Grundlegung der historischen Wissenschaft» beizutragen. Dies war kein sonderlich origineller Ansatz. Seit der Renaissance wurden antike Texte ediert, und spätestens seit dem 17. Jahrhundert widmeten sich gelehrte Antiquare den Inschriften und Münzen. Große Sammlungen gab es zuhauf. Mommsens Errungenschaft besteht darin, daß er eine neue Methode: die Echtheitskritik und ein neues Programm: das Totalitätsideal zusammenführte, um die antike, insbesondere die römische Geschichte zu rekonstruieren.

Beginnen wir mit der historisch-kritischen Methode. Grundlage der Texterstellung war die in der ersten Häfte des 19. Jahrhunderts begründete Kritik, die durch die «recensio» der Handschriften ihre Abhängigkeitsverhältnisse klären und zum sogenannten «Archetypus» führen sollte. Ergab sich aus der handschriftlichen Überlieferung keine überzeugende Lesart, mußte der Herausgeber den Text durch ‹emendatio› verbessern. Mommsen trug durch seine eigenen Ausgaben und die von ihm organisierten Editionsreihen zur Vervollkommnung der vor allem durch Karl Lachmann ausgebildeten Methode bei. Kategorisch verlangte er, durch Kollationen die Überlieferungssituation zu klären. Bibliotheksreisen waren ihm eine Selbstverständlichkeit. Mommsen erkannte sofort die Bedeutung der Photographie für die Editionsprojekte und setzte sich nachdrücklich für die Finanzierung der photographischen Reproduktion bedeutender Codices ein. Bei Eingriffen in den überlieferten Text mahnte er zur Zurückhaltung und setzte sich in Gegensatz zur zeitgenössischen Philologie, die antike Autoren nach den eigenen grammatischen und stilistischen Idealen beurteilte und unbekümmert Konjekturalkritik betrieb. Ihm genügte es, den handschriftlichen Befund vollständig, zuverlässig und übersichtlich im Apparat einer Ausgabe mitzuteilen, so daß der Benutzer den Text, wo er es für nötig erachtete, selbst ändern konnte.

Allerdings war Mommsen im Gegensatz zu vielen anderen Editoren in der komfortablen Situation, daß ihm immer in großem Umfange zugearbeitet wurde. Nicht nur junge Wissenschaftler, die sich sein Wohlwollen sichern wollten, übernahmen gern die eine oder andere Kollation, auch deutsche und ausländische Kollegen verglichen Handschriften und notierten Lesarten. Eduard Schwartz brachte es auf den Punkt: Für Mommsen arbeitete jeder. Und Schwartz mußte es wissen, hatte er doch bis zur Selbstverleugnung die schwierige Drucklegung der lateinischen Kirchengeschichte des Rufin unterstützt. Dabei war Mommsen ungeduldig und spornte seine Mitarbeiter an, indem er sie erinnerte: *bis dat, qui cito dat.*

Die Ausgabe des Rufin zeigt zudem, daß sich Mommsen, wie im übrigen schon Lachmann, ohne allzu große stemmatische Skrupel schnell für die «besten» Manuskripte entscheiden konnte, wenn er ein Unternehmen zügig vorantreiben wollte. Bei den Arbeiten am Rufintext drängte die Edition des *Codex Theodosianus*, mit der Mommsen gerade begonnen hatte. Also verzichtete er auf ein gründliches Studium der handschriftlichen Tradition des Rufin, sah noch nicht einmal die gedruckten Kataloge ein und wählte nur wenige alte Manuskripte für die Textrezension aus. Die Edition war in der Tat, wie Mommsen selbst einräumte, eine «Hilfsausgabe für den griechischen Text», den Schwartz mustergültig erstellt hatte. Aber Mommsen war's zufrieden, und er strahlte, als ihm sein kirchenhistorischer Kollege Adolf Harnack mit den Worten gratulierte: «Wenn alle Mitarbeiter so arbeiteten, dann wäre unsre Kirchenväterausgabe bald fertig.»

In der Tradition von Friedrich August Wolf, der die Leistungen der modernen Quellenkritik am Beispiel Homers demonstriert hatte, und August Boeckh, der gegen die reine «Silben- und Buchstabenkritik» der philologischen Fachidioten polemisiert hatte, verfocht Mommsen das Konzept einer umfassenden, verschiedene Einzeldisziplinen integrierenden Altertumswissenschaft. Nicht mehr allein die Textzeugen, sondern die gesamte Hinterlassenschaft der griechischen und römischen

Antike wurden von der als historische Wissenschaft verstandenen Philologie in den Blick genommen. Das neue Totalitätsideal erschloß neue Quellen und verlangte nach neuen Methoden.

Mommsen, von der Rechtswissenschaft kommend, wandte sich der römischen Geschichte zu. Der griechischen Antike widmete er sich nicht. Weder das frühe Sparta noch das klassische Athen, weder Alexander der Große noch die Diadochen fanden sein wissenschaftliches Interesse. Innerhalb des römischen Altertums jedoch verbot sich die Beschränkung auf eine Periode oder eine Quellengruppe. Zu den juristischen Texten und Inschriften traten Münzen und Papyri, aber auch Kirchenväter und spätantike Chroniken, Heiligenviten und byzantinische Historiker. Die Klassiker der lateinischen Literatur, die Mommsen bestens kannte, edierte er nicht – um sie kümmerten sich die Philologen. Er edierte Autoren, die bisher vernachlässigt waren, weil der Gegenstand ihrer Darstellung nicht den gängigen Vorlieben entsprach oder Gelehrte, die an Ciceros Latein geschult waren, über deren barbarische Sprache die Nase rümpften. Mommsen erweiterte nachhaltig das Spektrum der Quellen zur antiken Welt und erschloß durch seine großen Ausgaben für die *Monumenta Germaniae historica* vor allem die Geschichte der Spätantike. 1876 hatte Mommsen für dieses Gemeinschaftsunternehmen der drei Akademien zu Berlin, München und Wien die Sammlung der *Auctores antiquissimi* begründet, um die Schriften aus der «Übergangsperiode vor dem Zusammenbruch des Römischen Weltreichs bis zu dem Beginn der fränkischen Vormacht» in kritischen Editionen vorzulegen. Seine Konzeption dieser eigenständigen Abteilung setzte sich fast vollständig durch, nur die Aufnahme der lateinischen Panegyriker wurde 1883 von der Direktion abgelehnt. 1898 erklärte Mommsen in seinem Schlußbericht die gestellte Aufgabe für vollendet.

Der *homo minime ecclesiasticus*, wie Mommsen sich selbst ironisch bezeichnete, tat sich mit dem Berliner Kirchenhistoriker Adolf Harnack zusammen, um die griechischen christlichen Schriftsteller der ersten drei Jahrhunderte zu edieren. Das Unternehmen war ihm kein theologisches, sondern ein wissenschaftliches Bedürfnis. Während Harnack in der Väterausgabe das entscheidende Instrument zur historisch zuverlässigen Rekonstruktion der theologisch-dogmatischen Konditionierung des frühen Christentums sah, eröffnete sich Mommsen hiermit die Möglichkeit, eine weitere Quellengruppe für die Geschichte des Imperium Romanum zu erschließen. An der Diskussion, die Wilamowitz über Jahre hinweg mit Harnack führte, ob dem Theologen oder aber dem Philologen die eigentliche Kompetenz bei der Edition antiker christlicher Texte zukomme, beteiligte sich Mommsen nicht. Die interdisziplinär besetzte Kirchenväterkommission sollte nach seiner Überzeugung brauchbare Editionen patristischer Texte vorlegen. An Grundsatzdebatten war er nicht interessiert.

Die philologische Arbeit diente als Fundament für weitere historische und juristische Forschungen. Dabei überwand Mommsen die traditionellen Fachgrenzen. In der Zusammenführung der unterschiedlichen Disziplinen, die sich mit der römischen Vergangenheit beschäftigten, erblickte er seine eigentliche Leistung, wie er 1893 bei den Ehrungen zu seinem fünfzigjährigen Doktorjubiläum bekannte:

«Es ist mir beschieden gewesen, an dem großen Umschwung, den die Beseitigung zufälliger und zum guten Theil widersinniger, hauptsächlich aus den Fakultätsordnungen der Universitäten hervorgegangener Schranken in der Wissenschaft herbeigeführt hat, in langer und ernster Arbeit mitzuwirken. Die Epoche, wo der Geschichtsforscher von der Rechtswissenschaft nichts wissen wollte und der Rechtsgelehrte die geschichtliche Forschung nur innerhalb seines Zaunes betrieb, die Epoche, wo es dem Philologen wie ein Allotrium erschien, die Digesten aufzuschlagen, und der Romanist von der alten Literatur nichts kannte als das Corpus Juris, wo zwischen den beiden Hälften des römischen Rechts, dem öffentlichen und dem privaten, die Fakultätslinie durchging, wo der wunderliche Zufall die Numismatik und sogar die Epigraphik zu einer Art von Sonderwissenschaft gemacht hatte und ein Münz- oder Inschriftenzitat außerhalb dieser Kreise eine Merkwürdigkeit war – diese Epoche gehört der Vergangenheit an, und es ist vielleicht mit mein Verdienst, aber vor allen Dingen mein Glück gewesen, daß ich bei dieser Befreiung habe mittun können.»

Die Philologie war deshalb «Wahrheitsforschung», weil sie die Voraussetzungen schuf, um «die Geschichtswissenschaft an der Logik der Tatsachen zu prüfen». Der in der Echtheitskritik versierte Forscher sei, so Mommsen, in der Lage, «aus dem trüben Wust unverstandener und unverständlicher Tradition das innerlich Unmögliche auszuscheiden, das durch notwendige Gesetze der Entwicklung Geforderte auch da zu postulieren, wo es in der Überlieferung verwirrt oder aus ihr verschollen ist». Im Gegensatz zu seinem berühmten Vorgänger Niebuhr lag ihm die Frühzeit Roms mit ihrer bruchstückhaften Überlieferung wenig am Herzen. Ihn faszinierten die späte Republik und die römische Kaiserzeit, da hier die Quellen reicher flossen.

Mommsen schloß seine eigenen Forschungen methodisch an Boeckh an, der als Aufgabe der Altertumswissenschaft «das Erkennen des vom menschlichen Geist Produzierten, d. h. des Erkannten» definiert hatte. Die Formel von der Erkenntnis des Erkannten machte die Philologie zu einer «historischen» Wissenschaft. Das «Produzierte» wurde von Boeckh auf alle kulturellen Zeugnisse bezogen, so daß die sprachliche Überlieferung zwar nach wie vor das zentrale, aber nicht mehr das einzige Instrument zum Verständnis der Alten Welt war. Angetrieben wurde Boeckh von der idealistischen Vision, daß die vollständige Erfassung des «Produzierten» – die *cognitio totius antiquitatis* – die notwendige Grundlage der wahrheitsgetreuen Rekonstruktion der historischen Wirklichkeit sei.

Mommsen teilte zwar diese Auffassung, veränderte aber die Boeckhsche Altertumswissenschaft in inhaltlicher und organisatorischer Hinsicht grundlegend. Von dem nach industriellem Vorbild strukturierten Großbetrieb der Forschung, in der der Mensch der Wissenschaft, nicht die Wissenschaft dem Menschen diente, wird noch die Rede sein. Erst durch die von Mommsen geleiteten «Langzeitunternehmen» erhielt Boeckhs Totalitätsgedanke ubiquitäre Bedeutung. Jetzt wurde das gesamte erhaltene Quellenmaterial aus der Antike mit beispiellosem Aufwand gesammelt, geordnet und ediert. Literarische Texte, Inschriften, Papyri, Münzen und archäologische Überreste wurden erfaßt. Damit hoffte man, wie Ulrich von Wilamowitz-Moellendorff einmal schrieb, die griechisch-römische Kultur «in ihrem Wesen und allen Äußerungen ihres Lebens» erfassen zu können. Indem Mommsen die antike Lebenswirklichkeit in allen ihren Manifestationen dokumentierte, beschleunigte er den Prozeß, den er mit der «Römischen Geschichte» eingeleitet hatte: Die Alten wurden von ihrem Kothurn heruntergeholt. Wilamowitz sprach später von der «Verlebendigung» und dem «Wiedergegenwärtigmachen des ganzen Lebens der Alten».

Mommsen gab den neuen Kurs vor: Aktualisierung des Altertums durch seine vollständige Historisierung. Mit der klassizistischen Entrückung und neuhumanistischen Idealisierung der Antike hatte dies nichts mehr zu tun. Boeckh hatte nie einen Zweifel daran gelassen, daß «die Kultur der Griechen und Römer die Grundlage unserer gesamten Bildung ist». Eine solche normative Betrachtung der Antike war Mommsen fremd. Sein moderner Realismus zerstörte die Sonderstellung der Griechen und Römer, die dem deutschen Bildungsbürger zur lieben Gewißheit geworden war.

Die enorme Verbreiterung der Quellenbasis hatte weitreichende Folgen für die Altertumswissenschaft. Zum einen hatte die «divinatorische Kraft des Geistes», die Boeckh noch beschworen hatte, ausgedient. Strenge Urkundlichkeit wurde gefordert, jede These mußte an den Quellen überprüft werden. Zum zweiten rückte eine Vielzahl von Einzelproblemen in den Vordergrund. Zwischen Relevantem und Irrelevantem wurde nicht unterschieden. Ein noch so kleiner Erkenntniszuwachs diente der wissenschaftlichen Selbstbestätigung. Platons Ideenlehre fand ebensolche Aufmerksamkeit wie seine Nachtuhr. Während Mommsen in der Lage war, die Ergebnisse seiner weitverzweigten und komplexen Detailstudien noch zu überblicken und in großen Synthesen zu bündeln, vermochten sich seine Nachfolger immer weniger aus der Isolation einer hochspezialisierten Realienforschung zu befreien. Schließlich beschleunigte sich die organisatorische und institutionelle Differenzierung der Altertumsforschung analog zu anderen Wissenschaften. Die enorme Vergrößerung der Aufgabengebiete hatte die disziplinäre Verselbständigung der Lateinischen und Griechischen Philologie, der Klassischen Archäologie, der Alten Geschichte und der Hilfswissenschaften zur Folge. Diese Entwicklung konnte nach Mommsens Tod auch die Konzeption einer alle Einzeldisziplinen umfassenden *klassischen* Altertumswissenschaft, die Wilamowitz-Moellendorff entwickelte, ebensowenig aufhalten wie der von Eduard Meyer unternommene Versuch, Alte Geschichte als Teil der Universalgeschichte in Forschung und Lehre darzustellen.

Die von Mommsen vollzogene Modernisierung seines Faches stand im Widerspruch zu der von ihm beschworenen Einheit der römischen Altertumswissenschaft. Jener Mann, der die römische Altertumswissenschaft konsequent und unermüdlich aus ihrer traditionellen Verengung herausgeführt hatte, segmentierte und fragmentarisierte sie gleichzeitig in bisher unbekanntem Umfang.

3. Geschichtsschreibung als Kunst: Der Historiker

Der Ordinarius für Römische Geschichte an der Berliner Friedrich-Wilhelms-Universität leugnete, daß es möglich sei, eine Theorie der Geschichtswissenschaft zu entwickeln. In seiner Rektoratsrede von 1874 führte er aus, der Historiker werde «nicht eigentlich durch theoretische Lehre, sondern nur durch praktische Übung» gebildet. Denn «die richtige Schätzung der vorliegenden Zeugnisse, die rechte Verknüpfung des scheinbar Unzusammenhängenden oder Sichwidersprechenden zur tatsächlichen Folge treten überall in so unendlicher Einfachheit der Prinzipien und so unendlicher Mannigfaltigkeit der Anwendung auf, daß jede Theorie entweder trivial ausfallen müßte oder transzendental». Die Kenntnis der Sprache und die Kenntnis des Rechts seien die Grundlagen des historischen Verständnisses, und um deren Erwerb sollten sich die Studenten bemühen. «Der Schlag aber, der tausend Verbindungen schlägt, der Blick in die Individualität der Menschen und der Völker spotten in ihrer hohen Genialität alles Lehrens und Lernens. Der Geschichtsschreiber gehört vielleicht mehr zu den Künstlern als zu den Gelehrten.»

Der Verfasser der «Römischen Geschichte» hatte damit die Geschichtsschreibung von der wissenschaftlichen Arbeit des Historikers radikal geschieden. Allein der Forschung, die zur «deutlichen Erkenntnis tatsächlicher Vorgänge» führte, galt sein Augenmerk. In zahllosen Abhandlungen leistete er Grundlagenarbeit. 1858 erschien die «Römische Chronologie bis auf Caesar», zwei Jahre später die «Geschichte des römischen Münzwesens». Die Untersuchungen entsprangen dem Bestreben, auf der Grundlage umfassender Quellenkenntnis das historische Verständnis der römischen Vergangenheit voranzutreiben. Spekulationen waren nicht erlaubt, positives Wissen wurde eingefordert, das «Gewesene» mußte, wie schon Niebuhr gezeigt hatte, «aus dem Gewordenen mittelst der Einsicht in die Gesetze des Werdens» erkannt werden. Von einer Archäologie, die sich von den materiellen Überresten entfernte und «vorzugsweise» nach dem forschte, «was weder wißbar noch wissenswert ist», hielt Mommsen nichts. Bei seinem Verdikt hatte er die willkürlichen Kombinationen und etymologischen Kuriositäten von Theodor Panofka vor Augen, der auch von Otto Jahn abgestraft worden war. Bezeichnenderweise weckten die großen deutschen Grabungskampagnen seit den siebziger Jahren des 19. Jahrhunderts Mommsens Interesse an einer archäologischen Feldforschung, die mit den Mitteln einer «exakten» Wissenschaft arbeitete und zur Ordnung der «Archive der Vergangenheit» beitrug.

Über die theoretischen Grundannahmen seines Wissenschaftsverständnisses reflektierte er nicht. Die Bemühungen eines Friedrich August Wolf oder August Boeckh um eine wissenschaftliche Theorie und universale Methodologie wurden nicht fortgesetzt. Mommsen beschränkte sich auf die hochspezialisierten Operationen der Quellenkritik und der Hermeneutik. An die Stelle einer philosophisch begründeten Wissenschaftstheorie trat die Reflexion über die Organisation einer in Universitäten und Akademie institutionalisierten Altertumswissenschaft.

Hier wurden in der Tat großartige Erfolge erzielt. Die Gemeinschaftsunternehmen erschlossen das Erbe der Alten Welt und waren für andere Fächer vorbildhaft. Die Leistungsfähigkeit der historisch-kritischen Methode war eindrucksvoll, aber Heuristik und Interpretation fielen immer öfter auseinander, und der Gelehrte wurde zum Arbeiter und Kärrner. Ein analytisch-historischer Empirismus erhob selbstbewußt sein Haupt. Fortschrittsgläubigkeit und Wissenschaftsoptimismus kennzeichneten die von Mommsen professionalisierte Altertumskunde an den Universitäten und in den Akademien.

Die Historisierung des Altertums, die explosionsartige Mehrung des Wissens und die Pluralisierung der Wertvorstellungen führten in der zweiten Hälfte des 19. Jahrhunderts zu einer tiefgreifenden Verunsicherung. Zunehmend wurde Kritik an dem «Positivismus» einer in sich selbst versponnenen Tatsachenforschung und dem Relativismus einer Wissenschaft geäußert, die alle Werte unterschiedslos historisiere und komplexe gesellschaftliche Strukturen nur ungenügend zu beschreiben vermöge. Das böse Wort vom «Historismus» sollte schließlich die Runde machen. Der vermeintliche Objektivismus der Altertumswissenschaft wurde als steril und lebensfeindlich empfunden. Eine Überfülle von Material, so lautete ein häufig zu vernehmender Vorwurf, werde angehäuft, ohne daß man über die Notwendigkeit und Funktion solcher Sammlungen Rechenschaft gebe. Der kulturpessimistische Basler Historiker Jacob Burckhardt kritisierte in seinen Vorlesungen die lebensfeindliche Wirkung einer auf individualisierendem Verstehen gegründeten Geschichtswissenschaft, die nicht mit dem praktischen Leben verbunden sei.

Friedrich Nietzsche attackierte 1874 in seiner zweiten «Unzeitgemäßen Betrachtung» über den «Nutzen und Nachteil der Historie für das Leben» den Fortschrittsoptimismus seiner Kollegen, die aus der Vergangenheit die Gegenwart verstehen wollten. Tatsächlich jedoch könne die historische Wissenschaft durch die Zerstörung aller geschichtlichen Normen keine konkrete Hilfe für die Lebensgestaltung geben. Eben deshalb entwarf Nietzsche gegen die theoretischen und methodischen Standards der zeitgenössischen Altertums- und Geschichtswissenschaft das Konzept einer dem Leben dienenden Historie.

Doch auch von historischer Seite regte sich Kritik. Johann Gustav Droysen, der sich intensiv um eine Theorie der Geschichte bemühte, warnte davor, daß die Studenten nur noch «zum Spezialisten» reiften, weil sie sich in der «Fabrikarbeit für die Monumenta oder Urkundenbücher» verschlissen. «Innere Spannkraft, geistige Erhebung, schöpferisches Denken» würden in den großen wissenschaftlichen Unternehmungen nicht geschult. Und Heinrich von Treitschke schrieb 1885 an seine Frau: «Unter den jungen Historikern geht die Erkenntnis, daß die Geschichte Darstellung des Lebens ist, schon fast verloren über der Tüftelei der Quellenforschung.»

Mommsen äußerte sich zu diesem Problem nicht. Er klagte zwar bisweilen über die Folgen der arbeitsteiligen Wissenschaft für den einzelnen Forscher, zweifelte aber nicht an der grundsätzlichen Richtigkeit der von ihm repräsentierten Wissenschaft. Das kleinste Fragment war des Sammelns wert, da es ein potentielles Objekt künftiger Erkenntnis sein konnte. Dafür nahm Mommsen auch die radikale Relativierung der individuellen Forschungsleistung in Kauf: «Die Wissenschaft allerdings schreitet unaufhaltsam und gewaltig vorwärts; aber dem emporsteigenden Riesenbau gegenüber erscheint der einzelne Arbeiter immer kleiner und geringer. [...] Unser Werk lobt keinen Meister und keines Meisters Auge erfreut sich an ihm; denn es hat keinen Meister und wir sind alle nur Gesellen. [...] Wir klagen nicht und beklagen uns nicht: die Blume verblüht, die Frucht muß treiben. Aber die Besten von uns empfinden, daß wir Fachmänner geworden sind.» Die Selbstverleugnung ging so weit, daß Mommsen spröde chronographische Texte edierte, die er selbst als «chronische Krankheit» bezeichnete. Die Wissenschaft dankte es ihm. Aber aus dem Gelehrten war der fleißige Diener der Wissenschaft geworden, der sich nun in einer säkularisierten Form der Askese zu bewähren hatte.

Zu der Kontroverse, die sein künftiger Schwiegersohn Wilamowitz mit Nietzsche über die «Zukunftsphilologie» vom Zaun gebrochen hatte, äußerte sich Mommsen nicht. Die Vielzahl sachlicher Fehler, die Wilamowitz dem Verfasser der «Geburt der Tragödie aus dem Geiste der Musik» genüßlich vorhielt, dürfte Nietzsche in Mommsens Augen diskreditiert haben. Er erkannte nicht, daß die durch Nietzsche aufgeworfene Frage nach der Korrelation von historischer Forschung und Lebenswirklichkeit zu einer der zentralen Herausforderungen der Altertumswissenschaft werden sollte. Mommsen verweigerte sich einer Theoriediskussion, beharrte auf dem Postulat der Objektivität und konzentrierte sich auf die Wissenschaftspraxis. Resignation und Pessimismus kannte er auf diesem Gebiet nicht. Mit ungebrochenem Optimismus glaubte er bis an sein Lebensende an den wissenschaftlichen Fortschritt. Damit hatte Mommsen entscheidenden Anteil an einer Entwicklung, die die Antike als Ideal zerstörte.

Mommsen schaltete sich nur in die Diskussionen um die Preußische Schulreform des Jahres 1900 ein, die die Monopolstellung des Humanistischen Gymnasiums für die Zulassung zu den Hochschulen beseitigte. Der Althistoriker lehnte die politisch gewollte und von dem mächtigen Ministerialbeamten Friedrich Althoff forcierte Gleichstellung von Oberrealschulen, Realgymnasien und Gymnasien ab. «Die Eröffnung der Universitäten für die Realschul-Absolventen», so ließ er sich vernehmen, werde «die Zahl der Halbgebildeten, welche ohnehin schon auf den Universitätsunterricht schwer drückt, noch weiter vermehren». Vom Nachlernen der Alten Sprachen an den Universitäten hielt er nichts. Theologen und Juristen sollten Latein und Griechisch von der Schule mitbringen. Die altsprachliche Bildung war ihm eine säkulare Religion, die der Elitenlegitimation diente. Dabei wollte oder konnte Mommsen nicht sehen, daß die zeitgenössische Infragestellung des humanistischen Bildungsauftrages auch eine Folge der von ihm vertretenen historistischen Altertumswissenschaft war, die die Antike nicht mehr als normatives Modell vermittelte, sondern als eine Epoche neben anderen darstellte. In der Industriegesellschaft des wilhelminischen Kaiserreiches konnte damit die exlusive Stellung des klassischen Altertums nicht weiter aufrechterhalten werden.

4. Das «Rasiermesser»: Mommsen als Lehrer

Die Zeit, die Mommsen an der Friedrich-Wilhelms-Universität in Berlin lehrte, war wissenschaftlich gesehen seine produktivste. Mehr als 1200 Einträge verzeichnet sein Schriftenverzeichnis für die Jahre von 1858 bis 1905, denen bis zu seiner Berufung nach Berlin 262 Publikationen gegenüberstehen. Im Lesesaal der Königlichen Bibliothek und in seinem Arbeitszimmer in Berlin und in Charlottenburg entstanden die großen Editionen und wissenschaftlichen Darstellungen. Gleichzeitig entfaltete er als Mitglied der Königlich Preußischen Akademie der Wissenschaften eine atemberaubende Aktivität.

Die Konzentration auf Wissenschaft und Wissenschaftsorganisation hatte fatale Folgen für den akademischen Unterricht. Auch in Berlin – wie schon zuvor in Leipzig, Zürich und Breslau – war Mommsen die Lehre eine Last. Er ergriff jede Gelegenheit, um sich für Forschungsreisen beurlauben zu lassen. Gerade für das Inschriftencorpus waren längere Aufenthalte in Italien unumgänglich. Nachdem er Ende der sechziger Jahre gedroht hatte, einem Ruf nach Göttingen zu folgen, bewilligte das Kultusministerium in schöner Regelmäßigkeit seine Gesuche, ihn von der Verpflichtung, Vorlesungen zu halten, zu entbinden. Mal fehlte Mommsen die ersten sechs Wochen eines Semesters, mal die letzten, hin und wieder fielen seine Veranstaltungen während des gesamten Halbjahres aus. Es verstand sich von selbst, daß dem berühmten Gelehrten während seiner Abwesenheit das volle Professorengehalt ausgezahlt wurde.

Bis 1885 bot er in der Regel ein vierstündiges Kolleg und eine zweistündige Übung an. Dann wurde er von seinen Lehrverpflichtungen entbunden. Nur noch sporadisch kündigte er später Veranstaltungen an. In seinen Vorlesungen behandelte er fast ausschließlich die römische Kaiserzeit. Spätantike Themen standen im Vordergrund. Die römische Republik traktierte Mommsen überhaupt nicht, wohl aber das römische Staatsrecht in Verbindung mit historischen Einführungen in einzelne Epochen der Kaiserzeit. Obwohl die postume Hagiographie nicht versäumte, auch die Qualitäten des akademischen Lehrers Mommsen ins rechte Licht zu rücken, waren seine Vorlesungen alles andere als ein Genuß. Er selbst sah sie als «ein lästiges *officium*, das hinter sich gebracht zu haben er froh war, um zu seiner Arbeit in die Bibliothek zu kommen». Wilhelm Wattenbach gestand er zu Beginn des Jahres 1864 ein: «Meine Vorlesungen ennuyieren mich und also vermutlich auch mein Publikum.» Hinzu kam, daß «sein scharfes, dünnes Stimmchen, das auf deklamatorische Ausbildung nicht den geringsten Anspruch erhob», wenig geeignet war, ein meist zahlreiches Auditorium im Bann zu halten. Die Masse der Studenten erreichte er nicht. Sie saß in den Veranstaltungen seines Kollegen Karl Wilhelm Nitzsch. In Berlin war es kein Geheimnis, daß Mommsen ein schlechter Dozent war.

Zu Beginn des Wintersemesters 1868/69 klagte er seinem Bruder Tycho, die Vorlesungen kosteten ihn immer mehr Überwindung. Unbehagen bereitete ihm, daß er aus Zeitmangel häufig improvisieren mußte. Daher meinte er, es gäbe nichts Leichtsinnigeres auf der Welt als das Kolleglesen. Es entbehrt folglich nicht einer gewissen Ironie, daß der fehlende vierte Band der «Römischen Geschichte», der die Kaiserzeit behandeln sollte, nach den Vorlesungsmitschriften von Sebastian und Paul Hensel aus den achtziger Jahren rekonstruiert worden ist. Zu Beginn des Wintersemesters 1882/83, als Paul Hensel mit seinen Aufzeichnungen einsetzte, schrieb Mommsen an seine Frau: «Ich habe zwar heute angefangen zu lesen, weil ich nicht mit Aussetzen anfangen wollte, aber es ging sehr schlecht. Dazu ist das Kolleg so schrecklich voll, und ich kann gar nicht mehr auch nur mich befriedigen.» In seinen Vorlesungen über die Kaiserzeit reihte Mommsen Platitüde an Platitüde, ordnete den Stoff schlecht, äußerte sich kaum zur Funktion des römischen Rechts und begnügte sich mit einigen Allgemeinplätzen zum Aufstieg des Christentums. Lustlos quälte er sich durch die Jahrhunderte. Ungeduldig sah er dem Ende seiner Lehrverpflichtungen im Jahr 1885 entgegen.

Die zweistündigen Übungen allerdings, deren Gegenstand Mommsen häufig nicht ankündigte, müssen sowohl für Mommsen selbst als auch für seine Studenten anregender gewesen sein. Mommsens Seminar traf sich Montag abends in seinem Haus. Ein Gespräch kam selten zustande, da fast ausschließlich Mommsen redete. Jedoch hatte jeder Teilnehmer ein Referat vorzulegen, dessen Thema er frei wählen durfte, da Mommsen nur dann einen Vorschlag machte, wenn er ausdrücklich darum gebeten wurde. Das Referat war eine Woche vor dem Sitzungstermin einzureichen, da es einem anderen Studenten übergeben werden mußte, der es rezensierte und seine Kritik zusammen mit der Arbeit am Sonnabend Mommsen zu überbringen hatte, so daß diesem hinreichend Zeit blieb, den Gegenstand durchzuarbeiten und das Seminar vorzubereiten. In der Veranstaltung ging er dann ausführlich auf das Referat und die studentische Rezension ein. So entstand aus seinen «Studentenübungen» manche wissenschaftliche Abhandlung. Trotz der hohen Anforderungen, die er stellte, und trotz seiner gefürchteten Polemik, die ihm unter Studenten den Spitznamen «Rasiermesser» eintrug, schätzte der kleine Kreis seiner Schüler offenkundig diese Art der seminaristischen Veranstaltungen, in denen der Meister sie an seinem Wissen teilhaben ließ und sie zu wissenschaftlichem Arbeiten anregte. Nur hier verwirklichte Mommsen ansatzweise das Humboldtsche Ideal der Gemeinschaft von Lehrenden und Lernenden. Der Forschungsprimat war unbestritten. Die Studenten wurden in die Methoden der Altertumswissenschaften eingeführt und lernten das Handwerkszeug des Althistorikers, vor allem den Umgang mit epigraphischen und numismatischen Zeugnissen, die die literarische Überlieferung ergänzten. Allerdings förderte Mommsen nicht die Selbständigkeit der Schüler. Zu oft vermittelte er seine Sichtweise, und nur wenige wagten, durch Fragen und Einwände seinen Monolog zu unterbrechen. Aus seinem Seminar sind denn auch eher «zuverlässige Arbeiter» als originelle Köpfe hervorgegangen.

Die explodierenden Studentenzahlen und die Veränderung ihrer sozialen Zusammensetzung nahm Mommsen durchaus wahr. Daß sich die elitäre Hochschule der Vergangenheit, die vor allem das akademisch gebildete Großbürgertum reproduzierte, in eine moderne Universität der wirtschaftlich prosperierenden Mittelklassen verwandelte, war für ihn ein Zeichen der «Vermassung». In seiner universitären Lehre beharrte Mommsen auf der Forderung, «Jünger der Wissenschaft» zu erziehen. Damit verkannte er, wie viele seiner Kollegen, die Tatsache, daß viele Studenten durch ein zunehmend verschultes «Brotstudium» mit teils universitären, teils staatlichen Prüfungen die Grundlage für den beruflichen Aufstieg legen wollten. Die veränderte Studentenstruktur bestärkte ihn aber darin, die alte «Vorlesungsuniversität» durch eine moderne «Forschungsuniversität» zu ersetzen, die zumindest einen Teil der begabten Studenten an der Forschung teilhaben ließ. In der Tradition Humboldts negierte er den praktischen Nutzen der wissenschaftlichen Wahrheitssuche und vermittelte seinen Studenten ein bürgerliches Leistungsethos, das nach geistiger und sittlicher Perfektion strebte.

V. DIE ERFINDUNG DER GROSSFORSCHUNG: DER WISSENSCHAFTSORGANISATOR

1. Organisation und Assoziation der Arbeit: Die Berliner Akademie

Am *27. April 1858* wurde Theodor Mommsen zum ordentlichen Mitglied der Königlich Preußischen Akademie der Wissenschaften zu Berlin gewählt. In seiner Antrittsrede zeigte er am Beispiel des von ihm initiierten und organisierten *Corpus Inscriptionum Latinarum*, welche Rolle er der Akademie zuwies. Wie in den naturwissenschaftlichen Disziplinen könne auch auf dem Gebiet der Altertumswissenschaft nur die straffe wissenschaftliche Organisation die «Archive der Vergangenheit» ordnen und damit die Voraussetzung schaffen, um zu neuen historischen Erkenntnissen zu gelangen. Hierzu sei es zum einen notwendig, sich der Unterstützung und Mitarbeit fähiger deutscher und ausländischer Wissenschaftler zu versichern. Zum anderen brauchten die großen Unternehmen bedeutende Geldmittel vom Staat. Schließlich liege es an seiner Generation, in der Akademie die unfruchtbare und traditionelle «Arbeitszersplitterung» der klassischen Altertumsforschung zu überwinden, indem Geschichte, Philologie und Jurisprudenz zusammenwirkten.

In den folgenden Jahrzehnten seiner Mitgliedschaft in der Königlich Preußischen Akademie der Wissenschaften setzte Mommsen diesen «Arbeitsplan» konsequent und erfolgreich in die Tat um und prägte nachhaltig die Institution, deren Sekretar er von 1874 bis 1895 war. Durch seine Initiative und unter seiner Führung entstanden die großen altertumswissenschaftlichen Unternehmungen, die quellenkritische Grundlagenforschung betrieben und die in hohem Maße dazu beitrugen, den internationalen Ruhm der deutschen Altertumswissenschaft zu begründen. Er förderte systematisch die Expansion der akademischen Vorhaben und brachte seine Erfahrungen aus der Arbeit am Inschriftencorpus ein, um die Berliner Akademie zu einem «Großbetrieb der Wissenschaften» umzustrukturieren. Ständig bemühte er sich um eine Verbesserung der Finanzlage und zögerte nicht, das vorgeordnete Unterrichtsministerium durch Bleibeverhandlungen unter Druck zu setzen. Als er 1868 nach Göttingen zu gehen drohte, wurde der staatliche Zuschuß für das Inschriftencorpus erhöht.

Nachdem 1874 der Haushalt der Akademie mehr als verdreifacht worden war, ging Mommsen in seiner Festrede vom 2. Juli 1874 auf die neue Situation ein. Es war seine erste Ansprache als Sekretar der Akademie. Eindrucksvoll zeigte er am Beispiel seiner Disziplin, daß noch immer wichtige Vorarbeiten fehlten, die ein einzelner Forscher nicht leisten könne. Abhilfe schaffe einzig die Konzentration individueller Kräfte und die Organisation der Arbeit. Doch dies allein reiche nicht aus. «Alle die wissenschaftlichen Aufgaben, welche die Kräfte des einzelnen Mannes und der lebensfähigen Association übersteigen, vor allem die überall grundlegende Arbeit der Sammlung und Sichtung des wissenschaftlichen Apparates muss der Staat auf sich nehmen, wie sich der Reihe nach die Geldmittel und die geeigneten Personen und Gelegenheiten darbieten. Dazu bedarf es eines Vermittlers, und das rechte Organ des Staates für diese Vermittelung ist die Akademie.»

Mommsen, der Altertumswissenschaftler, hatte damit öffentlich die Aufgabe der Akademie im Zeitalter der Spezialisierung und des Historismus neu definiert und die Rolle des Staates klar umschrieben. Zugleich unterstützte er die Revision der Statuten, so daß die Berliner Akademie auch durch eine modernisierte Verfassung den neuen wissenschaftsorganisatorischen Erfordernissen gerecht werden konnte. Als neue Aufgabe der Akademie wurde ausdrücklich die Verwaltung von Stiftungen festgeschrieben, die wissenschaftlichen Zwecken dienten, und somit der wachsenden Bedeutung privater Mittel für die Finanzierung akademischer Unternehmungen Rechnung getragen.

Maßgeblichen Anteil hatte Mommsen an der Ergänzung und Erneuerung des altertumswissenschaftlichen Mitgliederbestandes in der philosophisch-historischen Klasse in den siebziger, achtziger und neunziger Jahren. Wenn neu berufene Professoren der Friedrich-Wilhelms-Universität zu ordentlichen Mitgliedern ernannt werden sollten, war Mommsen ein wichtiger Ansprechpartner. Regelmäßig wurde er in die Verhandlungen zwischen Akademie und Kultusministerium eingeschaltet, wenn es darum ging, Gehaltszugeständnisse an Ordinarien, die aus dem Besoldungsfonds der Universität nicht bezahlt werden konnten, durch die Akademie zu finanzieren, der die Professoren als ordentliche Mitglieder angehörten.

Neben der akademischen Personalpolitik war die Arbeit in den Kommissionen ein wichtiges wissenschaftspolitisches Instrument, um den Forschungen auf dem Gebiet der griechisch-römischen Altertumskunde neue Impulse zu geben. Nicht die universitären Seminare waren die Träger des wissenschaftlichen Fortschrittes, sondern vielmehr die von Mommsen inaugurierten Großprojekte, die methodisch und inhaltlich die Entwicklung der altertumswissenschaftlichen Disziplinen – nicht nur in Deutschland – beeinflußten. Daran änderte auch die Schaffung neuer Lehrstühle und die Gründung altertumswissenschaftlicher Institute – wie etwa 1885 in Berlin – nichts. Denn die neuen universitären Fachvertreter hatten häufig in den akademischen Kommissionen, die gleichzeitig der Rekrutierung des wissenschaftlichen Nachwuchses dienten, ihre wissenschaftliche Sozialisation erfahren, wie das Beispiel des *Corpus Inscriptionum Latinarum* eindrucksvoll zeigt. Otto Hirschfeld, Hermann Dessau, Emil Hübner, Elimar Klebs, Alfred von Domaszewski, Heinrich Dressel, Christian Hülsen, Johannes Schmidt, August Mau, Karl Zangemeister und Eugen Bormann zählten zur großen Zahl der epigraphischen Mitarbeiter des Inschriftencorpus, die später in unterschiedlichen Sparten des Wissenschaftsbetriebes ihr Auskommen fanden.

Die Mitgliedschaft in zahlreichen Kommissionen ermöglichte Mommsen die effiziente Kontrolle der akademischen Forschungspolitik. Zur Kumulation verschiedener Kommissionsämter trat die Mitgliedschaft in Stiftungskuratorien. Mommsen war neben seiner Tätigkeit in fast allen altertumswissenschaftlichen Kommissionen der Akademie zeitweise auch Mitglied der Savigny-Stiftung, die seit 1863 rechtshistorische Forschungen unterstützte, der Eduard-Gerhard-Stiftung, die seit 1893 ein archäologisches Reisestipendium vergab, der Charlottenstiftung, die 1874 eingerichtet wurde und junge deutsche Philologen, die ihre Universitätsstudien beendet, aber noch keine feste Anstellung gefunden hatten, auf die Dauer von vier Jahren förderte. Schließlich hatte er zeitweise den Vorsitz des Kuratoriums der 1894 eingerichteten Wentzel-Heckmann-Stiftung inne. Die Mitgliedschaft in den unterschiedlich besetzten Beiräten bot Mommsen die willkommene Möglichkeit, auf die Auszeichnung wissenschaftlicher Einzelleistungen und auf die Förderung von größeren Vorhaben Einfluß zu nehmen.

Eng mit der Kommission für lateinische Epigraphik war die Prosopographie der römischen Kaiserzeit des ersten bis dritten Jahrhunderts verbunden. Als 1874 die öffentlichen Mittel der Akademie beträchtlich erhöht wurden, beantragte Mommsen einen alphabetisch geordneten Generalindex zu den einzelnen Bänden des Inschriftencorpus, der die oberen Schichten der Gesellschaft der römischen Kaiserzeit erfassen sollte. Mommsens Mitarbeiter Hermann Dessau, Elimar Klebs und Paul von Rohden gaben in den Jahren 1897 und 1898 die dreibändige *Prosopographia Imperii Romani saec. I. II. III.* heraus, die zu einem der wichtigsten Instrumente der althistorischen Sozialgeschichtsforschung wurde.

Ende der achtziger Jahre bildeten die Mitglieder der epigraphischen Kommission: Mommsen, Adolf Kirchhoff, Alexander Conze, Hermann Diels, Otto Hirschfeld und Ulrich Köhler, zugleich die Kommission für Numismatik, deren Vorsitz ebenfalls Mommsen innehatte. Seit 1888 arbeitete Friedrich Imhoof-Blumer auf Anregung Mommsens und mit Unterstützung der Akademie an der Sammlung der antiken Münzen Nordgriechenlands; ihm zur Seite standen Rudolf Weil, Behrendt Pick und andere Mitarbeiter. Mommsen plante ein umfassendes Stempelcorpus, das, ausgehend von den großen öffentlichen Sammlungen, die numismatischen Zeugnisse der Alten Welt erschließen sollte. 1894 stellte Mommsen die ihm aus Anlaß seines fünfzigjährigen Doktorjubiläums gestiftete Summe von 28 000 Mark dem *Corpus Nummorum* zur Verfügung; über die Verwendung des Fonds wachte eine von der Akademie eingesetzte Kommission, der Mommsen, Hirschfeld und Imhoof-Blumer angehörten. Doch erst die im Jahr 1900 erfolgte Stiftung von rund 100 000 Schweizer Franken durch den wohlhabenden Imhoof-Blumer brachte das Projekt entscheidend voran. 1901 versuchte Mommsen, die in Paris tagende internationale Konferenz der Akademien für die Verwirklichung seines Planes zu gewinnen.

In immer neuen Unternehmungen sollten alle erhaltenen Zeugnisse der römischen Antike gesammelt und ausgewertet werden. Mommsen engagierte sich für ein Wörterbuch der römischen Rechtssprache, eine neue Fronto-Ausgabe, eine umfassende Sammlung der Papyri, einen sachlich geordneten Katalog aller überlieferten Einzeldaten zum römischen Militärwesen der Kaiserzeit und die Herausgabe des *Codex Theodosianus*. Gemeinsam mit Adolf Harnack ging er daran, die «Griechischen Christlichen Schriftsteller der ersten drei Jahrhunderte» zu edieren. Diese «Kirchenväterausgabe» steht wie kein zweites Unternehmen für die erfolgreiche wissenschaftliche und akademiepolitische Zusammenarbeit der beiden Gelehrten. Mommsen hatte Harnacks Eintritt in die Berliner Akademie der Wissenschaften im Jahr 1890 gerade mit Blick auf die geplante patristische Editionsreihe unterstützt. Harnacks Antrittsrede und Mommsens Antwort lesen sich wie eine Antizipation des Förderungsantrages für die «Griechischen Christlichen Schriftsteller». Eine weitere Lücke in der Erfassung des Quellenbestandes der Alten Welt sollte ein für allemal geschlossen werden. In bewußter Abgrenzung zum Wiener Corpus der lateinischen Vätertexte wurden die «Griechischen Christlichen Schriftsteller» zur nationalen Aufgabe erklärt.

Nach einer unsicheren und wechselvollen Anfangsphase konnte mit ministerieller Unterstützung und mit Hilfe der Wentzel-Heckmann-Stiftung die Kirchenväterausgabe als weiteres editorisches Großprojekt an der Akademie eingerichtet werden. Auch hier waren die exakte Koordination der Arbeiten, die permanente Kommunikation mit den Kommissionsmitgliedern und Entscheidungsträgern in und außerhalb der Akademie und die sorgfältige Überwachung der Mitarbeiter die entscheidenden Voraussetzungen für die erfolgreiche Realisierung und die effiziente Organisation des Unternehmens. Schon der Umstand, daß Klassische Philologen, Patristiker und Althistoriker gemeinsam in der Kirchenväterkommission saßen und als Mitarbeiter Editionsaufgaben übernahmen, offenbart den fächerübergreifenden Charakter dieses Vorhabens.

Die Mitglieder der Kommission stimmten unabhängig von ihrer fachlichen Ausrichtung in der Forderung überein, Theologie als historische Wissenschaft zu konzipieren. Es war nur folgerichtig, daß die Editionsreihe nicht theologisch, sondern religionsgeschichtlich begründet wurde. Harnack war 1890 nicht als Theologe, sondern als Kirchenhistoriker in die Akademie aufgenommen worden. Die theologische Wissenschaft spielte in der Akademiepolitik nur dann eine Rolle, wenn sie zur Historisierung ihres Gegenstandes beitrug. Im Zeitalter des naturwissenschaftlichen Denkens sollte die christliche Lehre durch eine fast ausschließlich historisch orientierte Theologie wissenschaftlich «begründet» und durch die historisch-kritische Methode mit der modernen Wissenschaft harmonisiert werden.

Die Kirchenväterausgabe trat in wenigen Jahren gleichberechtigt neben das andere herausragende altertumswissenschaftliche Vorhaben, das *Corpus Inscriptionum Latinarum*. Die grundlegende wissenschaftliche und methodische Bedeutung und die vorbildliche Ausführung der Texteditionen einerseits und die wissenschaftspolitische Autorität und Erfahrung der Protagonisten Mommsen und Harnack andererseits machten die Ausgabe der «Griechischen Christlichen Schriftsteller» zu einem der erfolgreichsten Unternehmen der editorischen Großforschung des Kaiserreichs.

Enge Kontakte pflegte Mommsen zu wissenschaftlichen Unternehmungen, die vom Reich getragen wurden, so zum Archäologischen Institut mit seinen Zweiganstalten in Rom und Athen, den *Monumenta Germaniae historica* und der Reichslimeskommission. In den Direktorien der Einrichtungen saßen von der Preußischen Akademie der Wissenschaften gewählte Mitglieder. Als 1875 die *Monumenta Germaniae historica* in eine Reichsinstitution mit Beteiligung der Akademien von Berlin, Wien und München umgewandelt wurden, setzte Mommsen durch, daß der Vorsitzende der neugebildeten Zentraldirektion seinen Wohnsitz in Berlin haben sollte und sicherte damit den Einfluß der Berliner Akademie auf die *Monumenta*.

In der elfköpfigen Zentraldirektion des Archäologischen Instituts saßen zunächst fünf und seit 1886 vier ordentliche Mitglieder der Akademie. Das Römische Institut war seit Mommsens Italienaufenthalt in den vierziger Jahren ein Zentrum der epigraphischen Forschungen und auf das engste mit dem Inschriftencorpus verbunden. In den Sekretaren Wilhelm Henzen und Heinrich Brunn fand Mommsen lebenslange Freunde. 1859 trat er in die Zentraldirektion ein und nahm großen Einfluß auf die Geschicke des Instituts. Damals entwickelte er den Plan «einer systematischen Publikation des Gesamtschatzes der Werke der alten Kunst, gegliedert nach Kategorien und innerhalb dieser nach Zeit und Ort». Dieses umfassende archäologische Repertorium ließ sich allerdings nicht verwirklichen: Das Vorhaben war zu ambitioniert.

Erfolgreicher bemühte sich Mommsen um die dauerhafte finanzielle Sicherung des Archäologischen Instituts und unterstützte energisch die Bemühungen, es in eine staatliche Anstalt umzuwandeln. Nach langwierigen Verhandlungen unterzeichnete Wilhelm I. schließlich am 2. März 1871 einen entsprechenden Erlaß, der den Institutsetat garantierte und die organisatorischen Beziehungen mit der Akademie festigte. Am 16. Mai 1874 wurde aus dem königlich-preußischen ein kaiserlichdeutsches Institut. Die neue Satzung hatte Mommsen verfaßt. In demselben Jahr wurde die Zweiganstalt in Athen gegründet, deren Ausgrabungen und Forschungen in der Folgezeit ebenfalls von Mommsen tatkräftig gefördert wurden. 1884 schied er jedoch mißmutig und verstimmt aus der Zentraldirektion aus. Bürokratismus und interne Querelen, so ließ er wissen, hätten ihm die weitere Mitarbeit verleidet.

Dennoch äußerte er sich auch nach seinem Rücktritt immer wieder zu den Belangen des Instituts. Schon im nächsten Jahr bezog er in dem Sprachenstreit Stellung, der sich an der Vorschrift entzündete, daß in den Zeitschriften des Instituts nur in italienischer, französischer und lateinischer, nicht aber in deutscher Sprache veröffentlicht werden durfte. Bismarck ordnete aus politischen Gründen am 9. März 1885 an, die Publikationen des römischen Instituts müßten in der Regel in Deutsch verfaßt sein und in den öffentlichen Sitzungen sei die deutsche Sprache an erster Stelle zu gebrauchen. Mommsen quittierte die Entscheidung mit der Bemerkung, der Reichskanzler habe das Institut in Rom zerstört. Als die Reichsregierung 1899 darüber verhandelte, ob die römisch-germanische Forschung dem Archäologischen Institut unterstellt werden sollte, sprach Mommsen sich nicht nur energisch gegen eine Erweiterung des Instituts aus, sondern übte auch an der Berliner Direktion harsche Kritik: «Nach meinen Erfahrungen ist die Leitung der Anstalten in Rom und Athen durch die Berliner Zentraldirektion teils nichtig, teils schädlich.»

Mommsens kategorische Forderung, das gesamte Quellenmaterial des römischen Altertums zu sichten und in umfassenden, kritischen Ausgaben vorzulegen, setzte nicht nur die Kooperation einzelner Wissenschaftler, sondern vielmehr ganzer Wissenschaftsorganisationen voraus. «Die Zusammenarbeit aller Kulturunternehmen ist eine notwendige Folge des Großbetriebes der Wissenschaft», formulierte Mommsens Schwiegersohn Ulrich von Wilamowitz-Moellendorff. Es war offenkundig, daß die organisatorischen und insbesondere die finanziellen Möglichkeiten der Berliner Akademie nicht genügten, um alle von Mommsen projektierten Großunternehmen zu realisieren. Neue Strategien der Forschungsfinanzierung und Wissenschaftsorganisation mußten entwickelt werden, die sich in Zukunft als richtungweisend erweisen sollten und die sich andere Fächer zu eigen machten.

Zum einen bot sich die Möglichkeit, die Reichsadministration zur Übernahme einzelner Institute oder langfristiger wissenschaftlicher

Unternehmen zu bewegen: Dies wurde realisiert bei dem Archäologischen Institut und der Römisch-Germanischen Kommission, bei den *Monumenta Germaniae historica*, beim Deutschen Historischen Institut in Rom und bei der Reichslimeskommission. Zum anderen trat Mommsen seit 1891 energisch für eine engere Zusammenarbeit der deutschsprachigen Akademien der Wissenschaften ein, um wissenschaftliche Vorhaben verwirklichen zu können. Gleichzeitig sollte eine engere Kooperation mögliche Kollisionen bei der Verfolgung von Forschungsvorhaben vermeiden. Es fiel Friedrich Althoff daher leicht, ihn für seine Idee einer institutionalisierten Kooperation der Akademien zu gewinnen. Mommsen identifizierte sich schließlich so sehr mit dem 1893 gegründeten «Verband der wissenschaftlichen Körperschaften» in Göttingen, Leipzig, München und Wien, daß ihn die Entscheidung seiner Akademie, dem Kartell nicht beizutreten, bewog, von seinem Amt als Sekretar zum 1. April 1893 zurückzutreten. Als sich die Berliner Akademie dann bereit erklärte, «von Fall zu Fall» mit den anderen deutschen Akademien zusammenzuarbeiten, ließ sich Mommsen nochmals überreden, die Geschäfte weiterzuführen. Die Preußische Akademie unterstützte in der Folgezeit gemeinsame Vorhaben wie die Herausgabe des auch heute noch nicht abgeschlossenen *Thesaurus linguae Latinae* und der sechsbändigen «Enzyklopädie der mathematischen Wissenschaften» (1895–1934).

Als sich die Akademien in Göttingen, Leipzig, London, München und Wien 1898 entschlossen, unter Beteiligung ihrer europäischen und amerikanischen Schwesterinstitutionen eine internationale Assoziation der großen Akademien ins Leben zu rufen, konnte Mommsen, der schon als junger Gelehrter bei der lateinischen Inschriftensammlung die Bedeutung und Notwendigkeit internationaler Kooperation erfahren hatte, schnell für den Plan gewonnen werden. Am 6. März 1901 schrieb er an Hermann Diels: «Sie wissen es, wie mir die Assoziation am Herzen liegt, deren Mißbehandlung in früheren Zeiten mir die Akademie verleidet hat und deren Wiederaufleben, trotz aller Verkümmerung in den Modalitäten und des Wegfalls der deutschen Initiative, ich doch mit stiller Genugtuung begleitet habe.» Der erste Kongreß der assoziierten Akademien tagte im April 1901 in Paris. Unter den Delegierten der Berliner Akademie befand sich der 83jährige Mommsen.

Sechs Jahre zuvor, genau: am 20. Juni 1895, hatte Mommsen sich endgültig durchgerungen, sein Amt als Sekretar der Akademie niederzulegen. Wiewohl er sein hohes Alter und seine schlechte Gesundheit als Gründe für seinen Rücktritt in der offiziellen Korrespondenz anführte, kann kein Zweifel daran bestehen, daß ihn die Wahl seines politischen Gegners Heinrich von Treitschke zum ordentlichen Mitglied der Akademie zu diesem Schritt veranlaßt hatte. Dem ehemaligen Weggefährten verzieh Mommsen die antisemitische Agitation nicht. Dies bedeutete jedoch nicht das Ende seines nachhaltigen Einflusses in der Akademie, denn in altertumswissenschaftlichen Kommissionen blieb er bis zum 8. Januar 1902 tätig.

Zu Mommsens Nachfolger wurde nach drei Wahlgängen der Klassische Philologe Hermann Diels gewählt. Dieser hatte zwar zunächst gemeinsam mit Mommsen Adolf Harnack favorisiert, doch dessen Kandidatur scheiterte letztlich daran, daß die Klassenmajorität keinen Theologen im Amt des Sekretars haben wollte. Harnack konnte folglich im ersten Wahlgang nicht mehr als vier und im zweiten gar nur drei Stimmen auf sich vereinigen. Mommsen hatte Harnack unterstützt, da er in ihm einen kongenialen Wissenschaftsorganisator gefunden hatte, dem er auch persönlich nahestand. Als Harnack 1890 in die Preußische Akademie aufgenommen wurde, begrüßte ihn Mommsen als denjenigen, der die Gabe besitze, «jüngere Genossen zu fruchtbarer Arbeitsgemeinschaft zu gewinnen und bei derjenigen Organisation, welche die heutige Wissenschaft vor allem bedarf, als Führer aufzutreten.» Wie der Großstaat und die Großindustrie sei «die Großwissenschaft, die nicht von Einem geleistet, aber von Einem geleitet wird, ein notwendiges Element» der «Kulturentwicklung, und deren Träger sind die Akademien oder sollten es sein». Doch fünf Jahre nach seinem Eintritt war die Zeit für Harnack noch nicht gekommen, Mommsens Position in der Akademie zu übernehmen. Erst in der Vorbereitungsphase für das zweihundertjährige Akademiejubiläum von 1900 stieg Harnack mit des Kaisers Segen zum überragenden Repräsentanten der Institution auf.

Konsequent stellte Mommsen in der Akademie seine Schaffenskraft in den Dienst eines positivistischen Wissenschaftsverständnisses, das die Erforschung und Systematisierung der Überlieferung zur zentralen Aufgabe der historischen Disziplinen erklärte, den antiquarischen Vollständigkeitsanspruch absolut setzte und individuelle Leistung, so groß sie auch sein mochte, relativierte. «Was mit größter Begeisterung begonnen worden war, das endete, nicht bei den Stumpfen, sondern bei den Wachen, in Askese, Pflichterfüllung, ausharrendem Heroismus», stellte Karl Reinhardt fest. Dabei überschätzte gerade der alte Mommsen bisweilen die Machbarkeit einzelner Unternehmungen, wie sein letztes Großprojekt, die Prosopographie der Spätantike, zeigt. Gemeinsam mit Harnack schwor er gegen den anhaltenden Widerstand von Wilamowitz die übrigen Mitglieder der Kirchenväterkommission auf dieses großangelegte interdisziplinäre Unternehmen ein, das ein grundlegendes personenkundliches Arbeitsinstrument für Profan- und Kirchenhistoriker sowie Theologen und Philologen zuwege bringen wollte. Das Projekt scheiterte letztlich an dem zu weit gesteckten Ziel, das Mommsen zu verantworten hatte. Wilamowitz widerriet in der Entscheidungsphase heftig. Aus methodischen, finanziellen und organisatorischen Gründen machte er auch gegen andere weitausgreifende Pläne seines Schwiegervaters Front, die monumentale, ja gigantomanische Züge trugen und den ungebrochenen Glauben an den wissenschaftlichen Fortschritt durch umfassende Quelleneditionen spiegelten. Mommsen ließ sich jedoch nur schwer von seinen großen Vorhaben abbringen. Dabei verstand er es, durch die Verbindung mit Harnack seinen ohnehin schon beträchtlichen Einfluß auf die Wissenschaftspolitik der Akademie noch zu steigern.

Doch nicht nur altertumswissenschaftliche Projekte sollten in der Akademie realisiert werden. Mommsen wollte die traditionelle Honoratiorenvereinigung in eine moderne, leistungsfähige Institution umbauen. Er gab der Preußischen Akademie der Wissenschaften eine neue Bestimmung: Sie war nicht länger eine Stätte des gelehrten Diskurses, sondern eine Einrichtung, die die Voraussetzungen zur arbeitsteiligen Großforschung gewähren mußte. Seine Politik wurde nach seinem Ausscheiden von Adolf Harnack und Hermann Diels weiterverfolgt. Mommsen und seine Mitstreiter hatten entscheidenden Anteil an der notwendigen organisatorischen Modernisierung der Wissenschaften in Deutschland. Sie sicherten die traditionell führende Rolle der Altertumswissenschaften an der Berliner Akademie bis in die Zeit des Ersten Weltkrieges. Die Altertumswissenschaftler bildeten die weitaus größte Gruppe in der philosophisch-historischen Klasse, stellten die meisten der korrespondierenden und auswärtigen Mitglieder, betreuten die Mehrzahl der Akademieunternehmen und majorisierten mit ihren Beiträgen die Sitzungsberichte. Die altertumswissenschaftlichen Vorhaben dienten anderen Fächern als methodisches und organisatorisches

Paradigma; selbst die physikalisch-naturwissenschaftliche Klasse eiferte diesem erfolgreichen Vorbild nach. Das deutsche Modell der editorischen Grundlagenforschung wurde zudem im Ausland kopiert. Die altertumswissenschaftlichen Unternehmen in der Akademie verstärkten aber auch die Tendenz zur innerfachlichen Differenzierung. Also zerfiel auch die Wissenschaft vom Altertum in verschiedene Sparten, in die Epigraphik, die Numismatik, die Prosopographie, die Papyrologie. Die Auflösung der Einheit der Wissenschaften innerhalb der Akademie hatte ihre Entsprechung im Mikrokosmos der Einzeldisziplinen.

2. *Le bon diable: Mommsen und Althoff*

Eine erfolgreiche Universitäts- und Akademiepolitik setzte eine enge Kooperation mit dem vorgeordneten Ministerium der geistlichen, der Unterrichts- und der Medizinalangelegenheiten voraus. Während Mommsen zahlreiche Minister kommen und gehen sah, stand er fast zwei Jahrzehnte in engem Kontakt zu dem Vortragenden Rat und späteren Ministerialdirektor Friedrich Althoff, der seit 1882 der Abteilung IIa der Behörde angehörte, die für Universitäten und wissenschaftliche Anstalten, das höhere Unterrichtswesen, Kunst und Kunstgewerbe zuständig war. Ein Vierteljahrhundert beeinflußte Althoff die staatliche Wissenschafts- und Kulturpolitik nachhaltig und hatte entscheidenden Anteil an der Expansion und Differenzierung des deutschen Hochschul- und Bildungswesens im Wilhelminischen Zeitalter. Zentrale Elemente des von ihm geschaffenen «Systems» waren die Professionalisierung und Modernisierung der Hochschulverwaltung, der zunehmende Einfluß der Bürokratie auf die Universitäten, die rigide Kontrolle des Berufungssystems unter bewußter Mißachtung der universitären Autonomie, der beschleunigte Ausbau nationaler und internationaler Einrichtungen zur wissenschaftlichen Kooperation, die gezielte Förderung bestimmter Disziplinen an einzelnen Universitäten, die Mobilisierung privater Mittel für die Finanzierung universitärer und außeruniversitärer Forschung und schließlich ein höchst komplexes Netzwerk persönlicher Beziehungen. Wissenschaftliche Autorität, geschickte Verhandlungsführung und persönlicher Kontakt waren die entscheidenden Voraussetzungen, um Althoffs Vertrauen zu gewinnen und um maßgeblichen Einfluß auf die preußische Berufungs- und Wissenschaftspolitik ausüben zu können.

Mommsen wußte um die herausragende Bedeutung des Universitätsreferenten Althoff für die Realisierung der großen altertumswissenschaftlichen Unternehmungen. Allerdings sah er auch, daß die administrativ-bürokratischen Entscheidungen keineswegs nur durch sachgemäße Kriterien bestimmt waren. Anfang 1894 schrieb er an Wilamowitz in Göttingen: «Unser Universitätsregiment ist freilich ein schlimmes Ding. Das Willkürregiment einerseits und der Mangel an innerlichem Zusammenhalten der Kollegen andererseits sind in stetigem Steigen, und beiden gegenüber ist der Einzelne machtlos. Wohl ist noch manches zu erreichen [...]. Aber es ist ein drückendes Gefühl, von solcher Favoritenwirtschaft auch nur in diesem Sinn zu profitieren. Du wirst dieselbe Erfahrung machen, Althoff wird, so weit er es kann (seine Macht zum Guten ist sehr viel beschränkter als sein Wille), Dir in solchen Dingen entgegenkommen, aber Freude wirst Du nicht davon haben, liebes Kind zu sein.»

Die Polemik gegen das «Willkürregiment» und die «Favoritenwirtschaft» unterstreicht sowohl die zentrale Bedeutung persönlicher Beziehungen zwischen einzelnen Universitätsrepräsentanten und dem Ministerialbeamten als auch dessen gouvernemental-autoritären Führungsstil. Althoff, so wußte Mommsen aus jahrelanger Zusammenarbeit, versuchte größtmögliche wissenschaftspolitische Effizienz zu erzielen, indem er Transparenz und öffentliche Kontrolle vermied und eine obrigkeitsstaatlich-autokratische Politik betrieb. Mommsens Beurteilung des «zweiten Mannes» im Unterrichtsministerium war folglich ambivalent. Einerseits schätzte er Althoffs «Selbstlosigkeit» und seinen «offenen Sinn für alle wissenschaftlichen Aufgaben»; andererseits nahm er Anstoß an dessen «Sklavenhändler-Manier». Mommsen stellte sich auf das «persönliche Regiment» des «Geheimen Rates» ein, obgleich er scharfsichtig «die ungeheure Gefahr» erkannte, «die in der Konzentrierung des Regiments aller Universitäten in einer noch dazu formell nicht verantwortlichen Person liegt». Nur indem Mommsen einen *modus agendi* mit Friedrich Althoff fand, konnte er wichtige Forschungsvorhaben durchsetzen und auf die altertumswissenschaftlichen Berufungen einwirken. Er wolle sich nur ungern mit Althoff überwerfen, sagte er einem Freund, «denn für viele wissenschaftliche Organisationspläne brauche ich ihn». Althoff wiederum benötigte Mommsen zur Durchsetzung seiner wissenschaftspolitischen Ziele.

So war Althoff an der Konstituierung der Reichslimeskommission maßgeblich beteiligt. Kein anderes Unternehmen, das Mommsen initiierte, unterstützte er mit demselben Engagement. In dieser Angelegenheit stand er nicht nur in ständigem schriftlichen Kontakt mit Mommsen, sondern empfing ihn öfters im Ministerium und selbst in seiner Privatwohnung. Mommsen hatte sich schon unmittelbar nach der Reichsgründung von 1871 um ein zentrales Limesunternehmen bemüht. Aber damals war der rechte Zeitpunkt für ein solches Unternehmen noch nicht gekommen. Erst als sich Althoff, mit dem Mommsen im Juni 1889 in dieser Angelegenheit Kontakt aufnahm, einschaltete, konnte der Plan einer einheitlichen Limesforschung realisiert werden. Vor allem vermochte Mommsen Althoff davon zu überzeugen, daß das Vorhaben von nationalem Interesse sei. 1891 hieß es in dem Memorandum für den Kaiser: «Es ist der Limes das älteste größte historische Bauwerk, welches Deutschland besitzt, seine Aufklärung ebenso folgenschwer für die Geschichte des Römerreichs, das nicht bloß an seiner germanischen Grenze sich nach diesem System geschützt hat, wie für die Urgeschichte unseres Vaterlandes. Das zerrissene Deutschland hat auch in dieser Hinsicht nur Schwäche und Zerfahrenheit gezeigt; möge das geeinigte nachholen, was versäumt ist, nur dabei auch nicht vergessen werden, daß von den noch erhaltenen Zeugen dieser fernen Vergangenheit jeder Tag weiteres abbröckelt.»

Da ein antiker Verteidigungswall untersucht werden sollte, kam man darin überein, die Leitung der Arbeiten zwei «Dirigenten», einem Archäologen oder Architekten und einem Militär, zu übertragen. Die Verhandlungen gestalteten sich indes schwierig. Da verschiedene deutsche Länder, auf deren Boden sich Überreste der römischen Grenzsicherung befanden, an der Kommission beteiligt werden sollten, mußten nicht nur personelle und wissenschaftliche Fragen geklärt, sondern auch politische Probleme beseitigt werden. Althoff setzte sich erfolgreich dafür ein, daß die gesamten Kosten vom Reich getragen wurden. 1892 fanden die gemeinsamen Bemühungen von Mommsen und Althoff ihren Abschluß in der Gründung der Reichslimeskommission, die von Mitgliedern aus Baden, Bayern, Hessen, Preußen und Württemberg gebildet wurde. Darüber hinaus war der Preußischen und der Bayerischen Akademie das Recht zugestanden worden, je einen Gelehrten zu entsenden. Sitz der Kommission war Heidelberg. Unabhängig von der Anzahl der delegierten Mitglieder hatte jedes Land und jede Akademie bei den Beratungen eine Stimme. Den Vorsitz hatte Mommsen inne, der zu den zweimal jährlich stattfindenden Verhandlungen des geschäftsführenden Ausschusses hinzugezogen wurde. Offiziell sah er sich als «inaktives» Mitglied. Tatsächlich steuerte er die Berufung der Mitglieder, leitete das Unternehmen und gab die wissenschaftlichen Ziele vor. Im Ministerium wiederum hatte Althoff entscheidenden Anteil daran, daß die provinzialrömische Forschung in Deutschland organisiert wurde.

Die Themen, die Mommsen und Althoff brieflich und mündlich besprachen, waren weitgespannt. Ob das Inschriftencorpus oder die Münzsammlung, ob die Prosopographie oder die «Griechischen Christlichen Schriftsteller»: Althoff hatte immer ein offenes Ohr, wenn Mommsen mit einem Anliegen zu ihm kam. 1893 setzte Althoff durch, daß das Ministerium die für das *Corpus Nummorum* geschaffene Mommsenstiftung durch 1500 Mark unterstützte; er selbst spendete 50 Mark. Die Denkschriften, die Mommsen an das Ministerium schickte, um ein Projekt zu begründen oder die Förderung für ein laufendes auszuweiten, gingen grundsätzlich über Althoffs Schreibtisch. Mommsens Engagement für eine internationale Assoziation der Akademien begrüßte Althoff ausdrücklich. Über Leitung, Finanzierung und Aufgaben der Reichsinstitute tauschte man sich ebenso aus wie über drittmittelgeförderte Unternehmungen. Die Akademiestiftungen des Grafen Loubat, von Elisabeth Wentzel-Heckmann und Friedrich Imhoof-Blumer wurden durch Mommsen und Althoff eingerichtet.

Doch es ging nicht nur um die Belange der Königlich Preußischen Akademie der Wissenschaften. Mommsen äußerte sich auch zur Gründung der Biologischen Station Helgoland und wurde bei der Beschaffung eines Refraktors für das Astrophysikalische Institut in Potsdam eingeschaltet. Hier bahnte Mommsen die finanzielle Unterstützung durch die Bankhäuser Delbrück und Mendelssohn an. Die Erwerbung der Bibliotheca Meermaniana für die Königliche Bibliothek wurde nur möglich, weil sich unter Mommsens Führung ein Konsortium von Großindustriellen, Bankiers und Gelehrten bereit erklärte, die Sammlung anzukaufen. Die Regierung verfügte damals, wie Althoff mitteilte, nicht über die erforderlichen Mittel. Mommsens Rat war Althoff in zahllosen Angelegenheiten wichtig: beim Neubau der Königlichen Bibliothek, dem Erwerb von Handschriften, Papyri und alten Drukken, bei der Reorganisation des Internationalen Leihverkehrs und der

Theodor Mommsen im Jahre 1881

Göttinger Gesellschaft der Wissenschaften, bei der Vergabe von Stipendien und der Bewilligung von Förderanträgen, bei der Ehrung von ausländischen Wissenschaftlern und der Schulreform. Als aber der Generaldirektor der türkischen Museen, Hamdi Bey, mehrere Reliefs mit einer Löwenjagd, die deutsche Archäologen auf ihrer Expedition zum Nemrûddagh rechtmäßig erworben hatten, im syrischen Alexandrette entwendete, sollte Althoff helfen.

Immer wieder äußerte sich Mommsen zu schwebenden Berufungsverfahren. Damals unterbreiteten die Fakultäten dem Unterrichtsministerium eine Vorschlagsliste. Der staatlichen Behörde war es unbenommen, von der vorgegebenen Reihenfolge abzuweichen oder den Vorschlag ganz abzulehnen. Mit den ministeriellen Entscheidungen war Althoff befaßt, der bei seiner Urteilsbildung die wissenschaftliche Qualifikation und Originalität des Bewerbers, aber auch grundsätzliche hochschul-, konfessions- und forschungspolitische Implikationen bedachte. Um die wissenschaftliche Leistungsfähigkeit der Kandidaten kompetent bewerten zu können, wandte Althoff sich von Fall zu Fall an die großen Repräsentanten der einzelnen Disziplinen in Berlin, namentlich an Gustav Schmoller, Eduard Zeller, Felix Klein, Ulrich von Wilamowitz-Moellendorff, Adolf Harnack und eben Theodor Mommsen. Dieser war der einflußreichste Gutachter in althistorischen Berufungsverfahren und sprach auch bei zahlreichen anderen Nominierungen ein gewichtiges Wort mit. Seine Autorität und seine Reputation kamen zunächst und vor allem seinen Schülern zugute. Nur in wenigen Fällen setzte sich Althoff über einen Vorschlag Mommsens hinweg. Mommsens Bemühungen richteten sich auf das Ziel, die preußische Berufungspolitik in seiner Disziplin zu kontrollieren. Erst der maßgeblich von Althoff beeinflußte und gesteuerte personelle Ausbau der preußisch-deutschen Hochschulen und wissenschaftlichen Institutionen ermöglichte zahlreichen Schülern und Mitarbeitern von Mommsen eine universitäre Karriere. Die Entstehung einer die deutsche althistorische Wissenschaft dominierenden «Mommsenschule» setzte folglich ebenso die neuen Rahmenbedingungen einer modernisierten Hochschulverwaltung voraus wie die Begründung und Fortführung wissenschaftlicher Großprojekte.

Die sichtbaren Erfolge der preußischen Universitätspolitik, vor allem die institutionelle, personelle und finanzielle Expansion des Wissenschaftssystems waren in Mommsens Augen Althoff zu verdanken.

Er akzeptierte als Voraussetzungen einer erfolgreichen Wissenschaftspolitik die Bürokratisierung, Professionalisierung und Rationalisierung der Verwaltung sowie die hierarchische Struktur des «Systems Althoff», denn er war überzeugt, daß nur der «Tyrann» Althoff und sein «bürokratischer Caesarismus» den Umbau des deutschen Wissenschaftssystems zu einem modernen, international konkurrenzfähigen Großbetrieb gewährleisten konnte. Die Einsicht, daß man aufeinander angewiesen war, bildete die Grundlage für eine fruchtbare Symbiose in der Wissenschaftspolitik und Wissenschaftsorganisation des Deutschen Kaiserreichs.

Erst als 1901 ein katholischer Lehrstuhl für Geschichte an der Philosophischen Fakultät der Universität Straßburg eingerichtet wurde, sah Mommsen die Prinzipien freier Wissenschaft korrumpiert und eröffnete eine hitzige Debatte, in deren Verlauf das «System Althoff» heftig kritisiert wurde. Es ist jedoch bezeichnend, daß Mommsen selbst auf dem Höhepunkt der Auseinandersetzung nie die Forderung erhob, der einflußreiche Referent solle zurücktreten: «Mehr zu hoffen, als daß Althoff bleibt, wagt kein auch auf der Höhe der Zeit stehender preußischer Universitätslehrer, und auch ich bin überzeugt, daß das richtig ist. Er ist am Ende ein bon diable und das persönliche Regiment, das allein noch gelegentlich vorläufigen Schutz gegen Schlimmeres verspricht, liegt damit wenigstens in den Händen eines klugen und nicht bösartigen Individuums.» Für Mommsen repräsentierte Althoff eine rational bestimmte Wissenschaftspolitik, die im wissenschaftlichen und nationalen Interesse die Leistungsfähigkeit des preußischen und deutschen Universitätssystems institutionell und personell steigerte und die deutsche Forschung zu internationalem Ansehen führte.

Mommsen hatte aber nur zu deutlich die eigentliche Schwäche dieses Regiments erkannt: Es war völlig auf den Ministerialbeamten zugeschnitten und stand und fiel folglich mit dessen individueller Eignung. Den Beweis für Mommsens Feststellung traten Althoffs Nachfolger an, unten denen, wie der Orientalist und Bildungspolitiker Carl Heinrich Becker maliziös formulierte, nur noch verwaltet wurde.

3. Ordinarius für Römische Geschichte: Hochschulpolitik

In den mehr als vier Jahrzehnten, die zwischen Mommsens Berufung an die Berliner Universität 1861 und seinem Tode 1903 liegen, waren die deutschen Hochschulen grundlegenden Veränderungen unterworfen. Ein außerordentliches quantitatives Wachstum revolutionierte die traditionellen universitären Strukturen. Zwar blieb die Anzahl der Universitäten annähernd konstant, aber mit ihnen traten nun die Technischen Hochschulen in Konkurrenz, die zum Teil neu gegründet wurden und zum Teil aus den alten Polytechnika hervorgingen. Die von ihnen angebotene praxisorientierte Ausbildung, die die Humboldtschen Universitäten mit ihrer kategorischen Ablehnung einer anwendungsorientierten Wissenschaft nicht garantieren konnten und wollten, war die notwendige Voraussetzung für die Modernisierung und Expansion der deutschen Wirtschaft. Die Naturwissenschaften und technischen Disziplinen hatten großen Zulauf und mächtige Fürsprecher.

Mit den Neugründungen explodierten die Studentenzahlen. Die Studierenden der Philosophischen Fakultäten bildeten den stärksten Wachstumsfaktor. An den Universitäten reagierte man mit der Einrichtung neuer Stellen. 1864 waren in den geisteswissenschaftlichen Disziplinen 422 Hochschullehrer tätig, darunter 179 Ordinarien; 1890 stieg ihre Zahl auf 649 (282 Ordinarien) und 1910 auf 1051 (352 Ordinarien). Die Klassische Philologie verfügte 1864 über 68 Universitätslehrer (43 Ordinarien), 1890 über 85 (56) und 1910 über 109 (62), und in der Geschichtswissenschaft unterrichteten 1864 73 Hochschullehrer (37 Ordinarien), 1890 127 (62) und 1910 185 (76). Zwar wuchs die Zahl der vollbezahlten Ordinariate teilweise beachtlich, noch schneller aber stiegen gerade seit 1890 die Zahlen der Privatdozenten und der nicht oder nur schlecht bezahlten Extraordinarien. Damit verlängerten sich für die Dozenten die Wartezeiten bis zur Berufung, und für einen Teil wurde die Privatdozentur nicht mehr Durchgangs-, sondern Dauerzustand. Eine verstärkte Hierarchisierung der Universitäten und eine veränderte soziale Rekrutierung der Hochschullehrer waren die Folge.

Der Staat reagierte auf das gewünschte und bildungspolitisch beeinflußte Wachstum mit einer erheblichen und überproportionalen

Steigerung seiner finanziellen Leistungen. Preußen brachte 1866 2, 1882 bereits 9,6 und 1914 schließlich 27 Millionen Mark für die Universitäten auf – die Technischen Hochschulen ausgenommen. Diese quantitativen Veränderungen hatten für die innere Struktur der Universitäten erhebliche Konsequenzen. Die Gründung neuer Seminare, Institute und Kliniken beschleunigte die Differenzierung und Spezialisierung von Forschung und Lehre; zunehmend gewannen außeruniversitäre Forschungseinrichtungen und private Ressourcen für eine kapitalintensive Großforschung an Bedeutung. Die organisatorische und inhaltliche Pluralisierung ersetzte die Einheit des Wissens, an der eine neuhumanistische Rhetorik äußerlich festhielt.

Auf die sich rapide verändernden Rahmenbedingungen reagierte Mommsen – wie die Mehrzahl seiner altertumswissenschaftlichen Kollegen – mit dem festen Bekenntnis zur Forschungsuniversität, die auf der Einheit von Forschung und Lehre gründete. Die Universität mußte sich allerdings institutionell anpassen, um sowohl die disziplinäre Differenzierung nachvollziehen als auch die steigenden Studentenzahlen auffangen zu können. So unterstützte Mommsen 1885 Otto Hirschfeld, seinen Nachfolger auf dem Lehrstuhl für Römische Geschichte, als dieser nach dem Vorbild des Wiener «Archäologisch-Epigraphischen Seminars» und des Straßburger «Instituts für griechische und römische Altertumsforschung» ein Institut für Altertumskunde an der Friedrich-Wilhelms-Universität einrichtete. Allerdings konnte man Mommsen nicht zur Mitdirektion überreden. Er lehnte diese Funktion, die ihm das Ministerium angetragen hatte, wegen seines Alters und den ihm «sonst obliegenden Pflichten» ab und begnügte sich damit, hin und wieder «seminaristische Übungen» anzubieten. 1886 wurde Ulrich Köhler an Aufbau und Verwaltung des Instituts beteiligt. Er hatte Droysens Lehrstuhl für Geschichte übernommen, der aber im Zuge der Spezialisierung der Geschichtswissenschaft in ein Ordinariat für «Alte, insbesondere Vorgriechische und Griechische Geschichte» umbenannt worden war. Das zunächst rein althistorisch ausgerichtete Institut für Altertumskunde war in eine griechische Abteilung, die Köhler leitete, und eine römische, der Hirschfeld vorstand, gegliedert. 1897 bekam das Institut durch Wilamowitz, der als Gräzist an die Universität berufen worden war, eine philologische Abteilung, der später ebenfalls Hermann Diels und Eduard Norden angehörten. Im Herbst 1902 trat Eduard Meyer an Köhlers Stelle. Die Einbeziehung des Archäologischen Seminars in das Institut für Altertumskunde ließ sich auf Grund räumlicher Schwierigkeiten erst 1912 realisieren.

Mommsen unterstützte die Institutsgründung, weil sie die Vereinigung der einzelnen Disziplinen und ihrer Vertreter für größere wissenschaftliche Unternehmungen garantierte. Zu den Ordinarien, Extraordinarien und Privatdozenten traten weisungsgebundene Mitarbeiter, die den Erstsemestern in seminaristischen Veranstaltungen philologische und historische Grundkenntnisse vermittelten. Die besten Studenten konnten zu künftigen Gelehrten erzogen werden. Mommsen hoffte, auf diesem Weg berufliche Fachbildung und wissenschaftliche Forschung zu verbinden. Doch angesichts der steigenden Kosten der altertumswissenschaftlichen *big science* und der Notwendigkeit interdisziplinärer sowie internationaler Kooperation sah Mommsen sein eigentliches Wirkungsfeld in außeruniversitären Einrichtungen wie der Akademie der Wissenschaften, denn nur dort konnte gezeigt werden, «daß, wie auf dem Felde der Naturwissenschaften und der neueren Geschichte, so auch auf dem der Klassischen Philologie die wissenschaftliche Organisation ihre Resultate liefert». Die im Vergleich zur Akademie bescheidenere finanzielle Ausstattung der Hochschulen sicherte der Friedrich-Wilhelms-Universität nicht seine besondere Aufmerksamkeit.

Rufe nach Bonn (1861), Göttingen (1868) und Leipzig (1875) nutzte Mommsen, um das Kultusministerium zu finanziellen und organisatorischen Zugeständnissen zu bewegen. So half man Mommsen bei der Beschaffung ausländischer Publikationen und Handschriften und zeigte sich bei Bewilligung von Forschungsfreisemestern großzügig. 1874 wurde er nicht nur zum Sekretar der Akademie gewählt, sondern auch zum Rektor der Universität für das akademische Jahr 1874/75. Mommsen zeigte sich zufrieden: «Der Rektor ist denn doch nicht ausgeblieben. Ich habe Gründe genug darüber mich zu freuen; meine letzten Prozeduren sind natürlich sehr verschieden beurteilt worden und eine solche Erklärung der gesamten Universität ist überhaupt, vor allem aber unter diesen Umständen, sehr viel wert.»

Den Pflichten der akademischen Selbstverwaltung entzog sich Mommsen nicht. 1871/72 war er Dekan der Philosophischen Fakultät. Bei den universitären Prüfungen, bei Promotionen und Habilitationen, war er zugegen. Die damals fälligen «Doktorengebühren», die unter den sechzehn ältesten Professoren, die bei dem Examen anwesend waren, verteilt wurden, brachte Mommsen «in kleinen Päckchen» regelmäßig nach Hause. Sie waren eine willkommene Ergänzung des Haushaltsgeldes. Auch nachdem Mommsen 1885 von seinen Lehrverpflichtungen entbunden worden war, nahm er an den Sitzungen der Fakultät teil. Wichtig waren ihm vor allem die Wahrung der korporativen Grundrechte der Universität und die Verteidigung der Freiheit von Forschung und Lehre vor staatlichen Einschränkungen.

Die Probe aufs Exempel machte der Fall Arons im Jahr 1898. Damals wurde im Deutschen Reichstag mit den Stimmen der Konservativen und des Zentrums ein Gesetz verabschiedet, das sozialdemokratische Wissenschaftler vom akademischen Lehramt ausschloß. Seine Majestät hatte erklärt, er dulde keine Sozialisten unter seinen Beamten, «also auch nicht unter den Lehrern unserer Jugend an der königlichen Hochschule». Das Gesetz war eingebracht worden, um dem Privatdozenten der Physik Leo Arons, der sich 1890 den Sozialdemokraten angeschlossen hatte, die Lehrbefugnis an der Berliner Universität zu entziehen. Schon 1894 hatte das Kultusministerium den Antrag der Philosophischen Fakultät, Arons zum nichtbeamteten außerordentlichen Professor zu ernennen, negativ beschieden. Damals unterstützte Mommsen gemeinsam mit Wilhelm Dilthey, Hermann von Helmholtz, Gustav Schmoller, Adolph Wagner und Eduard Zeller eine Eingabe an den zuständigen Minister Robert Bosse, in der jede Maßregelung des jungen Wissenschaftlers aus disziplinarischen Gründen abgelehnt wurde, da es nicht der Tradition an deutschen Universitäten entspreche, den dortigen Lehrern freie politische Betätigung zu verbieten. Immerhin gab die Philosophische Fakultät den Pressionen aus dem Ministerium in einem Punkt nach: Arons wurde nochmals befragt und am 25. Juli 1895 verwarnt; zugleich gab man ihm den Rat, sich zukünftig übersteigerter politischer Agitation zu enthalten. Damit hatte sich die Position Mommsens durchgesetzt, der fürchtete, daß die Regierung die Universitätsstatuten abänderte, wenn die Fakultät das Anliegen der Bürokratie grundsätzlich zurückwiese.

Auf der Grundlage des neuen Gesetzes vom 17. Juni 1898, das nun auch die Privatdozenten den für die Professoren geltenden Disziplinarbestimmungen unterwarf, leitete der Minister im April 1899 ein Verfahren bei der Philosophischen Fakultät ein. Im Juli desselben Jahres sprach die Fakultät einstimmig Arons frei, da seine bloße Zugehörigkeit zur Sozialdemokratischen Partei noch keinen Grund zur Enthebung darstelle. Zwar gebe es in dieser Partei noch immer Personen, die zu Gewalt und Umsturz aufriefen, aber man sei dennoch «überzeugt», daß «ebensoviele Mitglieder und zwar gerade auch unter den angesehenen Führern der Partei» zu benennen seien, «welche jede Gewalt und Revolution perhorreszieren». Es war nicht etwa eine differenzierte Beurteilung der Sozialdemokratie, die Mommsen damals veranlaßte, gegen die Remotion des Privatdozenten Arons Stellung zu beziehen. Er sah, wie die Mehrzahl seiner Kollegen, die Autonomie der Universitäten und die akademische Freiheit bedroht.

Aus ebendiesem Grund veröffentlichte Mommsen am 15. November 1901 in den «Münchener Neuesten Nachrichten» seine berühmte Erklärung über «Universitätsunterricht und Konfession», in der er für die «voraussetzungslose Forschung» eintrat, die er schon 1859 beschworen hatte und jetzt durch den «Todfeind des Universitätswesens», den «Konfessionalismus», bedroht sah. Was war geschehen? Am 17. Oktober 1901 war der sechsundzwanzigjährige Historiker Martin Spahn, Sohn eines bekannten Zentrumspolitikers, auf den Lehrstuhl für Mittelalterliche und Neuere Geschichte an der «Reichsuniversität» Straßburg berufen worden. Der ganze Vorgang hatte einen politischen Hintergrund. Die Einrichtung von katholischen Lehrstühlen für Geschichte und Philosophie an der Straßburger Universität war nur die Vorbereitung zur Gründung einer Katholisch-Theologischen Fakultät, um das Ausbildungsmonopol des katholischen Klerus in den bischöflichen Seminaren von Elsaß-Lothringen zu brechen, die als Zentren der deutschfeindlichen Opposition der katholischen Bevölkerungsmehrheit galten. Über die Universität sollte die katholische Bevölkerung des «Reichslandes» germanisiert werden. Regie führte in Berlin Friedrich Althoff, der sich Roms Wohlwollen in dieser Angelegenheit dadurch sichern wollte, daß er das bisher bestehende Ordinariat für Geschichte in zwei konfessionell gebundene Lehrstühle aufteilte und den katholischen Lehrstuhl gegen das ausdrückliche Votum der Straßburger Philosophischen Fakultät mit dem Bonner Extraordinarius Spahn besetzte. Dies war ein meisterlicher Schachzug, da der junge Historiker als ausgezeichneter Wissenschaftler galt und auf Distanz zu klerikal-ultramontanen Kreisen in Deutschland gegangen war. Er versprach, die preußisch-deutschen Interessen im «Reichsland» bestens zu vertreten.

Die wissenschafts- und hochschulpolitischen Hintergründe der Berufung Spahns interessierten Mommsen nicht. Er setzte sich an die

Spitze des Protestes, der von dem Münchner Professor für Nationalökonomie Lujo Brentano entfacht worden war. Mommsens Erklärung wirkte wie ein Paukenschlag. Auf eine differenzierende Argumentation legte er keinen Wert. «Simplizität» hieß die Devise, «die wie der Pfeil auf dem Bogen die Seele aller Polemik ist.» Mommsen beschwor die «Wahrhaftigkeit» der Forschung, die «mit Zweckerwägungen und Rücksichtnahmen» unvereinbar sei. Wer an der deutschen Wissenschaft rühre, «der führt die Axt gegen den mächtigen Baum, in dessen Schatten und Schutz wir leben, dessen Früchte die Welt erfreuen». Nicht nur die Existenz konfessionell gebundener Lehrstühle außerhalb der Theologischen Fakultäten empörte Mommsen, sondern auch die politisch gewünschte und ministeriell oktroyierte Berufung eines katholischen Historikers auf ein katholisches Ordinariat. Der Vorgang war für Mommsen zugleich ein willkommener Anlaß, seinen antikatholischen Ressentiments freien Lauf zu lassen und den Kulturkampf fortzusetzen. Auf Stimmen aus seinem Kollegenkreis, die zur Mäßigung rieten, hörte er nicht. Die eigene Voreingenommenheit blieb unreflektiert.

Innerhalb kürzester Zeit versammelten sich zahllose protestantische Professoren unter dem Banner der Freiheit von Forschung und Lehre, die man durch die Straßburger «Weltanschauungsprofessur» ernsthaft gefährdet sah. Schon erschienen die ersten Zustimmungsadressen zu Mommsens Manifest. Wer nicht mitmachte, dem wurden Mangel an Zivilcourage und politische Unbedarftheit unterstellt. Doch schnell eskalierte der Konflikt und entzog sich der weiteren Kontrolle durch Brentano und Mommsen. Jetzt geriet das preußische Kultusministerium in das Sperrfeuer der Kritik. Schon wurden Stimmen laut, die Althoffs Rücktritt forderten. Mommsen, der Althoffs Verdienste gerade auch für die Altertumswissenschaften kannte, war an dessen Sturz nicht interessiert. Andererseits wollte er, im Gegensatz zur Mehrzahl seiner Berliner Kollegen, keine Ehrenerklärung für den angeschlagenen Ministerialbeamten abgeben. Unversehens saß er zwischen allen Stühlen. Sein einst vertrauensvolles Verhältnis zu Althoff war ruiniert. Die konservative Presse setzte zum Gegenschlag an. Houston Stewart Chamberlain eröffnete das Kesseltreiben und diffamierte den «voraussetzungslosen Mommsen» als eingebildeten und eigensinnigen Greis, der einzig nach der Gunst seiner zweifelhaften Anhänger trachte und jede Gelegenheit nutze, sich publikumswirksam in Szene zu setzen.

Der Streit, der zunächst über der prinzipiellen Frage entbrannt war, ob es gerechtfertigt sei, «Universitätsprofessuren, außerhalb der Theologischen Fakultäten, nach konfessionellen Rücksichten und mit konfessionellem Rechtszwang zu vergeben», hatte sich dank Mommsens Intervention zu einem Politikum erster Ordnung entwickelt. Sein leidenschaftliches Engagement für das «Prinzip der voraussetzungslosen Forschung» hatte Mommsen, zumindest in Berlin, isoliert. Die wissenschaftstheoretischen und politisch-konfessionellen Voraussetzungen seiner Stellungnahme bedachte er auch während der Kontroverse nicht. Er blieb seiner Überzeugung treu, daß konfessionell gebundene Lehrstühle a priori ein Angriff auf die Freiheit der Wissenschaften seien.

4. *Schutzbefohlene oder Papageiengeschlecht? Mommsen und seine Schüler*

Mit der disziplinären Verselbständigung der einzelnen altertumswissenschaftlichen Fächer wurden auch spezielle Professuren und Seminare für Alte Geschichte an deutschen Universitäten eingerichtet. Die Expansion des Faches ging einher mit der Professionalisierung der akademischen Laufbahn. Mommsen führte seine besten Studenten an der Friedrich-Wilhelms-Universität zu Promotion und Habilitation und unterstützte sie danach in den Berufungsverfahren nach Kräften. Seine Bemühungen richteten sich auf ein Ziel: seinen bewährten Mitarbeitern ein festes Auskommen im Wissenschaftssystem zu verschaffen.

Ulrich Wilcken, einer seiner begabtesten Schüler, hatte durch Mommsen die Bedeutung der papyrologischen Zeugnisse für die Geschichte des Altertums kennengelernt. Nachdem er sich mit den Papyrustexten der Berliner Sammlung vertraut gemacht hatte, wurde er 1885 in Berlin über die Geschichte der römischen Provinz Ägypten promoviert. Danach trat Wilcken mit Mommsens Hilfe eine Stelle in der ägyptischen Abteilung der Königlichen Museen zu Berlin an, um Papyri zu katalogisieren. Ein Jahr später entsandte ihn die Berliner Akademie auf Mommsens Anregung auf eine Studienreise nach Holland, England und Frankreich; 1887 unternahm Wilcken eine zweite Reise nach Italien und Paris. Dabei entwickelte er gemeinsam mit Mommsen den Plan, die zerstreuten Urkunden der Ptolemaierzeit in einer neuen Ausgabe zusammenzufassen. Gleichzeitig beabsichtigte

Wilcken, ein nach dem Vorbild der Inschriftencorpora aufgebautes, umfassendes *corpus ostracorum* in Angriff zu nehmen. Mitte Januar 1888 habilitierte er sich an der Berliner Universität für Alte Geschichte. Mommsen hatte den jungen, vielversprechenden Wissenschaftler auserkoren, die papyrologischen «Archive der Vergangenheit» zu ordnen, und unterstützte dessen akademische Ambitionen.

Als Eduard Meyer 1889 Breslau verließ, um einem Ruf auf den Althistorischen Lehrstuhl in Halle zu folgen, machte sich Mommsen in einem vergleichenden Gutachten dafür stark, daß sein siebenundzwanzigjähriger Schüler Wilcken als Extraordinarius in die schlesische Metropole gehen konnte. Althoff las das Gutachten und handelte. Wilcken schlug starke Konkurrenten aus dem Felde. Damit begann seine glänzende wissenschaftliche Karriere: 1891 wurde er ordentlicher Professor in Breslau, 1900 wechselte er nach Würzburg, 1903 nach Halle, 1906 nach Leipzig, 1912 nach Bonn, 1915 nach München; 1917 wurde er Nachfolger Otto Hirschfelds in Berlin, 1921 Mitglied der Berliner Akademie der Wissenschaften. Die Berufung des jungen Wilcken nach Breslau sorgte in der Zunft für einige Überraschung. Der Berliner Philologe Hermann Diels schrieb damals an seinen Bonner Kollegen Hermann Usener: «Wunderliches ist dagegen in Breslau passiert, wo die Fakultät Beloch und Wilcken an Eduard Meyers Stelle vorgeschlagen hat. Wilcken ist offiziell gewählt, ein grüner Junge, der erst noch fünf Jahre hätte das nachlernen sollen, was er auf der Universität nicht gelernt hat. Aber er ist nicht dumm. Vielleicht lernt er's docendo.»

Otto Seeck, 1877 in Berlin habilitiert, wurde mit Mommsens Fürsprache 1881 nach Greifswald berufen. Seeck besaß auf Grund seiner speziellen Qualifikation nur die Lehrbefugnis für römische Geschichte und Altertumskunde. Das hinderte Mommsen nicht, ihn für eine althistorische Professur zu empfehlen und 1885 den Antrag der Greifswalder Philosophischen Fakultät, Otto Seeck zum Ordinarius zu ernennen, zu unterstützen. Er schrieb an Althoff: «Er ist ein Mann von Talent und in einem beschränkten Gebiet (der späten Kaiserzeit) auch von Wissen; das ist immer mehr als leider von den meisten jüngeren Historikern gesagt werden kann. Wir sind recht arm, wie Sie wissen. Es ist mir von glaubwürdiger Seite versichert worden, daß Seeck in der letzten Zeit seine Vorlesungen ernstlicher nimmt und namentlich das griechische Altertum behandelt; das mag recht unvollkommen sein, aber er ist begabt und wenn er nur will, wird er schon besser werden. Geben Sie ihm eine gute Ermahnung mit auf den Weg und den Ordinarius.»

Mommsens Schüler Otto Hirschfeld wurde 1884 auf den Berliner Lehrstuhl für Alte, insbesondere Römische Geschichte berufen. Mommsen schaltete sich sogar in die Verhandlungen um die Besoldung seines Nachfolgers und den Zeitpunkt seines Dienstantritts ein. Hermann Dessau wiederum erhielt im Jahr 1900 eine wissenschaftliche Beamtenstelle bei der Berliner Akademie. Er sollte die für das lateinische Inschriftencorpus zuständige Kommission leiten. Seinem epigraphischen Adlatus Johannes Schmidt, dessen wissenschaftliche Qualifikation er gering achtete, dem er aber persönlich jede Beförderung gönnte, verhalf er zu einer althistorischen Professur in Gießen. Für seinen Schüler Ludo Moritz Hartmann verwandte er sich bei Otto Benndorf und Eugen Bormann, so daß dieser 1889 als Dozent für Römische und Mittelalterliche Geschichte an der Universität Wien ein Auskommen fand. Mommsen bescheinigte ihm später, sein Talent liege «nicht nach der philologisch-kritischen Seite hin, sondern nach der historischen»; es sei «gewiß nicht welterschütternd, aber respektabel».

Auch die Schüler seiner Kollegen unterstützte Mommsen, sofern er sich von ihrer Leistung überzeugt hatte. Auf Karl Schumacher, den sein Freund Karl Zangemeister ins Gespräch gebracht hatte, machte Mommsen das preußische Unterrichtsministerium 1895 aufmerksam. Schumacher, der die Konservatorenstelle im Limesmuseum von Wiesbaden erhalten sollte, sei «unter den jüngeren Limes-Leuten die beste Kraft», schrieb er an Althoff. Ernst Maaß, einem begabten, aber mittellosen Schüler von Wilamowitz, verschaffte er ein Ministerialstipendium und beauftragte ihn mit Kollationsarbeiten für die Ausgabe des spätantiken Dichters Claudian.

Fähige Gelehrte in Not dauerten ihn. Immer wieder stand Mommsen dem Klassischen Philologen Karl de Boor zur Seite, der ein tüchtiger Editor byzantinischer Texte war, aber unter seiner unsicheren Stellung als Bibliotheksassistent litt. Mommsen beschaffte dem «mercurialischen und zartbesaiteten Mann» gutdotierte Forschungsstipendien und brachte ihn Mitte der neunziger Jahre ins Gespräch, als eine neue Professur für Byzantinische Geschichte an der Berliner Universität eingerichtet werden sollte. Auch seinem Münchener Mitarbeiter und Freund Ludwig Traube kam Mommsen zu Hilfe, als dieser sich im Oktober 1901 mit dem Königlich Bayerischen Staatsministerium überworfen und um seine Entlassung nachgesucht hatte. Mommsen wollte bei Althoff die Berufung des herausragenden Mittellateiners und begnadeten Paläographen an die Berliner Universität durchsetzen und beantragte die Einrichtung eines «etatsmäßigen Ordinariates für die Vertretung des mittelalterlichen Latein», stellte seine Bemühungen aber ein, als Traube sich entschloß, doch in München zu bleiben.

Mommsens akademische Patronage bedeutete zugleich, daß Kandidaten, die mit seinen Schülern um Stellen rivalisierten oder deren Qualifikation er für ungenügend erachtete, in Bewerbungsverfahren den kürzeren zogen. Dabei fand er zum Teil sehr drastische Worte. Das Habilitationsgesuch des Historikers Julius von Pflugk-Harttung brachte Mommsen 1891 in der Philosophischen Fakultät der Berliner Universität dadurch zu Fall, daß er dem Kandidaten die pädagogische und wissenschaftliche Eignung absprach, die Studenten zur historischen Forschung zu erziehen. «Es kommt hinzu», fuhr Mommsen fort, «daß schon das sechsseitige Habilitationsgesuch die völlige Unkunde des Lateinischen dartut.» Ein solcher Mann dürfe «nicht über griechische und römische und mittelalterliche Geschichte in Berlin lesen». Kurz nachdem Mommsen das vernichtende Gutachten verfaßt hatte, empfahl er Pflugk-Harttung, sein Gesuch zurückzuziehen, da «ein günstiger Erfolg nicht zu erwarten steht». Als 1892 ein Lehrstuhl für Klassische Philologie in Königsberg frei wurde, äußerte sich Mommsen – neben Wilamowitz – zu möglichen Kandidaten. «Auf das Entschiedenste» warnte er Althoff vor dem dortigen Extraordinarius Ludwig Jeep, den er schlicht für «unbrauchbar» erklärte. Und nachdem Wilamowitz festgestellt hatte, daß Jeep außer in einzelnen Kreisen Königsbergs von niemandem ernst genommen werde, war dessen Schicksal endgültig besiegelt.

Systematisch verhinderte Mommsen die akademische Karriere des Althistorikers Karl Julius Beloch in Deutschland. Der war in jungen Jahren wegen eines Bronchialleidens in den Süden übergesiedelt, hatte an italienischen Universitäten und in Heidelberg studiert und habilitierte sich 1877 an der Universität Rom; zwei Jahre später wurde er dort zum außerordentlichen Professor für Alte Geschichte ernannt. Nachdem ein rasch hingeworfenes Buch über die Geschichte Kampaniens aus dem Jahr 1879 von der Kritik sehr zurückhaltend aufgenommen worden war, legte er im folgenden Jahr die Darstellung «Der italische Bund unter Roms Hegemonie» vor. Darin versuchte er in durchaus origineller Weise, bevölkerungsgeschichtliche und statistische Untersuchungen mit staatsrechtlichen Studien zu verbinden. Im sicheren Vertrauen auf die Überlegenheit seines methodischen Ansatzes und die Überzeugungskraft seiner Argumente verstieg sich der ohnehin nicht selbstzweiflerische Beloch zu heftigen Attacken gegen Mommsen. Dieser ließ mit einer Antwort nicht lange warten: «Kaum ist je eine Monographie mit gleicher Vernachlässigung der Spezialuntersuchung geschrieben und eine Fahrt ins Blaue der Wissenschaft mit gleich leichtem Gepäck angetreten worden.» Zuvor bereits hatte Mommsen alles darangesetzt, daß Beloch bei seiner Bewerbung um die althistorische Professur in Greifswald nicht zum Zuge kam; das Rennen machte damals – wie gesehen – Mommsens Schüler Seeck. Als sich Beloch 1889 in Breslau bewarb, beschied Mommsen in einem Gutachten, das Althoff angefordert hatte, er sei «talentvoll, aber wenig solid». Berufen wurde Wilcken. Beloch hatte die Lektion verstanden. Er blieb in Italien, erhielt 1891 ein Ordinariat für Alte Geschichte in Rom und prägte eine ganze Generation italienischer Altertumswissenschaftler.

Mommsens Förderung war keine Selbstverständlichkeit. Durch persönliche oder wissenschaftliche Differenzen konnte man sehr schnell sein Wohlwollen verlieren. Emil Hübner etwa zählte zu den ersten Mitarbeitern Mommsens für das *Corpus Inscriptionum Latinarum*, bereiste Anfang der sechziger Jahre Spanien, Portugal und England und gab die lateinischen Inschriften Spaniens und Britanniens heraus. Als Mommsens epigraphischer Schüler habilitierte sich Hübner in Berlin. 1870 wurde er jedoch zum Ordinarius für Klassische Philologie an der Friedrich-Wilhelms-Universität ernannt. Mit der zunehmenden wissenschaftlichen Distanzierung ging die menschliche Entfremdung einher. Zum endgültigen Bruch kam es 1881, als Hübner als Herausgeber der altertumswissenschaftlichen Zeitschrift «Hermes» auf Betreiben von Mommsen und Wilamowitz zurücktreten mußte. Mommsen setzte alles daran, «ihn zu einem Philologen II. Klasse herabzudrücken», wie Hermann Diels damals an Hermann Usener schrieb.

Für das Wörterbuch der römischen Rechtssprache gewann Mommsen zunächst den Berliner Rechtshistoriker Otto Gradenwitz. Bald aber war sich Mommsen sicher, daß sein Mitarbeiter «trotz seiner wissenschaftlichen Tüchtigkeit und seiner ehrenhaften Gesinnung» nicht recht für das Unternehmen geeignet sei. Es bestanden grundsätzliche methodische Differenzen über das geplante Wörterbuch, und vor allem arbeitete Gradenwitz in Mommsens Augen viel zu langsam. «Er übertreibt die Genauigkeit der Arbeit und die gegenseitige Kontrolle der verschiedenen Arbeiter in einer solchen Weise», schrieb Mommsen an Althoff, «daß dadurch die Arbeit selbst grenzenlos wird.» Deshalb wurde Gradenwitz im Einvernehmen mit Althoff ein ehrenvoller Abschied verschafft. 1895 wurde er zum etatmäßigen außerordentlichen Professor und im folgenden Jahr zum Ordinarius in Königsberg ernannt. 1896 endete seine Mitarbeit an Mommsens Projekt. Gradenwitz selbst empfand seine neue Wirkstätte im preußischen Osten als Verbannungsort, aus dem er erst 1907 durch einen Ruf nach Straßburg befreit wurde. Auch Paul Krüger, der in Absprache mit Mommsen eine Edition des *Codex Theodosianus* vorbereitete, unterstellte Mommsen, er verschleppe die Ausgabe. Kurzerhand riß der hochbetagte Gelehrte Krüger das halbfertige Manuskript aus der Hand und machte sich daran, die spätantike Gesetzessammlung selbst zu edieren. Wilamowitz brachte es auf den Punkt, als er feststellte, es sei für Mommsen charakteristisch gewesen, zunächst Mitarbeiter zu fördern und sie «dann schroff bei Seite» zu werfen.

Kompromißlos verteidigte Mommsen wissenschaftliche Standards und wandte sich öffentlich gegen die an manchen Universitäten herrschende Unsitte, Kandidaten *in absentia* zu promovieren. Höchst empfindlich reagierte er auch auf wissenschaftliche Kritik. Selbst Verwandte, die widersprachen, wurden abgestraft. Seinen Bruder August, mit dem er sich wegen Fragen der römischen Chronologie überwarf, machte er sehr unfein nieder. Sein Verhältnis zu seinem Schwiegersohn Wilamowitz verschlechterte sich zusehends, je deutlicher dieser Kritik an der Akademiepolitik äußerte. Noch schlimmer konnte es seine Mitarbeiter treffen. Mit Seeck entzweite er sich zeitweise über die Datierung der spätantiken Kaisergesetze. Mommsen polemisierte mehrfach scharf gegen Seecks Überlegungen, ja selbst von «wissenschaftlicher Nullität» war die Rede. Mommsen, dessen Einfluß in den altertumswissenschaftlichen Disziplinen seit den sechziger Jahren ständig wuchs, tat sich schwer, die intellektuelle und wissenschaftliche Emanzipation seiner Schüler zu unterstützen. Er verhielt sich so, als sei er angetreten, die Worte, die er einst als Gymnasiast über das «Genie» geschrieben hatte, zu bestätigen. Damals hatte er gewarnt, daß «die,

die einem großen Mann persönlich am nächsten» stünden, Gefahr liefen, «ihre Individualität und Selbständigkeit aufzuopfern» und «unterjocht» zu werden. Karl Julius Beloch sprach verbittert davon, Mommsen habe ein «Papageiengeschlecht» erzeugt, und Adolph Wagner bekundete schon am Tage nach Mommsens Tod, wer nicht in sein Horn geblasen habe, der sei in Berlin nicht angekommen.

Nicht nur für Zettelschreiberei und Handlangerdienste, sondern für selbständige Tätigkeiten in Mommsens zahlreichen Projekten wurden vielversprechende und ehrgeizige Nachwuchskräfte eingesetzt, die sich mit mühsamer epigraphischer oder philologischer Kleinarbeit die Sporen verdienten und sich häufig durch «hilfswissenschaftliche» Arbeiten für die akademische Laufbahn qualifizierten. Der Generalist Mommsen machte so aus seinen Schülern Spezialisten, die seine Einzelforschungen fortsetzten. Die meisten waren tüchtige Epigraphiker und zuverlässige Kenner der römischen Kaiserzeit. Ludo Moritz Hartmann und Otto Seeck wandten sich der Spätantike zu. Für die römische Republik, die Mommsen mehr und mehr vernachlässigte, interessierte sich keiner.

Mommsen war ein glänzender Organisator, der erfolgreich das Prinzip der fabrikmäßigen Arbeitsteilung umsetzte. Aber der Großordinarius erzog seine Schüler nicht zu unabhängigen Wissenschaftlern. Sie führten die von ihm initiierten Projekte mustergültig fort, schlossen die Lücken, die Mommsen hinterlassen hatte, und distanzierten sich nach seinem Tode, wenn überhaupt, nur sehr zaghaft von seinen Lehren. Neue methodische und inhaltliche Impulse gaben sie dem Fach nicht. Bezeichnenderweise fand Mommsen auf dem Gebiet, das ihm die größte wissenschaftliche Herausforderung war: dem römischen Staatsrecht, keinen Schüler, der seinen Ansatz konstruktiv fortgesetzt hätte. Der einzige, der es vermocht hätte und sich Mommsen durch seine Habilitationsschrift über «Die römische Agrargeschichte in ihrer Bedeutung für das Staats- und Privatrecht» (1891) kurzfristig näherte, war Max Weber. Der vielseitig begabte und eigenständige Gelehrte, der auch als Jurist begonnen hatte, entschied sich gegen Theodor Mommsen, obwohl ihn dieser zu seinem legitimen Nachfolger ausgerufen hatte. Max Weber wollte nicht in Mommsens Schatten stehen.

VI. «ICH WÜNSCHTE EIN BÜRGER ZU SEIN»: DER POLITIKER

1. Viel Feind, viel Ehr? Bismarck, Treitschke und die Antisemiten

Kaum war Mommsen im Frühjahr 1858 in Berlin eingetroffen, stand er mitten im politischen Geschehen. Durch den Bankier Adalbert Delbrück fand er Zugang zum liberalen Kreis um Rudolf Virchow, Carl Twesten, Hermann Schulze-Delitzsch, Werner Siemens und Salomon Oppenheim. In der Zeit der Krankheit Friedrich Wilhelms IV., des «Eunuchen», wie Mommsen ihn einmal nannte, und der Prinzregentschaft seines Bruders Wilhelm keimten Hoffnungen auf eine «Neue Ära», auf den Abschied von der reaktionären Politik und auf eine Erneuerung der liberalen Bewegung. Mommsen war sofort entschlossen, bei einer offiziösen liberalen Zeitung mitzuarbeiten, um den Thronfolger gegen den gouvernementalen Konservatismus des Militärkabinetts einzunehmen.

Ende 1859 trat Mommsen dem Deutschen Nationalverein bei. Er schien ihm die richtige Organisation zu sein, um die Politik der Paulskirche fortzusetzen und um ein vereintes und freiheitliches Deutschland herbeizuführen. Doch die Fehler der Revolutionszeit sollten jetzt vermieden werden. Mommsen unterstützte eine Verbindung von Liberalen und Demokraten, um die Schlagkraft der Bewegung zu stärken. Nach wie vor glaubte er an Preußens Mission. So litt er unter der Tatenlosigkeit der neuen Regierung Wilhelms I., der 1861 den preußischen Thron bestiegen hatte. «Deutschland kann nie einig werden, oder es wird es unter den Hohenzollern», lautete seine Devise. Seine heftigen Polemiken auf den Sitzungen des Nationalvereins wurden von den Spitzeln der Berliner Politischen Polizei geflissentlich dokumentiert.

1861 beteiligte er sich an der Gründung der Deutschen Fortschrittspartei, die ein Sammelbecken liberaldemokratischer Politiker war. Mommsen zeigte sich damals als Realpolitiker, der in den Programmdiskussionen für das Machbare stritt und sich sowohl von demokratischen Utopien als auch dem altliberalen Quietismus distanzierte. Vorrang hatte die nationale Einigung, die in Preußen durch die Schaffung einer konstitutionellen Monarchie vorbereitet werden sollte. In der kontroversen Wahlrechtsfrage entschied sich Mommsen wie schon 1848/49 gegen das allgemeine und gleiche Wahlrecht. Er verteidigte ein parlamentarisches System, das die wirtschaftliche und intellektuelle Elite privilegierte. Bald übernahm Mommsen ein politisches Mandat: Hatte er 1861 noch eine Kandidatur für das preußische Abgeordnetenhaus abgelehnt, so zog er 1863 für den Wahlbezirk Halle in den Landtag ein.

Die politischen Ereignisse erzwangen ein couragiertes Eingreifen. Aus dem Dissens zwischen König und Abgeordnetenhaus um die parlamentarische Kontrolle der Militärausgaben entwickelte sich eine grundsätzliche Auseinandersetzung um die Rechte des Parlaments, der sogenannte Verfassungskonflikt. Nachdem Bismarck am 8. Oktober 1862 zum Ministerpräsidenten berufen worden war, setzte er – unter Hinweis auf das anders lautende Votum des Herrenhauses – den Militäretat ohne die Zustimmung des Abgeordnetenhauses fest und traf Vorkehrungen, mit Hilfe des allgemeinen Wahlrechts die liberale Mehrheit im Landtag zu brechen. Gleichzeitig ging die Regierung gegen die Presse vor, die die flagrante Verletzung des parlamentarischen Budgetrechtes an den Pranger stellte. Mommsen engagierte sich umgehend im «Verein für die Wahrung der verfassungsmäßigen Pressefreiheit». Schon wurde dem liberalen Beamten mit dem Disziplinarrecht gedroht. Doch Mommsen ließ sich nicht mundtot machen.

Als in Kopenhagen eine offensive Politik eingeschlagen wurde, um die dänischen Ansprüche auf die Herzogtümer zu unterstreichen, kam in die Schleswig-Holstein-Frage neue Bewegung. Mommsen erklärte sie Anfang 1864 «in jeder Hinsicht» zu einer «Frage zwischen Sein und Nichtsein». Zunächst hatte Mommsen das Selbstbestimmungsrecht der Bevölkerung gerechtfertigt. Doch die militärische Eskalation des Konfliktes, vor allem die Siege der preußisch-österreichischen Armee über die dänischen Verbände und die Erstürmung der Düppeler Schanzen 1864 ließen Mommsen seine einstige Position radikal revidieren. Jetzt sprach sich das Mitglied der Fraktion der Deutschen Fortschrittspartei dezidiert für die preußische Annexion Schleswig-Holsteins aus und verlieh damit der Mehrheit der preußischen Liberalen seine Stimme. Jetzt lehnte er die Schaffung eines unabhängigen schleswig-holsteinischen Staates unter der Herrschaft Friedrichs von Augustenburg ab. Im nationalen Taumel war Mommsen umgefallen, machte

Bismarcks Politik zur Politik des deutschen Volkes, stellte seine konstitutionellen Forderungen hintan und pries den preußischen Ministerpräsidenten, mit dem er sich eben noch wegen des Verfassungskonfliktes überworfen hatte, als deutschen Cavour. Um der deutschen Einigung willen verteidigte Mommsen gegen den Widerstand der Partikularisten auch in der Fortschrittspartei die preußische Hegemonialpolitik.

Für die «praktische Wiederaufnahme des großen Gedankens» der deutschen Einheit, so erklärte Mommsen in einem «Sendschreiben» an seinen Wahlbezirk, sei «jedes Mittel, auch das der Gewalt gerechtfertigt: denn die Notwendigkeit und die Nation reden beide im kategorischen Imperativ, und da der nationale Staat jede Wunde heilen kann, darf er jede schlagen». Krieg war damit als Mittel zur Herstellung der Einheit Deutschlands unter preußischer Vorherrschaft ausdrücklich legitimiert. Mommsen machte mit solchen Erklärungen Bismarcks Kabinettspolitik in weiten Teilen des liberalen Bürgertums salonfähig. Originell waren seine Forderungen nicht, aber glänzend formuliert. Dem Selbstbestimmungsrecht der deutschen Klein- und Mittelstaaten erteilte er eine folgenreiche Absage. Der Hegelianer Mommsen feierte in diesen Jahren Bismarck als den Vollstrecker des Weltgeistes, der wie einst Caesar in der römischen Republik das Vernünftige und Notwendige in der deutschen Geschichte verwirklichte: «Es ist ein wunderbares Gefühl dabei zu sein, wenn die Weltgeschichte um die Ecke biegt. Daß Deutschland eine Zukunft hat und daß diese Zukunft von Preußen bestimmt wird, das ist nicht mehr eine Hoffnung, sondern eine Tatsache, und eine gewaltige für alle Zeiten», schrieb er am 18. Juli 1866 an seinen Bruder Tycho.

Mommsens Schrift über «Die Annexion Schleswig-Holsteins» beschleunigte die Spaltung der Fortschrittspartei, da nicht alle Liberalen ein von Preußen beherrschtes Deutschland herbeisehnten. Mommsen kehrte 1867 dem Fortschritt den Rücken. Er setzte zunächst auf eine Zusammenarbeit mit Bismarck. Dennoch blieben die innen- und verfassungspolitischen Differenzen zum preußischen Ministerpräsidenten unüberbrückbar, da Mommsen die Macht und Position des Parlaments stärken, die Verfassung weiterentwickeln und den Junker- und Obrigkeitsstaat «demokratisieren» wollte. Von diesen Zielen war man jedoch weit entfernt. Bismarck realisierte, wie Mommsen seinem Bruder Tycho klagte, «den vollständigen Sieg des Militärstaates nach innen».

Mommsen litt darunter, daß die Liberalen keine mehrheitsfähige Alternative zur dynamischen Politik, die Bismarck ins Werk setzte, entwickeln konnten und hoffte wie viele seiner Freunde auf den anglophilen Kronprinzen Friedrich Wilhelm und dessen Frau Victoria, die Tochter der englischen Königin.

Mit der Reichsgründung von 1871 war ein vordringliches Ziel, die nationale Einheit, erreicht worden. Mommsen identifizierte sich aus patriotischer Begeisterung vorbehaltlos mit dem militärischen Erfolg über Frankreich. In den ersten Wochen des Deutsch-Französischen Krieges verschloß er sich nicht der Bitte der preußischen Regierung, seine wissenschaftliche und persönliche Autorität, die er in Italien genoß, für die deutsche Sache einzusetzen. In mehreren «Sendschreiben», d. h. offenen Briefen an das italienische Volk sprach er aus, daß Italiens Platz an der Seite des geeinten Deutschlands sei.

Der Annexion Elsaß-Lothringens stimmte Mommsen ausdrücklich zu. Auch hier kümmerte er sich wenig um das Selbstbestimmungsrecht der Betroffenen. Die Elsässer und Lothringer gehörten nicht zur «lateinischen Rasse», verkündete er, sie seien deutsch. In Frankreich wurde er daraufhin aus der Société nationale des Antiquaires de France ausgeschlossen. Gleichwohl warnte Mommsen vor blinder Kriegsbegeisterung und überzogenen Forderungen. In einem Vortrag über die germanische Politik des Augustus betonte er, «Zurück!» sei der Schlachtruf der Deutschen gewesen, «zuerst in der Varusschlacht und zuletzt bei Mars-la-Tour und Sedan». Unmittelbar nach dem Ende des Krieges setzte er sich dafür ein, die unterbrochenen wissenschaftlichen Beziehungen nach Frankreich und vor allem zu einzelnen französischen Gelehrten wiederherzustellen. Daß die Versuche seiner französischen Freunde, ihn zum *associé étranger* der Pariser Akademie wählen zu lassen, scheiterten, trug er mit Gelassenheit. In einer in der deutschen Presse verbreiteten Erklärung von 1889 bekundete er: «Ich habe es oft, in Berlin wie in Paris, beklagt, daß unter den Nachwirkungen der Kriegszeit der akademische Groll nicht endigen will. Es ist hohe Zeit, mit dergleichen Reminiszenzen aufzuräumen.» Und im Jahr 1900 forderte er, die Feiern des Sedantages abzuschaffen, weil sie die alten Wunden immer wieder aufrissen.

Die Gründung des Deutschen Kaiserreichs stimmte ihn zuversichtlich. «Eine große Zeit liegt hinter uns; wenn die Ernte so mutig eingeheimst wird wie die Saat gesät, so kann man seines Lebens froh werden», schrieb er 1874 an den Juristen Heinrich Degenkolb. Von 1873 bis 1879 saß Mommsen als nationalliberaler Abgeordneter im preußischen Abgeordnetenhaus und debattierte über die Königliche Bibliothek, die Königlichen Museen, die universitäre Disziplinarordnung, neue Lehrstühle und Institute sowie Stipendien für den akademischen Nachwuchs. Für die liberale Reform der Reichsverfassung agitierte er selten. Freudig begrüßte der Hinterbänkler vielmehr den Kulturkampf und applaudierte der Sozialistengesetzgebung. Das Bündnis, das die Liberalen in zentralen Politikfeldern fast ein Jahrzehnt lang mit Bismarck eingingen, endete jedoch mit der innenpolitischen Wende von 1878/79, der sogenannten «Zweiten Reichsgründung»: Der Reichskanzler wandte sich aus machtpolitischem Kalkül erneut den konservativen Parteien zu und verfolgte eine antiliberale Politik, die den Interessen von Großindustrie und Landwirtschaft entgegenkam und deren Ziele mit dem Schutzzollsystem von 1879 für alle offenkundig wurden. Die Liberalen führte dieser Umschwung in eine tiefe, ja existentielle Krise. Hatten sie schon in der Reichstagswahl von 1878 schwere Stimmenverluste erlitten, so waren die preußischen Landtagswahlen von 1879 eine Katastrophe: Die Nationalliberalen, die zuvor über 189 Sitze verfügt hatten, gingen auf 104 Mandate zurück, und die Fortschrittspartei erhielt nur noch 38 statt 63 Sitze. Auch Mommsen kehrte nicht mehr in das Abgeordnetenhaus zurück.

Im Streit um die richtige Reaktion spalteten sich die Nationalliberalen. Mommsen stand mit Ludwig Bamberger und Theodor Barth auf dem linken Flügel. Im Frühjahr 1880 schloß man sich zur «Sezession» zusammen. Den Kompromißkurs der Restpartei lehnte man scharf ab, stritt und schrieb für einen politischen Aufbruch und verfocht die Maximen des Freihandels. Als publizistische Basis diente Barths Zeitschrift «Die Nation». Der machiavellistische Umschwung in Bismarcks Politik, der den Nationalismus nun offen in den Dienst einer antiliberalen (und antisozialdemokratischen) Sammlungsbewegung stellte, erschütterte Mommsens politisches Bezugssystem. Er sah seine politischen Gegner, Großgrundbesitz und Katholizismus, mit Hilfe des Eisernen Kanzlers über den Liberalismus triumphieren und den Staat beherrschen: «Es ist ein elendes Schicksal in diesem sich regenerierenden Junker- und Pfaffenstaat, als Ornamentstück figurieren zu müssen.»

Rasch wuchs die Distanz zu Bismarck, den Mommsen einst als Retter und Befreier der deutschen Nation gepriesen hatte. Die Aufbruchstimmung wich Pessimismus. Dennoch kandidierte Mommsen bei der Reichstagswahl 1881 für die Linksliberalen und zog in das nationale Parlament ein. Hier stritt er für die Ideale eines nationalen Rechts- und Verfassungsstaates und kämpfte gegen Bismarcks Allmacht und den «Ministerabsolutismus». Es dauerte nicht lange, bis der Reichskanzler und der Universitätsprofessor die Klingen kreuzten. Anlaß war eine 1881 gehaltene Wahlrede, in der Mommsen dem Eisernen Kanzler unterstellte, er betreibe mit seinen wirtschafts- und sozialpolitischen Maßnahmen eine «Politik des Schwindels». Bismarck strafte den Kontrahenten nicht nur im Reichstag ab, sondern zeigte ihn wegen Beleidigung an. Seinem fähigen Rechtsbeistand und einer wohlfeilen Ausrede hatte es Mommsen zu verdanken, daß der Prozeß 1882 mit einem Freispruch endete: Mommsen behauptete einfach, der inkriminierte Passus habe nicht auf den Reichskanzler, sondern vielmehr auf nationalökonomische Kollegen gezielt. Um Präzisierung gebeten, meinte er, er habe «keinen angreifen wollen oder alle». Das Gericht schloß sich seiner Argumentation an. Die Auseinandersetzung zwischen dem «Fürsten der Wissenschaft» und dem «Fürsten der Diplomatie» war in aller Munde. Nicht die «Römische Geschichte» habe Mommsen berühmt gemacht, schrieb damals ein Beobachter, sondern der Bismarckprozeß.

Daß Mommsen von dem «rohen und ehrlosen Regiment» Bismarcks sprach, unter dem «alles Anstandsgefühl aus dem politischen Treiben» schwinde, hatte seine Ursache nicht nur in der reaktionären Innenpolitik nach der Wende der Jahre 1878/79. Mommsen empörte, daß Bismarck den antisemitischen Parolen, die damals verbreitet wurden, nicht entgegentrat, sondern sie für seine politischen Absichten zu instrumentalisieren suchte. Maßgeblichen Anteil an einer Entwicklung, die einen intellektuell verbrämten Antisemitismus in Teilen des Bürgertums salonfähig machte, hatte Mommsens Berliner Kollege und ehemaliger nationalliberaler Parteifreund, der Historiker Heinrich von Treitschke, der in einer vielbeachteten Abhandlung, die im November 1879 in den «Preußischen Jahrbüchern» erschien, die «israelischen Mitbürger» aufforderte, «sie sollten Deutsche werden». Treitschke hatte die «laute Agitation des Augenblicks» als eine «natürliche Reaktion des germanischen Volksgefühls gegen ein fremdes Element» bezeichnet, das in Deutschland «einen allzu breiten Raum eingenommen» habe, so daß es nicht verwunderlich sei, daß es «bis in die Kreise der höchsten Bildung hinauf [...] wie aus einem Munde» ertöne: «Die Juden sind unser Unglück!» Treitschke sprach aus, was viele dachten. Die Antisemiten brachen in Jubel aus: Der bekannte Berliner Gelehrte und einflußreiche politische Publizist hatte die nicht assimilierten Juden mit dem Fremden und dem Undeutschen gleichgesetzt.

Mommsen hingegen war fassungslos. Unter seinen Freunden, Mitarbeitern und Kollegen waren zahlreiche Juden. Er setzte sich an die Spitze des Protestes, unterzeichnete eine gegen Treitschke gerichtete Erklärung und verfaßte 1880 in der «Nation» seinen Aufsatz «Auch ein Wort über unser Judentum». Philosemitische Sympathien trieben ihn nicht um. Auch er forderte die nationale Integration der Juden und ihre Konversion zu einem nicht religiös, aber zivilisatorisch verstandenen Christentum. Jahre zuvor hatte er in seiner «Römischen Geschichte» geschrieben, «auch in der Alten Welt war das Judentum ein wirksames Ferment des Kosmopolitismus und der nationalen Dekomposition.» Mommsen widersprach dem «Evangelium der Intoleranz», weil er erkannte, daß der politische Antisemitismus, dem Treitschke seine gewichtige Stimme verliehen hatte, ein zentrales Kennzeichen der antiliberalen und nationalistischen Wende Bismarcks war, die letztlich den Zusammenhalt der Nation zu gefährden drohte: «Neben dem längst ausgebrochenen konfessionellen Krieg, dem sogenannten Kulturkampf, und dem neuerdings entfachten Bürgerkrieg des Geldbeutels, tritt nun als drittes ins Leben die Mißgeburt des nationalen Gefühls, der Feldzug der Antisemiten.» Ebendiese verhöhnten ihn in Berlin als «Mommsohn».

Mommsens «Wort über unser Judentum» war nicht nur ein aufrechtes Manifest für die Akzeptanz der assimilierten jüdischen Bürger, sondern ein eindringlicher Appell, dem «sittlichen Zersetzungsprozeß», der den «stolzen Errungenschaften» der deutschen Einheit «unmittelbar gefolgt» sei, entgegenzutreten und in dem «Land der Aufklärung und Toleranz» liberale Grundwerte um der Einheit der Nation willen zu verteidigen. Treitschkes Begriff der Nation, entwickelt in seiner Stellungnahme zur «Judenfrage», hatte mit der freiheitsorientierten Nationalidee der 48er Revolution nichts mehr zu tun. Der machtvolle Staat beruhte nunmehr auf einem Höchstmaß kultureller, religiöser und ethnischer Homogenität und konnte deshalb eine eigenständige jüdische Mentalität und Nationalität nicht anerkennen, ja noch nicht einmal mehr dulden. Mommsens Erklärung ist die Antwort eines Liberalen auf den politischen Antisemitismus als Krisen- und Integrationsideologie eines forcierten Nationalismus.

Mommsen verzieh es Treitschke nie, daß er sich mit dem «Pöbel aller Klassen» gemein gemacht und dem Antisemitismus den «Kappzaun der Scham» genommen hatte. Ihre Freundschaft zerbrach über diesem Streit. Während Mommsen zum erklärten Gegner Bismarcks wurde, feierte Treitschke den autoritären Staat und die bonapartistische Machträson. Der borussische Geschichtsglaube, den der Historiograph Preußens in Wort und Schrift verbreitete, war Mommsen zuwider. Er bekämpfte in Treitschke nicht nur den «Vater des modernen Antisemitismus», sondern auch den Historiker, der «die Pflicht politischer Pädagogik» sträflich vernachlässigt habe. Deshalb traf es Mommsen um so härter, daß Treitschkes fünfbändige «Deutsche Geschichte im 19. Jahrhundert» (1879–1894) als großes historiographisches Werk ebenbürtig neben seine «Römische Geschichte» trat. So setzte er alles daran, Treitschkes Aufnahme in die Berliner Akademie zu verhindern, und legte schließlich 1895 das Sekretariat nieder, als dessen Wahl erfolgte. «Neben dem kann ich nicht bleiben», schrieb er an seine Frau.

Im Kampf gegen den Antisemitismus wankte Mommsen nicht. Immer wieder meldete er sich zu Wort, wurde Mitglied im «Verein zur Abwehr des Antisemitismus» und beteiligte sich an Aktionen, die gegen die Verbreitung antisemitischer Ideologien gerichtet waren. Als die antisemitischen Gruppierungen in Deutschland in den neunziger Jahren wieder großen Zulauf hatten, folgte Mommsen einer Aufforderung des österreichischen Journalisten Hermann Bahr und bezog zusammen mit anderen bekannten Persönlichkeiten gegen den «Antisemitenkatechismus» des Mühleningenieurs Theodor Fritsch Stellung. Aus Mommsens Interview spricht die tiefe Skepsis, durch «logische und sittliche Argumente», überhaupt mit der von seinen liberalen Parteifreunden vielbeschworenen Macht des vernünftigen Wortes die Antisemiten von ihrer aberwitzigen Ideologie abbringen zu können: «Die hören nur auf den eigenen Haß und den eigenen Neid, auf die schändlichsten Instinkte.» 1894 veröffentlichte der niederländische Physiologe Jacob Moleschott in dem «Antisemitenhammer» einen Brief Mommsens, in dem er Ursachenforschung betrieb und Überlegungen zur Überwindung des Antisemitismus anstellte: «Ich bin in der Judenfrage der Ansicht, daß die Kalamität des Antisemitismus ein organischer Schaden unserer Nation ist, der nicht eigentlich geheilt, sondern nur verwachsen werden kann durch die steigende Humanisierung der Deutschen. Wenn unser Osten auf der gleichen Höhe der Kultur stehen wird wie unser Westen, so wird der Antisemitismus nicht schlechthin beseitigt, aber so weit zurückgedrängt, wie dies bei organischen Ländern möglich ist. Bis dahin ist es wohl zweckmäßig, den groben Fälschungen und Verdrehungen der Antisemiten im einzelnen zu antworten und auf den groben Klotz einen groben Keil zu setzen.» Ein Jahr zuvor hatte er in Rom für die Darstellung der antisemitischen Pogrome im zaristischen Rußland aus der Feder des Belgiers Léo Errera das Vorwort verfaßt, in dem er vor dem Selbstmord Rußlands und der Verblendung eines wiederauferstandenen Torquemada warnte. Und als sein langjähriger Weggefährte Ludwig Bamberger am 14. März 1899 gestorben war, hielt Mommsen am Morgen der Beisetzung eine ergreifende Rede, in der er den Freund, der Opfer zahlreicher antisemitischer Anwürfe gewesen war, «den deutschesten Mann» nannte.

2. Außerparlamentarische Opposition: Mommsen und die Gelehrtenpolitik

Mommsens parlamentarische Tätigkeit endete nach den Reichstagswahlen des Jahres 1884, bei denen die Linksliberalen eine schwere Niederlage erlitten. Mommsen kehrte nie mehr in ein Parlament zurück. Dieser durch den Wähler erzwungene Rückzug aus der *vita activa* des Politikers förderte den Prozeß seiner politischen Desillusionierung, bedeutete aber keineswegs das Ende seiner politischen Partizipation. Mommsen stand bis zu seinem Tode konsequent zu dem liberalen Ideal des politisch handelnden Bürgers und engagierte sich in zahlreichen außerparlamentarischen Bewegungen, die im wilhelminischen Kaiserreich eine wirkungsvolle Opposition darstellten.

Als 1871 das politische Ziel des Nationalstaates erreicht worden war und der innere, vor allem verfassungspolitische Ausbau des neugeschaffenen Reiches anstand, saßen noch zahlreiche Professoren, die alte Achtundvierziger waren, in den Parlamenten, ja sie majorisierten sie sogar. Mit Bismarcks Wendung gegen den Liberalismus jedoch und der Einsicht in die Ohnmacht der Abgeordneten erfolgte Ende der siebziger und zu Beginn der achtziger Jahre der Rückzug der Hochschullehrer aus den parlamentarischen Vertretungen. Der Typus des politischen Professors, den Mommsen repräsentierte, verschwand.

Die Vertreter eines zunehmend differenzierten und professionalisierten Wissenschafts- und Universitätssystems partizipierten in immer geringerem Maße an der straff organisierten parlamentarischen und parteipolitischen Willensbildung. Der beschleunigte Ausbau der Ausbildungs- und Forschungsanstalten, die zunehmende Diversifikation wissenschaftlicher Projekte und der Konkurrenzdruck neuer Wissenschaftsinstitutionen forderten ihren Tribut. Schließlich machte ein immer zeitaufwendigeres wissenschaftsorganisatorisches Engagement Mommsen die Entscheidung leichter, kein politisches Mandat mehr anzustreben.

Während die fortschreitende Spezialisierung im wissenschaftlichen Großbetrieb gegen Ende des 19. und zu Beginn des 20. Jahrhunderts die Einheit des Wissens auflöste, wurden zugleich die traditionellen Wertemuster der bildungsbürgerlich-protestantischen Gesellschaft relativiert. Damit wurde auch die Rolle der Hochschullehrer als gesellschaftliche «Sinnstifter» in Frage gestellt. Die offene Konkurrenz kulturell-politischer Leitsysteme führte zu einer tiefgreifenden Verunsicherung, die gerade von den Vertretern der historisch ausgerichteten Leitwissenschaften als Herausforderung begriffen wurde. Sie wollten die gesellschaftliche Relevanz ihrer Disziplinen unter Beweis stellen, überzeitliche Werte vermitteln und sich nicht in die Niederungen der Tagespolitik hinabbegeben. Zudem hatte sich die Mehrzahl der jüngeren Wissenschaftler im Kaiserreich eingerichtet. Optimistisch vertrauten sie auf die Entwicklungsfähigkeit der deutschen Nation und die Integrationskraft eines säkularisierten protestantischen Bildungsideals. Der «Gelehrtenpolitiker» trat in Erscheinung: Der abwägende, unterschiedliche Aspekte berücksichtigende und differenziert argumentierende Hochschullehrer lehnte aus spontaner Erregung geborene politische Manifeste kategorisch ab und vertraute auf Denkschriften, Eingaben und persönliche Gespräche mit einflußreichen Repräsentanten der bürokratischen Elite. Einer Partei schloß er sich nicht an, engagierte sich aber in Vereinen und Verbänden. Er sah sich als Mann der «überparteilichen» Mitte, der das Gemeinwohl über Partikularinteressen stellen wollte und der auf die Überzeugungskraft des rationalen Arguments setzte.

Von der konsensualen Politik der jüngeren, «monarchistischen» Forschergeneration hielt Mommsen wenig. Nur der Angriff war ihm klingendes Spiel. Die politische Indolenz der Angepaßten und Opportunisten verabscheute er. Selbstzweiflerische Anfechtungen in politischen Fragen kannte der streitlustige Ordinarius nicht. So äußerte er sich in den beiden Jahrzehnten vor seinem Tode zu zentralen innenpolitischen Kontroversen: zur Verteidigung der wissenschaftlichen und künstlerischen Freiheit, zur Sozialpolitik und zu gesellschaftlichen Reformen sowie zur imperialen Politik des Deutschen Reiches. Dabei machte er sich die neuen Formen der Gelehrtenpolitik zu eigen, verfaßte Resolutionen, trat Vereinen bei, unterschrieb Petitionen und richtete sein Augenmerk verstärkt auf publizistische Offensiven. Aber Mommsen blieb der «politische Professor», der nach seinem Ausscheiden aus dem Reichstag in der außerparlamentarischen Opposition die Tradition des zivilen Ungehorsams der Revolutionszeit fortsetzte, um die Entscheidungsprozesse in Politik und Gesellschaft zu beeinflussen. Mommsen wurde zur Galionsfigur einer Protestbewegung, die sich gegen die Verschärfung der Zensurbestimmungen wandte und zur Verteidigung der künstlerischen und wissenschaftlichen Freiheit aufrief. Den Auftakt machte der Streit um die sogenannte «Lex Heinze».

1891 standen ein gerichtsnotorischer Zuhälter namens Heinze und seine Ehefrau, eine stadtbekannte Prostituierte, wegen der Ermordung eines Berliner Nachtwächters vor Gericht. Die Presse verfolgte den Sensationsprozeß. In der Bevölkerung wurden Stimmen laut, die nach staatlichen Maßnahmen gegen die zunehmende Verrohung und sittliche Verwahrlosung der Gesellschaft riefen. Mit dem Strafgesetzbuch wollte man gegen die sozialen Folgen der Industrialisierung und den Verlust der traditionellen Wertvorstellungen vorgehen. Wilhelm II. machte sich die Stimmung zunutze und verlangte eine Verschärfung der Strafen für Kuppelei, Zuhälterei und Prostitution. Zugleich sollten «unsittliche» Schriften und Darstellungen verboten werden, die konservative Kreise als Ursache gesellschaftlicher Fehlentwicklungen ausgemacht hatten.

Im Reichstag fand sich für den von allerhöchster Stelle initiierten Gesetzesentwurf zunächst keine Mehrheit. Aber Ende 1897 starteten Konservative und Zentrum, unterstützt von der bayerischen Regierung, einen neuen Versuch, das «Scham- und Sittlichkeitsgefühl» strafrechtlich zu schützen. Im nationalen Parlament zogen sich die Debatten über drei Jahre hin. Die immer wieder überarbeiteten und modifizierten Fassungen des Gesetzes, der «Lex Heinze», wurden begleitet von zahlreichen Kundgebungen der Sittlichkeitsvereine, Jünglingsbünde und christlichen Bauernvereine, die gemeinsam mit Zentrum, Konservativen und Antisemiten im Reichstag eine Kampagne zur moralischen Erneuerung Deutschlands starteten und auf das Wohlwollen des Kaisers rechnen durften. Dagegen formierte sich im liberalen Bürgertum heftiger Widerstand. In Versammlungen und Zusammenkünften organisierte sich die außerparlamentarische Opposition. Resolutionen und Petitionen wurden verfaßt. Zur Speerspitze dieser gegen die «Lex Heinze» gerichteten Bewegung wurde der Goethebund, der am 15. März 1900 in München von namhaften Künstlern, Professoren und Journalisten ins Leben gerufen wurde, um «Angriffe auf die freie Entwicklung des geistigen Lebens» abzuwehren. Zehn Tage später kam es im Festsaal des Berliner Rathauses zur Gründung der Berliner Abteilung des Goethebundes. Nachdem Theodor Mommsen als Verteidiger der akademischen Freiheit mit stürmischen Ovationen begrüßt worden war, hielt der Schriftsteller und Dramatiker Hermann Sudermann eine flammende Rede für die Freiheit von Kunst und Literatur. Ein Aufruf gegen die Gesetzesnovelle fand in der Hauptstadt des Reiches begeisterte Zustimmung.

Überall in Deutschland erhob sich Protest. Die Liberalen und Sozialdemokraten sahen sich in ihrer Ablehnung bestätigt. Der Druck der öffentlichen Meinung zeigte Wirkung. Die Reichsregierung schwankte. Auf Initiative des Zentrums wurde schließlich ein wesentlich entschärftes Gesetz verabschiedet. Otto Hirschfeld schrieb am 11. Juni 1900 an Mommsen: «Lange hat mich nichts so gefreut, als das Scheitern der Lex Heinze. Meine herzlichen Glückwünsche dazu!» Mommsen hatte in Berlin maßgeblichen Anteil an der Gründung und Organisation des Berliner Goethebundes gehabt. Bei den Vorstandswahlen Ende April 1900 wurde er zum Ehrenvorsitzenden gekürt. Bis zu seinem Tod gehörte er zu den aktiven Mitgliedern des Vereins.

Im August des Jahres 1900 formulierte Mommsen in seinem Artikel «Der Goethe-Bund und seine Zukunft» programmatisch die zukünftigen Aufgaben des Bundes. Es gelte, «jeden neuen reaktionären oder unberechtigten Angriff auf die deutsche Geistesarbeit und Geistesfreiheit zu bekämpfen», und dies bedeute die Auseinandersetzung mit dem politischen Katholizismus und den «eigentlichen Ultramontanen», denen gegenüber die deutsche Kultur «sich im Belagerungszustand» befinde. Dies müsse parteipolitische Konsequenzen haben: Bei künftigen Reichstagswahlen dürften die Anhänger des Goethebundes keinem anderen ihre Stimme geben als dem, der «sich verpflichtet hat, unter dem Zeichen Goethes die deutsche Kultur zu achten und zu schützen». Bereits zur Gründung des Hamburger Goethebundes im Mai des Jahres hatte er telegraphiert: «Das Böse sind wir los, die Bösen sind geblieben. Um die Kapitulation von Kunst und Wissenschaft vor dem regierenden Ultramontanismus wird weiter gekämpft werden.» Der aus der Ablehnung der Lex Heinze erwachsene Goethebund sollte zu einem Instrument im Kampf gegen das Zentrum institutionalisiert werden.

Mommsens Engagement im Goethebund war vom Kulturkampf und den antiklerikalen Diskussionen der siebziger Jahre nachhaltig geprägt. Nationale Größe, zivilisatorische Errungenschaft und protestantische Kultur setzte der Pfarrerssohn in eins. In der aufgeheizten Kulturkampfatmosphäre des Kaiserreichs fühlte er sich wohl. Gleichzeitig ergriff Mommsen die Möglichkeit, die Regierungs- und Parlamentspolitik durch außerparlamentarische Aktivitäten zu beeinflussen. Diese Form des öffentlichen Protestes hatte Mommsen zu Beginn der neunziger Jahre im Kampf gegen die Konfessionsschulen erprobt, und zu Beginn des neuen Jahrhunderts wandte er sie an, um die «Voraussetzungslosigkeit der Wissenschaft» zu verteidigen. Für viele liberale und protestantische Bürger hatte er eine politische Führungs- und Vorbildfunktion, und seine Stellungnahmen zu aktuellen Kontroversen ließen Freund und Feind aufmerken.

Die engen Verbindungen mit liberalen Parteien und Gruppen hatten gleichwohl nicht zur Folge, daß Mommsen sich parteipolitisch mißbrauchen ließ. Es spricht für seine intellektuelle Unabhängigkeit und seinen politischen Nonkonformismus, daß er ungeachtet der jeweiligen politischen Konstellationen seiner Meinung immer wieder Gehör verschaffte und sich gegen die Vereinnahmung durch politische Verbündete wie durch politische Gegner wehrte, die sich aus politischem Kalkül seines Ansehens und seines Namens bedienten. So protestierte Mommsen, als sich Mitglieder des Goethebundes und der Freisinnigen Partei auf ihn beriefen, um für die Abschaffung der Theaterzensur zu agitieren. Er vertrat die Auffassung, die völlige Beseitigung dieser Einrichtung sei nicht zu wünschen. Von der Zensur gehe nämlich kaum eine politische Gefahr aus. Vielmehr sei durch die Anziehungskraft, «die die gemißbrauchte Bühne ausüben kann», eine Gefahr für die Sittlichkeit gegeben, der man nicht gleichgültig gegenüberstehen

Bildnis Theodor Mommsens von Hans Seydel

könne, da auch Frauen und Kinder die Theater besuchten. Allerdings wollte er die landläufige Polizeizensur durch «Geschworenenverfahren» ersetzen, um dem Mißbrauch entgegenzuwirken.

Der Politiker Mommsen blieb bis ins hohe Alter lernfähig, wie sich eindrucksvoll an seinem Verhältnis zur Sozialdemokratie zeigt. Zunächst waren die Sozialdemokraten für Mommsen vaterlandslose Gesellen. 1884 bekannte er offen: «Über die Schwere der Gefahr, welche unserer ganzen Zivilisation in der sozialistischen Bewegung droht, täuscht sich niemand, dem das Vaterland wirklich das Höchste und letzte ist; mit allen anderen Parteien kann man sich vertragen und unter Umständen paktieren; mit dieser nicht.» Entsprechend hatte er 1878 das Sozialistengesetz begrüßt und in der Folge gegen seine mehrmaligen Verlängerungen nichts einzuwenden. Wie die Mehrheit seiner politischen Freunde stand Mommsen der sozialen Frage gleichgültig gegenüber. Die Ziele der demokratischen Arbeiterbewegung lehnte er ab. Die Honoratiorenpartei der Freisinnigen wollte die Interessen des liberalen Bürgertums vertreten. Man grenzte sich gleichermaßen vom konservativen, katholischen und sozialistischen Milieu ab. Mommsen, der scharfe Kritiker der ererbten Privilegien, verteidigte den monarchisch-bürokratischen Obrigkeitsstaat und seine patriarchalischen Grundlagen, um das Reich nicht durch den Klassenkampf zu gefährden. So nimmt es kaum wunder, daß Mommsen im November 1891 die sozialen und wirtschaftlichen Forderungen der Buchdrucker, die zum Streik aufgerufen hatten, scharf zurückwies.

Aber seine Frontstellung gegen die Sozialdemokratie verband Mommsen – wie etwa auch Ludwig Bamberger – mit der Kritik an dem Bismarckschen Herrschaftssystem. Durch die opportunistische Taktik des Reichskanzlers, der die Interessenkonflikte und gesellschaftlichen Spannungen zu seinem Machterhalt instrumentalisierte, war der sozialpolitisch notwendige Ausgleich unmöglich gemacht, und die Partikularinteressen konnten folglich obsiegen. In den Erfolgen der organisierten Arbeiterbewegung erkannte Mommsen ebenso wie in der Konsolidierung des politischen Katholizismus und in dem zunehmenden Einfluß von Schwerindustrie und Großagrariern eine ernste Bedrohung für den Staat. Der Rittergutsbesitzer Hans Graf von Kanitz und der Arbeiterführer August Bebel verfolgten in seinen Augen eine materialistische Politik, die der deutschen Nation und dem sie repräsentierenden deutschen Bürgertum nur Schaden zufügen konnte: «Die Parteien, die der wechselnde Opportunismus großgezogen hat, die katholische, die agrarische, die sozialistische wissen nicht minder, daß ihre Sonderinteressen, wenn auch miteinander sich vielfach befehdend, doch alle auf diesem Nährboden gedeihen auf Kosten der Gesamtheit.» Graf von Kanitz, einem überzeugten Verfechter des Schutzzollsystems, war Mommsens Beitrag ein willkommener Anlaß, den unliebsamen Widersacher in einen Beleidigungsprozeß zu verstricken.

Auch nach Bismarcks Entlassung 1890 erblickte Mommsen keine Anzeichen für einen Kurswechsel in der Regierungspolitik. Die soziale Einheit der Nation rückte in immer weitere Ferne. Daher suchte er in den neunziger Jahren Kontakt zu jenen Sozialliberalen um Max Weber, Werner Sombart, Ferdinand Tönnies und Gerhart von Schulze-Gävernitz, die in der innerparteilichen Diskussion die Generation der saturierten Liberalen ablösten und den wilhelminischen Obrigkeitsstaat ablehnten. Von den jungen «Wilden» im «Verein für Sozialpolitik» und im «Nationalsozialen Verein» Friedrich Naumanns erhoffte sich Mommsen neue Impulse für die Parlamentarisierung und Modernisierung des Reiches, und er akzeptierte deren Öffnung zur Sozialdemokratie. Ein sozialer Liberalismus sollte auf die Herausforderungen einer modernen Industriegesellschaft überzeugende Antworten geben und die Klassengegensätze überbrücken. Die Emanzipation der Arbeiter und die Anerkennung der Gewerkschaften und Tarifverträge, sozialer Wohnungsbau und Sozialversicherungen, Betriebsverfassung und Koalitionsrecht wurden nunmehr wichtige Themen im freisinnigen Lager.

Mit den linksliberalen Vordenkern Theodor Barth, Friedrich Naumann und Max Weber vollzog Mommsen einen politischen Paradigmenwechsel. Das Verhältnis zur Sozialdemokratie, vor allem zum revisionistischen Flügel um Eduard Bernstein, wurde neu bewertet. Da ein überwältigender Wahlerfolg der liberalen Parteien nicht zu erwarten war, blieb zur Umsetzung der neuen Sozialpolitik in letzter Konsequenz nur eine Koalition mit den Sozialdemokraten, um die Rechtsparteien aus der Regierung zu verdrängen. Für dieses politische Ziel überwand Mommsen die alten Feindbilder und Vorurteile. Er schloß sich der Position Naumanns und Barths an und interpretierte den sozialdemokratischen Revisionismus als Indiz für einen grundsätzlichen Wandel der organisierten Arbeiterschaft.

Mommsen entschied sich Ende 1902, öffentlich zu einem Bündnis zwischen Linksliberalen und Sozialdemokraten aufzurufen. Auslösendes Moment war der parlamentarische Streit um die Wirtschaftsgesetzgebung der Regierung. Gegen den heftigen Widerstand der Linksliberalen und der Sozialdemokraten sollten neue Schutzzölle auf Getreide eingeführt werden. Im Reichstag kam es zu turbulenten Szenen, die Oppositionsparteien verfielen auf das Mittel der Obstruktion, und die Parlamentsmehrheit änderte sogar die Geschäftsordnung, um die Zolltarifgesetze durchzubringen. In diesem Vorgehen der Regierungsparteien erkannte Mommsen den Umsturz der Reichsverfassung und replizierte in seinem Artikel «Was uns noch retten kann» vom 13. Dezember 1902. «Wir stehen nicht am Schluß, sondern am Beginn eines Staatsstreiches, durch den der deutsche Kaiser und die deutsche Volksvertretung dem Absolutismus eines Interessenbundes des Junkertums und der Kaplanokratie unterworfen werden sollen.» Jetzt entschieden «die verbündeten Interessen niedrigster Art» darüber, «ob Kanäle und Flotten gebaut und wie zum Besten der regierenden Cliquen der Staatsbürger auszubeuten ist und die Wissenschaft zu knebeln». Dagegen forderte Mommsen den «Zusammenschluß aller nicht in diese Verschwörung verwickelten Parteien», und zwar «mit Einschluß der sozialdemokratischen». Diese sei zur Zeit die einzige große Partei, «die Anspruch hat auf politische Achtung». Zudem müsse «dem ebenso falschen wie perfiden Köhlerglauben ein Ende gemacht werden, daß die Nation sich teile in Ordnungsparteien und in eine Umsturzpartei und daß es die erste politische Pflicht der zu jenen sich zählenden Staatsbürger sei, die Millionen der Arbeiterpartei als pestverdächtig zu meiden und als staatsfeindlich zu bekämpfen». Und Mommsen konnte sich nicht enthalten, darauf hinzuweisen, daß «mit einem Kopf wie Bebel ein Dutzend ostelbischer Junker so ausgestattet werden könnten, daß sie unter ihresgleichen glänzen würden».

Anlaß dieser Zeilen sind nicht nur Unmut und Verärgerung über einen Reichstagsbeschluß, der sowohl inhaltlich als auch aus Verfahrensgründen rundweg abgelehnt wurde, sondern auch schwerwiegende Bedenken gegen die innenpolitische Hegemonie der ostelbischen Großgrundbesitzer, die Mommsen früher mit Ludwig Bamberger und jetzt mit Friedrich Naumann und Theodor Barth teilte. Mehr noch: Mommsen hatte in seinem Artikel die neue Position der Linksliberalen gegenüber der Sozialdemokratie publik gemacht und der autoritär-repressiven Agitation, die konservative und nationalistische Kreise gegen das «rote Gespenst» betrieben, eine Absage erteilt. Dafür empfing ihn der Parteitag der Freisinnigen im Dezember 1902 mit stehenden Ovationen, während ihm die konservative «Kreuzzeitung» einmal mehr vorhielt, er habe sich durch seine «Gesinnungsfreunde» zu einer Torheit verleiten lassen. Mit seinem Plädoyer für eine «sozialliberale» Koalition wollte Mommsen den *circulus vitiosus* von sozialdemokratischer Revolutionsrhetorik und bürgerlichen Umsturzängsten durchbrechen.

Politischen Erfolg hatte Mommsens öffentliche Kundgebung allerdings nicht. Eine linke Reformkoalition kam nicht zustande. Mit der Ablehnung des Schutzzollsystems und dem Bündnisangebot an die Sozialdemokraten konnten sich die Freisinnigen keine neuen Wählergruppen erschließen. Die Wahlen zum Reichstag und zum preußischen Landtag des Jahres 1903 brachten den Freisinnigen weitere Stimmenverluste. Die Arbeiterpartei ließ sich politisch nicht vereinnahmen, und die Mehrheit des Bürgertums unterstützte den protektionistischen Kurs der Regierung. Mommsen war tief enttäuscht über den fehlenden Bündniswillen der Sozialdemokraten. «Aber diese ewig Blinden werden auf dem Weg, den sie gehen, nie ein praktischer Faktor in der

Politik werden und höchstens eine Einschränkung des Wahlrechts bewirken, die den Ultramontanen und den Ostelbiern die Herrschaft verstärkt», kommentierte er die Tatsache, daß führende Sozialdemokraten der Idee eines Eintritts in eine bürgerliche Regierung eine Abfuhr erteilt hatten. Resigniert setzte er hinzu: «Mir scheint die Schlacht definitiv verloren.»

3. Der Traum des Alten Mannes: Die Freundschaft mit England

Die traditionell guten Beziehungen, die Mommsen mit englischen Politikern und Wissenschaftlern pflegte, wurden durch den Burenkrieg auf eine harte Probe gestellt. Wie viele Liberale seiner Generation sah Mommsen in dem Inselreich das Mutterland des Parlamentarismus. Überdies beriefen sich linksliberale Politiker nur allzugern auf das ökonomisch erfolgreiche und sozial fortschrittliche England, um ihre wirtschaftlichen und gesellschaftspolitischen Reformforderungen zu untermauern. Die britischen Siege über die südafrikanischen Burenrepubliken Transvaal und Oranje-Freistaat zu Beginn des Jahres 1900 forderten Mommsen jedoch zu einer harschen Stellungnahme heraus, die in der «North American Review» unter dem Titel «German Feeling toward England and America» erschien. Mit deutlichen Worten führte er aus, daß der Burenkrieg die Verachtung habe sichtbar werden lassen, mit der England seine unterworfenen Völker strafe. Die Militäraktionen der britischen Regierung offenbarten die moralische und politische Niedertracht des englischen Systems.

Unversehens fand sich der «alte England-Schwärmer» Mommsen auf der Seite der Alldeutschen, die ihn als liberalen Kronzeugen für ihre Burenschwärmerei und ihre antienglische Hetzkampagne benannten. Gleichzeitig reagierte die englische Presse heftig und wies Mommsens Angriffe scharf zurück. In der Folge entspann sich eine in deutschen und englischen Zeitungen ausgetragene Kontroverse zwischen Mommsen und dem Sprachwissenschaftler Friedrich Max Müller, der seit 1848 in Oxford lebte und seinen deutschen Landsleuten die britische Perspektive näherbringen wollte. Mommsen benutzte die Gelegenheit, um seine Position zu verdeutlichen und seine überzogene Polemik zu relativieren. Folglich wandte er sich gegen die «kolportierte

Britenfresserei» in Deutschland und erkannte die englische Vorherrschaft in Südafrika an. Vor allem war er bemüht, mäßigend auf die öffentliche Meinung einzuwirken.

Wieder einmal mußte Mommsen den Schaden begrenzen, den er selbst durch eine Stellungnahme verursacht hatte, die er in der ersten Verärgerung niedergeschrieben hatte. So hatte der politische Hitzkopf wenige Jahre zuvor in der liberalen Wiener «Neuen Freien Presse» die angeblich gefährliche Lage des Deutschtums in Österreich beschworen, eine Verständigung zwischen Tschechen und Österreichern rundweg abgelehnt und seinen Vorurteilen gegen die slawische Kultur freien Lauf gelassen. Auch damals belehrte ihn weniger eine Rüge Wilhelms II. als der Beifall der alldeutschen Nationalisten, daß er einen Fehler begangen hatte.

Im Jahr 1900 nutzte Mommsen die Debatte um den Burenkrieg, um sich von der antienglischen Agitation der Flottenfetischisten zu distanzieren, die die Ereignisse in Südafrika als Symbol der britischen Arroganz interpretierten und England in Zukunft durch eine starke deutsche Marine in die Schranken weisen wollten. Doch nicht nur nationalistische Kreise forderten eine forcierte maritime Rüstung. Auch manchen Freisinnigen faszinierte die Vorstellung einer schlagkräftigen Kriegsflotte. Mommsen jedoch hatte erhebliche Zweifel an der von Max Weber, Friedrich Naumann und anderen Liberalen in Umlauf gesetzten Theorie, daß eine imperialistische Expansionspolitik auf den Weltmeeren in der Heimat die sozialen Gegensätze überwinden und das innenpolitische Gefüge des Reiches modernisieren könnte. In einem Interview mit der Wiener «Neuen Freien Presse» vom 6. August 1898 fand Mommsen deutliche Worte: «Um offen zu sein, ich meine, für uns ist die Marine nur ein Sport. Ich sage also: Die Marinepläne sind Sport, nicht etwa Dummheit. Wir brauchen die Marine, um für unsere überseeischen Handelsinteressen zu demonstrieren. Also einen demonstrativen Charakter soll unsere Marine haben, aber Welteroberung steht unserem Sinn fern. Eine Flagge brauchen wir auf den Meeren – es ist aber recht gleichgültig, wie viel Kanonen dahinter stecken.»

Mommsen verfolgte in der Flottenfrage keine machtpolitischen Ziele, sondern teilte Lujo Brentanos Standpunkt, daß eine starke militärische Präsenz auf den Weltmeeren nur Deutschlands Handelsinteressen sichern könne. Eine ökonomisch motivierte «Flottenpolitik» sollte die Entwicklung Deutschlands vom feudalen Agrarstaat zum modernen Industriestaat beschleunigen und die alten reaktionären Eliten entmachten. Von militärischen Abenteuern vor fernen Gestaden hielt Mommsen nichts. Als im Sommer 1900 in China der Boxeraufstand ausgebrochen war und ein internationales Expeditionskorps unter deutschem Oberbefehl nach Peking entsandt wurde, bemerkte er süffisant, daß «unter angeheiterter Gesellschaft nüchterne Leute einen schweren Stand» hätten. Mommsen lehnte die interventionistische Politik der europäischen Großmächte ab, die für sich in Anspruch nahmen, die abendländische Zivilisation in China zu verteidigen. Schon in seiner Rede zur Feier des Geburtstags von Wilhelm I. am 19. März 1885 hatte er gemahnt, das «Heil der Nation» in der «Beschränkung auf die eigenen Grenzen» zu sehen, und mit den Worten geschlossen: «Wir wissen es alle und danken es ihm alle, daß unser Kaiser und Herr von allen seinen Siegen nichts höher schätzt, als daß sie ihm das Recht und die Macht gaben, der Hort des Weltfriedens zu heißen und zu sein.»

Mommsen versuchte zu verhindern, daß die Flotte auch von liberaler Seite als Instrument antibritischer Politik aufgebaut wurde. Deutsch-englische Differenzen sollten in der Presse nicht hochgespielt werden. Vorsichtig abwägend kommentierte Mommsen deshalb auch die Bemühungen der deutschen Regierung, einen Besuch des burischen Präsidenten Paul Krüger in Berlin zu verhindern. Denn im Herbst 1900 suchte Krüger durch eine Europareise politische Unterstützung von den europäischen Großmächten zu erlangen. Eine Welle der Begeisterung empfing ihn auf dem Kontinent. Die deutsche Reichsleitung zeigte sich allerdings ausgesprochen reserviert. Es sollte unter allen Umständen der Verdacht vermieden werden, Deutschland ergreife Partei für den Transvaal. Selbst Wilhelm II., der noch Anfang Januar 1896 in der Krügerdepesche dem burischen Staatsoberhaupt zu seinem Erfolg über die Engländer gratuliert hatte, war im Jahre 1900 nicht willens, den Buren in irgendeiner Weise zu helfen. So verweigerte man Krüger die Passage von Südafrika nach Europa auf einem deutschen Schiff. Die offizielle deutsche Politik rief empörte Reaktionen in der Presse und der Bevölkerung hervor.

Mommsen hingegen stellte zwar die erschreckend brutale britische Kriegführung in Südafrika an den Pranger, aber er plädierte nachdrücklich dafür, die «Notwendigkeit der Verhältnisse» anzuerkennen und Krüger nicht zu empfangen. Die lautstark vorgetragenen Forderungen anglophober Fanatiker, sich ohne Zögern auf die Seite Krügers zu stellen und auch nach Ende der Kampfhandlungen militärisch einzugreifen, wies ein nunmehr realpolitisch argumentierender Mommsen zurück: Die drohende Gefahr einer deutsch-englischen Konfrontation müsse unter allen Umständen abgewendet werden. Damit hatte er sich die Position der Regierung zu eigen gemacht, die aus nationalem Interesse jede Provokation Englands vermeiden und die bilateralen Beziehungen normalisieren wollte.

Der «Englandschwärmer» Mommsen war durchaus in der Lage, seine aus liberalen Idealen geborene Anglophilie mit einer ihm notwendig erscheinenden Kritik der britischen Südafrikapolitik zu verbinden. Nach dem Entrüstungssturm, den sein Artikel in der North American Review in England ausgelöst hatte, verwarf Mommsen die britische Politik nicht mehr in Bausch und Bogen, sondern bediente sich einer differenzierenden Argumentation. Seine letzte politische Erklärung sollte die Grundlage für eine deutsch-englische Verständigung legen. Mit Lujo Brentano und Theodor Barth machte er jetzt zwei miteinander rivalisierende Strömungen auf der Insel aus: die eine liberal und friedensliebend, die andere reaktionär und imperialistisch. In den englischen Liberalen erkannte Mommsen natürliche Verbündete. Gemeinsam mit ihnen wollte er für die Idee der Völkerverständigung werben.

Über Brentano lernte Mommsen im Frühjahr 1903 George Trevelyan kennen, einen Neffen des liberalen Politikers und Historikers Thomas Babington Macaulay, der gemeinsam mit einer Anzahl jüngerer Intellektueller eine neue Monatsschrift, die «Independent Review», herausgab, deren besondere Aufgabe es sein sollte, wie Brentano an Mommsen schrieb, die «Freundschaft mit Deutschland insbesondere und anderen Nationen zu pflegen und dem Fortschritt zu dienen». Mommsen ließ sich von seinem englischen Parteifreund Trevelyan davon überzeugen, daß er durch einen Artikel nicht nur einen wichtigen Beitrag zur deutsch-englischen Aussöhnung leisten, sondern die Mißverständnisse, die auf der Insel seit seinen Äußerungen zum Burenkrieg über sein Verhältnis zur englischen Nation und zur englischen Politik bestünden, aus dem Wege räumen könne. Zugleich wollte Mommsen mit seiner Wortmeldung auch den liberalen Parteifreunden in England einen innenpolitischen Dienst erweisen, indem er ihre Position gegen den Kolonialminister Joseph Chamberlain und überhaupt gegen die konservative Regierung zu unterstützen gedachte.

Am 1. Oktober 1903 erschien in der ersten Ausgabe der «Independent Review» Mommsens Artikel «A German's Appeal to the English» im deutschen Original und mit einer englischen Übersetzung. Mommsen nahm seine prinzipielle Kritik am Burenkrieg mit keinem Wort zurück und warb um Verständnis für seine frühere Empörung. Aber er bekundete seine Bewunderung für das politische System Englands, kritisierte die außenpolitischen Ziele der deutschen Nationalisten, verteidigte die überseeischen Interessen Deutschlands, betonte die Notwendigkeit eines friedlichen Wettbewerbs und bekannte sich zur deutsch-britischen Freundschaft. «Wir haben unsere nationalen Narren – bei uns heißen sie ‹Alldeutsche› –, welche einen eigenen alle Herrlichkeit des Menschengeistes in sich beschließenden germanischen Adam dem allgemeinen substituieren. Wir haben neben dem berechtigten Wunsch im Handelsverkehr, in der Meerbeherrschung, in der Besiedelung der nichteuropäischen Gebiete unseren Platz an der Sonne einzunehmen und zu behaupten, auch bösen Haß und Neid gegen ältere und glücklichere Konkurrenten. Aber ich weiß, daß ich nicht nur für mich, sondern für die Besten meines Volkes und für dessen große Mehrzahl spreche, wenn ich sage, daß wir wohl einen einzelnen Akt der englischen Nation gemißbilligt haben, und mißbilligen werden, ihr selbst aber uns näher verwandt und in jeder Beziehung inniger verbunden fühlen als jeder anderen. Ist doch der Kern der englischen Sprache auch heute noch sächsisch, und ist Shakespeare, wie für England so auch für Deutschland, der geistige Befreier geworden, und geradezu der Vater unserer Poesie.» Er schloß seinen Aufsatz mit den Worten: «Ich blicke zurück auf ein langes Leben; von dem, was ich für meine Nation und über ihre Grenzen hinaus hoffte, hat sich nur weniges erfüllt. Aber die heilige Allianz der Völker ist das Ziel meiner Jugend gewesen, und ist noch der Stern des alten Mannes; und auch dabei bleibt es, daß den Deutschen und den Engländern bestimmt ist, ihre Wege zu gehen Hand in Hand.»

Indes, das außenpolitische Manifest zeigte nicht die erhoffte Wirkung. In England fand Mommsen nur den ungeteilten Beifall seiner liberalen Freunde, die betonten, er habe sich mit dieser Palinodie eindrucksvoll von seinem Artikel in der «North American Review» distanziert. Doch die Mehrheit der Engländer empörte sich über die deutsche Belehrung, und vor allem «Chamberlains Gefolge» geiferte gegen den Gelehrten. Nicht einen Deut zurückhaltender war die Polemik nationalistischer Kreise in Deutschland. Der Alldeutsche Verband entrüstete sich, Mommsen habe «wider besseren Wissens» versucht, «20000 deutschen Männern in einer ausländischen Zeitung die politische Ehre abzuschneiden», und forderte ihn nachdrücklich auf, den Ausdruck «alldeutsche Narren» zurückzunehmen und für die dem Verband angetane Beleidigung Abbitte zu leisten. Mommsen war über die feindlichen Reaktionen diesseits und jenseits des Kanals deprimiert. Enttäuscht wandte er sich von der deutschen und der englischen Innenpolitik ab und beschloß, sich in der Angelegenheit nicht mehr zu Wort zu melden. Am 15. Oktober 1903 schrieb er an Brentano: «Ich bin krank und müde und werde fortfahren zu schweigen. Jede Antwort wird nur weitere Diskussion hervorrufen, wobei die ‹Narren› doch das letzte Wort behalten würden.»

Die versöhnenden Zeilen, die Mommsen in der «Independent Review» wenige Wochen vor seinem Tode veröffentlicht hatte, dürfen mit gutem Recht als sein politisches Vermächtnis gelten, das jedoch angesichts der weltpolitischen Ambitionen und der aggressiven Flottenpolitik des Kaiserreichs schon zum Zeitpunkt seiner Veröffentlichung anachronistisch war.

4. *«Animal politicum»: Vom Bürgersinn eines Liberalen*

«Politische Stellung und politischen Einfluß habe ich nie gehabt und nie erstrebt; aber in meinem innersten Wesen, und ich meine, mit dem Besten was in mir ist, bin ich stets ein *animal politicum* gewesen und wünschte ein Bürger zu sein.» Dieser häufig zitierte Satz aus Mommsens berühmter Testamentsklausel vom 2. September, dem Sedantag des Jahres 1899, ist ein grundsätzliches Bekenntnis zur politischen Verantwortung des selbstbewußten, den Idealen der Revolution von 1848 verpflichteten Bürgers. Es folgen jedoch Worte tiefer Resignation: «Das ist nicht möglich in unserer Nation, bei der der Einzelne, auch der Beste, über den Dienst im Gliede und den politischen Fetischismus nicht hinauskommt. Diese innere Entzweiung mit dem Volke, dem ich angehöre, hat mich durchaus bestimmt, mit meiner Persönlichkeit, soweit mir dies irgend möglich war, nicht vor das deutsche Publikum zu treten, vor dem mir die Achtung fehlt.»

Die politischen Hoffnungen, die Mommsen mit der Reichsgründung von 1871 verbunden hatte, waren zerstoben. Nach der innenpolitischen Wende von 1878 und dem Berliner Antisemitismusstreit machte sich Verbitterung breit. Eine Gemeinschaft der geistig und materiell, der moralisch und politisch Freien war das Ziel des Achtundvierzigers, und an dem Maß der Verwirklichung dieser Ideale wurde die zeitgenössische Gesellschaft gemessen. In seiner Rede zur Vorfeier des Geburtstages des Kaisers vom 18. März 1880 warnte er vor «einer spontanen Generation neuer moralischer Seuchen, die mit epidemischer Gewalt um sich greifen und an den Grundlagen unserer Gesellschaft rütteln». Provozierend fragte er: «Ist das Reich Kaiser Wilhelms wirklich noch das Land Friedrich des Großen, das Land der Aufklärung und der Toleranz, das Land, in dem nach Charakter und Geist, und nicht nach Konfession und Nationalität gefragt wird?»

Fünf Jahre später, am 21. Mai 1885, schrieb er an seine Frau: «Die Zeiten haben sich geändert; die öffentliche Meinung behandelt die Liberalen jetzt wie vor einem Menschenalter die Konservativen; wer nicht umschlägt oder sich eklipsiert, der wird gehetzt wie ein toller Hund. Das sage ich Dir jetzt, und Du wirst mir gehorchen, auch wenn ich nicht mehr bin: Auf meinem Grabe soll weder ein Bild noch ein Wort, nicht einmal mein Name stehen, denn ich will von dieser Nation ohne Rückgrat persönlich so bald wie möglich vergessen sein und betrachte es nicht als Ehre, in ihrem Gedächtnis zu bleiben.»

Vierzehn Jahre vor der Abfassung der Testamentsklausel hatte Mommsen deren politische Aussage in jenem Brief an seine Frau antizipiert und ein Thema aufgegriffen, das er bis zu seinem Tod in immer neuen Variationen behandeln sollte: die fehlende charakterliche Festigkeit der deutschen Nation und der «germanische Servilismus» eines marklosen, nichtswürdigen und feigen Volkes. Bismarck, den er mit einem Faustzitat als «Spottgeburt von Dreck und Feuer» bezeichnete, hatte «der Nation ihr Rückgrat gebrochen».

Der zeitgeschichtliche Hintergrund dieser politischen Depression ist offenkundig. Mommsen hatte seit 1848 die Idee des Nationalstaates als Garanten des Fortschritts verstanden und verteidigt. Die Reichsgründung und die «liberale Ära» der Jahre 1871 bis 1878 waren von der Zuversicht auf eine erfolgreiche bürgerlich-liberale Politik und auf den liberalen Ausbau der Reichsverfassung begleitet worden. Mit dem machtpolitisch motivierten Wechsel in Bismarcks Innenpolitik nach 1878 fanden diese hochgespannten Erwartungen jedoch ein jähes Ende. Mommsen wollte als Mitglied des Reichstages dem neuen Kurs nicht folgen und polemisierte aus politischer Enttäuschung heftig gegen den in seinen Augen allmächtigen Bismarck. Die Radikalisierung und Dynamisierung des Nationalismus war ihm ein Graus. Hellsichtig diagnostizierte er den «Irredentismus», die «Protestlerei» und den «Antisemitismus» als Folgekrankheiten eines illiberalen «Einheitsfanatismus», der die zivilisatorischen Grundlagen der deutschen Nation zu zerstören drohte. Doch politisches Kapital vermochte seine Partei, der «Freisinn», aus diesen überzeugenden Analysen nicht zu schlagen. Die Mehrheit der Freisinnigen pflegte lieber alte dogmatische Gegensätze, führte esoterische Verfassungsdebatten und verprellte die Wähler. Der parlamentarische Niedergang war unaufhaltsam.

Kurzfristig hoffte Mommsen, mit dem Regierungsantritt Friedrichs III. beginne ein neues liberales Zeitalter. Doch als er am 15. Juni 1888 in Rom die «dumpfen Glockenschläge» vom Kapitol vernahm, die den Tod des Kaisers kündeten, glaubte er, das «Totengeläute Deutschlands» zu hören. Auch von Bismarcks Entlassung im Jahre 1890, die Mommsen eine «wahre Erlösung» war, konnten die Freisinnigen nicht profitieren. Es gelang ihnen wiederum nicht, die innerparteilichen Spannungen zu überwinden und mit einem schlüssigen Parteiprogramm neue Wähler im Bürgertum oder in der Arbeiterschaft anzusprechen. 1893 stand eine neue Spaltung der Partei an. Mommsen sympathisierte bis zu seinem Tode mit der Freisinnigen Vereinigung, die im Reichstag ein Schattendasein führte. Die politischen Entwicklungen der neunziger Jahre, der «Byzantinismus» und «Absolutismus» Wilhelms II., die Maßnahmen gegen Demokratie, Pluralismus und Arbeiterbewegung, das endlose Ringen um den Schlachtflottenbau und der fortschreitende Zerfall des Linksliberalismus bedrückten Mommsen. Er beklagte das Ende einer bildungsbürgerlich bestimmten, liberalen politischen Kultur und prognostizierte die Auszehrung des konstitutionellen Fundaments des deutschen Nationalstaates. Es sei eben nicht zu ändern, schrieb er im August 1900, «daß die Deutschen keinen Bürgersinn haben, daß sie sich bereitwilligst regieren lassen, auch auf Verlangen steuern und heuern, daß ihnen aber der Militarismus und die Bismarckerei die Selbstbestimmung gründlich ausgetrieben haben». In diesem Land wollte er nicht von offizieller Seite geehrt werden und untersagte seine Ernennung zum Wirklichen Geheimen Rat mit dem Prädikat Exzellenz, die zu seinem achtzigsten Geburtstag geplant war.

Trotz seiner niederschmetternden Bewertung der politischen Situation trat Mommsen als «überständiger Meergreis» immer wieder mit vielbeachteten Stellungnahmen zu kontroversen Themen an die Öffentlichkeit. Ihm eignete zum einen die feste Überzeugung, daß die bürgerliche Leitdisziplin Geschichte die «Lehrmeisterin der Gegenwart» sei. Deshalb nahm Mommsen für sich eine besondere Kompetenz in der historischen Gegenwartsdeutung in Anspruch und forderte, daß der Historiker die Regeln der politischen Pädagogik beachten müsse. Zum anderen blieb er als alter Mitkämpfer der liberal-nationalen Bewegung ein politisch denkender und handelnder Bürger und zog sich nicht auf die Position eines weltabgewandten Kritikasters zurück. Politik durfte nicht den Berufspolitikern überlassen werden. Diesen neuen Typus des professionellen Mandatsträgers verachtete Mommsen. Politik war kein Beruf, sondern bürgerliche Pflicht: «An der Gleichgültigkeit gegen das politische Leben mehr noch als an der Feindseligkeit gegen die gesunde staatliche Entwicklung krankt unsere Nation. Gewiß ist nicht bloß das politische Lied ein garstiges; auch die politische Tätigkeit ist wohl bei den Berufenen als Lebensarbeit das Größte und Höchste, was der Mensch zu leisten vermag; aber wo sie nur beiläufig an den Menschen herantritt, immer undankbar und unbequem. Aber sie ist Männerpflicht; und es ist recht übel, daß unsere Literaten und Künstler in dieser Hinsicht vielfach sich verhalten wie die Frauen.»

Bis in seine letzten Tage blieb Mommsen kämpferisch und steckte, wenn es not tat, «den Professor in die Tasche». Sein wissenschaftliches Renommee ließ fast jede seiner Stellungnahmen zu kontroversen Themen der Innen- und Außenpolitik zu einem öffentlichen Ereignis werden. Seine Artikel in der «Vossischen Zeitung» wurden einem liberalen Bürgertum zu Erweckungserlebnissen. Mehr als einmal versetzte er seine politischen Widersacher in Rage. Wie viele Liberale seit eh und je wurde Mommsen von rechts und links angegriffen. Es war ein immer wiederkehrender Topos der gegen Mommsen gerichteten Polemik, daß ihm zwar wissenschaftliche Meisterschaft zugebilligt, politische Einsicht hingegen abgesprochen wurde. Gerade konservative Biographen habe diese Beurteilung nur allzugerne ausgeschrieben. Einen «Amateurpolitiker» hat man ihn gescholten, dem «wirkliche politische Begabung» gefehlt habe und der «seine Kunst, zu sprechen und zu schreiben, nicht selten einer politischen Aufwallung» geliehen habe, «die sie nicht verdiente».

Mehr noch: Jede Stunde, die Mommsen statt mit der Wissenschaft mit dem «Politisieren» zubrachte, wurde zu einem «unersetzlichen Verlust» für die Altertumsforschung erklärt. Mommsen selbst hat in einem Brief an Fritz Jonas die richtige Antwort auf solche Vorhaltungen gegeben: «Und auch dafür danke ich Ihnen, daß Sie nicht, wie so viele innerliche Plebejer, gesagt haben, wie kann der Mann, der Besseres zu tun hat, sich um Politik kümmern. Ich mag darin wohl geirrt und gefehlt haben; aber der schlimmste aller Fehler ist, wenn man den Rock des Bürgers auszieht, um den gelehrten Schlafrock nicht zu kompromittieren.» Gewiß, Mommsen war kein Meister des politischen Faches. Taktieren, Kombinieren und Intrigieren lagen ihm fern. Doch er war ein aufrechter Liberaler, ehrlich und geradeheraus. Viele Freunde machte er sich mit seiner Art nicht, aber er handelte und sprach in der Gewißheit, sich selbst treu geblieben zu sein.

Mommsens Biographie ist die eines liberalen Achtundvierzigers. Wissenschaft und Politik waren ihm untrennbar. Eine *reservatio mentalis*, einen grundsätzlichen Vorbehalt gegenüber politischer Aktivität kannte er nicht. Zwischen dem hohen Ethos seiner philologisch-historischen Detailforschung und dem Pathos seiner politisch-normativen Geschichtsschreibung bestand kein Widerspruch. Doch während er als Wissenschaftler optimistisch in die Zukunft blickte, verdüsterte sich ihm der politische Horizont. Ihn quälte die Frage, warum die hehren politischen Ziele trotz des manifesten wirtschaftlichen, kulturellen und wissenschaftlichen Aufschwunges des Deutschen Reiches nicht erreicht worden waren. Es ist schwer zu sagen, was ihn in tiefere Verzweiflung stürzte: der Weg, den Deutschland seit Ende der siebziger Jahre nahm und der seiner Meinung nach ins nationale Unglück führte, oder die Tatsache, daß er nicht das Geringste an den Zeitläuften zu ändern vermochte. Angesichts der desolaten politischen Verhältnisse konnte er sich nicht der Anerkennung freuen, die ihm weltweit als Wissenschaftler entgegengebracht wurde. Seine Testamentsklausel vom September 1899 spiegelt unmittelbar die Einsicht in die eigene politische Ohnmacht. Sie zeugt von dem fehlenden parlamentarischen und gesellschaftlichen Machtpotential eines in sich gespaltenen, krisenhaft erschütterten Liberalismus.

Der mit der Reichsgründung einsetzende Prozeß, in dessen Verlauf sich die Trennung der nationalen Einheitsidee von den liberalen Freiheitsidealen vollzog, empfand Mommsen über drei Jahrzehnte hinweg als schmerzliche politische Offenbarung. Unter dem «persönlichen Regiment» Wilhelms II. beschleunigte sich die politische Isolierung des linksliberalen Historikers. Der Eiserne Kanzler, so schien es Mommsen, hatte endgültig gesiegt. Nach 1890 wurden 700 Bismarcktürme und -säulen im protestantischen Deutschland errichtet, und den nationalistischen Bismarckkult betrieben Alldeutsche, Fichte-Bünde, imperialistische Flotten- und Ostmarkenvereine, die mehr und mehr Einfluß auf die öffentliche Meinung und Politik gewannen. Mommsens Stimme, die Stimme des bedeutenden und mit Ehren überhäuften Gelehrten, wurde zwar noch weithin vernommen, aber kaum jemand hörte mehr auf sie. Er repräsentierte am Ende seines Lebens eine politisch marginale, einflußlose Gruppierung des liberalen Bürgertums. Längst gaben andere selbsternannte Kulturkritiker den Ton an: Paul de Lagarde, Julius Langbehn und Houston Stewart Chamberlain. Mommsen fühlte deutlich seine politische Machtlosigkeit. Dem Patrioten wurde sein Vaterland fremd. Leidenschaftliche Polemik und tiefe Depression wechselten einander ab.

Mommsen registrierte sehr wohl, daß die ideelle Kohärenz von Bürgertum und Obrigkeitsstaat immer mehr schwand und die Gesellschaft einem rasanten Wandel unterworfen war. Aber zu einer überzeugenden Ursachenanalyse, die Handlungsoptionen aufgewiesen und die Erosion des bürgerlichen Liberalismus erklärt hätte, konnte er sich nicht durchringen. Mommsen klammerte sich vielmehr an die Utopie einer klassenlosen Bürgergesellschaft, die durch vorsichtige Reformen herbeigeführt werden sollte, und polemisierte gegen die kleinliche Beschränktheit selbstzufriedener Durchschnittsbürger. Die freiheitlichen Ideale der 48er Revolution immunisierten den Kulturbürger kleindeutsch-protestantischer Prägung gegen die Versuche des wilhelminischen Nationalismus und seiner Integrationsideologien. Doch die für die Liberalen seiner Generation typische Diastase zwischen Fortschritt und Beharrung machte es ihm zugleich unmöglich, Antworten auf die Herausforderungen einer industrialisierten Massengesellschaft zu finden. Auch die Öffnung zur Sozialdemokratie änderte nichts an der

Tatsache, daß der traditionelle liberale Fortschrittsbegriff weder die neue Mittelschicht noch die Arbeiterklasse erreichte. Die politische Marginalisierung der linksliberalen Parteien war die Folge. Der Pessimismus des alten Mommsen, dem es nicht möglich schien, in seiner deutschen Heimat Bürger zu sein, präludiert die Krise des bürgerlichen Selbstverständnisses und Selbstbewußtseins im 20. Jahrhundert.

VII. «LIEBE MARIE!»: DER MENSCH

1. *«Kinder erziehen ist ein beschwerliches Geschäft»: Die Familie*

Im Alter von zweiundzwanzig Jahren gab die Tochter des wohlhabenden Leipziger Verlegers Karl Reimer dem fünfzehn Jahre älteren Zürcher Universitätsprofessor ihr Jawort. Marie Reimer und Theodor Mommsen heirateten aus Liebe. Es war eine «Herzensangelegenheit» und kein Arrangement der Eltern. Zuvor hatte Mommsen jedoch die Zustimmung des Brautvaters zur Heirat einholen müssen. Da Reimer den aufstrebenden Gelehrten seit vielen Jahren kannte und schätzte, stimmte er dem Antrag ohne Zögern zu. Hochzeit wurde am 10. September 1854 in Leipzig gefeiert.

Daß Marie deutlich jünger war, entsprach den Konventionen. Weit über die Hälfte der Frauen bürgerlicher Herkunft, die damals eine Ehe schlossen, waren keine 25 Jahre alt. Sie wollten nicht zu lange zuwarten und zu viele Chancen ausschlagen, um das bittere Los der unversorgten «alten Jungfer» zu vermeiden. Mommsen wiederum freundete sich erst dann mit dem Gedanken einer festen Bindung an, als seine berufliche Existenz in Zürich gesichert war. Über fünfzig Prozent der Männer heirateten jenseits des dreißigsten Geburtstages.

Das bürgerliche Ideal einer auf Liebe gegründeten Ehe begleitete Mommsen sein ganzes Leben. Schon der Verlobten schickte Mommsen leidenschaftliche Gedichte und anrührende Briefe. Bis an sein Lebensende wird er seine Frau in seinen Versen überhöhen und die Einzigartigkeit ihrer Verbindung zelebrieren. Zu ihrem 70. Geburtstag am 1. Juli 1902 dichtete er:

«Die Rosen, die wir oft gesetzt,
Sie hielten keine Treu;
Allein die Linde steht noch jetzt
Und blüht Dir jährlich neu.

Doch eines weiß ich, was mir blieb
Und fest hielt mit mir aus:
Du bist es, mein geliebtes Lieb,
Du Segen unserm Haus.»

Theodor und Marie Mommsen in Zürich (1858)

In der Ehe waren die Rollen eindeutig definiert. Der Mann wirkte in der Öffentlichkeit, die Frau in der Familie. 1847 hatte Karl Theodor Welcker in seinem Artikel «Geschlechterverhältnisse» im Staatslexikon aus der «polarisch entgegengesetzten» Natur der Eheleute ihre körperliche, moralische und geistige Verschiedenheit abgeleitet. Der «stärkere, kühnere, freiere Mann» war der «schaffende Gründer, Lenker, Ernährer und Schützer der Familie», den es hinaus «ins äußere Leben» und «zum äußeren Wirken» trieb. «Die schwächere, abhängige, schüchterne Frau» machte Welcker zum «Schützling des Mannes», der er das «stillere Haus» zuwies und als deren Aufgaben er das «Tragen, Gebären, Ernähren und Warten», «die Führung des Haushaltes» sowie «die Bewahrung der heiligen Flammen des häuslichen Herdes» benannte.

Pflichterfüllung und Disziplin kennzeichneten das Leben der Eheleute Mommsen. Die patriarchalische Familienstruktur wurde von keinem der Ehepartner in Frage gestellt. Theodor Mommsen, der soziale Aufsteiger aus dem Pfarrhaus, lebte fast ausschließlich seinem Beruf und seinem politischen Ehrgeiz. Die Mündigkeits- und Freiheitsforderungen, die der Bürger Mommsen immer auf den Lippen führte, erschütterten nicht sein traditionelles Frauenbild. Marie Mommsen ordnete sich freiwillig unter, war selbstlos für ihren Mann und die Kinder da und ertrug gütig über Jahrzehnte die Eigenheiten ihres Gatten, der ihr durch seine Angewohnheit, nachts bei Kerzenschein zu lesen, sogar den Schlaf raubte. Ihr oblag die Erziehung der Kinder, die Kontrolle der Dienstboten und die sparsame Haushaltsführung. Wenn ihr Mann auf einer seiner zahlreichen Forschungsreisen war, erwartete sie ungeduldig seine Briefe, in denen er seine Erlebnisse in der Fremde schilderte und seiner Sehnsucht nach der «lieben Marie» Ausdruck verlieh. Marie Mommsen verbrachte die meiste Zeit ihres Lebens im Haus. Gemeinsame Reisen der Eheleute an die Ostsee, nach Helgoland oder Italien waren selten. Nur schwer ertrug Mommsen die jährlichen Kuraufenthalte seiner Frau in Bad Nauheim, zu denen sie seit Beginn der neunziger Jahre durch ein Herzleiden gezwungen wurde. Ihre Abwesenheit drückte auf die Stimmung der ganzen Familie, deren Mittelpunkt sie war.

Marie Mommsen hatte im Haus völlig freie Hand. Sie verwaltete auch das Geld. Theodor Mommsen unterschrieb nur die Gehaltsquittungen für die Dienstmädchen, und Marie soll ihm regelmäßig das Portemonnaie aufgefüllt haben. Sie erachtete es als ihre Pflicht, sich um die kleinsten Details des häuslichen Lebens zu kümmern. Für Kohleherd und Kleidernähen, für Kochen und Vorratswirtschaft war sie zuständig. Für gröbere Arbeiten, für Putzen, Waschen und Bügeln, gingen ihr Hausmädchen zur Hand. Ihr Platz war die Sofaecke im Wohnzimmer, von der aus sie den Haushalt dirigierte und die Familienkorrespondenz führte. «Das stille Wirken der Mutter war», wie es ihre Tochter Adelheid formulierte, «zur Selbstverständlichkeit geworden.»

Das Eheleben begann für Marie mit einer raschen Folge von Schwangerschaften. Familienplanung und Geburtenkontrolle, die im 19. Jahrhundert zumeist eheliche Enthaltsamkeit bedeutete, wurden im Hause Mommsen nicht praktiziert. Die ersten beiden Kinder wurden in Breslau geboren: die von Mommsen innig geliebte Tochter Marie (1855) und der «Erbprinz» Wolfgang (1857). Vierzehn weitere kamen in Berlin zur Welt, zwölf der sechzehn haben die Eltern überlebt. Zwischen 1861 und 1866 sowie zwischen 1869 und 1874 wurden jeweils sechs Kinder im Abstand von je einem Jahr geboren. Als Marie Mommsen 1876 ihr letztes Kind zur Welt brachte, war sie 44 Jahre alt. Jede Geburt war ein Freudenfest, und Mommsen war dankbar, daß seine Frau Schwangerschaft und Wochenbett überstanden hatte und die Kinder wohlauf waren. Drei Söhne wurden Opfer der hohen Säuglings- und Kindersterblichkeit: Die beiden Jüngsten, Max und Otto, ereilte der Tod im Alter von drei und dreizehn Monaten. Kurt starb im April 1869 noch nicht siebenjährig an Scharlach. Der Tod der Kinder traf die Eltern schwer.

Sechzehn Kinder waren auch für damalige Verhältnisse eine stattliche Zahl. Gingen zu Beginn des 19. Jahrhunderts durchschnittlich noch sieben Kinder aus bürgerlichen Ehen hervor, so kamen Ende des Jahrhunderts im statistischen Mittel keine drei Geburten mehr auf eine Ehe. Die vielen Münder, die gestopft werden wollten, stellten auch den Professor, der ein ordentliches Gehalt bezog und sich mancher Sonderzuwendung erfreuen konnte, vor materielle Probleme. Die Kargheit der Lebensführung und die Notwendigkeit einer sparsamen Bewirtschaftung des Familienbudgets, die Adelheid Mommsen bezeugt, sind denn mehr als nur Topoi bürgerlicher Memorabilienliteratur. Die Kinder mußten sich wochentags oft mit einem Teller Milchsuppe und einer Scheibe trockenen Brotes begnügen, während die Eltern, vor allem der Vater, sich reichhaltiger Speisen erfreuen konnten. Die Erwachsenen wollten auch am Tisch zu protestantischer Genügsamkeit erziehen. Die Schokoladensuppe war den Söhnen und Töchtern jedenfalls ein Sonntagsschmaus.

Es wäre indes ein Trugschluß zu glauben, die Familie hätte Mangel leiden müssen. Nach seinem Wechsel von Breslau nach Berlin 1857 bezog Mommsen ein Gehalt von (umgerechnet) 4500 Mark. Als er 1861 zum Professor an der Philosophischen Fakultät der Berliner Universität ernannt wurde, verdiente er 2400 Mark zusätzlich. Fünf Jahre später setzte die Akademie 1200 Mark für seine vermehrte Arbeit am Inschriftencorpus aus. Seine Tätigkeit als Sekretar der Preußischen Akademie wurde seit 1874 mit 1800 Mark vergütet; die Summe überwies das Ministerium Mommsen wegen seiner Verdienste auch noch nach seinem Rücktritt im Jahre 1895. Während seiner aktiven Zeit als Hochschulleher kamen Kollegiengelder in unterschiedlicher Höhe hinzu. Das Kultusministerium bewilligte darüber hinaus in regelmäßiger Folge Reisebeihilfen. Und seine Publikationen, vor allem die «Römische Geschichte», brachten zusätzliche Einnahmen. Zum Vergleich: 1879 betrug das durchschnittliche jährliche Arbeitseinkommen in Industrie und Handwerk 558 Mark und stieg in den nächsten fünfzehn Jahren auf 732 Mark.

Aber dennoch konnte der höhere Beamte Mommsen im Vergleich zu Großkaufleuten oder Bankiers nicht aus dem vollen schöpfen, da der Unterhalt und die Erziehung der Kinder sowie die repräsentative Lebensführung, zu der ein eigenes Haus, Dienstboten und größere Abendgesellschaften gehörten, erhebliche Kosten verursachten. Geschenke waren daher immer willkommen. Einer Spenderin dankte Mommsen 1866 für eine besondere Gabe: «Das verstorbene Schwein, dessen irdischen Nachlaß Sie uns haben zukommen lassen, wäre es wert gewesen, mein Landsmann zu sein; und Sie wissen, was das bei einem Holsteiner sagen will.» Erst in späteren Jahren entspannte sich die finanzielle Lage. Mommsen konnte dann nicht nur drei Hausmädchen bezahlen, sondern auch seiner Schwägerin Emma Reimer nach dem Tod ihres Mannes durch einen günstigen Kredit helfen, seine Schwester Marie unterstützen und eine Stiftung zur Versorgung seiner unverheirateten Töchter einrichten. In dem Literaturnobelpreis von 1902 sah er schließlich einen «Lotteriegewinn».

Auch wenn Theodor Mommsen 1886 seinem Freund Wilhelm Henzen gegenüber klagte, «Kinder erziehen» sei «ein beschwerliches Geschäft», so war für die Erziehung der Söhne und Töchter fast ausschließlich Marie Mommsen zuständig. Die Kinder haben später heftig der Anekdote widersprochen, Mommsen habe sie in der Pferdebahn nicht erkannt. Aber sie mußten ihn auf dem Nachhauseweg schon am Rock zupfen, wenn sie seine Aufmerksamkeit erheischen wollten. Der Vater war unnahbar. Arbeitete er, durfte er nicht gestört werden. Je häufiger Mommsen sich durch seine Verpflichtungen und seine politische Tätigkeit von der Familie absentierte, desto einprägsamer hafteten die gemeinsamen Feiern und Ausflüge in der Erinnerung der Kinder. Selten nahm sich Mommsen die Zeit, dem gemeinsamen Spiel zu frönen oder einen Ausflug in den Zoologischen Garten zu unternehmen. Weihnachten wurde allerdings als intimes Familienfest mit geschmücktem Weihnachtsbaum, Geschenken und Festessen begangen. Bei der Sylvesterfeier schrieb Mommsen heitere Gedichte. Zur Sommerfrische in das Ostseebad Heringsdorf fuhr er erst, als fast alle Kinder aus dem Haus waren.

Als Erzieher wurde Mommsen im Haus nur tätig, um den schulischen Erfolg und das abrufbare Wissen zu kontrollieren. Regelmäßig überforderte er seine Kinder mit fremdsprachlicher Konversation beim Abendbrot, schenkte den Halbwüchsigen schwerverdauliche Bücher, ließ sich die Schulzeugnisse ins Arbeitszimmer bringen und freute sich am Weihnachtsfest mehr über einen französischen Aufsatz als über bestickte Pantoffeln. Unter den Geschwistern herrschte Konkurrenz. Jeder wollte sich durch Leistung die Anerkennung und die Zuwendung des übermächtigen Vaters verdienen.

Die Autorität der Eltern war unbedingt. Am Tisch galt das Gebot: «Kinder sprechen nicht ungefragt!» Gehorsam und Anspruchslosigkeit, Fleiß und Ordnung waren die preußischen Tugenden, die in dem Professorenhaushalt vermittelt wurden. Auf eine «gute» Ausdrucksweise wurde geachtet, umgangssprachliche Wendungen waren verpönt und die Sprache der deutschen Klassik wurde als Norm gepriesen. Folglich wurde im Kinderzimmer und unter Gleichaltrigen anders geredet als in Gegenwart der Eltern. Diskussionen und Widerrede gab es nicht. Zeitungslektüre war den Kindern streng verboten, über Politik informierte der Vater, dessen öffentliche Auslassungen oft genug von der Presse thematisiert wurden. Die Ehepartner trugen Meinungsverschiedenheiten nicht vor den Kindern aus. Sexualität war kein Gesprächsstoff. Als die Geburt eines Enkelkindes bevorstand, ermutigten die erwachsenen Töchter die Mutter, über das frohe Ereignis zu sprechen. Sie wollten ihr eine Brücke bauen, indem sie gestanden, daß sie nicht mehr an den Klapperstorch glaubten. Selbst Zärtlichkeiten waren verpönt. Ein Kuß des Vaters auf die Stirn einer seiner Töchter war, so Adelheid Mommsen, «ein Ereignis, das tiefen Eindruck hinterließ».

Die Zukunft der Kinder hing nicht vom väterlichen Erbe, sondern von der Ausbildung ab. Der standesgemäßen Erziehung aller Kinder galt daher das besondere Augenmerk der Eltern. Durch den Ausbau des höheren Schulwesens verschwanden der Privatunterricht und die Institution des Hauslehrers, die Mommsen aus seiner Kindheit noch kannte. Die größten Anstrengungen galten der Ausbildung der Söhne, die später einmal in der Lage sein sollten, eine Familie zu ernähren. Sie besuchten sämtlich ein Internat und gingen bald nach ihrem Schulabschluß eigene Wege. Die Universitätslaufbahn schlug keiner ein. Aber sie waren in ihren Berufen erfolgreich und begründeten eine weitverzweigte Dynastie. Der älteste Sohn Wolfgang, der Jahrzehnte hindurch im englischsprachigen Ausland lebte, wurde Kaufmann und war im Wollhandel tätig. Karl, 1861 geboren, studierte wie der Vater Jura in München und Berlin. Er machte als Kaufmann und Bankier Karriere. 1894 trat er als Syndikus in die Firma Siemens & Halske ein. 1897 wurde er Direktor der Mitteldeutschen Kreditbank in Berlin und saß in verschiedenen Aufsichtsräten. Politisch teilte er die linksliberalen Überzeugungen seines Vaters. Zunächst Berliner Stadtverordneter, wurde er 1903 als Mitglied der Freisinnigen Vereinigung in den Reichstag gewählt. Als der Vater ihn eines Tages in seiner neuen Villa in Neu-Babelsberg besuchte, kredenzte der Sohn einen besonders guten Tropfen aus dem Weinkeller. Mommsen, der früher gehofft hatte, Karl werde die akademische Laufbahn ergreifen, soll dies mit der Bemerkung kommentiert haben: «Es ist doch gut, daß du Bankdirektor geworden bist.» Karls Sohn Wilhelm war Professor für Mittlere und Neuere Geschichte in Marburg. Dessen Söhne, Hans und Wolfgang J. Mommsen, wurden wie ihr Vater und Urgroßvater Historiker und hatten Lehrstühle für Neuere Geschichte in Bochum und Düsseldorf inne.

Ernst, zwei Jahre nach Karl geboren, entschied sich für den Beruf des Arztes und heiratete 1896 Max Webers Schwester Clara. Einer ihrer Söhne, Ernst Wolf, war Thyssen-Manager und ein Vertrauter des Bundeskanzlers Helmut Schmidt, ein anderer, Theodor Ernst Mommsen, wurde Mittelalterhistoriker, war mit Ernst Kantorowicz befreundet und emigrierte 1933 in die Vereinigten Staaten. Ihm war der Antisemitismus der Nationalsozialisten unerträglich.

Der 1865 geborene Mommsensohn Oswald mußte wegen seiner Lernprobleme die Schule ohne Abitur verlassen; die Familie entschied, daß er Gärtner werden solle. Sein Sohn Ernst studierte Chemie; und sein Enkel Peter Mommsen war Direktor eines Stuttgarter Gymnasiums. Oswalds jüngerer Bruder Hans war Ingenieur und Gaswerksdirektor in Berlin. Dessen Sohn Wolfgang schlug die Archivlaufbahn ein und war zuletzt Direktor des Bundesarchivs in Koblenz.

Konrad, 1871 geboren, begeisterte sich für die Marine, wurde Seeoffizier, war begierig, beim Boxeraufstand gegen China zu ziehen, und bekleidete schließlich den Rang eines Vizeadmirals. Der Offiziersmesse eines Kreuzers in Ostafrika soll er an Heiligabend das traditionelle Weihnachtsessen der Familie Mommsen vorgesetzt haben: «dicken Reis».

Die Familie Mommsen in der Marchstraße am Polterabend von Karl Mommsen (Mai 1891). In der Mitte vorn sitzend Theodor und Marie Mommsen; oben auf der Treppe stehen Ulrich von Wilamowitz-Moellendorff und seine Frau Marie, geb. Mommsen

Die Töchter im Hause Mommsen mußten nicht völlig hinter den Söhnen zurückstehen. Sie profitierten von der entstehenden Frauenbewegung und ihrer Forderung nach der gleichberechtigten Beteiligung der Frauen am wissenschaftlichen Unterricht. Einige Zeit wurden sie auf ein Mädchenpensionat im Harz geschickt, das ihnen allerdings nicht in allerbester Erinnerung blieb. Sie waren alle froh, ihre Ausbildung in anderen Einrichtungen fortsetzen zu können. Adelheid, 1869 geboren, besuchte das fortschrittliche Helene-Lange-Seminar, das Real- und Gymnasialkurse für Frauen anbot, und studierte später Mathematik und Theologie. Sie wurde ebenso wie ihre ein Jahr jüngere Schwester Luise Pädagogin. Allein der Beruf der Lehrerin, an privaten und kommunalen Mädchenschulen und an den öffentlichen Volksschulen, war Frauen damals zugänglich. Er schloß indes eine Ehe aus, denn die Heirat war gleichbedeutend mit dem Ausscheiden aus dem Beamten- oder Angestelltenverhältnis. Adelheid und Luise lebten das pädagogische Zölibat. Von den sechs Mommsentöchtern heiratete nur die älteste, Marie, die ebenfalls ein Lehrerinnenexamen abgelegt hatte.

Mommsen begegnete dem Wunsch seiner Töchter nach höherer Bildung mit Verständnis. Nur mit seiner Einwilligung konnten sie weiterführende Schulen besuchen und hernach ein Studium aufnehmen. Damit hatte sich Mommsen keineswegs die Ziele der Frauenbewegung zu eigen gemacht. Emanzipation war dem Altachtundvierziger ein Schreckgespenst. Vielmehr hoffte er, daß seine unverheirateten Töchter später in der Lage sein würden, für sich selbst zu sorgen. Er sollte sich nicht täuschen. Nur zwei blieben im elterlichen und später schwesterlichen Haushalt. Luise, Adelheid und Anna hingegen standen als Oberlehrerin, Schuldirektorin und Krankenschwester auf eigenen Füßen.

Die Familie, das Zentrum seiner privaten Existenz, war Mommsen heilig. Konflikte sollten in diese Sphäre der Harmonie und der Geborgenheit nicht eindringen. Auch das Haus trennte strikt die Privaträume, die der Familie vorbehalten waren, von den «öffentlichen» Zimmern, die der Repräsentation dienten und zu denen vor allem Wohn- und Eßzimmer sowie der Salon zählten. Zunächst bezog die Familie in der Nähe des Anhalter Bahnhofs, in der Schöneberger Straße 10, ein standesgemäßes Domizil. Mommsen hatte 1865, des häufigen Umziehens müde, mit finanzieller Unterstützung kapitalkräftiger Freunde ein größeres Objekt erworben. Um die Hypotheken leichter abbezahlen zu können, hatte er das obere Stockwerk vermietet. Doch bald reichte auch hier der Platz für die ständig wachsende Kinderschar nicht mehr aus. Ein größeres Haus konnte sich Mommsen in Berlin nicht leisten, obwohl er sein Gehalt mehrfach durch Bleibeverhandlungen aufgestockt hatte. Also veräußerte er 1873 das Haus in der Schöneberger Straße mit beträchtlichem Gewinn und kaufte sich in Charlottenburg, in der Marchstraße 6 (später 8), ein Grundstück, auf dem er eine Villa errichten ließ. 1874 zog die Familie um. Das Haus wurde im Bombenhagel des Zweiten Weltkriegs zerstört. Dort, wo einst die Marchstraße verlief, befindet sich heute der Ernst-Reuter-Platz, unmittelbar vor der Technischen Universität Berlin.

Nach Charlottenburg zog es die wohlhabenden Berliner im Sommer.

Allmählich wurde der Berliner Vorort städtebaulich erschlossen. Die Stadtrandlage war finanzierbar, und Mommsen nahm für ein größeres Anwesen in freier Natur den längeren Weg zur Universität, zu Bibliothek und Akademie in Kauf. Die Verbindung in das Stadtzentrum garantierte zunächst die Pferdebahn, in späteren Jahren die «Elektrische». Der Herr Professor, der das Fahrgeld immer genau abzählte und öfters etwas liegenließ, war bald bei allen Schaffnern bekannt. Für den beschwerlichen Transport der zahlreichen Bücher fand sich ebenfalls eine Lösung: Mommsen ließ sich Riesentaschen in seine Mäntel nähen, um schwere Folianten kräftesparend von Berlin nach Charlottenburg und wieder zurück schleppen zu können.

Ein großer Garten umgab das Haus. Er diente der ganzen Familie zur Erholung. Eine Linde, die Mommsen zum Einzug hatte pflanzen lassen, wuchs zu einem mächtigen Baum heran. Platane, Esche und Nußbäume boten im Sommer Schatten, Wein, Efeu und Glyzinie rankten an der Hauswand, am Zaun wuchsen Flieder und Jasmin, Blumenbeete umgrenzten ein Rasenstück. Ein winziger Bauerngarten, in dem die Kinder Kresse und Radieschen anpflanzten, erinnerte an die Idylle des Pfarrgartens in Oldesloe.

Mommsens Arbeitszimmer lag im zweiten Stock. Es bestand aus zwei Räumen. Den eigentlichen Arbeitsraum beherrschte ein riesiger Schreibtisch, vor dem ein Lehnstuhl stand, auf dem es sich auch der von allen Hausbewohnern geliebte Vierbeiner Lump, ein brauner Tekkel, gutgehen ließ. Mommsen arbeitete in Schlafrock und Pantoffeln, die er gegen Rock und Stiefel tauschte, wenn er zu Tisch ging oder Besuch empfing. Im Arbeitszimmer waren die Kinder nicht gelitten, nur der Hund hatte Zutritt und in späteren Jahren die Enkel, auf deren Kommen sich der Großvater immer freute und für die er in einem Kasten auf seinem Schreibtisch «Enkelfutter» bereithielt.

Der Platz für die Bücher reichte nie, obwohl Mommsen bei den Bänden, die ihm zugesandt wurden, sofort entschied, welche er behalten wollte und welche er der Königlichen Bibliothek schenkte. Ständig mußten neue Regale aufgestellt werden, selbst im Treppenhaus und auf dem Dachboden. Bis unter die Decke des eigens überhöhten Arbeitszimmers wurden die Folianten gestapelt, so daß Mommsen nur mit einer hohen Leiter die obersten Regalbretter erreichte. Auch noch im hohen Alter stieg er mit offenem Licht hinauf, schob – da er stark kurzsichtig war – die Brille auf die Stirn und begann mit der Lektüre.

Theodor Mommsens Arbeitszimmer (1897)

Mehr als einmal fing sein langes, schlohweißes Haar Feuer. Brandwunden am Kopf waren die schmerzhafte Folge.

Möglicherweise war es diese Angewohnheit, die in der Nacht zum 12. Juli 1880 jenen furchtbaren Brand in Mommsens Arbeitszimmer auslöste, durch den nicht nur seine Bibliothek und persönliche Aufzeichnungen, sondern auch wertvolle Handschriften antiker Autoren zerstört wurden, die Mommsen zur Benutzung nach Hause ausgeliehen hatte. Die Kinder überraschte das Feuer im Schlaf. Sie konnten alle gerettet und bei Nachbarn untergebracht werden. Mommsen rannte immer wieder zurück in das Inferno, um die unersetzbaren Codices und Materialien für das Inschriftencorpus zu retten. Mit Gewalt mußte der Verzweifelte, dessen Haare und Hände bereits verbrannt waren, schließlich zurückgehalten werden.

Die Katastrophe war bald in aller Munde. Überall regte sich Hilfsbereitschaft. Selbst englische Kollegen sammelten Geld, um Mommsen den Aufbau einer neuen Bibliothek ermöglichen zu können. Andererseits sorgte der Verlust der Handschriften bei den betroffenen Bibliotheken für Unmut. So bezichtigte die Wiener Hofbibliothek, die wie andere den Verlust eines Codex zu beklagen hatte, Mommsen, die

Handschrift widerrechtlich ausgeliehen zu haben, und zwang ihn zu einer Gegendarstellung. In der Folge weigerten sich zahlreiche Bibliotheken, Handschriften überhaupt noch im Leihverkehr zu versenden. Das satirische Berliner Blatt «Kladderadatsch» nahm das Ereignis zum Anlaß, den Bismarckgegner mit einer wüsten Polemik zu überziehen. Es unterstellte Mommsen wahrheitswidrig Brandstiftung und Versicherungsbetrug. Mommsen hatte nicht nur den Schaden, sondern erntete auch noch Hohn. Zahlreiche Briefe und Manuskripte in seinem Nachlaß weisen verkohlte Ränder auf und zeugen auch heute noch von dem Brand. Das Unglück traf Mommsen um so härter, als seine sechzehnjährige Tochter Käthe, genannt Käthchen, schwerkrank darniederlag. Sie starb noch im selben Jahr an einem Lungenleiden.

Zwei Jahre zuvor, im September 1878, war im Hause Mommsen Hochzeit gefeiert worden. Marie Mommsen heiratete den Klassischen Philologen Ulrich von Wilamowitz-Moellendorff, einen ostpreußischen Aristokraten, der sich gegen eine standesgemäße Karriere als Offizier oder Großagrarier entschieden und statt dessen die akademische Laufbahn eingeschlagen hatte. Wilamowitz war seit 1876 ordentlicher Professor in Greifswald und hatte ein sicheres Auskommen, so daß er in der Provinzstadt einen Hausstand gründen konnte. Wie schon bei der Berufswahl so entschied er sich auch bei der Familiengründung für einen bürgerlichen Lebensweg. Er heiratete nicht, wie seine Eltern im heimatlichen Markowitz erwartet haben mögen, eine Adlige, sondern die Tochter eines Berliner Professors und liberalen Politikers. Es war eine Heirat aus freiem Entschluß ohne elterliches Diktat.

Mommsen war über Maries Wahl sehr zufrieden, auch wenn ihm die Trennung von seiner ältesten Tochter nicht leicht fiel. Er kannte und schätzte Wilamowitz, seit dieser sein in Bonn begonnenes Studium nach Otto Jahns Tod im September 1869 in Berlin fortgesetzt hatte. Hier wollte er Mommsen hören, dessen «Römische Geschichte» er schon als Gymnasiast in Schulpforta verschlungen hatte. Bald nach seiner Promotion 1870 arbeitete Wilamowitz für Mommsen, der im Februar 1872 den «vorzüglichen Philologen mit archäologischen Kenntnissen» für das archäologische Reisestipendium empfahl. 1873 reiste man eine Zeitlang gemeinsam durch Italien. Wilamowitz war begeistert, so nahe an der Seite des Mannes zu sein, der – wie er nach Hause schrieb – in Italien «überall etwas respektvoller noch als ein

Fürst aufgenommen ward» und der mit eiserner Disziplin «in Regen und Sonnenschein gleichermaßen seinen Arbeiten» nachging. Am 12. Mai 1873 bekannte Wilamowitz seinen Eltern mit pathetischen Worten: «Ich stelle mich Mommsen, meinem Gebieter.»

Es dauerte nicht lange, und Wilamowitz verkehrte auch privat in Mommsens Haus. Die außergewöhnliche wissenschaftliche Begabung des jungen Gelehrten faszinierte Mommsen, und dessen offen zur Schau getragene Bewunderung schmeichelte ihm. Ein Vertrauensverhältnis entstand. Als Mommsen bei einem «kleinen, vornehmen Rektoratsdiner» 1874 in Ohnmacht fiel, wurde Wilamowitz beauftragt, den Rektor der Friedrich-Wilhelms-Universität nach Hause zu bringen. Auf der langen Fahrt nach Charlottenburg seien «Hüllen der Seele» gefallen, deutete Wilamowitz später an. Der noch benommene Mommsen habe über Dinge gesprochen, die «er niemals wissentlich einem fremden Ohre anvertraut haben würde». Wilamowitz verpflichtete sich, über das, was er wider Willen gehört hatte, zu schweigen und «gelobte» Mommsen «die Treue für Leben und Tod».

1875 widmete Wilamowitz dem Historiker Mommsen seine philologische Habilitationsschrift über Euripides. In der fulminanten Vorrede bekannte sich der Privatdozent zu Mommsens Konzeption einer die Fächergrenzen überwindenden Altertumswissenschaft. Drei Jahre später, am 14. April 1878, verlobten sich die zweiundzwanzigjährige Marie Mommsen und der sieben Jahre ältere Ulrich von Wilamowitz-Moellendorff in Rom. Marie hatte ihren Vater auf der Reise in den Süden begleitet, um ihn bei seinen Arbeiten zu unterstützen. Ulrich war von seinem Arzt zur Erholung in die Ewige Stadt geschickt worden.

Marie von Wilamowitz-Moellendorff füllte die Frauenrolle aus, die ihre Mutter ihr vorgelebt hatte. Sie hielt den persönlichen Kontakt zu ihren Eltern und Geschwistern aufrecht. Ihr Mann Wilamowitz pflegte den gelehrten Austausch mit seinem Schwiegervater, der dessen Aufstieg zum überragenden Gräzisten seiner Zeit aufmerksam verfolgte. 1883 wurde Wilamowitz nach Göttingen berufen, 1897 wechselte er nach schwierigen und mühsamen Verhandlungen an die Berliner Universität. Doch das persönliche Verhältnis zwischen den beiden Gelehrten verschlechterte sich zusehends. Mommsen tat sich mit der wissenschaftlichen und intellektuellen Emanzipation seines Schwiegersohnes schwer. 1891 lehnte er Wilamowitz' Ausgabe und

Übersetzung des euripideischen «Hippolytos» ab; seine Einwände, die er in gewohnter Schärfe vortrug, kränkten Wilamowitz sehr. Immer öfter klagte er über Mommsens herrische «Caesarnatur». Die optimistischen Erwartungen, die Mommsen in die gigantischen Editionsprojekte der Berliner Akademie setzte, teilte Wilamowitz nicht. Mehr als einmal nannte er Mommsens Inschriftencorpus verächtlich *Dis Manibus*-Wissenschaft.

Zu den wissenschaftlichen Differenzen traten Unterschiede in der politischen Orientierung. Nach Wilamowitz' Einschätzung hatte sich Mommsen, wie es in einem Brief an Werner Jaeger aus dem Jahre 1917 heißt, die Stimmung des Achtundvierzigers bewahrt, «wie er immer die Formen seiner Jugendverse beibehielt». Aus diesen Worten spricht das völlige Unverständnis für Mommsens kompromißlose liberale Haltung. Die politischen Manifeste seines Schwiegervaters waren Wilamowitz unerträglich. Der «Bürger» Mommsen wiederum hielt seinen konservativen und aristokratischen Schwiegersohn letztlich doch für einen ostelbischen Junker, der zwar durch seine bürgerliche Berufswahl und Heirat mit seiner Familientradition gebrochen hatte, aber dennoch zu seinen politischen Gegnern zählte. «Mein sonst höchst vortrefflicher Schwiegersohn Professor von Wilamowitz gehört zwar nicht zu der agrarischen Gaunerbande, die jetzt auf Raub auszieht, aber ist keineswegs mit mir gleicher politischer Gesinnung», schrieb Mommsen 1901 an seinen liberalen Mitstreiter Lujo Brentano.

Die Beziehungen zwischen Mommsen und Wilamowitz waren zu Beginn des neuen Jahrhunderts denkbar schlecht. Nur mühsam wahrte man in der Öffentlichkeit den äußeren Schein. Später sprach Wilamowitz offen über sein gespanntes Verhältnis zu Mommsen. Die Verletzungen, die Mommsen ihm zugefügt hatte, müssen tief gewesen sein. Noch 1928 sah er sich daher veranlaßt, in seiner lateinischen Autobiographie den Abscheu zu thematisieren, den ihm die *impotentia et vini et linguae et ambitionis* seines Schwiegervaters eingeflößt haben.

Mommsen spürte die wachsende Entfremdung und wandte sich «bewundernd dem aufsteigenden Stern» Adolf Harnacks zu, der 1888 als Kirchenhistoriker an die Friedrich-Wilhelms-Universität berufen worden war. Der Theologe versicherte, kaum da er in Berlin angekommen war, Mommsen seiner Hochachtung, pflegte bald vertrauten Umgang mit ihm und äußerte Kritik nur sehr vorsichtig. Mommsen schätzte den Gelehrten, der die Theologie als historische Wissenschaft definierte, und den kongenialen Wissenschaftsorganisator, der den Großbetrieb der Wissenschaft zu lenken und zu leiten verstand. Gemeinsam glaubte man an den wissenschaftlichen Fortschritt durch editorische Grundlagenforschung. Als Wilamowitz in der Akademie versuchte, die spätantike Prosopographie, die er zu Recht für ein «uferloses» Unternehmen hielt, zu Fall zu bringen, war Mommsen empört. «Ihre treue Freundschaft», schrieb er an Harnack, der das Vorhaben loyal unterstützte, «ist mir ein innerlicher Halt und ich brauche ihn.» Der über dreißig Jahre ältere Mommsen fühlte sich immer stärker zu dem jüngeren Kollegen hingezogen. Am 7. Mai 1901 hielt er eine Tischrede zu Harnacks 50. Geburtstag, in der er bekannte: «Ich alter Meergreis konnte keinen Anspruch mehr auf Freundschaften machen – daher betrachte ich es als ein unerwartetes Glück, daß ich noch meine Rose von Jericho gefunden habe in diesem Mann, der den Orient mit dem Okzident verbunden hat.»

2. *Der Kärrner: Mommsens Arbeitsstil*

Der wissenschaftliche Großbetrieb, der unter Mommsens Leitung über die Grenzen der Preußischen Akademie und selbst des Deutschen Reiches hinausgewachsen war, und seine monumentalen Sammlungen, die die Quellen für kommende Forschergenerationen bereitstellten, benötigten nicht nur umfangreiche finanzielle Mittel, sondern setzten in hohem Maße routinierte und entsagungsvolle Arbeit voraus. Der sich im Dienste der Wissenschaft verzehrende Gelehrte wurde zum Idealbild. Die Zeitgenossen bezeichneten ihn mit dem heute selten gewordenen Begriff «Kärrner», der sich von «Karren» ableitet und ursprünglich den Fuhrmann bezeichnete. «Kärrnerarbeit» war die harte, wenig geachtete Arbeit eines Tagelöhners. Der untergeordnete Dienst wurde nun zur Grundlage wissenschaftlicher Forschung. 1891 meinte Harnack, Mommsen mache alles selbst und zeige damit, «daß der König sein eigener Kärrner sein muß, wenn er königlich bauen will».

Mommsens persönliche Arbeitsleistung war schon unter den Zeitgenossen sprichwörtlich. Ein Projekt jagte das andere. Tatenlosigkeit war ihm die Hölle. Selbst im hohen Alter war er nie, oder fast nie, in der Lage, sich der Muße hinzugeben. Im Gegenteil: Es stieß ihn in tiefe Depression, wenn er ein großes Werk abgeschlossen und ein neues Buch noch nicht in Angriff genommen hatte. Selbst die Fahrt in der

Straßenbahn von Charlottenburg nach Berlin nutzte er, um Korrektur zu lesen. Angeblich war er oft so sehr in seine Beschäftigung vertieft, daß ihn der Schaffner aufmerksam machen mußte, an der Haltestelle hinter der Akademie auszusteigen. Auch das Haus in der Marchstraße war kein Ort der Ruhe. Abends erschien er häufig mit einem Stapel Bücher zum Abendessen im Wohnzimmer und widmete sich, kaum war der Tisch abgeräumt, von neuem seiner Arbeit. Es war ihm eine Selbstverständlichkeit, daß Frau und Kinder auf seine vielfältigen Tätigkeiten Rücksicht nahmen und ihre persönlichen Bedürfnisse seinen akademischen Verpflichtungen unterordneten. Die traditionelle Rollenverteilung in der Familie war eine notwendige Voraussetzung für seine ungeheure wissenschaftliche Produktivität.

Ein fester Tagesrhythmus erlaubte es Mommsen, konzentriert und schnell zu arbeiten. Auf Störungen in seinem gewohnten Arbeitsstil reagierte er sehr ungehalten. Als der Frühaufsteher, dem offenbar wenige Stunden Schlaf zur Erholung genügten, Oxford besuchte, wartete er morgens um sieben vor der dortigen Universitätsbibliothek vergeblich auf Einlaß und nahm es nur widerwillig hin, daß die altehrwürdige *Bodleiana* erst um neun Uhr ihre Pforten öffnete. Auch körperliche Strapazen ertrug Mommsen: Nachdem er in Florenz eine Klosterzelle erhalten hatte, um zwischen sieben Uhr morgens und fünf Uhr abends einige Handschriften von Cassiodors *Variae* zu kollationieren, soll er, von einer kurzen Mittagspause abgesehen, die ganze Zeit, d. h. neuneinhalb Stunden, durchgearbeitet haben – wegen seiner Kurzsichtigkeit stehend. Der protestantische Theologe Harnack stellte in seiner Rede zu Mommsens goldenem Ordinariatsjubiläum am 12. Oktober 1901 das Arbeitsethos des Pfarrerssohns als vorbildlich heraus: «Arbeiten haben Sie uns gelehrt, im wörtlichen Sinn und im höhern: Sie haben uns gelehrt, das Leben durch Arbeit zu steigern, und, wo es nötig, durch Arbeit zu bekämpfen.» Mit einem Wort Gregors des Großen umschrieb er Mommsens Lebensmaxime: *ecce labora et noli contristari.* Mommsen praktizierte die innerweltliche Askese, bevor Max Weber den Begriff prägte.

Nie ließ Mommsen einen Zweifel daran, daß wissenschaftliche Großunternehmen so zu konzipieren waren, daß sie abgeschlossen werden konnten. Nicht um jeden Preis sollten weitausgreifende editorische Vorstudien betrieben und Erkenntnisfortschritte abgewartet werden; lieber nahm Mommsen das Risiko in Kauf, später nachbessern zu müssen. Scharf tadelte er Leute, die «über dem Bessern das Gute vergaßen» und ihre Untersuchungen nicht zu Ende brachten. Den Klassischen Philologen Hermann Usener zählte er zu denjenigen Wissenschaftlern, «*qui sibi, non aliis discunt*». Unzweideutig setzte er hinzu: «Das Fertigmachen ist auch ein Teil der Tüchtigkeit.»

Die wissenschaftlichen Erfolge, die Mommsen erzielte, beruhten nicht nur auf seinen intellektuellen Fähigkeiten, seiner Gelehrsamkeit, seinem ungeheuren Fleiß und seiner persönlichen Arbeitsleistung. Die spezialisierte Großforschung erforderte ein Heer von Mitarbeitern, die sich ebenso selbstlos den Erfordernissen der umfassenden Sammlungen und Quelleneditionen unterordneten wie die verantwortlichen Projektleiter, denen die wichtige Aufgabe zukam, die großen Unternehmen zu organisieren. «Je höher die Aufgaben auf allen Gebieten der Forschung sich stellen, desto weniger reicht der Fleiß und das Talent des einzelnen Arbeiters aus. Die Organisierung der Arbeit, sei es durch Sammlung der Materialien oder der Resultate, sei es durch Schulung der hinzutretenden Arbeitsgenossen, nimmt immer weiteren Umfang an und fordert vor allem jene Stabilität der Einrichtungen, die über die Lebensdauer des einzelnen Mannes hinaus den Fortgang der Arbeit verbürgen», erklärte Mommsen 1888. Daß er das notwendige «Organisationstalent» besitze, dessen war er sich sicher. Erfolgreich verwirklichte Mommsen das Prinzip der fabrikmäßigen Arbeitsteilung. Der Großbetrieb der Altertumswissenschaften bestätigte eindrucksvoll die Leistungsfähigkeit der historisch-kritischen Methode, verlangte aber die bedingungslose Unterordnung des Gelehrten unter die Erfordernisse der Forschung, wie Mommsen nicht müde wurde zu betonen: «Unser Werk lobt keinen Meister, und keines Meisters Auge freut sich an ihm; denn es hat keinen Meister, und wir sind alle nur Gesellen. […] Wir klagen nicht und beklagen uns nicht: die Blume verblüht, die Frucht muß treiben. Aber die Besten von uns empfinden, daß wir Fachmänner geworden sind.» Die Bedeutung des einzelnen Wissenschaftlers wurde in Frage gestellt, sein Tun gewann nur dadurch Sinn, daß er zum Fortschritt der Wissenschaft beitrug. «Die Menschen kommen und gehen, die Wissenschaft bleibt.»

Wichtig war Mommsen die Auswahl, Anleitung und Kontrolle seiner Mitarbeiter, von denen er «nicht die geniale Geduld des das ferne Ziel erahnenden Forschers» erwartete, «sondern die banausische Geduld der groben Arbeit». Alle seine großen Quellenpublikationen und akademischen Unternehmungen wurden unterstützt von einer Schar jüngerer promovierter Wissenschaftler, *ragazzi* oder *giovani* genannt. Allerdings zögerte Mommsen auch nicht, seine Kinder für die Herstellung der Indices zum *Corpus Inscriptionum Latinarum* heranzuziehen. Sie mußten für ein paar Groschen die zahllosen Bogen, die Mommsen mit seiner schwer lesbaren Hand beschrieben hatte, in Streifen schneiden, nach den Anfangsbuchstaben in Kästchen ordnen und schließlich auf Tischplatten alphabetisch ordnen.

Gewohnt, durchzusetzen, was er wollte, duldete er keinen Widerspruch. «Parlamentarismus» hielt er bei der Wissenschaftsorganisation für fehl am Platz. Vielmehr führte er die große Zahl seiner Mitarbeiter wie der preußische Generalstab die deutsche Armee. Sein autoritäres Handeln verstand er als Beitrag zur Größe der deutschen Nation. Es sei das höchste der wissenschaftlichen Privilegien Deutschlands, so führte er mit Blick auf das Inschriftencorpus aus, «daß bei uns nicht nur der einzelne Gelehrte auf seine Hand arbeitet, sondern die Deutschen es verstehen, die wissenschaftliche Arbeit zu organisieren und die individuelle Leistung ebenso auf dem wissenschaftlichen Gebiete zum Gliede eines größeren Ganzen zu machen, wie dies für unser Staats- und Heerwesen das Fundament ist». Während Wilamowitz in späteren Jahren den «Despotismus» beklagte, den sein Schwiegervater in der Akademie ausübte und gegen den die einfachen Mitglieder der Kommissionen nur schwerlich etwas auszurichten vermochten, begrüßte Arnaldo Momigliano Jahrzehnte später die *tirannia di Mommsen*, der die Wissenschaft das Inschriftencorpus und die *Monumenta Germaniae historica* verdanke.

3. Der Berliner Salon: Die gesellschaftlichen Pflichten eines Professors

Mommsen verkehrte in den einflußreichsten Salons der Berliner Gesellschaft. An bestimmten Wochentagen trafen sich Wissenschaftler, Künstler, Literaten, Musiker und Politiker um den «guten, alten Teetisch» und genossen die Gastfreundschaft der Dame des Hauses. Die Atmosphäre war großbürgerlich. Religiöse und regionale Unterschiede zählten nicht. Militärische Umgangsformen und Titelsucht waren verpönt. Der offene Dialog beruhte auf gegenseitiger Toleranz, ein harmonisches Miteinander bestimmte die Zusammenkünfte. Die

Teilnehmer glaubten an das Bildungsideal der deutschen Klassik und übten sich in der Kunst der geistreichen Unterhaltung. In manchen Salons wurden eher literarische und musische Vorlieben gepflegt, in anderen standen politische Fragen im Vordergrund.

Mommsen fühlte sich in den aufgeklärten, bildungsbürgerlichen Salons ausgesprochen wohl. Besonders angetan hatte es ihm der linksliberale Salon der hübschen und gebildeten «Mimi» von Schleinitz. Über ihre Gesellschaften, bei denen sich seit 1865 die Bismarckgegner versammelten, sprach ganz Berlin. Allerdings teilte Mommsen nicht die Wagnerbegeisterung der Gastgeberin. Seit den 1880er Jahren besuchte er den Salon der Anna von Rath, der viele liberale Politiker anzog. Der Mann der Gastgeberin hatte Ende der sechziger Jahre gemeinsam mit Adalbert von Delbrück, Ludwig Bamberger und anderen Bankiers die Gründung der Deutschen Bank in die Wege geleitet. Nachdem der Mediziner und Physiker Hermann Helmholtz 1871 an die Berliner Universität berufen worden war, trat seine Frau Anna in das gesellschaftliche Leben Berlins ein. In den achtziger und neunziger Jahren erfreute sich ihr Salon größter Beliebtheit unter Gelehrten, Politikern und Künstlern. Dort verkehrten Ludwig Bamberger, der amerikanische Botschafter George Bancroft, der Altertumswissenschaftler Ernst Curtius, der Physiologe Emil du Boys-Reymond, der Physiker Max Planck und Theodor Mommsen.

In den Salons entstanden komplexe Netzwerke zwischen Vertretern der Hochschule, des Parlaments, der Verwaltung, der Finanzwelt, der Kultur und der Hofgesellschaft, die zur Durchsetzung wissenschaftlicher und politischer Ziele von größter Bedeutung waren. Die im gesellschaftlichen Leben der Hauptstadt geknüpften Verbindungen wurden in Universität und Akademie, im Reichstag und im Landtag, im politischen Verein oder in der Amtsstube gepflegt. Private Geselligkeit wurde zum öffentlichen Prinzip erhoben. Mommsens Haus in der Charlottenburger Marchstraße zählte zwar nicht zu den Berliner Salons, war aber über Jahrzehnte hinweg ein Ort, an dem namhafte Persönlichkeiten der Berliner Universität und des liberalen Bürgertums ein- und ausgingen. Häufig anzutreffen waren Mitglieder der Berliner Akademie, Kollegen der Philosophischen und der Juristischen Fakultät der Friedrich-Wilhelms-Universität, der allmächtige Ministerialbeamte Friedrich Althoff, der Buchhändler Hans Reimer, Mommsens alter Freund Ludwig Bamberger, Hermann Bonitz, der Leiter des renommierten Gymnasiums zum Grauen Kloster in Berlin, Alexander Conze, der Direktor der Berliner Antikensammlung, Richard Schöne, der Generaldirektor der Königlichen Museen in Berlin, August Wilmanns, der Generaldirektor der Königlichen Bibliothek in Berlin und der englische Botschafter Lord Odo Russell.

Der Repräsentation diente die «gute Stube», die in der Familie Mommsen allerdings nur «Vorderzimmer» hieß und der größte Raum im Erdgeschoß war. Für große Gesellschaften wurde das Zimmer herausgeputzt. Die Töchter mußten bei den Vorbereitungen helfen. Die Mutter führte Regie. Auch wenn Marie Mommsen wenig gemein hatte mit den Gastgeberinnen der Berliner Salons, die sich durch Bildung, Kunst und Kultur von dem häuslichen Pflichtenkanon emanzipierten, so war auch sie maßgeblich am Erfolg eines Nachmittagstees oder einer Soiree beteiligt. Sie war verantwortlich für Einladung und Organisation, für Tischordnung und Speisenfolge, und man erwartete von ihr die Fähigkeit zu zwangloser Konversation. Der Archäologe Adolf Furtwängler berichtete seiner Mutter über eine Gesellschaft im Hause Mommsen: «Er ist bekanntlich ein kleiner ganz ausgetrockneter Mann mit leiser spitzer Stimme, von der erstaunlichsten Zähigkeit und Energie. Seine Frau ist behäbig, ruhig und verständig; von den zahlreichen Kindern waren die zwei ältesten Töchter anwesend, die eine häßlich und verheiratet an einen bedeutenden Philologen, die andere zart und bleichsüchtig.»

Eine feste Institution war das «Kränzchen», zu dem sich Marie und Theodor Mommsen mit befreundeten Ehepaaren aus dem Gelehrtenmilieu im zweiwöchentlichen Rhythmus mittwochs abends trafen. Dem jeweiligen Gastgeber war es vorbehalten, noch weitere Gäste aus seinem Freundeskreis einzuladen. Die «Graeca» wiederum verband Altertumswissenschaftler, Historiker, Philologen und Juristen, die sich ebenfalls aus Universität und Akademie kannten. Hinzu kamen Verwaltungsjuristen, höhere Beamte und Politiker wie der nationalliberale Reichstagsabgeordnete Georg von Bunsen, der Senatspräsident am Oberverwaltungsgericht Wilhelm Rommel und der spätere Berliner Oberbürgermeister Adolf Wermuth. Neue Mitglieder wurden kooptiert. Man fand sich ursprünglich im wöchentlichen, später im vierzehntäglichen Rhythmus Freitag abend bei einem der Mitglieder zur einstündigen Lektüre eines meist griechischen Autors ein; der gesellschaftliche Teil begann gegen 21 Uhr. Hier bewies Mommsen auch noch in hohem Alter Stehvermögen: «Bis zuletzt und ohne an Mitternacht zu denken» verweilte er in der fröhlichen Runde. Gemeinsam zelebrierte man besondere Anlässe. Am 13. Dezember 1897 etwa feierte die «Graeca» in der Marchstraße nachträglich Mommsens 80. Geburtstag: «durch einige Reden, welche durch köstliche fontes recentiores (namentlich einen von einem Engländer gesandten Rüdesheimer 1868er) beflügelt wurden».

Auch zu anderen Anlässen traf man sich in der Privatwohnung eines Kollegen oder Freundes. Marie Scherer, die Frau des Germanisten Wilhelm Scherer, war eine ehemalige Opernsängerin und erfreute bisweilen freitags einen kleinen Kreis mit Goethe- und Schubertliedern. Mommsen genoß diese Darbietungen sehr, obgleich er nach seinem Selbstzeugnis zu den Menschen zählte, «denen die Musik ein verschlossenes Buch» war. Auf soziale Exklusivität wurde geachtet. Die privaten Zusammenkünfte sollten nicht durch ungewünschte Gäste gestört werden. Die Aufnahme in das «Kränzchen» oder die «Graeca» beschleunigte die Integration von neuen Mitgliedern der Universität in die akademische und intellektuelle Elite Berlins. Seinen Schwiegersohn Wilamowitz führte Mommsen nach dessen Berufung an die Friedrich-Wilhelms-Universität in die ersten Berliner Häuser ein.

Auch ausländische Gäste waren willkommen. Den französischen Historiker Camille Jullian, der Anfang der achtziger Jahre nach Berlin gekommen war, stellte Mommsen auf dem Winckelmannfest der Berliner Universität und bei einem Abendessen in der Marchstraße zahlreichen seiner Kollegen und Freunde vor. Zudem verwandte er sich für ausländische Besucher, die das deutsche Schul- und Universitätssystem kennenlernen wollten, und vermittelte ihnen den Kontakt zu Friedrich Althoff. Als der englische Publizist Sidney Whitman bald nach der Jahrhundertwende eine Meinungsäußerung Mommsens zur Burenfrage zu erhalten wünschte, konnte er durch die Vermittlung des Berliner Historikers und Politikers Hans Delbrück die Verbindung zu Mommsen aufnehmen und wurde später zum Essen eingeladen. Gemeinsam mit dem Historiker Max Lenz und dem Publizisten Paul Nathan tauschte man sich über den südafrikanischen Krieg und die deutsch-englischen Beziehungen aus.

Die nationalen und internationalen Netzwerke, in die Mommsen eingebunden war, beeinflußten wissenschaftliche und politische Entscheidungen. Strategien wurden abgesprochen und Pläne entwickelt,

Karrieren vorbereitet oder verhindert. Soziale Kontrolle und Protektion waren allgegenwärtig. Doch die briefliche und mündliche Kommunikation zwischen den einzelnen Mitgliedern der wissenschaftlichen, politischen, administrativen und literarischen Zirkel drehte sich nicht immer um die großen Fragen in Staat, Wissenschaft, Kultur und Gesellschaft, wie einigen Zeilen von Friedrich Schmidt-Ott zu entnehmen ist. Der Ministerialbeamte und Mitarbeiter Friedrich Althoffs schrieb am 17. September 1899 an Mommsen: «Unsere Italienerin hat nicht gehalten, was sie versprach. Sie ist heiser geworden und hat ihren Liederabend auf Februar verschieben müssen. Ich möchte es aber nicht länger verschieben, Ihnen für die überaus freundliche Förderung, die Sie der jungen Dame durch Empfehlung an Frau von Rath, sowie für die Güte, die Sie ihr persönlich am letzten Sonntag erwiesen haben, auch meinen wärmsten Dank zu sagen.» Der Schreiber schloß seinen Brief mit der Bitte, Mommsen möge einen Disput beilegen helfen: «Wenn ich einmal wieder die Ehre habe, Sie zu sehen, werde ich Sie um Entscheidung einer Streitfrage bitten, die sich zwischen dem Herrn Minister und mir erhoben hat, nämlich ob es näher ist, wenn man von Ihrem Hause rechts herum am Kanal oder links herum durch die Charlottenburger Chaussee nach der Charlottenburger Kanalbrücke (an der Technischen Hochschule) gelangt. Er ist der ersten Ansicht, ich huldige der letzteren.»

4. *Zwischen «Dinerstimmung» und Schwermut: Statt eines Psychogramms*

«Auch zur Graeca laden Sie mich ein, und da muss ich ebenfalls Ihnen mitteilen, daß ich ausscheide und die Freunde grüße, mit herzlichem Dank für die vielen guten in diesem Kreis verlebten Stunden. Ich höre nicht mehr wie früher und kann oft dem Lesen nicht recht folgen. Es ist ein Unglück, wenn das Leben vor dem letzten Ende einem entgleitet.» Diese Zeilen eines gebrechlichen Greises erreichten Hermann Diels am 26. Februar 1902. Damit zog Mommsen sich aus einem Kreis zurück, dem er mehr als vier Jahrzehnte, zuletzt als «Senior», angehört hatte.

In den letzten Jahren vor seinem Tod litt er immer häufiger an Anfällen von Schwermut. Gelegentlich hatte er sie schon früher gehabt, sie waren ein Familienerbe von väterlicher Seite. Tage, ja Wochen war er niedergedrückt, lag auf dem Sofa und rührte kein wissenschaftliches Werk an. 1894 schrieb er an Wilamowitz, er habe einige böse Monate hinter sich. «Solches Heimkehren und Wiedereintreten in die alten Arbeiten wird mit den Jahren immer schwerer und das Leben überhaupt nicht gerade je länger je lieber. Aber ich versuche, mich noch einmal herauszuarbeiten, und vielleicht gelingt es. Die Menschen, und besonders die nächsten, müssen aber Geduld mit mir haben.» Er las dann mit Vorliebe moderne Autoren, verschlang – von einer manischen Obsession getrieben – vier Bücher am Tag und schickte seine Kinder ständig in die Leihbücherei.

Im Sommer des Jahres 1901 verbrachte er mehrere Monate «in einem solchen Zustand von Depression», daß er alles liegen lassen mußte. Die Veröffentlichung der Kirchengeschichte des Eusebius und der lateinischen Übersetzung des Rufin, die er zusammen mit Eduard Schwartz für die «Griechischen Christlichen Schriftsteller» vorbereitete, wurde erheblich verzögert. Zu konzentrierter Arbeit war Mommsen nicht in der Lage, selbst Korrekturbögen verschwanden. An die Drucklegung des Manuskriptes war nicht zu denken. Doch kaum fühlte Mommsen sich besser, ging ihm alles zu langsam. Weil er sehr wohl wußte, was er seinem Mitarbeiter aufbürdete, ahnte er, Schwartz werde den Rufin verwünschen. Wilamowitz war deutlicher. Anfang September 1901 schrieb er an Georg Kaibel, Schwartz' Eusebius sei eine Freude, aber es sei kaum zu ertragen, wie Mommsen ihn quäle.

In psychischen Krisen entwarf Mommsen Niedergangsszenarien, die sich auf die ganze Altertumswissenschaft erstreckten. Zur selben Zeit, als die Eusebiusausgabe nicht vorankam, klagte er Althoff, daß durch die Preußische Schulreform von 1900 die Auszehrung der humanistischen Bildung beschleunigt werde. Dies zeitige auch für sein Fach katastrophale Folgen. Zeitschriften wie der «Hermes», das «Rheinische Museum» und der «Philologus» erhielten kaum noch «brauchbare» Manuskripte von jungen Forschern, und es werde bereits darüber verhandelt, «ob nicht wegen mangelnder Einsendungen der Hermes aufzugeben» sei. «Es liegt das nicht am Verleger, aber an der fehlenden Arbeitslust der Jüngeren», schloß er seine Jeremiade.

Auslösende Faktoren für die depressiven Schübe waren auch politische Frustrationen und das Gefühl der persönlichen Vereinsamung. Unberechenbar, voller Widersprüche, ja dämonisch erschien er seinen nächsten Kollegen. Politisch war der erfolgreiche Wissenschaftsorganisator und berühmte Gelehrte an der Berliner Universität oft isoliert. Im «Fall Spahn» stand er zu guter Letzt fast allein auf weiter Flur. Selbst sein treuer Gefährte Harnack solidarisierte sich mit Friedrich Althoff, als dieser in Teilen der Presse heftig angegriffen wurde. Das Gefühl, sich überlebt zu haben, wurde immer stärker angesichts der schwindenden Zahl der Achtundvierziger. Mit Ludwig Bamberger starb 1899 der letzte der alten Freunde. Bei der privaten Trauerfeier soll Mommsen schluchzend zusammengebrochen sein. Die Jüngeren verehrten Mommsen, aber sie teilten nicht mehr seine politischen Erfahrungen und vertraten – wie in der Frage des Konstitutionalismus und der imperialen Flottenpolitik – andere Positionen. Persönliche Enttäuschungen, wie die Differenzen mit seinem Schwiegersohn Wilamowitz, mögen ein übriges getan haben, um dem Pessimismus des alten Mommsen Vorschub zu leisten. Jedenfalls empfand er vor seinem Tod, wie Hermann Diels an Eduard Zeller schrieb, «in steigender Bitterkeit das Einsamwerden als eine herbe Strafe des Alters».

In besseren Tagen war Mommsen den Freuden, die das Leben bot, durchaus zugetan. Der fleißige Arbeiter folgte dem Wahlspruch: «Aber nicht das Leben ist ein Glück, sondern der fröhliche und tiefe Genuß des Lebens.» Die Blütenpracht im Garten und auf dem Fensterbrett in seinem Arbeitszimmer waren ihm eine Augenweide. Am 30. November, seinem Geburtstag, wollte er trotz der jahreszeitlichen Widrigkeiten das Haus in der Marchstraße mit Blumen geschmückt sehen. Bei Tische konnte sich Mommsen als *bon vivant* zeigen. Er schätzte die holsteinische und die italienische Küche. An Festtagen gab es Linsen und Spickaal, Krabben und Gänseschmalz, aber auch Makkaroni und Risotto. Auch ließ er es sich nicht nehmen, ab und an in einem Delikatessengeschäft Unter den Linden einzukaufen und seine Frau mit sündhaft teuren Produkten aus dem Süden zu überraschen.

Eine Schwäche hatte Mommsen für *Liber Pater*, den «befreienden Vater» Wein. Der Keller war immer gefüllt mit deutschen und italienischen Weinen, aber auch an anderen Tropfen fand er Gefallen. Der auswärtige Direktor der Königlichen Museen Karl Humann in Smyrna beschaffte ihm nicht nur ausgesuchte Orientteppiche. Mommsen bat ihn 1892, falls sich die Gelegenheit biete, «wieder einmal einen guten Cyprer oder jede andere gleichwertige Sorte Chier etc., zu [be]schaffen. Das Fäßchen ist allmählich leer geworden, und wenn ich ein zweites nicht mehr austrinken sollte, so wird es darum nicht umkommen.» Der Trierer Museumsdirektor Felix Hettner schickte Mommsen über Jahre hinweg Moselwein. Mit seinem Mitarbeiter Karl Zangemeister verständigte sich Mommsen darüber, daß ein alter Mann eher Rotwein trinken solle.

Nach einem anstrengenden Tag war der Alkohol ein probates Mittel, um die Anspannung zu lösen und die Sorgen zu vergessen. Doch Mommsen war schnell angetrunken. Einem Bonmot Max Webers zufolge vertrug er zwei Gläser Wein, trank aber immer drei. Gerade bei Abendgesellschaften konnte es zu peinlichen Szenen kommen, wenn Mommsen nicht nur mehr redete, als er sollte, sondern auch mehr trank, als ihm guttat. Seine ohnehin ausgeprägte Streitlust steigerte sich dann noch, und mancher Tischnachbar, aber auch nicht anwesende Personen wurden mit wüsten Invektiven überzogen. In Italien erzählten Gelehrte, sie hätten Mommsen *con una sbornia solenne* auf einem Fest getroffen, und zeigten sich erstaunt, daß er am nächsten Morgen nach diesem gewaltigen Rausch der erste gewesen sei, der in der Bibliothek gearbeitet habe. Solche Geschichten brachten ihm die zweifelhafte Ehre ein, daß sogar Benito Mussolini seine vermeintliche Kondition bewunderte. Mommsens politische Gegner hingegen kolportierten noch zu seinen Lebzeiten, er habe im Zustand völliger Trunkenheit wankend das Rednerpult des Reichstages bestiegen und zur allgemeinen Heiterkeit der Abgeordneten versucht, eine Rede zu halten.

In ausgelassener Runde war Mommsen zudem indiskret. Hermann Usener beklagte sich gegenüber Hermann Diels bitter, daß seine «privaten Empfindungen» und negativen Beurteilungen einzelner Kollegen von Mommsen weitererzählt worden seien und jener ihm «auf diese Weise mehr als einmal einen schlimmen Dienst erwiesen» habe. Es kam auch vor, daß Gastgeber und Gäste auf ihn warten mußten. Händereibend entschuldigte Mommsen seine Verspätung mit dem Hinweis, er habe gerade noch einen Kollegen, dessen Ausführungen ihn nicht überzeugt hätten, abstrafen müssen. Das Glas Wein mundete ihm dann noch besser, und er unterhielt seine Zuhörer mit seinem sardonischen Witz.

Mommsen war ein Spötter. Rasch hatte er eine verletzende Zeile zu Papier gebracht, schnell kam ihm ein böses Wort über die Lippen. Die Folgen bedachte er nicht immer. Manchmal trieb ihn die schiere Lust zur Provokation: 1885 weilte er zu Forschungszwecken in Rom und arbeitete in der Vatikanischen Bibliothek. Als Papst Leo XIII. den Lesesaal betrat, erhoben sich pflichtschuldigst alle Anwesenden, um den Heiligen Vater zu begrüßen. Nur Theodor Mommsen blieb sitzen und ignorierte den Hausherrn geflissentlich. Es kam zum Eklat. Mommsens Auftritt war ein gefundenes Fressen für die deutsche wie die italienische Presse. Selbst Friedrich Althoff zeigte sich über das «Gerede», das die Episode hervorrief, beunruhigt und bat Mommsen um eine Klarstellung. Der erklärte die ganze Angelegenheit zu einer Zeitungsente und versicherte Althoff, er werde dem «kleinen Kaplan», der die Geschichte in Umlauf gesetzt habe, um ihn aus dem Vatikan hinauswerfen zu lassen, einen «kleinen Fußtritt verehren».

Mommsen genoß das öffentliche Interesse, das ihm entgegengebracht wurde. Mit Journalisten stand er auf vertrautem Fuß. Er strebte nach wissenschaftlichem Erfolg und politischer Anerkennung. Das eine wurde ihm im Übermaß zuteil, das andere blieb ihm versagt. Er hätte viel darum gegeben, wäre er als Politiker ebenso einflußreich gewesen wie als Wissenschaftler. Die Ehrungen, die dem Forscher zuteil wurden, und die politischen Stellungnahmen, die der Bürger Mommsen publizierte, bewirkten, daß er zu einem der bekanntesten Professoren des Kaiserreichs wurde. Der Nobelpreis für Literatur, mit dem das Preiskomitee 1902 die ersten drei Bände seiner «Römischen Geschichte» auszeichnete, versetzte ihn in das Pantheon deutscher Schriftsteller. Jetzt war jede Nachricht aus Charlottenburg den Zeitungen eine Meldung wert. Selbst ein unglücklicher Zusammenstoß, den Mommsen Anfang Februar 1903 mit einer Droschke hatte und der glücklicherweise glimpflich verlief, fand eine Erwähnung in der Tagespresse.

Mommsen war leidenschaftlich – in Wissenschaft und Politik, im privaten wie im gesellschaftlichen Umgang. Seinen Söhnen gab er die Mahnung mit auf den Weg: «Tu, was du willst; doch tu's mit Leidenschaft!» Auf Mommsen trifft die Feststellung zu, die Max Weber in seinem 1917 vor Münchner Studenten gehaltenen Vortrag «Wissenschaft als Beruf» äußerte, daß derjenige den Beruf zur Wissenschaft verfehlt habe, dem es an Leidenschaft mangele. Leidenschaftlich verfolgte er seine wissenschaftlichen Ziele, und ungebrochen war bis zuletzt sein Vertrauen auf den wissenschaftlichen Fortschritt. Doch seine Aufgabe sah er mehr und mehr in der Organisation wissenschaftlicher Kärrnerarbeit. Der Mann, der die Wissenschaft vom römischen Alter-

Theodor Mommsen in seinem Garten in der Marchstraße mit seinem Hund Lump (Juni 1903)

tum auf eine neue Grundlage gestellt hatte, glaubte am Ende seines Lebens, er zeichne sich nur durch sein Organisationstalent aus. Wissenschaftlich bedeutender als er seien Adolf Harnack und Ulrich von Wilamowitz-Moellendorff. Aus dem Meister war endgültig ein Geselle geworden.

Bei aller Gelehrsamkeit fehlte Mommsen die Gabe, sich in andere hineinzuversetzen. Er war auf sich fixiert, zugleich aber – wie alle Egozentriker – höchst sensibel und leicht zu verletzen. Nur seiner Frau öffnete er sich:

> «Sieh, ich trag ein festes Erz
> Vor der Welt, der rauhen;
> Dir nur will mein weiches Herz
> Einzig ich vertrauen.»

Der Schlaganfall, der Marie Mommsen Anfang Januar 1903 ereilte, stürzte Mommsen in tiefe Trauer. Sie verlor die Sprache und blieb gelähmt. Eine Pflegerin betreute sie bei Tag und in der Nacht. Der Greis saß stundenlang an ihrem Bett und erzählte der Schwerkranken liebevoll von den Ereignissen des Tages.

Im Herbst 1903 versagte sein Augenlicht. Mommsen war, ohne es zu wissen, seit Jahren auf einem Auge erblindet. Das zweite wurde zusehends schwächer, eine Operation, wie der Arzt erklärte, wäre in seinem fortgeschrittenen Alter zwecklos. Die völlige Erblindung drohte. Da erlitt er mehrere kleine Schlaganfälle, die sein Ende ankündigten. Am 30. Oktober 1903 traf ihn in den frühen Morgenstunden ein schwerer Schlag. Er fiel in tiefe Bewußtlosigkeit. Achtundvierzig Stunden wehrte sich der Körper gegen den Tod. Am Sonntag, dem 1. November, starb Mommsen kurz nach acht Uhr früh im Kreise seiner Familie, die im Haus in der Marchstraße zusammengekommen war. Außer einem erkrankten Sohn fehlte nur Wilamowitz. Er war auf einer Griechenlandreise.

Die Nachricht vom Tode Mommsens verbreitete sich in Windeseile. Der deutsche Kaiser und preußische König Wilhelm II. kondolierte umgehend Marie Mommsen. In seinem Beileidstelegramm betonte er, daß Mommsens Name «für alle Zeiten ein Ehrenblatt der deutschen Wissenschaft» sein werde. Die ganze gebildete Welt nehme teil am Verlust der Hinterbliebenen, da sie «in dem Entschlafenen ihren größten humanistischen Gelehrten, den Meister der römischen Geschichtsforschung, den unübertrefflichen Organisator wissenschaftlicher Unternehmungen verloren» habe. Eine Flut von Nachrufen und Würdigungen wurde in den nächsten Tagen und Wochen in Zeitungen und Zeitschriften des In- und Auslands veröffentlicht. Während alle die wissenschaftlichen und organisatorischen Leistungen des Verstorbenen rühmten, konnten sich seine konservativen Gegner nicht der Kritik seiner politischen Überzeugungen enthalten. Gelehrte Gesellschaften, Universitäten und Akademien verfaßten Kondolenzschreiben, und auch die vereinigten Schleswig-Holsteiner Gesellschaften zu Chicago bekundeten ihre Trauer über den Tod des berühmten Landsmannes.

In den späten Abendstunden des 4. November nahmen Familie und Freunde in der Marchstraße Abschied von dem Toten. Der Prediger Paul Kirmß hielt eine kurze Ansprache und vollzog die Einsegnung des Verstorbenen. Zuvor war die Leiche geöffnet worden. Die Familie erlaubte eine Sektion, damit das Gehirn untersucht werden konnte. Mit dieser Aufgabe wurde der Berliner Professor der pathologischen Anatomie und histologischen Technik, David von Hausmann, beauftragt. Der ehemalige Assistent Virchows hatte bereits das Gehirn des 1894 verstorbenen Hermann von Helmholtz seziert. In den charakteristischen Besonderheiten des Zerebrums und in der Zahl, Anordnung und Form der Windungen der linken und rechten Hemisphäre glaubte der Anatom nach den Theorien der medizinischen Forschung seiner Zeit die Zeichen des Genies finden zu können. Hausmann wog, zerschnitt und analysierte auch die Gehirne des Chemikers Robert Wilhelm Bunsen und des Malers Adolph von Menzel und machte sich auf die Suche nach ihren außergewöhnlichen «Gehirnkonfigurationen». Das Gehirn des toten Mommsen bereitete ihm allerdings wenig Freude. Senile Atrophie lautete die kaum überraschende Diagnose. Für weitreichende Folgerungen war es nicht geeignet.

Am 5. November wurde Mommsen zu Grabe getragen. Die Trauerfeier fand in der Charlottenburger Kaiser-Wilhelm-Gedächtniskirche statt. Tausende gaben Mommsen das letzte Geleit. Endlos war die Reihe der Abordnungen mit Palmenarrangements und Kränzen. Wer in Berlin Rang und Namen hatte, war auf den Beinen. Minister saßen auf den Kirchenbänken neben Hochschulprofessoren, Stadtverordnete neben Akademiemitgliedern. Selbst einige Hohenzollernprinzen besuchten den Trauergottesdienst. Nur der Reichskanzler Bernhard von Bülow und seine Majestät ließen sich vertreten. Für den Kaiser legte der Kronprinz am Eichensarg den Kranz nieder und folgte auf dem

Weg zum Kirchhof der sterblichen Hülle des Verstorbenen im Galawagen. Seine letzte Ruhe fand Mommsen auf dem Dreifaltigkeitsfriedhof in Kreuzberg. Die Klänge des Chopinschen Trauermarsches leiteten den letzten Akt ein. Nach einer schlichten Feier zogen die Vertreter der studentischen Verbindungen am Grab vorbei und senkten ihre Fahnen und Banner.

Die Gedächtnisrede in der Kirche hielt auf Mommsens ausdrücklichen Wunsch sein Freund, der Kirchenhistoriker Adolf Harnack. Ihm hatte Mommsen noch kurz vor seinem Tod ein Kirchenlied Johann Rists mit großer Bewegung zitiert, dessen erste Strophe lautet: «O Ewigkeit, du Donnerwort, o Schwert, das durch die Seele bohrt, o Anfang sonder Ende! O Ewigkeit, Zeit ohne Zeit, ich weiß vor großer Traurigkeit nicht, wo ich mich hinwende. Mein ganz erschrocknes Herz erbebt, daß mir die Zung am Gaumen klebt.» Der alte Mann fürchtete sich nicht vor dem Tod. Er war, wie Harnack bemerkte, bereit. Zu seinem Glauben fand er nicht zurück. Bis zu seinem Ende begegnete er dem christlichen Glauben mit «gebildeter, weltmännischer Verachtung», die in seinen Augen schon im vierten nachchristlichen Jahrhundert «ein Teil der besten Männer» dem Christengott entgegenbrachte.

Harnack stellte seine Trauerrede unter das Herrenwort «Ich habe Euch gewählt und gesetzt, daß ihr hingeht und Frucht bringt und eure Frucht bleibe» (Joh. 15,16). Er unternahm den schwierigen Versuch, der vielschichtigen Persönlichkeit des Verstorbenen, seiner wissenschaftlichen Lebensleistung und seinem politischen Engagement gleichermaßen gerecht zu werden. Als «Geheimnis seiner wissenschaftlichen Eigenart» bezeichnete Harnack, daß Mommsen «die Aufgaben und Geschäfte der Historie, die sonst verteilt zu sein pflegen, ja die sich auszuschließen scheinen, sämtlich und auf einmal in die Hand nahm und sie nun als der Meister festhielt». Der «heroische Fleiß» des «eisernen Arbeiters» wurde auch in dieser Ansprache gerühmt. Als Politiker habe Mommsen zwar viele «herrliche Worte» gesprochen, viele Bürger «aufgerüttelt und geweckt», aber, so beeilte er sich hinzuzufügen, «seine leidenschaftliche Natur hat sich wohl manchmal in den Mitteln vergriffen, und sein Wort prallte öfters an der harten Wirklichkeit der Dinge ab». Mit diesem Urteil dürfte der gouvernementale, auf Ausgleich bedachte Theologe all den Trauergästen aus der Seele gesprochen haben, die nicht verstehen wollten und konnten, daß Mommsen seine politischen Kämpfe «mit seinem Herzblut» geführt hatte. Seine Würdigung schloß Harnack mit dem Bekenntnis: «Nie hat er groß von sich gedacht. Hoch standen seine Aufgaben über ihm, er hat sich selbst nie genug getan; er glaubte nicht einmal an wirkliche Früchte, die er geschaffen. Aber gerade in dieser Gesinnung erfüllt sich das Wort: ‹Ich habe euch gesetzt, daß ihr hingeht und Frucht bringt und eure Frucht bleibe.›»

VIII. MOMMSENS NACHLEBEN: IMPRESSIONEN

Mommsens Tod am 1. November 1903 folgte seine Apotheose. Eine Flut von Artikeln und Aufsätzen divinisierte den Altertumsforscher und Organisator der Wissenschaft. Seine Briefe und Manuskripte wurden zu begehrten Sammlerstücken. Viele erinnerten sich ihrer Begegnungen mit Mommsen und zeichneten ihre Eindrücke auf. 1907 veröffentlichte die Königliche Bibliothek zu Berlin einen Aufruf an «alle, welche Briefe Theodor Mommsens besitzen», sie «möchten diese Schriftstücke» in der Bibliothek «niederlegen, sei es zu dauernder Aufbewahrung als Geschenk, sei es, damit Abschriften davon genommen werden können, leihweise für kurze Zeit.» Nachdem Karl und Ernst Mommsen im Jahr zuvor die umfangreiche Korrespondenz ihres Vaters der Berliner Bibliothek überlassen hatten, hoffte die Bibliotheksleitung, auf diese Weise «den Briefwechsel einigermaßen vervollständigen zu können und einen Teil der eigensten Denkmäler, die es von der Hand des großen Gelehrten und vorzüglichen Stilisten überhaupt gibt, der Allgemeinheit für immer zu erhalten.»

Am 1. November 1909, um 12 Uhr mittags, wurde im Universitätsgarten zu Berlin das von dem schleswig-holsteinischen Künstler Adolf Brütt geschaffene Mommsen-Denkmal eingeweiht. Prinz August Wilhelm legte als Vertreter des Kaisers einen Kranz nieder, der Historiker Hans Delbrück würdigte Mommsens wissenschaftliche Bedeutung, und der Rektor der Friedrich-Wilhelms-Universität, der Germanist Erich Schmidt, hielt die Festrede. Ein erlauchter Kreis feierte das denkwürdige Ereignis mit einem «Kalten Frühstück», zu dem Brühe in Tassen, die von Mommsen so geschätzte italienische Pasta, farcierter Fasan, Artischockenböden und Pfirsiche in Maraschino gereicht wurden.

Von nun an thronte Theodor Mommsen vor dem Eingang der Friedrich-Wilhelms-Universität. 1935 mußte das Denkmal der Umgestaltung des Ehrenhofes weichen. Als nach dem Zweiten Weltkrieg die SED die Linden-Universität regierte, berief man sich auf das Erbe der Gebrüder Humboldt und änderte den Namen der Hochschule. Nach Mommsen fragte niemand. Von dem Müllhaufen hinter der Hum-

Das Mommsendenkmal von Adolf Brütt hinter der Humboldt-Universität (1990) und auf seinem angestammten Platz vor der Humboldt-Universität (2002)

boldt-Universität wurde das Denkmal erst nach der Wiedervereinigung der beiden deutschen Staaten geholt. Am 23. Mai 1991 kehrte es an seinen alten Platz zurück. Am selben Tag veranstaltete die Mommsen-Gesellschaft, der «Verband der deutschen Forscher auf dem Gebiete des griechisch-römischen Altertums», ihre turnusgemäße Versammlung im Senatssaal der Universität. Das Mommsendenkmal wurde zum Symbol der Wende – in der Universität wie im ganzen Land.

Zahlreich sind die Feiern, die zur Erinnerung an Mommsens Geburts- und Todesdatum ausgerichtet wurden. Die erste Veranstaltung dieser Art fand am 30. November 1917 am Institut für Altertumskunde der Berliner Universität statt. Die Rede hielt Wilamowitz. Am selben Tag traf sich ein privater Kreis in der Marchstraße, um den 100. Geburtstag von Theodor Mommsen zu begehen. Bei dieser Gelegenheit sprach Adolf Harnack. In der Weimarer Republik wurde der Ruhm des Wissenschaftlers Mommsen fortgeschrieben. Der dreißigste Todestag 1933 war der Berliner Akademie Anlaß, eine Biographie ihres ehemaligen Mitglieds in Angriff zu nehmen. Im selben Jahr war die Frist abgelaufen, die seinen Nachlaß für die Benutzung gesperrt hatte. Übertragen wurde die Aufgabe Lothar Wickert, der damals Mitarbeiter am lateinischen Inschriftencorpus war.

Nach der Katastrophe des Zweiten Weltkrieges besann man sich auch auf den liberalen Politiker Mommsen, der eine vermeintlich bessere Tradition innerhalb des deutschen Bürgertums repräsentierte. Zuvor war es nur der Sozialdemokrat und Mommsenschüler Ludo Moritz Hartmann gewesen, der in seiner Biographie von 1908 den ernsthaften Versuch unternommen hatte, neben dem Wissenschaftler auch den Politiker angemessen zu würdigen. Mommsens Testamentsklausel von 1899 wurde zum ersten Mal in der Zeitschrift «Die Wandlung» von 1948 veröffentlicht. Darin hatte Mommsen zum Ausdruck gebracht, daß es ihm nicht möglich gewesen sei, in einer Nation «ein Bürger zu sein», «bei der der Einzelne, auch der Beste, über den Dienst im Gliede und den politischen Fetischismus nicht hinauskommt». Die Geschichte des «Dritten Reiches» sollte Mommsens Worten nahezu prophetische Bedeutung verleihen. Entsprechend emotional waren die Reaktionen. Selbst sein Enkel, der Marburger Historiker Wilhelm Mommsen, fühlte sich noch 1953 genötigt, in einem Hessischen Lokalblatt zu betonen, Mommsen habe sich nicht mit seinem Volk entzweit.

Vor diesem Hintergrund erschienen in den fünfziger Jahren die ersten bahnbrechenden Darstellungen, die Mommsens wissenschaftliches Werk und seine politische Betätigung vor dem Hintergrund der Entwicklungen des 19. Jahrhunderts untersuchten. Zum einen legte Albert Wucher 1956 eine Studie zur Geschichtsschreibung und Politik bei Theodor Mommsen vor, in der er am Beispiel der «Römischen Geschichte» nachwies, daß politische Überzeugungen und Erfahrungen sein historiographisches Werk beeinflußt hatten. Im selben Jahr erschien die Biographie von Alfred Heuß, die aus einem Vortrag hervorgegangen war, den der damals in Kiel lehrende Althistoriker 1953 zur fünfzigsten Wiederkehr von Mommsens Todestag auf Einladung der Schleswig-Holsteinischen Universitätsgesellschaft gehalten hatte. Heuß gab seinem Buch den programmatischen Titel «Theodor Mommsen und das 19. Jahrhundert» und wählte bewußt die biographische Methode, um eine ausgewogene Analyse der Persönlichkeit Mommsens und seines Werkes vorzulegen, die gleichermaßen den Wissenschaftler und den Politiker in seiner zeitlosen Größe und in seiner zeitlichen Gebundenheit erfaßte. Das Werk war ein Meilenstein für die Wissenschaftsgeschichte wie für die Alte Geschichte. Die Kriegsfolgen und andere Widrigkeiten erlaubten es Heuß allerdings nicht, Mommsens Nachlaß und wichtige Archivbestände auf dem Gebiet der Deutschen Demokratischen Republik einzusehen. Mit herrischer Geste wischte er deren Bedeutung beiseite. Seine Darstellung des Wissenschaftspolitikers Mommsen litt darunter.

Die umfangreichste Biographie stammt indes aus der Feder des Kölner Althistorikers Lothar Wickert. Zwischen 1959 und 1980 erschienen insgesamt vier Bände. In jahrzehntelanger Arbeit hatte Wickert große Teile des Nachlasses gesichtet, Tausende von Briefen ausgewertet und Dutzende von Kladden mit Exzerpten aus Mommsens handschriftlicher Hinterlassenschaft gefüllt. Wickerts Verdienst liegt zweifelsohne in der Gewinnung und Erschließung bedeutender Teile des archivalischen Materials. Allerdings setzte er eigenwillige Akzente. Bedingt durch seine Verbindungen mit dem Inschriftencorpus einerseits und durch die Bedeutung dieses Unternehmens für den wissenschaftlichen Werdegang Mommsens andererseits steht in Wickerts Darstellung das *Corpus Inscriptionum Latinarum* im Vordergrund. Auf dieser Grundlage erschloß er Mommsens Anteil an der Gründung und Verwaltung des Deutschen Archäologischen Instituts. Andere Akademieprojekte blieben jedoch ebenso unberücksichtigt wie Mommsens Verdienste um die Erforschung der Spätantike. Von Mommsens Korrespondenz mit Althoff hat Wickert nur am Rande, von der mit Adolf Harnack überhaupt keine Notiz genommen.

Doch schwerer als die Lücken bei der Quellenerschließung wiegt das Versäumnis, daß Wickert es bei der Sammlung des Materials an systematischer Ordnung und bei der folgenden wissenschaftlichen Auswertung an übergeordneten Fragestellungen hat fehlen lassen. Als Althistoriker an eine überschaubare Zahl von Quellen für ein historisches Problem gewöhnt, wurde er der Fülle des Materials, das er oft unkommentiert zitierte oder paraphrasierte, nicht Herr. Trotz ausführlicher Reflexionen über die Aufgaben eines Biographen gab sich Wickert nie Rechenschaft darüber, welchen Ansprüchen eine historisch-kritische Gelehrtenbiographie genügen muß. Sein Ziel war es augenscheinlich, die zeitlose Einzigartigkeit der wissenschaftlichen Lebensleistung Mommsens zu verdeutlichen, nicht aber, Mommsens Leben vor dem Hintergrund seiner Zeit zu beschreiben. Dem Konservativen Wickert war der Liberale Mommsen völlig fremd. Nur mit Unbehagen schildert er dessen politisches Engagement, das er als «eine elende Beschäftigung für einen Mann» bezeichnet, «der sich der höchsten Aufgabe verpflichtet hat», nämlich «der wissenschaftlichen Forschung». Wickert, so wird man folgern müssen, hat nicht nur die Geschichte des 19. Jahrhunderts nicht verstanden, sondern auch den Gegenstand seiner jahrzehntelangen Forschungen: Theodor Mommsen.

Niemand hat die Schwächen der Biographie von Lothar Wickert erbarmungsloser offengelegt als Alfred Heuß in einer fast dreißigseitigen Rezension, die den ersten drei Bänden der Biographie und der Edition des Briefwechsels zwischen Mommsen und Jahn galt. Die vernichtende Besprechung bedeutete das eigentliche Ende der Bemühungen Lothar Wickerts um eine abschließende Mommsenbiographie. Der 1980 nachgeschobene vierte Band, der die Berliner Zeit zu umfassen vorgibt, ist nichts anderes als eine verdienstvolle Materialsammlung und letztlich das unausgesprochene Eingeständnis des Verfassers, daß das ursprüngliche Vorhaben gescheitert war. Alfred Heuß sprach von dem «unverhüllten Abgesang auf einen Torso».

Der Berliner Zeit Mommsens, vor allem seiner Wissenschaftsorganisation und seinem politischen Wirken sowie seiner Verbindung mit Adolf Harnack galt meine Habilitationsschrift über «Theodor Mommsen und Adolf Harnack». Sie profitierte zum einen von dem Umstand, daß nach der Wiedervereinigung die ostdeutschen Bibliotheken und Archive wieder ohne Einschränkung zugänglich waren und bisher nicht ausgewertete Quellen eingesehen werden konnten. Zum anderen konnte sie auf eine große Zahl wissenschaftsgeschichtlicher Untersuchungen aufbauen, die in den letzten fünfzig Jahren dem Altertumsforscher, dem Wissenschaftsorganisator und dem Politiker Mommsen gewidmet wurden und zahlreiche Aspekte seines Lebens und Werks genauer beleuchteten.

Doch nicht nur die Wissenschaft bemüht sich um Theodor Mommsen. Der Nobelpreisträger für Literatur fand und findet das Interesse seiner schreibenden Kollegen. Die Entdeckung der Mitschriften von Mommsens Kaiserzeitvorlesungen inspirierte den Dramatiker Heiner Müller Anfang der neunziger Jahre zu der ebenso eigenwilligen wie einseitigen Hommage «Mommsens Block». Auch sonst ist Mommsen gegenwärtig. Philatelisten konnten sich schon mehrfach an seinem Bild erfreuen. Während die Post der Deutschen Demokratischen Republik 1950 zur 250-Jahrfeier der Deutschen Akademie der Wissenschaften eine Briefmarke im Wert von sechs Pfennig auflegte, gab die Deutsche Bundespost 1957/59 in der Serie «Berühmte Männer aus der Geschichte Berlins» eine 7-Pfennig-Marke heraus.

Schon zu seinen Lebzeiten war Mommsens Konterfei als Sammelbild verfügbar. In das Album «Das Große Jahrhundert» aus dem Jahr 1898, das eine Nähmaschinenfabrik herausbrachte, mußte man den Althistoriker neben Louis Pasteur, Alexander von Humboldt, Leopold von Ranke, Hermann von Helmholtz und Arthur Schopenhauer einkleben. Im letzten Viertel des 20. Jahrhunderts hingegen wurde ein Intercity-Zug der Deutschen Bundesbahn nach ihm benannt, der auf der Strecke zwischen Nürnberg und Berlin verkehrt. Auch im Ausland ist Theodor Mommsen kein Unbekannter. Das deutsche Goethe-Institut in Neapel vergibt einen Mommsen-Preis für Journalismus. Und noch heute erinnert manche italienische Kleinstadt auf stolzen Wandinschriften an seinen Aufenthalt irgendwann im 19. Jahrhundert. In der malerischen Altstadt des sizilianischen Städtchens Cefalù steht am Haus Nr. 64 der Via Mandralisca, unweit des Normannendoms, zu lesen: «In questa antica casa degli Ortolani / ospite di / Carlo Barone di Bordonaro / e della consorte / Marianna nata dei principi di Torremuzza / soggiornò nell'anno 1878 / Teodoro Mommsen / che nel segno della storia / Roma / elesse come sua seconda patria.»

Briefmarke der Deutschen Bundespost von 1957/59 in der Serie «Berühmte Männer aus der Geschichte Berlins».

2002 ist das Jahr, in dem sich die Verleihung des Literaturnobelpreises an Theodor Mommsen zum hundertsten Male jährt. Inzwischen ist das ausgezeichnete Werk auch in den elektronischen Medien verfügbar: Das «Projekt Gutenberg» hat Mommsens «Römische Geschichte» ins Internet gestellt. 2003 wird der hundertsten Wiederkehr seines Todes gedacht. Zahlreiche Feierlichkeiten, Vorlesungen, Kongresse und Ausstellungen sind im In- und Ausland geplant. Gedenktafeln sollen enthüllt, Briefmarken gedruckt und Erinnerungen gepflegt werden. Und rechtzeitig zum Beginn der Feierlichkeiten im neuen Jahrhundert hat sich seine Geburtsstadt Garding den Namen «Theodor-Mommsen-Stadt» zugelegt.

Doch was bleibt von Mommsen? Die Frage ist um so drängender, als wir einhundert Jahre nach seinem Tod weder seinen optimistischen Glauben in den wissenschaftlichen Fortschritt teilen noch das Erbe der Alten Welt als selbstverständlichen Bestandteil unserer Kultur verstehen. Da die soziale und ökonomische Effizienz, weniger die politische und kulturelle Funktion des Hochschulstudiums zunehmend Gegenstand des öffentlichen Diskurses sind, stehen die altertumswissenschaftlichen Disziplinen heute unter einem Legitimationsdruck, der zu Mommsens Zeit völlig undenkbar war. Die Fächer versuchen ihren jeweiligen Standort zwischen Gegenwartsbezug und Wissenschaftspostulat, zwischen «positivistischer» Quellenforschung und (post)strukturalistischen Interpretationsmodellen zu bestimmen. In dieser Situation sind Mommsens Wissenschaftsverständnis und Arbeitsethos als Produkte des 19. Jahrhunderts nicht mehr zeitgemäß. Dennoch haben die Worte seines Freundes Adolf Harnack noch immer Bestand: «Wer heute Alte Geschichte studiert oder lehrt, der ist Mommsens Schüler.» Mommsens wissenschaftliche und organisatorische Leistung ist unerreicht. Die Erforschung der römischen Geschichte baut auf seinem Lebenswerk auf. Die von ihm initiierten und geleiteten Großprojekte der Berliner Akademie, die zum Teil heute noch nicht abgeschlossen sind, bieten die unverzichtbare Quellengrundlage für eine Vielzahl althistorischer Studien. Die fruchtbare Auseinandersetzung mit dem eindrucksvollen Bild, das er von der römischen Geschichte und vom römischen Staatsrecht gezeichnet hat, dauert an. Sein Eintreten für nationale und internationale Kooperation ist richtungweisend. Schon 1866 machte er sich gegenüber Napoleon III. zum Anwalt einer wissenschaftlichen «internationalité, qui n'égalise pas les nations, mais qui leur enseigne de se comprendre». Und schließlich: Der Liberale Mommsen glaubte an die politische Verantwortung des Intellektuellen. Zivilcourage war ihm erste Bürgerpflicht. Diese Überzeugung ist nicht das geringste Erbe, das er hinterlassen hat.

IX. NACHWORT ZUR TASCHENBUCHAUSGABE

Die erste Auflage meiner Biographie Theodor Mommsens ist ausgesprochen freundlich aufgenommen worden und inzwischen vergriffen. Deshalb bin ich dem Verlag C. H. Beck sehr dankbar, daß nunmehr eine Taschenbuchausgabe erscheinen kann. Ich habe die Gelegenheit genutzt, offenkundige Versehen zu verbessern, auf die mich aufmerksame Leser hingewiesen haben. Mein besonderer Dank gilt Prof. Dr. Alexander Demandt, Dr. Heinrich Reitz, Prof. Dr. Wilt Aden Schröder und Herrn Sönnich Volquardsen. Eingriffe in den Text konnten aus drucktechnischen Gründen jedoch nur in bescheidenem Maße erfolgen. Aus diesem Grund war es mir auch nicht möglich, die umfangreiche Literatur einzuarbeiten, die zur hundertjährigen Wiederkehr der Verleihung des Literaturnobelpreises an Theodor Mommsen 2002 und zu seinem hundertjährigen Todestag 2003 erschienen ist. Nachfolgend soll nur auf einige wichtige Publikationen hingewiesen werden.

An erster Stelle zu nennen ist die Neuedition des Briefwechsels zwischen Theodor Mommsen und Ulrich von Wilamowitz-Moellendorff, die William M. Calder III und Robert Kirstein 2003 vorgelegt haben. Mustergültig ist Marco Buonocores Veröffentlichung der in der Biblioteca Vaticana aufbewahrten Korrespondenz Theodor Mommsens (Theodor Mommsen e gli studi sul mondo antico dalle sue lettere conservate nella Biblioteca Apostolica Vaticana, Neapel 2003). Antonio Cernecca hat Mommsens Briefwechsel mit Tomaso Luciani publiziert (Atti del Centro di Ricerche Storiche di Rovigno 32, 2002, 9–130).

Mehrere Kolloquiumsbände sind Mommsens Leben und Werk gewidmet: Filippo Cassola (Hg.), Convegno sul tema: Theodor Mommsen e l'Italia, Rom 2004; Hans-Markus von Kaenel u. a. (Hgg.), Geldgeschichte versus Numismatik. Theodor Mommsen und die antike Münze, Berlin 2004; Alexander Demandt u. a. (Hgg.), Theodor Mommsen. Wissenschaft und Politik im 19. Jahrhundert, Berlin/New York 2005; Josef Wiesehöfer (Hg.), Theodor Mommsen: Gelehrter, Politiker und Literat, Stuttgart 2005; Jorge Martínez-Pinna (Hg.), En el centenario de Theodor Mommsen: 1817–1903, Málaga 2005, sowie Wilfried Nippel und Bernd Seidensticker (Hgg.), Theodor Mommsens langer Schatten. Das römische Staatsrecht als bleibende Herausforderung für die Forschung, Hildesheim 2005.

Aus der Feder von Fritz Sturm stammt «Theodor Mommsen. Rückblick auf Leben und Werk» (Karlsruhe 2006). Eine überzeugende Würdigung des Politikers hat Gangolf Hübinger vorgenommen: Theodor Mommsen und das Kaiserreich, Friedrichsruher Beiträge 22, Friedrichsruh 2003. Eine Ausstellung über Theodor Mommsen und die *Monumenta Germaniae Historica* war in München, Paris und Berlin zu sehen; der von Arno Mentzel-Reuters herausgegebene Katalog erschien unter dem Titel «Phönix aus der Asche» (München/Berlin 2005). Jonathan S. Perry hat Mommsens Verständnis der römischen *collegia* wissenschaftshistorisch kontextualisiert: The Roman *Collegia*. The Modern Evolution of an Ancient Concept, Leiden/Boston 2006, 23–60. Mommsens „Römische Geschichte" habe ich charakterisiert in Elke Stein-Hölkeskamp und Karl-Joachim Hölkeskamp (Hgg.), Erinnerungsorte der römischen Antike. Rom und sein Imperium, München 2006, 660–676. Über das Schicksal der Bibliothek Mommsens hat Oliviero Diliberto ein geistreiches Bändchen geschrieben: La biblioteca stregata. Tracce dei libri di Theodor Mommsen in Italia, 2. Aufl., Rom 2003. Ein von mir verfaßter Beitrag handelt über die Geschichte der Familie Mommsen: Volker Reinhardt (Hg.), Große Familien der deutschen Geschichte, München 2005, 147–179.

Bern, im September 2006 *Stefan Rebenich*

ANMERKUNGEN

Die Zitate aus älteren Publikationen und aus unveröffentlichten Quellen sind in Orthographie und Zeichensetzung den heutigen Konventionen angepaßt.

Wichtige Literatur wird in den Anmerkungen abgekürzt zitiert:

Bildungsbürgertum I–IV = Werner Conze, Jürgen Kocka, Reinhart Koselleck u. a. (Hgg.), Bildungsbürgertum im 19. Jahrhundert, 4 Bde., Stuttgart 1985–1992.

Christ, Römische Geschichte = Karl Christ, Römische Geschichte und deutsche Geschichtswissenschaft, München 1982.

DUZ = Dietrich Ehlers (Hg.), Hermann Diels; Hermann Usener; Eduard Zeller, Briefwechsel, 2 Bde., Berlin 1992.

Harnack, GA = Adolf Harnack, Geschichte der Königlich Preußischen Akademie der Wissenschaften, 3 Bde. in 4, Berlin 1900.

Hartmann = Ludo Moritz Hartmann, Theodor Mommsen. Eine biographische Skizze. Mit einem Anhange: Ausgewählte politische Aufsätze Mommsens, Gotha 1908.

Heuss = Alfred Heuss, Theodor Mommsen und das 19. Jahrhundert, Kiel 1956.

Hirschfeld = Otto Hirschfeld, Gedächtnisrede auf Theodor Mommsen, in: Abhandlungen der Königlich Preußischen Akademie der Wissenschaften, Berlin 1904, 1025–1060, zitiert nach ders., Kleine Schriften, Berlin 1913, 931–965.

Adelheid Mommsen = Adelheid Mommsen, Theodor Mommsen im Kreise der Seinen: Erinnerungen seiner Töchter, Berlin 1936 (= Mein Vater. Erinnerungen an Theodor Mommsen, München 1992).

Mommsen, GS = Theodor Mommsen, Gesammelte Schriften, 8 Bde., Berlin 1905–1913.

Mommsen, RA = Theodor Mommsen, Reden und Aufsätze, hg. von Otto Hirschfeld, Berlin 1905.

Mommsen, RG = Theodor Mommsen, Römische Geschichte, Bde. 1–3 und 5, Berlin 1854–1856 und 1885 (^{9}1902–1904 und ^{5}1904).

Mommsen-Jahn = Lothar Wickert (Hg.), Theodor Mommsen – Otto Jahn. Briefwechsel 1842–1868, Frankfurt a. M. 1962.

Mommsen-Wilamowitz = William M. Calder III, Robert Kirstein (Hgg.), «Aus dem Freund ein Sohn». Theodor Mommsen und Ulrich von Wilamowitz-Moellendorff. Briefwechsel 1872–1903, 2 Bde., Hildesheim 2003 (die Ausgabe ersetzt die Edition von Friedrich und Dorothea Hiller von Gaertringen, Berlin 1935).

Nipperdey, 1800–1866 = Thomas Nipperdey, Deutsche Geschichte 1800–1866, München 1983.

Nipperdey, 1866–1918, I/II = Thomas Nipperdey, Deutsche Geschichte 1866–1918, Bd. 1: Arbeitswelt und Bürgergeist, München 1990; Bd. 2: Machtstaat vor der Demokratie, München 1992.

Rebenich, Mommsen-Harnack = Stefan Rebenich, Theodor Mommsen und Adolf Harnack. Wissenschaft und Politik im Berlin des ausgehenden 19. Jahrhunderts. Mit einem Anhang: Edition und Kommentierung des Briefwechsels, Berlin/New York 1997.

SCHWARTZ, GS I = EDUARD SCHWARTZ, Rede auf Th. Mommsen, in: Nachrichten der Königlichen Gesellschaft der Wissenschaften zu Göttingen. Geschäftliche Mitteilungen 1904, 75–88, zitiert nach DERS., Gesammelte Schriften 1: Vergangene Gegenwärtigkeiten, Berlin 1938, 281–297.

STINTZING-LANDSBERG = (JOHANN AUGUST RODERICH VON STINTZING), ERNST LANDSBERG, Geschichte der deutschen Rechtswissenschaft, Dritte Abteilung, Zweiter Halband, München/Berlin 1910.

WEHLER, DGG II/III = HANS-ULRICH WEHLER, Deutsche Gesellschaftsgeschichte, Band 2: Von der Reformära bis zur industriellen und politischen «Deutschen Doppelrevolution». 1815–1845/49; Band 3: Von der «Deutschen Doppelrevolution» bis zum Beginn des Ersten Weltkrieges. 1849–1914, München 1987/95.

WICKERT I–IV = LOTHAR WICKERT, Theodor Mommsen. Eine Biographie, 4 Bde., Frankfurt a. M. 1959–80.

WIEACKER = FRANZ WIEACKER, Privatrechtsgeschichte der Neuzeit, Göttingen ^{2}1967.

WILAMOWITZ, Erinnerungen = ULRICH VON WILAMOWITZ-MOELLENDORFF, Erinnerungen 1848–1914, Leipzig ^{2}1929.

WUCHER = ALBERT WUCHER, Theodor Mommsen. Geschichtsschreibung und Politik, Göttingen ^{2}1968.

ZJR = Theodor Mommsen als Schriftsteller. Ein Verzeichnis seiner Schriften von Karl Zangemeister. Im Auftrage der Königlichen Bibliothek bearbeitet und fortgesetzt von Emil Jacobs. Neu bearbeitet von Stefan Rebenich, Hildesheim 2000.

I. DIE GRUNDLAGEN: ELTERNHAUS, SCHULE, STUDIUM

1. Such, wer da will, ein ander Ziel: Das Elternhaus

Als Quellen für dieses Kapitel wurden herangezogen:

1. Ein von Wolfgang Mommsen herausgegebener Privatdruck aus dem Jahre 1909, der folgende Texte umfaßt: a) Vater Mommsens Jugendleben, verfaßt von ihm selber, aufgeschrieben von seinen Söhnen Theodor und Johannes [Tycho] 1829 oder 1830, b) Autobiographische Blätter für meine nachlebenden Lieben von Jens Mommsen, zweitem Prediger in Oldesloe. Gefertigt zu Anfang meines zweiundvierzigsten Lebensjahrs den 8. Julius 1824 (mit späteren Zusätzen).
2. Briefe aus dem Elternhause Theodor Mommsens. Mit einem Verzeichnis der von ihm in Kiel gehörten Vorlesungen. Den Enkeln [...] Theodor Mommsens zum 30. November 1917 von seinen Söhnen und Töchtern. Als Manuskript gedruckt, Altenburg 1917.
3. Die in WICKERT I wiedergegebenen Auszüge aus Mommsens Tagebuch und seinen Briefen. Eine Ahnentafel der Familie findet sich in WICKERT I 267–271.

Zu Jens Mommsens Einkünften vgl. HARTMANN 1 sowie WICKERT I 277.

Zur Kultur- und Sozialgeschichte des deutschen Pfarrhauses und seiner Bedeutung für die intellektuelle Sozialisation vgl. MARTIN GREIFFENHAGEN (Hg.), Das evangelische Pfarrhaus. Eine Kultur- und Sozialgeschichte, Stuttgart 1984. Zur Dichtung der Pfarrerssöhne vgl. ALBRECHT SCHÖNE, Säkularisation als sprachbildende Kraft, Göttingen 1968. Zum Hauslehrer resp. Hofmeister vgl. LUDWIG FERTIG, Die Hofmeister. Ein Beitrag zur Geschichte des Lehrerstandes und der bürgerlichen Intelligenz, Stuttgart 1979. Die für das Thema einschlägigen Zitate stammen aus WILHELM RAABE, Der Hungerpastor (= Sämtliche Werke, 1. Serie, Bd. 5, Berlin o. J., 109); JEAN PAUL, Die unsichtbare Loge (= Werke, hg. v. Norbert Miller, Bd. 1, München 1962, 82). Vgl. auch JAKOB MICHAEL REINHOLD LENZ, Der Hofmeister oder Vorteile der Privaterziehung. Eine Komödie (= Sturm und Drang. Dramatische Schriften, Bd. 1, Heidelberg o. J., 137–152) und JEAN PAUL, Leben des Quintus Fixlein (= Werke, hg. v. Norbert Miller, Bd. 4, München 1962).

SCHWARTZ, GS I 286.

OTTO VON BISMARCK, Erinnerungen und Gedanken, Werke in Auswahl, Bd. 8A, Darmstadt 1975, 423.

2. *Non scholae, sed vitae: Aus Theodor Mommsens Schulzeit*

Als Quellen sind einschlägig:

1. Drei Aufsätze Theodor Mommsens aus seiner Schulzeit. Eine Erinnerungsgabe zum 80. Geburtstage. Überreicht vom Königlichen Christianeum in Altona. Als Manuscript gedruckt, Berlin 1897. Darin enthalten sind: a) Welches sind die Erfordernisse einer guten Biographie? [1837]; 11–20. b) Genies sind nothwendige Uebel [1837]; 21–29. c) Warum schadet vieles Kritisieren? [1838]; 31–39.
2. Aus Theodor Mommsens Schulzeit, hg. v. ADOLF WACHHOLTZ, in: Festschrift der 48. Versammlung deutscher Philologen und Schulmänner in Hamburg, dargebracht vom Lehrerkollegium des Kgl. Christianeums zu Altona, Altona 1905, 31–54.
3. Die bei WICKERT I 43 ff. und 321 ff. (Anmerkungen) aufgeführten Zeugnisse. Das Abiturzeugnis findet sich ebd. 130 f. Wickerts ebenso humorlose wie aufdringliche Kommentare zu den «poetischen Eskapaden» Theodor Mommsens verraten nicht nur den kleinlichen Schulmeister, sondern auch den professoralen Philister. Dazu hat ARNALDO MOMIGLIANO in Journal of Roman Studies 49, 1959, 210 bereits das Nötige gesagt.
4. Tycho Mommsens Charakterisierung der Erziehung durch den Vater ist zitiert nach HARTMANN 2.

Zum bildungsgeschichtlichen Hintergrund vgl. KARL-ERNST JEISMANN und PETER LUNDGREEN (Hg.), Handbuch der deutschen Bildungsgeschichte, Bd. 3: 1800–1870. Von der Neuordnung Deutschlands bis zur Gründung des Deutschen Reiches, München 1987; GEORG BOLLENBECK, Bildung und Kultur. Glanz und Elend eines deutschen Deutungsmusters, Frankfurt a. M./Leipzig 1994; KARL-ERNST JEISMANN, Das preußische Gymnasium in Staat und Gesellschaft, 2 Bde., 1974 (^{2}1996) und 1996; MANFRED LANDFESTER, Humanismus und Gesellschaft im 19. Jahrhundert. Untersuchungen zur politischen und gesellschaftlichen Bedeutung der humanistischen Bildung in Deutschland, Darmstadt 1988 sowie FRANKLIN KOPITZSCH (Hg.), Erziehungs- und Bildungsgeschichte Schleswig-Holsteins von der Aufklärung bis zum Kaiserreich. Theorie, Fallstudien, Quellenkunde, Bibliographie, Neumünster 1981. JOHANN FRIEDRICH VON SCHULTE, Herkunft und Alter von deutschen Gelehrten aller Art, in: DERS., Lebenserinnerungen, Bd. 3, Gießen 1909, 271–279.

Zum Streit zwischen August und Theodor Mommsen vgl. WICKERT I 39 f. mit den entsprechenden Anmerkungen.

WILHELM VON HUMBOLDT, Über die innere und äußere Organisation der höheren wissenschaftlichen Anstalten in Berlin, in: DERS., Werke, Bd. 4: Schriften zur Politik und zum Bildungswesen, Darmstadt 1964, 258.

Zur Emanzipation vgl. KARL MARTIN GRASS, REINHART KOSELLECK, Emanzipation, in: Geschichtliche Grundbegriffe 2, Stuttgart 1975, 153–197.

3. Die Universitätsjahre (I): Ausbildung eines Juristen

Das Kapitel stützt sich auf die von WICKERT I 133 ff. und 380 ff. aufgeführten Zeugnisse sowie die «Briefe aus dem Elternhause» (vgl. Kap. I 1), denen auch ein Verzeichnis der von Mommsen besuchten Veranstaltungen mit Zensuren beigefügt ist (142–144; nachgedruckt bei WICKERT I 448 f.). Mommsens aufschlußreicher ‹Lebenslauf›, der seiner Dissertation beigegeben war, findet sich bei WICKERT I 165 f.

Zur Universität Kiel vgl. Geschichte der Christian-Albrechts-Universität Kiel 1665–1965, 6 Bde., Neumünster 1965–1988.

Zum rechtshistorischen Hintergrund vgl. STINTZING-LANDSBERG pass.; WIEACKER 348 ff. sowie JOACHIM RÜCKERT, Idealismus, Jurisprudenz und Politik bei Friedrich Carl von Savigny, Ebelsbach 1984 und JAMES Q. WHITMAN, The Legacy of Roman Law in the German Romantic Era. Historical Vision and Legal Change, Princeton 1990; zu den Kieler Juristen vgl. auch ERICH DÖHRING, Geschichte der juristischen Fakultät 1665–1965, Neumünster 1965. Mommsens Verhältnis zu Savigny behandelt ausführlich INES STAHLMANN, Friedrich Carl von Savigny und Theodor Mommsen. Ihr Briefwechsel zwischen 1844 und 1856, in: Peter Kneissl, Volker Losemann (Hgg.), Alte Geschichte und Wissenschaftsgeschichte. Festschrift Karl Christ zum 65. Geburtstag, Darmstadt 1988, 465–501.

Zu Hegels Rechtsphilosophie und seiner Kritik an der historischen Schule vgl. G. W. F. HEGEL, Grundlinien der Philosophie des Rechts oder Naturrecht und Staatswissenschaft im Grundrisse (= Werke in zwanzig Bänden; Bd. 7), Frankfurt a. M. 1970, bes. §§ 3; 211 f. und 258.

Zu den Altertumswissenschaften und zur Geschichtswissenschaft an der Kieler Universität vgl. KARL JORDAN, ERICH HOFMANN, Geschichte der Philosophischen Fakultät, Teil 2, Neumünster 1969; HELGA PLÖGER, Studien zur Geschichte der klassischen Philologie an der Universitaet Kiel 1773–1852, Diss. Kiel 1972; KURT TELSCHOW, Die Alte Geschichte in Lehre und Forschung an der Christian-Albrechts-Universität in Kiel bis zu ihrer Etablierung als eigenständiges Fach, in: Jochen Bleicken (Hg.), Symposion für Alfred Heuß, Kallmünz 1986, 67–84.

Zu Georg Hanssen vgl. GEORG HANSSEN, Lebenserinnerungen des Agrarhistorikers und Nationalökonomen Georg Hanssen, in: Zeitschrift der Gesellschaft für

Schleswig-Holsteinische Geschichte 40, Leipzig 1910 (das Zitat von Hanssen ebd. 17) und AUGUST FÜRSTENBERG, Georg Hanssen als Professor der Nationalökonomie und praktischer Volkswirt um die Mitte des 19. Jahrhunderts, Diss. Kiel 1933.

Zu Otto Jahn vgl. WILLIAM M. CALDER III, HUBERT CANCIK, BERNHARD KYTZLER (Hgg.), Otto Jahn (1813–1868). Ein Geisteswissenschaftler zwischen Klassizismus und Historismus, Stuttgart 1991 und CARL WERNER MÜLLER, Otto Jahn, Stuttgart und Leipzig 1991. Mommsens Nachruf ist zitiert nach MOMMSEN, RA 458–461.

Zur Entwicklung der Altertumswissenschaften vgl. allg. STEFAN REBENICH, Historismus I. Allgemein, in: Der Neue Pauly 14, 2000, 469–485.

Mommsens Äußerung über die Bedeutung seines Jura-Studiums nach WICKERT I 477; vgl. Kap. IV 1. Das Zitat zum Staatsverständnis aus FRIEDRICH CHRISTOPH DAHLMANN, Die Politik auf den Grund und das Maß der gegebenen Zustände zurückgeführt, Berlin 1924, 53.

4. *Die Universitätsjahre (II): Duell, Debatte, Dichtung*

Zur politischen Geschichte vgl. STEEN BO FRANDSEN, Dänemark – Der kleine Nachbar im Norden. Aspekte der deutsch-dänischen Beziehungen im 19. und 20. Jahrhundert, Darmstadt 1994, 15 ff. und 48 ff.; JOHANNES JENSEN, Nordfriesland in den geistigen und politischen Strömungen des 19. Jahrhunderts: 1797–1864, Neumünster 1961 (ND Bräist/Bredstedt 1993); OLAF KLOSE, CHRISTIAN DEGN, Die Herzogtümer im Gesamtstaat 1720–1830, Neumünster 1960; HARTMUT LEHMANN, DIETER LOHMEIER (Hgg.), Aufklärung und Pietismus im dänischen Gesamtstaat 1770–1820, Neumünster 1983; ALEXANDER SCHARFF, Schleswig-Holstein und die Auflösung des dänischen Gesamtstaates 1830–1864/1867, Neumünster 1975 sowie VAGN SKOVGAARD-PETERSEN, Danmarks historie, Bd. 5: Tiden 1814–1864, Kopenhagen 1985. Zu Mommsens Engagement in den «Neuen Kieler Blättern» vgl. CARL GEHRCKE, Theodor Mommsen als Schleswig-Holsteinischer Publizist, Breslau 1927, 123 ff.

Zum Kieler Studentenleben vgl. WOLFGANG DONAT, Die Anfänge der burschenschaftlichen Bewegung an der Universität Kiel, in: Paul Wentzcke (Hg.), Quellen und Darstellungen zur Geschichte der Burschenschaft und der deutschen Einheitsbewegung, Bd. 14, Berlin 1934, 1–128 sowie die bei WICKERT I 380 Anm. o genannte Literatur. Vgl. darüber hinaus KONRAD H. JARAUSCH, Deutsche Studenten 1800–1970, Frankfurt a. M. 1984, 13–58 und R. STEVEN TURNER, Universitäten, in: Karl-Ernst Jeismann, Peter Lundgreen (Hgg.), Handbuch der deutschen Bildungsgeschichte, Bd. 3: 1800–1870, München 1987, 221–249. Zum studentischen Comment vgl. auch UTE FREVERT, Ehrenmänner. Das Duell in der bürgerlichen Gesellschaft, München 1991.

Zu Theodor Storm vgl. GEORG BOLLENBECK, Theodor Storm. Eine Biographie, Frankfurt a. M. 1988; KARL ERNST LAAGE, Theodor Storm. Leben und Werk, Husum ^{6}1993; HARTMUT VINÇON, Theodor Storm in Selbstzeugnissen und Bilddokumenten, Reinbek ^{13}1994; REGINA FASOLD, Theodor Storm, Stuttgart/Weimar 1997; DAVID A. JACKSON, Theodor Storm. Dichter und demokratischer Humanist. Eine Biographie, Berlin 2001 mit weiterer Literatur. Der Briefwechsel zwischen Storm und Mommsen ist ediert von HANS-ERICH TEITGE (Hg.),

Theodor Storms Briefwechsel mit Theodor Mommsen, Weimar 1966 (Zitat aus dem Brief vom 23. Januar 1843 über den «Herbstabend 1841»: 46).

Das «Liederbuch dreier Freunde» von Theodor Mommsen, Theodor Storm und Tycho Mommsen erschien 1843 und wurde mehrfach nachgedruckt (vgl. ZJR 12 und S. 293). Zitat aus dem Gedicht «Anno 1841» (9 f.), zur Distanzierung von der politischen Lyrik des Vormärz vgl. «Exodus» (165–170). Weitere Zeugnisse nach WICKERT I 199 ff. (Wienbarg-Rezension: 211).

II. AKADEMISCHER HASARD: ENTSCHEIDUNG FÜR WISSENSCHAFT – UND POLITIK

1. Tagebuch einer Reise: Mommsen in Italien

Die für dieses Kapitel einschlägigen Zeugnisse finden sich bei WICKERT I 180 ff. und in WICKERT II, der in großer Breite Mommsens Reise dokumentiert. Vgl. des weiteren THEODOR MOMMSEN, Tagebuch der französisch-italienischen Reise 1844–1845. Mit einem Anhang: Mommsens Denkschrift über das Corpus Inscriptionum Latinarum 1847, hg. v. Gerold und Brigitte Walser, Bern/Frankfurt a. M. 1976 (Zitate: 43. 51. 86. 125. 167. 185) und MOMMSEN-JAHN (Zitate: 20. 25).

Zum akademischen Hasard vgl. MAX WEBER, Wissenschaft als Beruf [1917], in: ders., Gesammelte Aufsätze zur Wissenschaftslehre, hg. v. Johannes Winckelmann, Tübingen 71988, 582–613, sowie MARTIN SCHMEISER, Akademischer Hasard. Das Berufungsschicksal des Professors und das Schicksal der deutschen Universität 1870–1920. Eine verstehend soziologische Untersuchung, Stuttgart 1994.

Zu Mommsens Rede im preußischen Abgeordnetenhaus vgl. ZJR 689.

Zum Archäologischen Institut vgl. HANS-GEORG KOLBE, Emil Braun und die lateinische Epigraphik, in: Mitteilungen des Deutschen Archäologischen Instituts (Römische Abteilung) 86, 1979, 529–543; DERS. (Hg.), Wilhelm Henzen und das Institut auf dem Kapitol. Eine Auswahl seiner Briefe an Eduard Gerhard, Mainz 1984; SUZANNE L. MARCHAND, Down from Olympus. Archaeology and Philhellenism in Germany, 1750–1970, Princeton 1996, 54 ff.; ADOLF MICHAELIS, Geschichte des Deutschen Archäologischen Instituts 1829–1879, Berlin 1879 sowie HELMUT KYRIELEIS, Deutsches Archäologisches Institut, in: Der Neue Pauly 13, 1999, 749–760 mit weiterer Literatur.

Kellermanns Denkschrift für ein Inschriftencorpus wurde veröffentlicht von JOHANNES IRMSCHER in den Akten des IV. Internationalen Kongresses für Griechische und Lateinische Epigraphik, Wien 1964, 157–173, hier 167 ff. Zu den Anfängen des CIL vgl. auch HARNACK, GA 1.2, 900 ff. und HIRSCHFELD 932 ff.

Zu Mommsen und de Rossi sowie zu seinem Streit mit den Jesuiten Garrucci und Secchi vgl. STEFAN REBENICH, Giovanni Battista de Rossi und Theodor Mommsen, in: Reinhard Stupperich (Hg.), Lebendige Antike. Rezeptionen der Antike in Politik, Kunst und Wissenschaft der Neuzeit, Mannheim 1995, 173–186. Die Zitate nach WICKERT II 139.

Zu Mommsen und Italien vgl. LOTHAR WICKERT, Theodor Mommsen in Italien, in: ders., Drei Vorträge über Theodor Mommsen, Frankfurt a. M. 1970, 62–86 sowie REBENICH, Mommsen-Harnack 485 f. und HEINRICH SCHLANGE-SCHÖNINGEN, Theodor Mommsen in Neapel, in: Il Sogno Mediterranea. Tedeschi a Napoli al tempo di Goethe e di Leopardi, Neapel 1996, 136–148 mit weiterer Literatur.

Zu Bartolomeo Borghesi und der zeitgenössischen Epigraphik vgl. Bartolomeo Borghesi, Scienza e libertà, Bologna 1982.

2. *Politisches Intermezzo: Journalist in Rendsburg*

Zu Mommsens Rückkehr aus Italien und seiner journalistischen Tätigkeit vgl. WICKERT II 200 ff. und III 1 ff. sowie HARTMANN 33 ff. und HEUSS 137 ff. Wichtige Artikel, die Mommsen in der Schleswig-Holsteinischen Zeitung 1848 schrieb, sind nachgedruckt bei HARTMANN 161–254; vgl. zudem die Übersicht bei CARL GEHRCKE, Theodor Mommsen als schleswig-holsteinischer Publizist (mit einem Anhang politischer Mommsen-Aufsätze), Breslau 1927, 62–64 und den Abdruck weiterer Artikel im Anhang ebd. 154–203. Zu Einwänden gegen die Zuweisung anonym verfaßter Artikel an Mommsen vgl. WICKERT III 423.

Wichtig sind des weiteren Mommsens Briefwechsel mit Droysen und Wilhelm Ahlmann, dem Korrespondenten der Schleswig-Holsteinischen Zeitung in Frankfurt, vgl. JOHANN GUSTAV DROYSEN, Briefwechsel, 2 Bde., hg. v. Rudolf Hübner, Berlin/Leipzig 1929 (= Deutsche Geschichtsquellen des 19. Jahrhunderts, Bd. 25/26) und HERMANN HAGENAH, Theodor Mommsen zur deutschen Revolution, in: Deutsche Rundschau 176, 1918, 50–63.

Zum zeithistorischen Hintergrund und zur Geschichte des Liberalismus vgl. LOTHAR GALL (Hg.), Liberalismus, Köln 1976; DIETER HEIN, Die Revolution von 1848/49, München 1998; DIETER LANGEWIESCHE, Liberalismus in Deutschland, Frankfurt a. M. 1988, 12 ff. 39 ff.; DERS. (Hg.), Liberalismus im 19. Jahrhundert. Deutschland im europäischen Vergleich, Göttingen 1988; NIPPERDEY, 1800–1866, 286 ff. 595 ff.; WOLFRAM SIEMANN, Die deutsche Revolution von 1848/49, Frankfurt a. M. 1985; WEHLER, DGG II, 413 ff. 703 ff.

Zu Mommsens Kritik der Frankfurter «Parlamentsidylle» vgl. seinen Brief an Wilhelm Henzen vom 5. November 1848 bei WICKERT III 28.

3. *«Die schönsten Jahre meines Lebens»: Der Ruf nach Leipzig*

Zu Mommsens Leipziger Zeit vgl. OTTO JAHN, Biographische Aufsätze, Leipzig 1866, 165–220; RICHARD SCHÖNE, Erinnerungen an Theodor Mommsen zum 30. November 1917. Herausgegeben von Hermann Schöne, Münster 1923, 11 ff. und WICKERT III 32 ff. Zu Mommsens Äußerung über Georg Wigand vgl. REBENICH, Mommsen-Harnack Nr. 138. Zur Weidmannschen Buchhandlung und der Familie Reimer vgl. ERNST VOLLERT, Die Weidmannsche Verlagsbuchhandlung in Berlin 1680–1930. Mit einem Geleitwort von W. Georg Olms und einer Ergänzung: Die Weidmannsche Verlagsbuchhandlung 1930–1983 von W. JOACHIM FREYBURG, Hildesheim 1983.

«Privatdozent ist krank und bleich» zitiert nach ALEXANDER BUSCH, Die Geschichte des Privatdozenten, Stuttgart 1959, 130.

Mommsens Erinnerung an Leipzig von 1896 nach WICKERT III 32.

4. *Mit Zorn und Eifer: 1848 und seine Folgen*

Zu Mommsens politischer Tätigkeit in Leipzig vgl. HARTMANN 43ff.; HEUSS 157ff. 264ff. und WICKERT III 152ff. 479ff. Zum zeithistorischen Hintergrund vgl. die zu Kap. II 2 genannte Literatur sowie DIETER LANGEWIESCHE, Die Anfänge der deutschen Parteien. Partei, Fraktion und Verein in der Revolution 1848/49, in: Geschichte und Gesellschaft 4, 1978, 324–361; WINFRIED LÖSCHBURG, Der Widerstand der Universität Leipzig gegen die Reaktivierung der alten Stände in Sachsen im Jahre 1850, in: Karl-Marx-Universität Leipzig 1409–1959, Leipzig 1959, Bd. 1 312–327; ROLF WEBER, Die Universität Leipzig in der Revolution 1848/49, in: Karl-Marx-Universität Leipzig 1409–1959, Leipzig 1959, 250–311 und DERS., Die Revolution in Sachsen 1848/49. Entwicklung und Analyse ihrer Triebkräfte, Berlin 1970.

Das Zitat aus dem Brief Jahns vom 7. August 1848 nach MOMMSEN-JAHN 74. Weitere Zitate nach WEBER (1959) 287. 292. 294. 299. 309; WICKERT III 154. 157. 162. 165. 167f. 184f. 481 und WUCHER 69.

Zu Mommsens Entlassung habe ich auch seine Personalakte im Universitätsarchiv Leipzig eingesehen (Rep. I/VIII/204).

III. EXIL UND RÜCKKEHR: ZÜRICH, BRESLAU UND BERLIN

1. *«Eine ganz glänzende Acquisition»: Mommsen in Zürich*

Grundlegend für Mommsens Zürcher Zeit sind ERNST GAGLIARDI, in: Die Universität Zürich 1833–1933 und ihre Vorläufer. Festschrift zur Jahrhundertfeier, Zürich 1938, 459ff. 488–503 sowie ERNST MEYER, Theodor Mommsen in Zürich (1852–1854), in: Schweizer Beiträge zur Allgemeinen Geschichte 12, 1954, 99–138. Die Zitate nach WICKERT III 192ff. sowie MOMMSEN-JAHN. Zu den beiden Pastoren vgl. ebd. 113.

2. *Wie ein Inschriftenwerk auszuführen ist: Das Corpus Inscriptionum Latinarum*

Zu den Anfängen des Corpus Inscriptionum Latinarum und seiner Geschichte vgl. HARNACK, GA 1.2, 772ff. 900ff. 1027f.; HIRSCHFELD 933ff.; RONALD T. RIDLEY, In Collaboration with Theodor Mommsen: Ettore Pais and the Corpus Inscriptionum Latinarum, in: Klio 61, 1979, 497–506; WICKERT II 105ff. 160ff. 185ff.; III 255ff. und pass. sowie allg. STEFAN REBENICH, Die Altertumswissenschaften und die Kirchenväterkommission an der Akademie: Theodor Mommsen und Adolf Harnack, in: Jürgen Kocka (Hg.), Die Königlich Preußische Akademie der Wissenschaften zu Berlin im Kaiserreich, Berlin 1999, 199–233.

Mommsens Denkschrift vom Januar 1847 (ZJR 86) ist zitiert nach HARNACK, GA 2, 522–540 (Nr. 216); vgl. WICKERT II 185ff.

Zu Mommsens Mitarbeit an der fünften Auflage des Schweiz-Baedekers von 1853 vgl. Baedeker: Ein Name wird Weltmarke, Ostfildern 1998, 41 sowie WICKERT III 521.

Zur Felsinschrift über dem Straßentunnel von Pierre Pertuis vgl. ICHL (ZJR 230) Nr. 181: «contuli scalis admonitis».

Zur französischen Polemik gegen das CIL und Mommsens Brief an Gustav von Goßler vom 31. Mai 1883 vgl. den Briefwechsel zwischen Mommsen und Friedrich Althoff, dessen Edition zur Zeit von Gisa Franke und Stefan Rebenich vorbereitet wird.

Zum fehlenden vierten Band vgl. Kap. III 3 und IV 4.

3. *Nobelpreiswürdig: Die «Römische Geschichte»*

Ich zitiere Theodor Mommsen, Römische Geschichte, 3 Bde, Leipzig 1854–1856 nach der neunten Auflage von 1903/04. Der fünfte Band erschien in erster Auflage 1885 (^{4}1894). Eine Taschenbuchausgabe (dtv 59055) hat Karl Christ herausgegeben: München 1976 (^{6}2001). Der Text der «Römischen Geschichte» findet sich überdies im Internet: http://www.gutenberg.aol.de/mommsen/roemisch/roemisch.htm.

Zur ersten Orientierung empfehle ich die vorzügliche Einführung von Karl Christ, Theodor Mommsen und die «Römische Geschichte», im achten Band der dtv-Ausgabe, 7–66 (= Karl Christ, Römische Geschichte und Wissenschaftsgeschichte 3, Darmstadt 1983, 26–73). Aus der umfangreichen gelehrten Literatur seien genannt: Klaus Bringmann, Das Problem einer «Römischen Revolution», in: Geschichte in Wissenschaft und Unterricht 31, 1980, 354–377; Karl Christ, Caesar. Annäherungen an einen Diktator, München 1994, 134 ff.; Joachim Fest, Wege zur Geschichte. Über Theodor Mommsen, Jacob Burckhardt und Golo Mann, Zürich 1992, 29 ff.; Alfred Heuss, Theodor Mommsen als Geschichtsschreiber, in: Notker Hammerstein (Hg.), Deutsche Geschichtswissenschaft um 1900, Stuttgart 1988, 37–95 (= ders., Gesammelte Schriften 3, Stuttgart 1995, 1744–1802); Heuss 58 ff.; Hans Kloft, Caesar und die Legitimität. Überlegungen zum historischen Urteil, in: Archiv für Kulturgeschichte 64/65, 1982/83, 1–39; James F. McGlew, Revolution and Freedom in Theodor Mommsen's «Römische Geschichte», in: Phoenix 40, 1986, 424–445; Christian Meier, Das Begreifen des Notwendigen. Zu Theodor Mommsens Römischer Geschichte, in: Reinhart Koselleck u. a. (Hgg.), Formen der Geschichtsschreibung, München 1982, 201–244; Henrik Mouritsen, Italian Unification. A Study in Ancient and Modern Historiography, London 1998, 23 ff.; Elisabeth Tornow, Der Revolutionsbegriff und die späte römische Republik. Eine Studie zur deutschen Geschichtsschreibung im 19. und 20. Jh., Frankfurt a. M. 1978; Gerrit Walther, Theodor Mommsen und die Erforschung der römischen Geschichte, in: Aporemata 5, 2001, 241–258; Wickert III 399 ff. 618 ff. und Wucher pass.

«Geschichtsklitterung»: Mommsen – Jahn 124; weitere Zitate ebd. 179; Christ, Einleitung zur dtv-Ausgabe 31. 48; Christ, Caesar, a. a. O., 153; Hirschfeld 947; Wickert III 627 f. 649; Wucher 112. 215.

Zur Historiographie- und Wissenschaftsgeschichte vgl. Daniel Fulda, Wissenschaft als Kunst. Die Entstehung der modernen deutschen Geschichtsschreibung 1760–1860, Berlin/New York 1996; Wolfgang Hardtwig, Geschichtsreligion – Wissenschaft als Arbeit – Objektivität. Der Historismus in neuer Sicht, in: Historische Zeitschrift 252, 1991, 1–32; Otto Gerhard Oexle, Geschichtswissenschaft im Zeichen des Historismus, Studien zu Problemgeschichten der Moderne, Göttingen 1996; JÖRN RÜSEN, Konfigurationen des Historismus. Studien zur deutschen Wissenschaftskultur, Frankfurt a. M. 1993 und STEFAN REBENICH, Historismus, in: Der Neue Pauly 14, 2000, 469–485.

Zu Mommsens Kaiserzeitvorlesungen und dem fehlenden vierten Band vgl. auch Kap. III 2 und IV 4.

Zum Caesarismus-Diskurs vgl. PETER BAEHR, Caesar and the Fading of the Roman World. A Study in Republicanism and Caesarism, New Brunswick/London 1998; MICHAEL ERBE, Der Caesarmythos im Spiegel der Herrschaftsideologie Napoleons I. und Napoleons III., in: Reinhard Stupperich (Hg.), Lebendige Antike. Rezeptionen der Antike in Politik, Kunst und Wissenschaft der Neuzeit, Mannheim 1995, 135–142; HEINZ GOLLWITZER, Der Cäsarismus Napoleons III. im Widerhall der öffentlichen Meinung Deutschlands, in: Historische Zeitschrift 173, 1952, 23–75; DIETER GROH, Caesarismus, Napoleonismus, Bonapartismus, in: Geschichtliche Grundbegriffe 3, Stuttgart 1972, 726–771; ALFRED HEUSS, Der Caesarismus und sein antikes Urbild, in: Geschichte und Gegenwart. Festschrift für Karl Dietrich Erdmann, Neumünster 1980, 13–40 (= DERS., Gesammelte Schriften 3, Stuttgart 1995, 1803–1830) und WILFRIED NIPPEL, Charisma und Herrschaft, in: ders. (Hg.), Virtuosen der Macht. Herrschaft und Charisma von Perikles bis Mao, München 2000, 7–22. 281–289.

Zu Hegel vgl. G. W. F. HEGEL, Vorlesungen über die Rechtsphilosophie, Bd. 3, Stuttgart 1974, 821; DERS., Vorlesungen über die Philosophie der Geschichte (= Werke in zwanzig Bänden; Bd. 12), Frankfurt a. M. 1970, 29 ff. 378 ff.

Mommsen wußte in der «Römischen Geschichte» den Gegenstand «recht zu schildern»: HANS-GEORG GADAMER, Wahrheit und Methode, Tübingen ^{4}1975, 268.

FRIEDRICH NIETZSCHE, Wir Philologen, in: DERS., Werke in fünf Bänden, Bd. 5, München/Wien 1980, 325.

Zu Gibbon vgl. nur ARNALDO MOMIGLIANO, Gibbons Beitrag zur Historischen Methode [1955], in: DERS., Ausgewählte Schriften zur Geschichte und Geschichtsschreibung 2, Stuttgart/Weimar 1999, 237–255. Zu Mommsen und Gibbon vgl. neben BRIAN CROKE, Mommsen on Gibbon, in: Quaderni di storia 32, 1990, 47–59 vor allem WILFRIED NIPPEL, Gibbon and German Historiography, in: Benedikt Stuchtey, Peter Wende (Hgg.), British and German Historiography 1750–1950. Traditions, Perceptions, and Transfers, Oxford 2000, 67–81 und DERS., Edward Gibbon und die Anfänge der modernen Althistorie, in: Glenn W. Most (Hg.), Historicization – Historisierung, Göttingen 2001, 149–167.

4. Von der Jurisprudenz zur Geschichte, oder: Von Breslau nach Berlin

Zum zeitgeschichtlichen Hintergrund vgl. JOSEF JOACHIM MENZEL (Hg.), Geschichte Schlesiens 3, Stuttgart 1999. Zur Breslauer Universität ist noch immer grundlegend GEORG KAUFMANN (Hg.), Festschrift zur Feier des hundertjährigen Bestehens der Universität Breslau, 2 Bde., Breslau 1911. Zu den biographischen Zeugnissen vgl. WICKERT III 310 ff. mit 551 ff.

Zur Geschichte der Berliner Universität vgl. MAX LENZ, Geschichte der Königlichen Friedrich-Wilhelms-Universität zu Berlin, 4 Bde., Halle 1910–1918 sowie zur Alten Geschichte: ALEXANDER DEMANDT, Alte Geschichte in Berlin 1810–1960, in: Reimer Hansen, Wolfgang Ribbe (Hgg.), Geschichtswissenschaft in Berlin im 19. und 20. Jahrhundert. Persönlichkeiten und Institutionen, Berlin/New York 1992, 149–209. Zur Differenzierung des Universitätssystems vgl. etwa MARITA BAUMGARTEN, Professoren und Universitäten im 19. Jahrhundert. Zur Sozialgeschichte deutscher Geistes- und Naturwissenschaftler, Göttingen 1997, 160 ff. Zu Mommsens Berufung nach Berlin vgl. WICKERT III 394 ff.

Eine kritische Reflexion über die Wirkungsgeschichte von Mommsens Aufsatz «Die Rechtsfrage zwischen Caesar und dem Senat» (ZJR 253; MOMMSEN, GS 4, 92–145) findet sich bei KLAUS M. GIRARDET, Caesars Konsulatsplan für das Jahr 49: Gründe und Scheitern, in: Chiron 30, 2000, 679–710.

Zu Mommsen und Bernays vgl. LOTHAR WICKERT, Theodor Mommsen und Jacob Bernays. Ein Beitrag zur Geschichte des deutschen Judentums. Zu Mommsens 150. Geburtstag, 30. 11. 1967, in: HZ 205, 1967, 205–294 sowie insbesondere ARNALDO MOMIGLIANO, Jacob Bernays [1969], in: DERS., Ausgewählte Schriften zur Geschichte und Geschichtsschreibung 3, Stuttgart/Weimar 2000, 203–233; CHRISTHARD HOFFMANN, Juden und Judentum im Werk deutscher Althistoriker des 19. und 20. Jahrhunderts, Leiden u. a. 1988, 119 ff.; JEAN BOLLACK, Jacob Bernays: un homme entre deux mondes, Villeneuve-d'Ascq 1998.

Zitate nach ALFRED DOVE, Zur Erinnerung an Theodor Mommsen [1904], in: DERS., Ausgewählte Aufsätze und Briefe, hg. v. Friedrich Meinecke und Oswald Dammann, Bd. 1, München 1925, 180; HIRSCHFELD 962; MOMMSEN, GS 1, 382; MOMMSEN – JAHN 182; WICKERT III 314 f. 331. 370. 558. 569; WILAMOWITZ, Erinnerungen 88 sowie aus der Vossischen Zeitung vom 26. August 1884.

IV. «UNSER WERK LOBT KEINEN MEISTER»: DER WISSENSCHAFTLER

1. *«Am juristischen Denken bin ich zum Forscher geworden»: Der Jurist*

Die Ausführungen stützen sich auf die nach wie vor wichtige Darstellung von STINTZING-LANDSBERG 866–886. Aus der umfangreichen Literatur zu diesem Thema seien folgende Untersuchungen genannt: HEUSS 33–57; HERMANN KLENNER, Der Jurist, in: Jürgen Kuczynski, Theodor Mommsen: Porträt eines Gesellschaftswissenschaftlers, Berlin 1978, 182–242; WOLFGANG KUNKEL, Mommsen als Jurist, in: Chiron 14, 1984, 369–380; KARL-JOACHIM HÖLKESKAMP, Zwischen «System» und «Geschichte» – Theodor Mommsens ‹Staatsrecht› und die römische «Verfassung» in Frankreich und Deutschland, in: Hinnerk Bruhns u. a. (Hgg.), Die späte römische Republik. La fin de la République romaine. Un débat franco-allemand d'histoire et d'historiographie, Paris 1997, 93–111.

Für den wissenschaftshistorischen Hintergrund unentbehrlich ist WIEACKER 416 ff. und ERNST-WOLFGANG BÖCKENFÖRDE, Die deutsche verfassungsgeschichtliche Forschung im 19. Jahrhundert. Zeitgebundene Fragestellungen und Leitbilder, Berlin [2]1995.

Ich zitiere THEODOR MOMMSEN, Römisches Staatsrecht, 3 Bände in 5 Teilen, Bd. 1, II.1 und II.2 Leipzig ³1887; Bd. III.1 Leipzig 1887; Bd. III.2, Leipzig 1888, mit in Klammern gesetzten Band- und Seitenzahlen. THEODOR MOMMSEN, Abriß des römischen Staatsrechts, Leipzig 1893 wird zitiert nach dem Nachdruck der zweiten Auflage von 1907, Darmstadt 1974.

Illud ‹Graeca non leguntur› cum verum esse tum probandum, cum res Graecae philologorum sint, Latinae iurisconsultorum: So lautet die 13. These in Mommsens Doktorarbeit; vgl. MOMMSEN, GS 3, 466 sowie WICKERT I 186. Mommsen griff damit einen Ausdruck der mittelalterlichen Glossatoren auf, die wegen ihrer fehlenden Sprachkenntnisse die griechischen Teile des *Corpus iuris civilis* nicht behandelten.

Mommsens Rezension von GEORG BESELER, Volksrecht und Juristenrecht, Leipzig 1843, findet sich in MOMMSEN, GS 3, 494–500; die beiden Vorträge über «Die Aufgabe der historischen Rechtswissenschaft» und «Die Bedeutung des römischen Rechts» sind ebd. 580–600 abgedruckt.

Zu Rubinos Einfluß auf Mommsen vgl. ARNALDO MOMIGLIANO, Interim Report on the Origins of Rome, zitiert nach DERS., Terzo contributo alla storia degli studi classici e del mondo antico, Bd. 2, Rom 1966, 545–598, hier 551 sowie ALFRED HEUSS, Gedanken und Vermutungen zur frühen römischen Regierungsgewalt, in: Nachrichten der Akademie der Wissenschaften in Göttingen, Phil.-Hist. Klasse, Jg. 1982, Nr. 10, Göttingen 1983, 375–454, hier 425 ff. (= DERS., Gesammelte Schriften 2, Stuttgart 1995, 908–985, hier 956 ff.). Zu Niebuhr und Mommsen grundlegend ALFRED HEUSS, Niebuhr und Mommsen. Zur wissenschaftsgeschichtlichen Stellung Theodor Mommsens, in: Antike und Abendland 14, 1968, 1–18 (= DERS., Gesammelte Schriften 3, Stuttgart 1995, 1699–1716).

Das Zitat von Preuschen nach REBENICH, Mommsen-Harnack 231.

«Das System ist seine eigene Wahrheit»: MOMMSEN, GS 3, 546 (ZJR 36).

Zum Kaiserhof vgl. ALOYS WINTERLING, Aula Caesaris. Studien zur Institutionalisierung des römischen Kaiserhofes in der Zeit von Augustus bis Commodus, München 1999, 12 ff.

Zu staatsrechtlichen Konstruktionen vgl. etwa KLAUS BRINGMANN, Das Zweite Triumvirat. Bemerkungen zu Mommsens Lehre von der außerordentlich konstituierenden Gewalt, in: Peter Kneissl, Volker Losemann (Hgg.), Alte Geschichte und Wissenschaftsgeschichte. Festschrift Karl Christ zum 65. Geburtstag, Darmstadt 1988, 22–38; KLAUS M. GIRARDET, Caesars Konsulatsplan für das Jahr 49: Gründe und Scheitern, in: Chiron 30, 2000, 679–710 und DERS., Imperia und provinciae des Pompeius 82 bis 48 v. Chr., in: Chiron 31, 2001, 153–209.

Das Selbstzeugnis in Mommsens Brief an Goldschmidt nach WICKERT I 456 Anm. 222. Weitere Zitate und Paraphrasen nach MOMMSEN-WILAMOWITZ Nr. 232 mit Anm. 1209; WICKERT III 340. 342. 559; WUCHER 218; MOMMSEN, RA 13; SCHWARTZ, GS I 293.

Zur Wirkungsgeschichte von Mommsens Arbeiten zum römischen Staatsrecht vgl. ARNALDO MOMIGLIANO, Rezension zu Ernst Meyer, Römischer Staat und Staatsgedanke, Zürich 1948, in: Journal of Roman Studies 39, 1949, 155–157 (= DERS., [Primo] Contributo alla storia degli studi classici e del mondo antico, Rom 1955 [ND 1979], 395–399); WOLFGANG KUNKEL, Magistratische Gewalt und Senatsherrschaft, in: Aufstieg und Niedergang der römischen Welt I.2, Berlin/New York 1972, 3–22; ALFRED HEUSS, Theodor Mommsen und die revolutionäre

Struktur des römischen Kaisertums, in: Aufstieg und Niedergang der römischen Welt II.1, Berlin/New York 1974, 77–90 (= DERS., Gesammelte Schriften 3, Stuttgart 1995, 1730–1743); JOCHEN BLEICKEN, Lex Publica. Gesetz und Recht in der römischen Republik, Berlin 1975; YAN THOMAS, Mommsen et l'Isolierung du droit, Vorwort zu: Theodor Mommsen, Le droit public romain, hg. v. Claude Nicolet, übers. v. Paul Frédéric Girard, Paris 1984; JÜRGEN VON UNGERN-STERNBERG, Einleitung zu: Eugen Täubler, Der römische Staat, Stuttgart 1985; INES STAHLMANN, Imperator Caesar Augustus. Studien zur Geschichte des Principatsverständnisses in der deutschen Altertumswissenschaft bis 1945, Darmstadt 1988, 42 ff.; JOCHEN BLEICKEN, Im Schatten Mommsens. Gedanken zu Wolfgang Kunkels Buch über die Magistratur in der römischen Republik, in: Rechtshistorisches Journal 15, 1996, 3–27; WILFRIED NIPPEL, Von den «Altertümern» zur «Kulturgeschichte», Ktèma 23, 1998 [1999], 17–24. Zur wenig befriedigenden Studie von FRANK BEHNE, Heinrich Siber und das «Römische Staatsrecht» von Theodor Mommsen. Ein Beitrag zur Rezeptionsgeschichte Mommsens im 20. Jahrhundert, Hildesheim 1999 hat THOMAS WIEDEMANN in: The Classical Review 50, 2000, 653 f. alles Nötige gesagt.

G. W. F. HEGEL, Grundlinien der Philosophie des Rechts oder Naturrecht und Staatswissenschaft im Grundrisse (= Werke in zwanzig Bänden; Bd. 7), Frankfurt a. M. 1970, bes. § 207. – Zur Rechtsdogmatik vgl. HANS-GEORG GADAMER, Wahrheit und Methode, Tübingen 1975, 35 ff. 307 ff. 489 ff. – G. W. F. HEGEL, Wissenschaft der Logik, Bd. 2 (= Werke in zwanzig Bänden; Bd. 6), Frankfurt a. M. 1969, 520 (= SW Bd. 5, 297). – JOHANNES CHRISTIANSEN, Die Wissenschaft der römischen Rechtsgeschichte, Altona 1838, 23.

Wichtige Überlegungen zur wissenschaftsgeschichtlichen Einordnung des Staatsrechts bei MOMIGLIANO a. a. O., HEUSS a. a. O. (Gedanken und Vermutungen zur frühen römischen Regierungsgewalt; Niebuhr und Mommsen) sowie ADALBERTO GIOVANNINI, Magistratur und Volk. Ein Beitrag zur Entstehungsgeschichte des Staatsrechts, in: Walter Eder (Hg.), Staat und Staatlichkeit in der frühen römischen Republik, Stuttgart 1990, 406–436 und DERS., De Niebuhr à Mommsen: Remarques sur la genèse du «Droit public», in: Cahiers du Centre G. Glotz 3, 1992, 167–176.

Das Recht als «Seele des Staats» nach MOMMSEN, GS 3, 498. Zum Liberalismusdiskurs in Mommsens Staatsrecht vgl. EGON FLAIG, Im Schlepptau der Masse. Politische Obsession und historiographische Konstruktion bei Jacob Burckhardt und Theodor Mommsen, in: Rechtshistorisches Journal 12, 1993, 405–442; DERS., Volkssouveränität ohne Repräsentation. Zum ‹Römischen Staatsrecht› von Theodor Mommsen, in: Geschichtsdiskurs 3, Frankfurt a. M. 1997, 321–339 und HANS KLOFT, Verantwortung und Rechenschaftspflicht. Überlegungen zu Mommsens Staatsrecht, in: Volker Losemann, Peter Kneißl (Hg.), Imperium Romanum. Studien zu Geschichte und Nachwirken. Festschrift für Karl Christ zum 75. Geburtstag, Stuttgart 1998, 410–430. Vgl. auch allg. REINHART KOSELLECK, Revolution V–VII, in: Geschichtliche Grundbegriffe 5, Stuttgart 1984, 725–788 und HANS BOLDT u. a., Staat und Souveränität, in: ebd. 6, Stuttgart 1990, 1–154.

THEODOR MOMMSEN, Römisches Strafrecht, Leipzig 1899 zitiere ich nach dem Nachdruck Darmstadt 1955. Zur Auseinandersetzung mit Mommsens Werk in der neueren romanistischen Forschung vgl. etwa Wolfgang Kunkel, Untersuchungen zur Entwicklung des römischen Kriminalverfahrens in vorsullanischer Zeit, München 1962, 11 ff. 18 ff. sowie ders., Staatsordnung und Staatspraxis der Römischen Republik. Hg. und fortgeführt von Hartmut Galsterer, Christian Meier, Roland Wittmann. 2. Abschnitt: Die Magistratur. Von Wolfgang Kunkel und Roland Wittmann, Handbuch der Altertumswissenschaften, Bd. X, 3, 3, 2, München 1995. Zu Mommsens Rezension von Geib vgl. Mommsen, GS 3, 469–494.

2. *«Die rücksichtslos ehrliche Wahrheitsforschung»: Der Philologe*

Vgl. allg. Hellmut Flashar u. a. (Hgg.), Philologie und Hermeneutik im 19. Jahrhundert. Zur Geschichte und Methodologie der Geisteswissenschaften, Bd. 1, Göttingen 1979; Anthony T. Grafton, «Man muß aus der Gegenwart heraufsteigen»: History, Tradition, and Traditions of Historical Thought in F. A. Wolf, in: Hans Erich Bödeker u. a. (Hgg.), Aufklärung und Geschichte. Studien zur deutschen Geschichtswissenschaft im 18. Jahrhundert, Göttingen 1986, 416–429; Ada Hentschke, Ulrich Muhlack, Einführung in die Geschichte der Klassischen Philologie, Darmstadt 1972; Axel Horstmann, Antike Theoria und moderne Wissenschaft. August Boeckhs Konzeption der Philologie, Frankfurt a. M. 1992; Peter Lebrecht Schmidt, Lachmann's Method: On the History of a Misunderstanding, in: A. C. Dionisotti u. a. (Hgg.), The Uses of Greek and Latin. Historical Essays, London 1988, 227–236; Sebastiano Timpanaro, Die Entstehung der Lachmannschen Methode, Hamburg [2]1971. Das Zitat aus Mommsens Nachruf auf Jahn von 1869 nach Mommsen, RA 459. – Mommsen über Niebuhr («Die Geschichtswissenschaft an der Logik der Tatsachen zu prüfen»): Mommsen, RA 199; zur Ordnung der Archive der Vergangenheit vgl. Mommsens Antrittsrede als Mitglied der Akademie (ZJR 272) in ebd. 35–38.

Zur Ausgabe des Kirchenhistorikers Rufin für die «Griechischen Christlichen Schriftsteller» vgl. Rebenich, Mommsen-Harnack 198 ff. mit Nr. 161; Stefan Rebenich (Hg.), Adolf von Harnack, Protokollbuch der Kirchenväter-Kommission 1897–1928, Berlin/New York 2000, 115 ff. und Schwartz, GS I 283.

Zu Mommsen und den *Monumenta Germaniae historica* vgl. Harry Bresslau, Geschichte der Monumenta Germaniae historica, Hannover 1921 (ND 1976); Brian Croke, Theodor Mommsen and the Later Roman Empire, in: Chiron 20, 1990, 159–189 und Horst Fuhrmann, «Sind eben alles Menschen gewesen». Gelehrtenleben im 19. und 20. Jahrhundert, dargestellt am Beispiel der Monumenta Germaniae Historica und ihrer Mitarbeiter, München 1996. *homo minime ecclesiasticus*: Gestorum pontificum Romanorum I: Liber pontificalis, pars prior, MGH Gest. pont. 1.1, Berlin 1898 (ZJR 1372), VIII Anm. 1.

Theodor Mommsen, Dankschreiben nach dem fünfzigjährigen Doktorjubiläum, Rom 1893 (ZJR 1271), zitiert nach Fritz Jonas, Zum achtzigsten Geburtstage Theodor Mommsens, in: Deutsche Rundschau 24, 1897, 399–416, hier: 415 (Hartmann 56 f.). Ulrich von Wilamowitz-Moellendorff, Geschichte der Philologie, in: Alfred Gercke, Eduard Norden (Hgg.), Einleitung in die Altertumswissenschaft 1, Leipzig/Berlin [3]1927, 1.

August Boeckh, Encyklopädie und Methodologie der philologischen Wissenschaften, Leipzig [2]1886 (= Darmstadt 1966), 10. 21.

«Über Platons Nachtuhr» handelte Hermann Diels in den Sitzungsberichten der Berliner Akademie von 1915, 824–830; vgl. STEFAN REBENICH, «Mommsen ist er niemals näher getreten». Theodor Mommsen und Hermann Diels, in: William M. Calder III, Jaap Mansfeld (Hgg.), Hermann Diels (1848–1922) et la science de l'Antiquité, Entretiens sur l'Antiquité classique 45, Genf/Vandoeuvres 1999, 85–142.

3. Geschichtsschreibung als Kunst: Der Historiker

Für weiterführende Literatur vgl. Kap. IV 2. Mommsen Rektoratsrede (ZJR 659) ist zitiert nach MOMMSEN, RA 3–16.

Zum Historismus-Problem vgl. ULRICH MUHLACK, Bildung zwischen Neuhumanismus und Historismus, in: Bildungsbürgertum II 80–105; OTTO GERHARD OEXLE, Geschichtswissenschaft im Zeichen des Historismus, Studien zu Problemgeschichten der Moderne, Göttingen 1996, 73 ff.; STEFAN REBENICH, Orbis Romanus. Deutungen der römischen Geschichte im Zeitalter des Historismus, in: K. Nowak, O. G. Oexle u. a. (Hgg.), Adolf von Harnack. Christentum, Wissenschaft und Gesellschaft, Göttingen 2003, 29–49; CLAUDIA UNGEFEHR-KORTUS, Nietzsche-Wilamowitz-Kontroverse, in: Der Neue Pauly 15.1, 2001, 1062–1070 (mit Literatur zu diesem Thema); ANNETTE WITTKAU, Historismus. Zur Geschichte des Begriffs und des Problems, Göttingen ^{2}1994, 42 ff.

Zu Mommsens Kritik an der Archäologie vgl. MOMMSEN, RG I 119 sowie STEFAN REBENICH, Theodor Mommsen und die Archäologie. Zwei Anmerkungen, in: Archäologische Information 22.1, 1999, 28 f.

JOHANN GUSTAV DROYSEN, Briefwechsel, hg. v. Rudolf Hübner, Bd. 2, Stuttgart 1929, 941 f.; HEINRICH VON TREITSCHKE, Briefe, hg. v. Max Cornelius, Bd. 3.2, Leipzig 1920, 585 f.

«Unser Werk lobt keinen Meister»: THEODOR MOMMSEN, Ansprache am Leibniz'schen Gedächtnistage am 4. Juli 1895, in: SB Berlin 1895, 733–735 (ZJR 1333); zitiert nach MOMMSEN, RA 196–198. «Chronische Krankheit» für die *Chronica minora* nach MOMMSEN-WILAMOWITZ Nr. 379/380. Zum Begriff «Diener der Wissenschaft» vgl. auch REBENICH, Mommsen-Harnack Nr. 43 und 300. Vgl. des weiteren WOLFGANG HARDTWIG, Geschichtskultur und Wissenschaft, München 1990, 161–188 (= THOMAS NIPPERDEY u. a. [Hgg.], Geschichte und politisches Handeln. Theodor Schieder zum Gedächtnis, Stuttgart 1985, 216–242).

Zur Schulreform vgl. die klassische Darstellung von FRIEDRICH PAULSEN, Geschichte des gelehrten Unterrichts auf den deutschen Schulen und Universitäten vom Ausgang des Mittelalters bis zur Gegenwart. Mit besonderer Rücksicht auf den klassischen Unterricht. Dritte, erweiterte Aufl. hg. u. in einem Anhang fortgesetzt v. RUDOLF LEHMANN, Leipzig 1921, 715 ff. sowie Rebenich, Mommsen-Harnack 101 f. 120 f. sowie Nr. 153 mit Anm. 2 (dort weitere Literatur). – Mommsens Zitat aus THEODOR MOMMSEN, Zur Reform unserer höheren Schulen, in: Weidmannscher Kalender für die höheren Lehranstalten Preussens. Schuljahr 1889/90, 67–78, hier 77 f. (ZJR 1159). – Zur säkularen Religion vgl. GEORG BOLLENBECK, Bildung und Kultur. Glanz und Elend eines deutschen Deutungsmusters, Frankfurt a. M. 1996, 148 ff.

4. *Das «Rasiermesser»: Mommsen als Lehrer*

Zur Entwicklung der Universitäten und der altertumswissenschaftlichen Fächer vgl. STEFAN REBENICH, Universität (ab 1800), in: Der Neue Pauly 15.3. 2003, 902–922 (mit weiterer Literatur). Zu den Studenten vgl. KONRAD H. JARAUSCH, Students, Society and Politics in Imperial Germany: The Rise of Academic Illiberalism, Princeton 1982 und DERS., Deutsche Studenten 1800–1970, Frankfurt a. M. 1984, 59ff.

Mommsens Schriftenverzeichnis: ZJR.

Zu Mommsens Kaiserzeitvorlesungen vgl. THEODOR MOMMSEN, Römische Kaisergeschichte. Nach den Vorlesungs-Mitschriften von Sebastian und Paul Hensel 1882/86, hg. v. Barbara und Alexander Demandt, München ²2005 sowie ALEXANDER DEMANDT, Die Hensel-Nachschriften zu Mommsens Kaiserzeit-Vorlesung, in: Gymnasium 93, 1986, 497–519, DERS., Mommsen zum Niedergang Roms, in: Historische Zeitschrift 261, 1995, 23–29; WILFRIED NIPPEL, Rezension zu Mommsen, Römische Kaisergeschichte, in: Grazer Beiträge 20, 1994, 308–14 und STEFAN REBENICH, Otto Seeck, Theodor Mommsen und die «Römische Geschichte», in: Peter Kneissl, Volker Losemann (Hgg.), Imperium Romanum. Studien zu Geschichte und Rezeption. Festschrift für Karl Christ zum 75. Geburtstag, Stuttgart 1998, 582–607.

Die Zeugnisse zu Mommsens akademischer Lehre sind zitiert nach HANS PAALZOW, Theodor Mommsen, in: Tägliche Rundschau Nr. 257 vom 2. November 1903, 1026; ARNOLD SACHSE, Friedrich Althoff und sein Werk, Berlin 1928, 183; OTTO SEECK, Zur Charakteristik Mommsens, in: Deutsche Rundschau, 30. Jg., H. 4 (= Bd. 118), Januar 1904, 75–108, hier 77ff.; WICKERT IV 227ff. Der Spitzname «Rasiermesser» ist belegt in der Ersten Beilage zur Vossischen Zeitung vom 1. Dezember 1917 (Nr. 613), wo Bemerkungen Otto Hirschfelds wiedergegeben sind, die dieser anläßlich der Feier zum 100. Geburtstag Theodor Mommsens im Institut für Altertumskunde am 30. November 1917 machte.

V. DIE ERFINDUNG DER GROSSFORSCHUNG: DER WISSENSCHAFTSORGANISATOR

1. *Organisation und Assoziation der Arbeit: Die Berliner Akademie*

Zur Geschichte der Berliner Akademie vgl. HARNACK, GA; CONRAD GRAU, Die Berliner Akademie der Wissenschaften in der Zeit des Imperialismus, Bd. 1: Von den neunziger Jahren des 19. Jahrhunderts bis zur Großen Sozialistischen Oktoberrevolution, Berlin (Ost) 1975 sowie JÜRGEN KOCKA (Hg.), Die Königlich Preußische Akademie der Wissenschaften zu Berlin im Kaiserreich, Berlin 1999 mit weiterer Literatur. Zum Hintergrund vgl. auch PIERANGELO SCHIERA, Laboratorium der bürgerlichen Welt. Deutsche Wissenschaft im 19. Jahrhundert, Frankfurt a. M. 1992.

Für die Altertumswissenschaften vgl. auch die umfangreiche Materialsammlung bei CHRISTA KIRSTEN, Die Altertumswissenschaften an der Berliner Akademie. Wahlvorschläge zur Aufnahme von Mitgliedern von F. A. Wolf bis zu G. Rodenwaldt 1799–1932, Berlin 1985 sowie HIRSCHFELD und STEFAN REBENICH, Die Altertumswissenschaften und die Kirchenväterkommission an der Akademie: Theodor Mommsen und Adolf Harnack, in: Kocka (Hg.), Die Königlich Preußische Akademie, a. a. O., 199–233, bes. 224 ff. Zur Wentzel-Heckmann-Stiftung vgl. HEINRICH SCHLANGE-SCHÖNINGEN, Das Betriebskapital der Großwissenschaft: Elise Wentzel-Heckmann und die Kirchenväter-Edition der Preußischen Akademie der Wissenschaften, in: Berliner Wissenschaftliche Gesellschaft. Jahrbuch 1996, 281–295.

THEODOR MOMMSEN, Antrittsrede als Mitglied der Akademie, in: Monatsberichte der Berliner Akademie 1858, 393–395 (ZJR 272); zitiert nach MOMMSEN, RA 35–38; THEODOR MOMMSEN, Rede gehalten am 2. Juli in der öffentlichen Sitzung der Akademie zur Feier des Leibniz'schen Jahrestages, in: Monatsberichte der Berliner Akademie 1874, 449–458 (ZJR 674), zitiert nach MOMMSEN, RA 39–49.

Zur *Prosopographia Imperii Romani* vgl. Klaus-Peter JOHNE, 100 Jahre Prosopographia Imperii Romani, in: Klio 56, 1974, 21–27 und WERNER ECKS Beitrag zu diesem Thema, der in Averil Cameron (Hg.), Prosopography in the Twentieth Century, erscheint.

Zum *Corpus Nummorum* vgl. HANS-MARKUS VON KAENEL, «... ein wohl großartiges, aber ausführbares Unternehmen». Theodor Mommsen, Friedrich Imhoof-Blumer und das Corpus Nummorum, in: Klio 73, 1991, 304–314; DERS., Arbeitsteilung und internationale Kooperation in der antiken Numismatik? Der gescheiterte Versuch, das Corpus Nummorum der Kgl. Preußischen Akademie der Wissenschaften zu Berlin zu einem internationalen Akademieprojekt zu machen (1901), in: Ulrike Peter (Hg.), stephanos nomismatikos. Edith Schönert-Geiss zum 65. Geburtstag, Berlin 1998, 321–332; DERS., Stempelkatalog versus Sammlungskatalog. Die Diskussion um das Konzept des Corpus Nummorum 1885/86, in: Bernd Kluge, Bernhard Weisser (Hgg.), XII. Internationaler Numismatischer Kongreß Berlin, Bd. 1, Berlin 2000, 104–108 sowie die von Hans-Markus von Kaenel betreute Edition des Briefwechsels zwischen Mommsen und Imhoof-Blumer.

Zur Kirchenväterausgabe vgl. REBENICH, Mommsen-Harnack 129 ff.; zur Prosopographie der Spätantike ebd. 247 ff.

Zu den *Monumenta Germaniae historica* vgl. Kap. IV 2. Zur Reichslimeskommission vgl. Kap. V 2. Zu Mommsens Verbindungen mit dem Deutschen Archäologischen Institut, den *Monumenta Germaniae historica* und der Reichslimeskommission sowie der Akademienassoziation vgl. REBENICH, Mommsen-Harnack 62 ff. sowie Kap. II 1. Zum geplanten Corpus antiker Kunstwerke vgl. MOMMSEN, RA 98 f. (ZJR 847). Zitat zum Sprachenstreit: WICKERT IV 91.

ULRICH VON WILAMOWITZ-MOELLENDORFF, Geschichte der Philologie, in: Alfred Gercke, Eduard Norden (Hgg.), Einleitung in die Altertumswissenschaft 1, Leipzig/Berlin ^{3}1927, 71. – Das Zitat aus Mommsens Brief an Diels vom 6. 3. 1901 nach Staatsbibliothek zu Berlin, Preußischer Kulturbesitz, Sammlung Darmstaedter, Bl. 49–50. – Zum *Thesaurus linguae Latinae* vgl. auch THEODOR BÖGEL, Thesaurus-Geschichten. Beiträge zu einer Historia Thesauri linguae Latinae, Stuttgart/Leipzig 1996; DIETFRIED KRÖMER (Hg.), «Wie die Blätter am Baum, so wechseln die Wörter». 100 Jahre Thesaurus linguae Latinae, Stuttgart/Leipzig 1995 sowie STEFAN REBENICH, «Mommsen ist er niemals näher getreten». Theodor Mommsen und Hermann Diels, in: William M. Calder III, Jaap Mansfeld

(Hgg.), Hermann Diels (1848–1922) et la science de l'Antiquité, Entretiens sur l'Antiquité classique 45, Genf/Vandoeuvres 1999, 85–142. – Zu Mommsens Kooperation mit der Pariser Akademie und der französischen Altertumswissenschaft vgl. JÜRGEN VON UNGERN-STERNBERG, Deutsche und französische Altertumswissenschaftler vor und während des Ersten Weltkrieges, in: Hinnerk Bruhns u. a. (Hgg.), Die späte römische Republik. La fin de la République romaine. Un débat franco-allemand d'histoire et d'historiographie, Paris 1997, 45–78.

THEODOR MOMMSEN, Antwort auf die Antwortrede von Adolf Harnack (ZJR 1193), zitiert nach MOMMSEN, RA 208–210.

KARL REINHART, Von Werken und Formen, Godesberg 1948, 430f.

Zur Auflösung der Einheit der Wissenschaften vgl. LORRAINE DASTON, Die Akademie und die Einheit der Wissenschaften. Die Disziplinierung der Disziplinen, in: Kocka (Hg.), Die Königlich Preußische Akademie, a. a. O., 61–84.

2. *Le bon diable: Mommsen und Althoff*

Da eine neuere Biographie Althoffs fehlt, ist noch immer unentbehrlich ARNOLD SACHSE, Friedrich Althoff und sein Werk, Berlin 1928. Mehrere grundlegende Untersuchungen zur Wissenschaftspolitik und Wissenschaftsorganisation in der Ära Althoff hat in neuerer Zeit BERNHARD VOM BROCKE vorgelegt, vgl. insbes. BERNHARD VOM BROCKE, Hochschul- und Wissenschaftspolitik in Preußen und im Deutschen Kaiserreich 1882–1907: Das «System Althoff», in: Peter Baumgart (Hg.), Bildungspolitik in Preußen zur Zeit des Kaiserreichs, Stuttgart 1980, 9–118; DERS. (Hg.), Wissenschaftsgeschichte und Wissenschaftspolitik im Industriezeitalter. Das «System Althoff» in historischer Perspektive, Hildesheim 1991. Zu Althoffs Bedeutung für die Altertumswissenschaft vgl. überdies WILLIAM M. CALDER III, ALEXANDER KOŠENINA (Hgg.), Die Briefe Ulrich von Wilamowitz-Moellendorffs an Friedrich Althoff (1883–1908), Frankfurt a. M. 1989.

Die Edition des Briefwechsels zwischen Theodor Mommsen und Friedrich Althoff bereiten zur Zeit GISA FRANKE und STEFAN REBENICH vor. Sie wird in den von der Historischen Kommission bei der Bayerischen Akademie herausgegebenen Reihe «Deutsche Geschichtsquellen des 19. und 20. Jahrhunderts» erscheinen. Die Angaben zur Reichslimeskommission stammen aus den für diese Ausgabe eingesehenen Archivbeständen; vgl. des weiteren RAINER BRAUN, Die Geschichte der Reichs-Limeskommission und ihre Forschungen, in: Der römische Limes in Deutschland (Archäologie in Deutschland; Sonderband), Stuttgart 1992, 9–32.

Weitere Zitate nach: FRITZ JONAS, Erinnerungen an Theodor Mommsen zu seinem hundertjährigen Geburtstage, Berlin o. J. [1917], 36; MOMMSEN-WILAMOWITZ Nr. 393. 419. 425; REBENICH, Mommsen-Harnack Nr. 262.

3. *Ordinarius für Römische Geschichte: Hochschulpolitik*

Zur institutionellen Differenzierung und zur sozialen Öffnung der Hochschulen vgl. HARTMUT TITZE, Das Hochschulstudium in Preußen und in Deutschland 1820–1944, Göttingen 1987; DERS., Wachstum und Differenzierung der deutschen Universitäten 1830–1945, Göttingen 1995 sowie BERNHARD VOM BROCKE, Die Entstehung der deutschen Forschungsuniversität, ihre Blüte und Krise um

1900, in: Rainer Christoph Schwinges (Hg.), Humboldt International. Der Export des deutschen Universitätsmodells im 19. und 20. Jahrhundert, Basel 2001, 367–400; RÜDIGER VOM BRUCH, Abschied von Humboldt? Die deutsche Universität vor dem Ersten Weltkrieg, in: Karl Strobel (Hg.), Die deutsche Universität im 20. Jahrhundert. Die Entwicklung einer Institution zwischen Tradition, Autonomie, historischen und sozialen Rahmenbedingungen, Vierow 1994, 17–29; KONRAD H. JARAUSCH (Hg.), The Transformation of Higher Learning: Expansion, Diversification, Social Opening, and Professionalization in England, Germany, Russia, and the United States, Stuttgart 1983; DERS., Universität und Hochschule, in: Christa Berg (Hg.), Handbuch der deutschen Bildungsgeschichte, Bd. 4: 1870–1918, München 1991, 313–345 (mit Literatur 341 ff.); DERS., Die Krise des deutschen Bildungsbürgertums im ersten Drittel des 20. Jahrhunderts, in: Bildungsbürgertum IV, 180–205; KARL-ERNST JEISMANN (Hg.), Bildung, Staat und Gesellschaft im 19. Jahrhundert. Mobilisierung und Disziplinierung, Stuttgart 1989; NIPPERDEY 1866–1918, I 568 ff.; STEFAN REBENICH, Universität (ab 1800), in: Der Neue Pauly 15.3, 2003, 902–922; WALTER RÜEGG (Hg.), Geschichte der Universität in Europa, Bd. 3: Vom 19. Jahrhundert zum Zweiten Weltkrieg (1800–1945), im Druck; KLAUS SCHWABE (Hg.), Hochschullehrer als Elite in Deutschland 1815–1945, Boppard 1988, 93–104; WEHLER, DGG III, 417 ff. 1209 ff.

Zur Philosophischen Fakultät der Berliner Universität vgl. BÄRBEL BOSCHAN, In dubiis libertas? Die Entwicklung der Berliner Philosophischen Fakultät der Berliner Universität im Zeitraum 1870–1900, in: Bernhard vom Brocke (Hg.), Wissenschaftsgeschichte und Wissenschaftspolitik im Industriezeitalter. Das «System Althoff» in historischer Perspektive, Hildesheim 1991, 268–285. – Zum Institut für Altertumskunde vgl. MAX LENZ, Geschichte der Königlichen Friedrich-Wilhelms-Universität zu Berlin, Bd. 3, Halle 1910, 216 ff. (Beitrag von ULRICH VON WILAMOWITZ-MOELLENDORFF); WOLFHART UNTE, Wilamowitz als wissenschaftlicher Organisator, in: William M. Calder (Hg.), Wilamowitz nach 50 Jahren, Darmstadt 1985, 720–770, hier 730 ff. sowie den Briefwechsel zwischen Theodor Mommsen und Friedrich Althoff.

Zur Organisation der Altertumswissenschaft: MOMMSEN, RA 37. – Mommsen zu seiner Rektorwahl: WICKERT IV 21. – Zu den «Doktorengebühren» vgl. ADELHEID MOMMSEN 31 f.

Zum Fall Arons vgl. BERNHARD VOM BROCKE, Hochschul- und Wissenschaftspolitik in Preußen und im Deutschen Kaiserreich 1882–1907: Das «System Althoff», in: Peter Baumgart (Hg.), Bildungspolitik in Preußen zur Zeit des Kaiserreichs, Stuttgart 1980, 9–118, hier 95 ff.; RÜDIGER VOM BRUCH, Wissenschaft, Politik und öffentliche Meinung. Gelehrtenpolitik im Wilhelminischen Deutschland (1890- 1914), Husum 1980, 333 ff. und PETER MAST, Künstlerische und wissenschaftliche Freiheit im Deutschen Reich 1890–1901: Umsturzvorlage und Lex Heinze sowie die Fälle Arons und Spahn im Schnittpunkt der Interessen von Besitzbürgertum, Katholizismus und Staat, Rheinfelden [2]1986, 101 ff. – Zitat nach LEO ARONS (Hg.), Die Actenstücke des Disciplinarverfahrens gegen den Privatdocenten Dr. Arons, Berlin 1900, 15. Vgl. auch MOMMSEN-WILAMOWITZ Nr. 400.

Zum Fall Spahn vgl. REBENICH, Mommsen-Harnack 414 ff. (mit weiterer Literatur) sowie FRIEDRICH WILHELM GRAF, Adolf Harnack zum «Fall Althoff», in: Jahrbuch für Universitätsgeschichte 1, 1998, 177–204. Zitate aus REBENICH,

Mommsen-Althoff Nr. 188. 193. 199. Mommsen forderte bereits 1859 «Recht und Ehre der freien voraussetzungslosen Forschung» ein: THEODOR MOMMSEN, Das römische Gastrecht und die römische Clientel (ZJR 288), zitiert nach: DERS., Römische Forschungen 1, Berlin ²1864, 323.

4. *Schutzbefohlene oder Papageiengeschlecht? Mommsen und seine Schüler*

Zu Mommsens Schülern vgl. CHRIST, Römische Geschichte 66ff.; WOLFGANG WEBER, Priester der Klio. Historisch-sozialwissenschaftliche Studien zur Herkunft und Karriere deutscher Historiker und zur Geschichte der Geschichtswissenschaft 1800–1979, Frankfurt a. M./Bern/New York 1984, 272ff. und HEINRICH CHANTRAINE, Die Leistung der Juden für die Alte Geschichte im deutschen Sprachraum, in: Jahrbuch des Instituts für Deutsche Geschichte, Beiheft 10, 1986, 113–145. Zur Berufungspolitik vgl. REBENICH, Mommsen-Harnack 103ff. (mit den entsprechenden Nachweisen). Das Zitat von Diels nach DUZ I Nr. 46.

Zu Otto Seeck vgl. auch HARTMUT LEPPIN, Ein «Spätling der Aufklärung»: Otto Seeck und der Untergang der antiken Welt, in: Peter Kneissl, Volker Losemann (Hgg.), Imperium Romanum. Studien zu Geschichte und Rezeption. Festschrift für Karl Christ zum 75. Geburtstag, Stuttgart 1998, 472–491; STEFAN REBENICH, Otto Seeck, Theodor Mommsen und die «Römische Geschichte», in: ebd. 582–607 und DERS., Otto Seeck und die Notwendigkeit, Alte Geschichte zu lehren, in: William M. Calder III u. a. (Hgg.), Wilamowitz in Greifswald, Hildesheim 2000, 262–298.

Zu Ludo Moritz Hartmann vgl. VOLKER HERHOLT, Ludo Moritz Hartmann. Alte Geschichte zwischen Darwin, Marx und Mommsen, Berlin 1999. Zitat aus einem Brief an Otto Benndorf vom 11. Februar 1897 in: Österreichische Nationalbibliothek, Nachlaß Otto Benndorf 653/14–18.

Zur Berufung Hirschfelds vgl. CHRISTIAN SIMON, Staat und Geschichtswissenschaft in Deutschland und Frankreich 1871–1914. Situation und Werk von Geschichtsprofessoren an den Universitäten Berlin, München, Paris, Bern u. a. 1988, 86ff.

Zu Ludwig Traube vgl. LUDWIG TRAUBE, Rückblick auf meine Lehrtätigkeit, hg. v. Gabriel Silagi, München 1988, bes. 3ff. sowie PETER LEBRECHT SCHMIDT, Ludwig Traube als Latinist, in: William M. Calder III u. a. (Hgg.), Wilamowitz in Greifswald, Hildesheim 2000, 491–503 sowie Archiv der Berlin-Brandenburgischen Akademie der Wissenschaften, Nachlaß Mommsen 16, Bl. 26–28.

Zu Pflugk-Harttung vgl. Archiv der Berlin-Brandenburgischen Akademie der Wissenschaften, Nachlaß Mommsen 16, Bl. 1f. sowie Staatsbibliothek zu Berlin, Preußischer Kulturbesitz, Nachlaß Mommsen I: Briefe Julius von Pflugk-Harttung.

Zu Beloch vgl. KARL CHRIST, Von Gibbon zu Rostovtzeff. Leben und Werk führender Althistoriker der Neuzeit, Darmstadt ³1989, 248–285 und LEANDRO POLVERINI (Hg.), Aspetti della storiografia di Giulio Beloch, Perugia 1990. – Zitat aus Mommsens Polemik gegen Beloch nach MOMMSEN, GS 5, 249 (ZJR 941).

Zu Hübner vgl. STEFAN REBENICH, Ein Brief Theodor Mommsens an Otto Jahn, in: Philologus 139, 1995, 169–172. Zitat nach DUZ I Nr. 134.

Wilamowitz' Verdikt über Mommsen nach WILLIAM M. CALDER III, Ulrich von Wilamowitz-Moellendorff: Selected Correspondence 1869–1931, Neapel 1983, 76.

Zu Mommsens Äußerungen zur Promotionsreform und zu seiner Kritik an den «deutschen Pseudodoctoren» vgl. ZJR 727–728a sowie MOMMSEN, RA 402–409. «Wissenschaftliche Nullität»: vgl. Mommsen, GS 2, 401 (ZJR 1428). Zum Dissens zwischen August und Theodor Mommsen vgl. WICKERT I 39f. Mommsens Aussagen über das «Genie» nach «Drei Aufsätze Theodor Mommsens aus seiner Schulzeit» (vgl. Kap. I 2), 28. Belochs Kritik nach CHRIST, Römische Geschichte 67; Wagners Diktum nach CHRISTOPH WEBER, Der «Fall Spahn» (1901). Ein Beitrag zur Wissenschaftsgeschichte im ausgehenden 19. Jahrhundert, Rom 1980, 163.

Zu Mommsen und Weber vgl. ALFRED HEUSS, Max Webers Bedeutung für die Geschichte des griechisch-römischen Altertums, in: Historische Zeitschrift 201, 1965, 529–556 (= DERS., Gesammelte Schriften 3, Stuttgart 1995, 1835–1862); ARNALDO MOMIGLIANO, Max Weber und die Althistoriker [1981], in: ders., Ausgewählte Schriften zur Geschichte und Geschichtsschreibung 3, Stuttgart/Weimar 200, 274–281; DERS., Und nach Max Weber? [1978], in: ebd., 284–301 sowie JÜRGEN DEININGER, Einleitung, in: Max Weber, Römische Agrargeschichte (= Max Weber Gesamtausgabe, Bd. I/2), Tübingen 1986, bes. 57f.; WILFRIED NIPPEL, Max Weber und die Althistorie seiner Zeit, Berlin 1993 und DERS., From Agrarian History to Cross-Cultural Comparisons: Weber on Graeco-Roman Antiquity, in: Stephen Turner (Hg.), The Cambridge Companion to Weber, Cambridge 2000, 240–255.

VI. «ICH WÜNSCHTE EIN BÜRGER ZU SEIN»: DER POLITIKER

1. Viel Feind, viel Ehr? Bismarck, Treitschke und die Antisemiten

Zum zeithistorischen Hintergrund und zur Geschichte des Liberalismus vgl. die zu Kapitel II 2 genannte Literatur sowie Bildungsbürgertum I–IV; LOTHAR GALL, Bismarck. Der weiße Revolutionär, Frankfurt a. M./Berlin/Wien 1980; DERS., «... Ich wünschte ein Bürger zu sein». Zum Selbstverständnis des deutschen Bürgertums im 19. Jahrhundert, in: Historische Zeitschrift 245, 1987, 601–623; WOLFGANG J. MOMMSEN, Das Ringen um den nationalen Staat. Die Gründung und der innere Ausbau des Deutschen Reiches unter Otto von Bismarck 1850 bis 1890, Berlin 1993; NIPPERDEY, 1800–1866, 286ff. 718ff.; NIPPERDEY, 1866–1918, II 314ff. 521ff.; WEHLER, DGG III 337ff. 866ff.; HEINRICH AUGUST WINKLER, Preußischer Liberalismus und deutscher Nationalstaat. Studien zur Geschichte der Deutschen Fortschrittspartei 1861–1866, Tübingen 1964.

Zu Mommsens politischem Engagement vgl. besonders HEUSS 166ff.; CHRISTIAN JANSEN, «... wünschte ein Bürger zu sein». Theodor Mommsen und die deutsche Politik in der ersten Hälfte der sechziger Jahre, in: Christian Jansen u. a. (Hgg.), Von der Aufgabe der Freiheit. Festschrift für Hans Mommsen zum 4. November 1995, Berlin 1995, 29–49; JÜRGEN MALITZ, «Ich wünschte ein Bürger zu sein.» Theodor Mommsen im wilhelminischen Reich, in: Karl Christ, Arnaldo Momigliano (Hgg.), L'Antichità nell'Ottocento in Italia e Germania – Die Antike im 19. Jahrhundert in Italien und Deutschland, Bologna/Berlin 1988, 321–359; REBENICH, Mommsen-Harnack 327 ff. und WUCHER pass.

Theodor Mommsen, Die Annexion Schleswig-Holsteins. Ein Sendschreiben an die Wahlmänner der Stadt Halle und des Saalkreises, Berlin 1865 (ZJR 416); zitiert nach: MOMMSEN, RA 373–401.

Zu Mommsens Sendschreiben an die Italiener (ZJR 573) vgl. WICKERT IV 170 ff.

THEODOR MOMMSEN, Die germanische Politik des Augustus (ZJR 616) ist zitiert nach: MOMMSEN, RA 316–343. Das Zitat aus Mommsens Erklärung zur Ablehnung seiner Wahl zum Mitglied der Pariser Akademie vom 19. November 1889 nach Geheimes Staatsarchiv, Preußischer Kulturbesitz, Rep. 76 Va Sekt. 2 Tit. IV Nr. 41 Bd. 2, Bl. 67–70.

Weitere Zitate nach HEUSS 191; JANSEN, a. a. O., 34; WICKERT IV 48. 57. 70. 87 ff.; WUCHER 151.

Zu Mommsen und dem Kulturkampf vgl. HEINRICH SCHLANGE-SCHÖNINGEN, Konstantin der Große und der ‹Kulturkampf›. Bemerkungen zur Bewertung des ersten christlichen Kaisers in Theodor Mommsens Römischer Kaisergeschichte, in: Gymnasium 104, 1997, 385–397.

Zum Bismarckprozeß vgl. die Zeugnisse bei WICKERT IV 94 ff.

Zum Antisemitismusstreit vgl. WALTER BOEHLICH (Hg.), Der Berliner Antisemitismusstreit, Frankfurt a. M. ²1988; CHRISTHARD HOFFMANN, Juden und Judentum im Werk deutscher Althistoriker des 19. und 20. Jahrhunderts, Leiden u. a. 1988, 87 ff.; JÜRGEN MALITZ, Mommsen, Caesar und die Juden, in: Hubert Cancik u. a. (Hgg.), Geschichte – Tradition – Reflexion. Festschrift für Martin Hengel zum 70. Geburtstag, Bd. 2, Tübingen 1996, 371–387; REBENICH, Mommsen-Harnack 346 ff. sowie allg. NOTKER HAMMERSTEIN, Antisemitismus und deutsche Universitäten 1871–1933, Frankfurt a. M. 1995. – THEODOR MOMMSEN, Auch ein Wort über unser Judentum (ZJR 865), zitiert nach: MOMMSEN, RA 410–426. – Weitere Zitate nach BOEHLICH, a. a. O., 10. 13. 210. 222; MOMMSEN, RG III 550; WICKERT IV 73. 239; WUCHER 195 Anm. 51.

KONSTANZE WEGNER, Theodor Barth und die Freisinnige Vereinigung. Studien zur Geschichte des Linksliberalismus im wilhelminischen Deutschland (1893–1910), Tübingen 1968. Zu Mommsens Rede auf Bamberger: 62 f.

HERMANN BAHR, Der Antisemitismus. Ein internationales Interview, Berlin 1894; Zitat 27 (vgl. ZJR 1316a). Antisemitenhammer. Eine Anthologie aus der Weltliteratur. Mit einem Vorwort von Professor Dr. JACOB MOLESCHOTT, Senator des Königreichs Italien, und einer Einleitung von JOSEF SCHRATTENHOLZ, Düsseldorf 1894; Zitat 513 f. LÉO ERRERA, Les juifs russes. Extermination ou Émancipation? Avec une lettre-préface de Th. Mommsen, Brüssel 1893 (ZJR 1292). Eine deutsche Übersetzung erschien in: Die russischen Juden. Vernichtung oder Befreiung? Mit einem einleitenden Brief von Th. Mommsen und einem Berichte des Verfassers in Kischinew 1903, Leipzig 1903 (ZJR 1503 a).

2. *Außerparlamentarische Opposition: Mommsen und die Gelehrtenpolitik*

Zur Gelehrtenpolitik vgl. die grundlegende Studie von RÜDIGER VOM BRUCH, Wissenschaft, Politik und öffentliche Meinung. Gelehrtenpolitik im Wilhelminischen Deutschland (1890–1914), Husum 1980 sowie DERS., Vom Bildungsgelehrten zum wissenschaftlichen Fachmenschentum. Zum Selbstverständnis deutscher Hochschullehrer im 19. und 20. Jahrhundert, in: Jürgen Kocka u. a. (Hgg.), Von der Arbeiterbewegung zum modernen Sozialstaat. Festschrift Gerhard A. Ritter zum 65. Geburtstag, München u. a. 1994, 582–600; BERNHARD VOM BROCKE, Professoren als Parlamentarier, in: Klaus Schwabe (Hg.), Deutsche Hochschullehrer als Elite: 1815–1945, Boppard a. Rh. 1988, 55–92; NIPPERDEY 1866–1918, I 590ff.; GUSTAV SCHMIDT, JÖRN RÜSEN (Hgg.), Gelehrtenpolitik und politische Kultur in Deutschland 1830–1930, Bochum 1986.

Zur Lex Heinze und zur Gründung des Goethebundes vgl. WOLFGANG HÜTT (Hg.), Hintergrund. Mit den Unzüchtigkeitsparagraphen des Strafgesetzbuches gegen Künstler 1900–1933, Berlin 1990, 9ff. 181ff.; JÜRGEN und WOLFGANG VON UNGERN-STERNBERG, Der Aufruf ‹An die Kulturwelt!›. Das Manifest der 93 und die Anfänge der Kriegspropaganda im Ersten Weltkrieg, Stuttgart 1996, 27ff. sowie den wichtigen Aufsatz von ROBIN LENMAN, Art, Society, and the Law in Imperial Germany: the Lex Heinze, in: Oxford German Studies 8, 1973, 86–113 und REBENICH, Mommsen-Harnack 396ff.

THEODOR MOMMSEN, Der Goethe-Bund und seine Zukunft, in: Deutsche Revue 25, 1900, Nr. 3 (Augustheft), 129–132 (ZJR 1421); DERS., Telegramm vom 27. Mai, veröffentlicht in der «Neuen Hamburger Zeitung», 5. Jg., 30. Mai, Nr. 248 (ZJR 1429).

Hirschfelds Brief vom 11. Juni 1900: Staatsbibliothek zu Berlin, Preußischer Kulturbesitz, Nachlaß Mommsen I: Briefe Otto Hirschfeld, Bl. 280–282.

Zu Mommsen und der Theaterzensur vgl. ZJR 1430 und 1451 sowie REBENICH, Mommsen-Harnack 405ff.

Zu Mommsen und der Sozialdemokratie vgl. THEODOR MOMMSEN, Was uns noch retten kann, in: Die Nation, Jg. 20, Nr. 11, 13. Dezember 1902, 163f. (ZJR 1463 = HARTMANN 255–258; längere Auszüge u. a. bei WICKERT IV 79–81) sowie REBENICH, Mommsen-Harnack 462ff. mit weiterer Literatur. Zum zeitgeschichtlichen Hintergrund vgl. überdies DIETER DÜDING, Der Nationalsoziale Verein 1896–1903. Der gescheiterte Versuch einer parteipolitischen Symbiose von Nationalismus, Sozialismus und Liberalismus, München/Wien 1972; DIETER GROH, Emanzipation und Integration. Beiträge zur Sozial- und Politikgeschichte der deutschen Arbeiterbewegung und des Zweiten Reiches, Konstanz 1999; GANGOLF HÜBINGER, Kulturprotestantismus und Politik. Zum Verhältnis von Liberalismus und Protestantismus im wilhelminischen Deutschland, Tübingen 1994, 148ff. und PETER THEINER, Sozialer Liberalismus und deutsche Weltpolitik. Friedrich Naumann im Wilhelminischen Deutschland (1860–1919), Baden-Baden 1983.

Weitere Zitate: MOMMSEN, RA 475 (ZJR 1282); REBENICH, Mommsen-Harnack 484f. (ZJR 1483).

3. Der Traum des Alten Mannes: Die Freundschaft mit England

Zur allgemeinen Einführung vgl. BRUCH, Gelehrtenpolitik (wie Kap. VI 2) 66ff. und 240ff.; WOLFGANG MARIENFELD, Wissenschaft und Schlachtflottenbau in Deutschland 1897–1906, Berlin 1957; WOLFGANG J. MOMMSEN, Max Weber und die deutsche Politik 1890–1920, Tübingen [2]1974; HARALD ROSENBACH, Das

Deutsche Reich, Großbritannien und der Transvaal (1896–1902). Anfänge deutsch-britischer Entfremdung, Göttingen 1993, 290ff.; JAMES J. SHEEHAN, The Career of Lujo Brentano. A Study of Liberalism and Social Reform in Imperial Germany, Chicago 1966 und KONSTANZE WEGNER, Theodor Barth und die Freisinnige Vereinigung. Studien zur Geschichte des Linksliberalismus im wilhelminischen Deutschland (1893–1910), Tübingen 1968.

Zu Mommsens Einfluß auf die englische Altertumswissenschaft vgl. OSWYN MURRAY, Ancient History, 1872–1914, in: The History of the University of Oxford, Bd. 7: Nineteenth-Century Oxford, Teil 2, Oxford 2000, 333–360 mit weiterer Literatur.

Vgl. desweiteren REBENICH, Mommsen-Harnack 490ff. «Alter England-Schwärmer»: vgl. ebenda Nr. 1901.

THEODOR MOMMSEN, German feeling toward England and America. Correspondence between Sidney Withmann, F. R. G. S., and Professor Theodor Mommsen, of the University of Berlin, in: The North American Review 170, 1900, 240–243 (ZJR 1417).

Zur Diskussion mit Friedrich Max Müller vgl. ZJR 1418; 1419; 1420 und 1422 sowie JOHANNES H. VOIGT, Die Auseinandersetzung zwischen Theodor Mommsen und Max Müller über den Burenkrieg. Ein Beitrag zum deutsch-englischen Verhältnis um die Jahrhundertwende, in: Geschichte in Wissenschaft und Unterricht 17, 1966, 65–77.

Zu Mommsens Brief «An die Deutschen in Österreich» in der «Neuen Freien Presse» vom 31. Oktober 1897 (ZJR 1364) vgl. BERTHOLD SUTTER, Theodor Mommsens Brief «An die Deutschen in Österreich» (1897), in: Ostdeutsche Wissenschaft 10, 1963, 152–225 (der 159f. den Wortlaut des Briefes wiedergibt) und MALITZ, Wilhelminisches Reich (wie Kap. VI 1) 345ff.

Interview mit Theodor Mommsen über die deutsche Flottenpolitik, in: Neue Freie Presse Nr. 12199. 9. August 1898 (ZJR 1386a). Zum Boxeraufstand vgl. THEODOR MOMMSEN, Ninive und Sedan, in: Die Nation, 17. Jg., 25. August 1900, 658f. (ZJR 1413). Rede vom 19. März 1885 zu Kaisers Geburtstag (ZJR 1030) zitiert nach MOMMSEN, RA 132–143.

THEODOR MOMMSEN, Krüger nicht in Berlin, in: Die Nation, 18. Jg., 1. Dezember 1900, 146f. (ZJR 1414).

THEODOR MOMMSEN, A German's Appeal to the English, in: The Independent Review, vol. 1, No. 1, October 1903, 160–165 (ZJR 1492); vgl. Die Nation, 21. Jg., 10. Oktober 1903, 20f. («Deutschland und England»). Vgl. hierzu REBENICH, Mommsen-Harnack 509ff. Zitate aus der Korrespondenz mit Brentano nach Bundesarchiv Koblenz, Nachlaß Brentano, N 1001/41 sowie Staatsbibliothek zu Berlin, Preußischer Kulturbesitz, Nachlaß Mommsen I: Briefe Lujo Brentano.

4. *«Animal politicum»: Vom Bürgersinn eines Liberalen*

Vgl. allg. GANGOLF HÜBINGER, Die Intellektuellen im wilhelminischen Deutschland. Zum Forschungsstand, in: ders., Wolfgang J. Mommsen (Hgg.), Intellektuelle im Deutschen Kaiserreich, Frankfurt a. M. 1993, 198–210; FRITZ K. RINGER, The Decline of the German Mandarins. The German Academic Community 1890–1933, Cambridge/Mass. 1969 (die deutsche Übersetzung: Die Gelehrten. Der

Niedergang der deutschen Mandarine 1890–1933, Stuttgart 1983 und München 1987, ist im Text- und Anmerkungsteil wesentlich gekürzt) sowie JOHN C. RÖHL, Wilhelm II. Der Aufbau der persönlichen Monarchie 1888–1900, München 2001.

Die Testamentsklausel wurde zum ersten Male in der Zeitschrift «Die Wandlung» 3, 1948, 69 f. veröffentlicht; vgl. HEUSS 282; WICKERT IV 77 f. und WUCHER 218 f. Zu Mommsens Testamentsklausel vgl. LOTHAR GALL, Bürgertum in Deutschland, Berlin 1989, 17 ff. und ALFRED HEUSS, Theodor Mommsen über sich selbst. Zur Testamentsklausel von 1899, in: Antike und Abendland 6, 1957, 105–117 (= DERS., Gesammelte Schriften 3, Stuttgart 1995, 1717–1729).

THEODOR MOMMSEN, Rede zur Vorfeier des Geburtstages des Kaisers, 18. März 1880 (ZJR 847) = MOMMSEN, RA 89–103.

Zur geplanten Ernennung Mommsens zum Wirklichen Geheimen Rat mit dem Prädikat Exzellenz vgl. ADELHEID MOMMSEN 60 und WICKERT IV 76.

Weitere Zitate: MOMMSEN-JAHN 302; REBENICH, Mommsen-Harnack Nr. 262; WICKERT IV 71. 73. 77. 301; THEODOR MOMMSEN, Der Goethe-Bund und seine Zukunft, in: Deutsche Revue 25.3, 1900, 129–132 (ZJR 1421), Zitat 131; MOMMSEN, RA 426.

Geschichte als «Lehrmeisterin der Gegenwart»: vgl. WUCHER 209 ff.

Zur Bewertung von Mommsens politischer Tätigkeit in der zeitgenössischen Presse und der späteren Geschichtsschreibung vgl. REBENICH, Mommsen-Harnack 372 ff. Zitate: HEUSS 220; ERNST KORNEMANN, Gestalten und Reiche, Leipzig 1943 (ND Bremen 1980), 435; Eduard Schwartz in: MOMMSEN-WILAMOWITZ XVIII; WICKERT IV 200. Mommsens Brief an Jonas nach WICKERT III 487.

LOTHAR MACHTAN (Hg.), Bismarck und der deutsche Nationalmythos, Bremen 1994.

Zu Lagarde, Langbehn und Chamberlain vgl. FRITZ STERN, Kulturpessimismus als politische Gefahr. Eine Analyse nationaler Ideologie in Deutschland, Bern/Stuttgart/Wien 1963 sowie WOLFGANG J. MOMMSEN, Bürgerliche Kultur und Künstlerische Avantgarde. Kultur und Politik im deutschen Kaiserreich 1870 bis 1918, Frankfurt a. M./Berlin 1994, 112 ff.; NIPPERDEY, 1866–1918, I 826 ff. sowie WEHLER, DGG III 744 ff.

VII. «LIEBE MARIE!»: DER MENSCH

1. *«Kinder erziehen ist ein beschwerliches Geschäft»: Die Familie*

Grundlage dieses Kapitels sind die Selbstzeugnisse Mommsens und seiner Frau in WICKERT IV 1 ff. und 22 ff. sowie ADELHEID MOMMSEN; Zitate ebd. 59 f. (Gedicht vom 1. Juli 1902) und 65.

Teile des Briefwechsels zwischen Theodor und Marie Mommsen befinden sich heute im Deutschen Literaturarchiv, Schiller Nationalmuseum in Marbach am Neckar.

Zum zeitgeschichtlichen Hintergrund vgl. UTE FREVERT (Hg.), Bürgerinnen und Bürger. Geschlechterverhältnisse im 19. Jahrhundert, Göttingen 1988; REBEKKA HABERMAS, Frauen und Männer des Bürgertums. Eine Familiengeschichte (1750–1850), Göttingen 2000 sowie NIPPERDEY 1866–1918, I 43 ff.

Zur Verlobung und Hochzeit vgl. WICKERT III 280ff.

CARL WELCKER, Geschlechterverhältnisse, in: Das Staats-Lexikon. Encyclopädie der sämmtlichen Staatswissenschaften für alle Stände, Bd. 5, Altona 1847, 654–679.

Mommsenstiftung und Literaturnobelpreis: WICKERT IV 41. Die Angaben zu Mommsens Einkommen beruhen auf WICKERT III 614f.; IV 255ff. und eigenen Erhebungen; vgl. überdies WEHLER, DGG III 591. Weitere Zitate nach WICKERT III 306 und ADELHEID MOMMSEN 85; Staatsbibliothek zu Berlin, Preußischer Kulturbesitz, Sammlung Autographa II (Brief an eine nicht genannte Spenderin vom 30. März 1866).

Zum Brand in Mommsens Arbeitszimmer vgl. REBENICH, Mommsen-Harnack 372f.; WICKERT IV 42ff.; URSULA WINTER, Mommseniana aus dem Nachlaß Mommsen in der Deutschen Staatsbibliothek, in: Theodor Mommsen 1917–1903, Akademie der Wissenschaften der DDR, Institut für Theorie, Geschichte und Organisation der Wissenschaft, Kolloquiumsband, Nr. 40, Berlin 1984, 73–79; WINFRIED SÜHLO, Handwerkszeug und Mythos. Über das Schicksal der Bibliothek von Theodor Mommsen, in: Antonius Jammers u. a. (Hgg.), Die besondere Bibliothek. Oder: Die Faszination von Büchersammlungen, München 2002, 205–228 sowie Staatsbibliothek Berlin, Preußischer Kulturbesitz, Nachlaß Mommsen II Nr. 6 (zu einer Wiener Handschrift 22. Juli 1880).

Zu Karl Mommsen vgl. HEINRICH DOVE, Karl Mommsen, in: Deutsches Biographisches Jahrbuch 4, 1922 [1929], 190–193. Zu Theodor E. Mommsen vgl. FELIX GILBERT, Lehrjahre im alten Europa, Berlin 1989, 111ff. u. ö. sowie ROBERT E. LERNER, Ernst Kantorowicz und Theodor E. Mommsen, in: Hartmut Lehmann, Ernst Sheehan (Hg.), An Interrupted Past: German-Speaking Refugee Historians in the United States after 1933, New York 1991, 188–205.

Zu Mommsen und Wilamowitz ist grundlegend MOMMSEN-WILAMOWITZ und JÜRGEN MALITZ, Nachlese zum Briefwechsel Mommsen-Wilamowitz, in: Quaderni di Storia 17, 1983, 123–150 sowie DERS., Theodor Mommsen und Wilamowitz, in: William M. Calder III u. a. (Hgg.), Wilamowitz nach 50 Jahren, Darmstadt 1985, 31–55. Vgl. des weiteren KARL CHRIST, «... die schwere Ungerechtigkeit gegen Augustus». Augustus, Mommsen und Wilamowitz, in: Tria corda. Scritti in onore di Arnaldo Momigliano, Como 1983, 89–100; STEFAN REBENICH, Der alte Meergreis, die Rose von Jericho und ein höchst vortrefflicher Schwiegersohn: Mommsen, Harnack und Wilamowitz, in: Kurt Nowak, Otto Gerhard Oexle (Hgg.), Adolf von Harnack. Theologe, Historiker, Wissenschaftspolitiker, Göttingen 2001, 39–69 und ERDMANN und TELLO VON WILAMOWITZ-MOELLENDORFF, Zur Ehe von Ulrich von Wilamowitz-Moellendorff mit Marie, geb. Mommsen, in: William M. Calder III u. a. (Hgg.), Wilamowitz in Greifswald, Hildesheim 2000, 153–167.

Zum Rektoratsdiner von 1874 vgl. WILAMOWITZ, Erinnerungen 175f.

Zitate: Unveröffentlicher Briefwechsel zwischen Ulrich von Wilamowitz-Moellendorff und seiner Mutter Ulrike, geb. von Calbo; MAXIMILIAN BRAUN u. a. (Hgg.), «Lieber Prinz». Der Briefwechsel zwischen Hermann Diels und Ulrich von Wilamowitz-Moellendorff (1869–1921), Hildesheim 1995, Nr. 160 mit Anm. 831; WILLIAM M. CALDER III, Studies in the Modern History of Classical Scholarship, Neapel 1984, 159; DERS. (Hg.), Ulrich von Wilamowitz-Moellendorff:

Selected Correspondence 1869–1931, Neapel 1983, 184 f.; REBENICH, Mommsen-Harnack Nr. 198. 230; WICKERT IV 249 f.; WILAMOWITZ, Erinnerungen 306; AGNES VON ZAHN-HARNACK, Adolf von Harnack, Berlin 1936, 265.

2. Der Kärrner: Mommsens Arbeitsstil

Zu dem Kapitel vgl. REBENICH, Mommsen-Harnack 80 ff. sowie Nr. 20. 183 sowie WILLIAM WARDE FOWLER, Theodor Mommsen. His Life and Work. A Lecture Given to the Classical Society of Edinburgh University October 20, 1909, Edinburgh o. J. [1909] = DERS., Roman Essays and Interpretations, Oxford 1920, 250–268; OTTO SEECK, Zur Charakteristik Mommsens, in: Deutsche Rundschau, 30. Jg., H. 4 (= Bd. 118), Januar 1904, 75–108; WICKERT IV 205 f. 210. 352.

Zur «innerweltlichen Askese» vgl. ALFRED HEUSS, Niebuhr und Mommsen. Zur wissenschaftsgeschichtlichen Stellung Theodor Mommsens, in: Antike und Abendland 14, 1968, 9 (= DERS., Gesammelte Schriften 3, Stuttgart 1995, 1707).

Zum «Fertigmachen» vgl. MOMMSEN-WILAMOWITZ Nr. 65 und WICKERT IV 224.

THEODOR MOMMSEN, Rede gehalten beim Antritt des Rektorats der Friedrich-Wilhelms-Universität am 15. Oktober 1874 (ZJR 659), zitiert nach MOMMSEN, RA 3–16; DERS., Rede zum Gedächtnis Kaiser Wilhelms des Ersten, in: Sitzungsberichte der Berliner Akademie 1888, 403–411 (ZJR 1138), zitiert nach MOMMSEN, RA 157–167; DERS., Ansprache gehalten am 4. Juli in der öffentlichen Sitzung der Akademie zur Feier des Leibnizischen Jahrestages, Sitzungsberichte der Berliner Akademie 1895, 733–735 (ZJR 1333), zitiert nach MOMMSEN, RA 196–198.

Zur Arbeit der Kinder an den Indices des CIL vgl. ADELHEID MOMMSEN 18 f.

Zu Mommsens «Despotismus» vgl. WILLIAM M. CALDER III, ROBERT L. FOWLER (Hgg.), The Preserved Letters of Ulrich von Wilamowitz-Moellendorff to Eduard Schwartz, München 1986, 31; ARNALDO MOMIGLIANO, Epilogo senza conclusione, in: Les études classiques aux XIXe et XXe siècles: Leur place dans l'histoire des idées, Entretiens sur l'Antiquité Classique 26, Vandoeuvre 1979, 316.

3. Der Berliner Salon: Die gesellschaftlichen Pflichten eines Professors

Zum Hintergrund vgl. bes. RÜDIGER VOM BRUCH, Gelehrtes und geselliges Berlin. Urban-elitäre Zirkel als kommunikative Schnittpunkte für Akademiemitglieder und Universitätsprofessoren, in: Jürgen Kocka (Hg.), Die Königlich Preußische Akademie der Wissenschaften zu Berlin im Kaiserreich, Berlin 1999, 85–100 sowie PETRA WILHELMY, Der Berliner Salon im 19. Jahrhundert (1780–1914), Berlin/New York 1989.

Zu Mommsens gesellschaftlichen Aktivitäten vgl. REBENICH, Mommsen-Harnack 390 ff. Zur Graeca vgl. WICKERT IV 34 ff. sowie RICHARD SCHÖNE, Erinnerungen an Theodor Mommsen zum 30. November 1917. Herausgegeben von Hermann Schöne, Münster 1923, 20 ff. und ECKART MENSCHING, Über Hermann Diels und die Berliner Graeca, in: Latein und Griechisch in Berlin und Brandenburg 38, 1994, 150–167 und 39, 1995, 12–42 (= DERS., Nugae zur Philologiegeschichte 8, Berlin 1995, 9–57). Die 157 ff. (16 ff.) gebotene Aufstellung der bekannten

Mitglieder differenziert indes nicht zwischen den unterschiedlichen Vereinigungen, die den Namen Graeca trugen.

ADOLF FURTWÄNGLER, Briefe aus dem Bonner Privatdozentenjahr 1879/80 und der Zeit seiner Tätigkeit an den Berliner Museen 1880–1894, hg. v. Adolf Greifenhagen, Stuttgart u. a. 1965, Nr. 16.

OLIVIER MOTTE, Camille Jullian, élève de Mommsen à l'Université de Berlin, in: Ius commune 9, 1980, 315–453. – SIDNEY WHITMAN, Deutsche Erinnerungen, Stuttgart/Berlin 1912, 226ff.

Zitate: DUZ II Nr. 91. 153; REBENICH, Mommsen-Harnack 413; Staatsbibliothek zu Berlin, Preußischer Kulturbesitz, Nachlaß Mommsen I: Briefe Friedrich Schmidt-Ott, Bl. 69f.

4. *Zwischen «Dinerstimmung» und Schwermut: Statt eines Psychogramms*

Brief vom 26. Februar 1902 an Diels: WICKERT IV 37.

Depressionen: MOMMSEN-WILAMOWITZ Nr. 393; Bayerische Staatsbibliothek München, Schwartziana II.A, Theodor Mommsen, Bl. 3; REBENICH, Mommsen-Harnack 101f. sowie Nr. 210 und 268; WILLIAM M. CALDER III, ROBERT L. FOWLER (Hgg.), The Preserved Letters of Ulrich von Wilamowitz-Moellendorff to Eduard Schwartz, München 1986, 30 Anm. 109. DUZ II Nr. 249.

Zu den Eßgewohnheiten: ADELHEID MOMMSEN 14f.

Mommsen und der Wein: WICKERT IV 204f. 315ff. sowie Exzerpte aus dem Nachlaß Mommsen in der Staatsbibliothek zu Berlin, Preußischer Kulturbesitz, und dem Limesarchiv der Römisch-Germanischen Kommission des Deutschen Archäologischen Instituts. «Aber nicht das Leben ist ein Glück, sondern der fröhliche und tiefe Genuß des Lebens»: MOMMSEN, GS 3, 598 (ZJR 209a). Useners Brief: DUZ I Nr. 277.

Mommsen in der Vatikanischen Bibliothek: PAUL MARIA BAUMGARTEN, Römische und andere Erinnerungen, Düsseldorf 1927, 50f. sowie GISA FRANKE, STEFAN REBENICH (Hgg.), Der Briefwechsel zwischen Theodor Mommsen und Friedrich Althoff (im Erscheinen).

Zu Mommsens Unfall mit einer Droschke: REBENICH, Mommsen-Harnack 374.

MAX WEBER, Wissenschaft als Beruf [1917], in: ders., Gesammelte Aufsätze zur Wissenschaftslehre, hg. v. Johannes Winckelmann, Tübingen ^{7}1988, 589.

Zum «Organisationstalent» vgl. ADELHEID MOMMSEN 110.

Zu Marie Mommsens Schlaganfall vgl. ADELHEID MOMMSEN 61ff. 82.

DANIEL VON HAUSMANN, Über die Gehirne von Th. Mommsen, R. W. Bunsen und Ad. von Menzel, Stuttgart 1907.

Zu den Nachrufen auf Mommsen vgl. ECKART MENSCHING, Die «Vossische Zeitung» über Theodor Mommsens Erkrankung und Tod, in: Latein und Griechisch in Berlin und Brandenburg 37, 1993, 123–150 (= DERS., Nugae zur Philologiegeschichte 7, Berlin 1994, 60–87) sowie die Übersicht in ZJR S. 230–246.

Harnacks Gedächtnisrede: ADOLF HARNACK, Rede bei der Begräbnisfeier Theodor Mommsens am 5. November 1905, Leipzig 1903, zitiert nach DERS., Aus Wissenschaft und Leben 2, Gießen 1911, 323–332 (= KURT NOWAK [Hg.], Adolf von Harnack als Zeitgenosse. Reden und Schriften aus den Jahren des Kaiserreichs und der Weimarer Republik, Berlin/New York 1996, Bd. 2, 1530–1539).

Zu Mommsens Beurteilung des Christentums: THEODOR MOMMSEN, Römische Kaisergeschichte. Nach den Vorlesungsmitschriften von Sebastian und Paul Hensel 1882/86, hg. v. Barbara und Alexander Demandt, München [2]2005, 532 sowie allg. REBENICH, Mommsen-Harnack 223 ff.

VIII. MOMMSENS NACHLEBEN: IMPRESSIONEN

Die Angaben zum Aufruf der Königlichen Bibliothek und zur Einweihung des Mommsendenkmals stammen aus dem Nachlaß Emil Jacobs in der Staatsbibliothek zu Berlin, Preußischer Kulturbesitz (vgl. HELGA DÖHN, Der Nachlaß Emil Jacobs. Beschreibendes Verzeichnis, Berlin 1990, Nr. 54 f.); vgl. des weiteren JÜRGEN DUMMER, Theodor Mommsen 1817–1903. Wegbereiter der modernen Altertumswissenschaft. Begleitheft zur Ausstellung im Hauptgebäude Unter den Linden, Mai 1991.

Zur Gedenkveranstaltung von 1917 vgl. ULRICH VON WILAMOWITZ-MOELLENDORFF, Theodor Mommsen, in: Sokrates. Zeitschrift für das Gymnasialwesen N. F. 6, 1918, 1–10, zitiert nach DERS., Kleine Schriften 6, Berlin/Amsterdam 1972, 18–28 sowie REBENICH, Mommsen-Harnack Nr. 300.

Zur Testamentsklausel vgl. Kap. VI 4 mit der dort genannten Literatur.

Zu Heuß' Biographie vgl. meine Besprechung der von Jochen Bleicken herausgegebenen Neuauflage: STEFAN REBENICH, Theodor Mommsen und das 19. Jahrhundert, Stuttgart 1996, in: Histos 4/1997.

Zu Wickerts Biographie vgl. ALFRED HEUSS in: Gnomon 43, 1971, 772–801 und 56, 1984, 633–637 (= DERS., Gesammelte Schriften 3, Stuttgart 1995, 2574–2603. 2604–2608). Es sei allerdings darauf hingewiesen, daß schon ARNALDO MOMIGLIANO in seiner kurzen Anzeige des ersten Bandes in: JRS 49, 1959, 209 f. zu einem ähnlichen Ergebnis gekommen war. Das Zitat aus: WICKERT III 165. Zu den Anfängen von Wickerts Mommsenbiographie vgl. WICKERT I 1 sowie Gnomon 10, 1934, 335 f.

Wissenschaftsgeschichtliche Literatur zu Theodor Mommsen in ZJR S. 253 ff.

Zu Müllers Auseinandersetzung mit Mommsens «Kaisergeschichte» vgl. nunmehr WOLFGANG ERNST (Hg.), Die Unschreibbarkeit von Imperien. Theodor Mommsens römische Kaisergeschichte und Heiner Müllers Echo, Weimar 1995.

Bei dem Intercity handelt es sich um IC 724 Theodor Mommsen (Zuglauf: Nürnberg-Berlin) und IC 725 Theodor Mommsen (Zuglauf: Berlin-Nürnberg).

Zur Inschrift von Cefalù vgl. HERBERT WAGNER, Theodor Mommsen und Sizilien, in: Studi in onore di Cesare Sanfilippo, Bd. 1, Mailand 1982, 691–711.

Zu Mommsen im Internet vgl. Kap. IV 3.

ADOLF HARNACK, Rede bei der Begräbnisfeier Theodor Mommsens am 5. November 1905, Leipzig 1903, zitiert nach DERS., Aus Wissenschaft und Leben 2, Gießen 1911, 328 (= KURT NOWAK [Hg.], Adolf von Harnack als Zeitgenosse. Reden und Schriften aus den Jahren des Kaiserreichs und der Weimarer Republik, Berlin/New York 1996, Bd. 2, 1535).

BILDQUELLENNACHWEIS

S. 10, 11:	Lothar Wickert, Theodor Mommsen. Eine Biographie, Band 1: Lehrjahre (Vittorio Klostermann, Frankfurt a. M. 1959) Tafel 3.4.7.8.9
S. 24, 48:	Deutsches Archäologisches Institut, Rom (Bartl, Inst. Neg.-Nr. 56.1591; 57.2165)
S. 59:	Lothar Wickert, Theodor Mommsen. Eine Biographie, Band 2: Wanderjahre. Frankreich und Italien (Vittorio Klostermann, Frankfurt a. M. 1964), Taf. 8
S. 74, 149, 195, 201, 220:	Bildarchiv Preußischer Kulturbesitz, Berlin
S. 78:	Staatsbibliothek zu Berlin, Preußischer Kulturbesitz, Nachlaß Mommsen
S. 97:	Peter Mommsen, Stuttgart
S. 119:	Wilhelm Weber, Theodor Mommsen (W. Kohlhammer, Stuttgart 1929), Frontispiz
S. 178:	Seminar für Klassische Philologie, Philipps-Universität Marburg
S. 204, 226 (unten):	Archiv für Kunst und Geschichte, Berlin
S. 226 (oben), 231:	Stefan Rebenich, Mannheim

REGISTER